21世纪高职高专规划教材·工商企业管理系列

现代企业管理实务

主　编　宗莉苹　田桂芹
副主编　李　军　傅晓玉
王国英　刘莉莉　张述敬

武汉理工大学出版社
·武　汉·

内 容 提 要

本书针对高职高专经济管理类专业的人才培养目标，以让学生了解、理解必备的经济与管理的基本知识为出发点，重点介绍了企业管理的基本理论、方法及实务知识。主要内容包括企业与企业管理，企业组织、企业形象与企业文化，企业战略管理，企业经营决策与计划，企业市场营销管理，企业人力资源管理，企业财务管理，企业物流管理，企业生产与技术管理，企业信息管理和企业质量管理等。

本书在编写过程中注重突出实践教学环节，具有覆盖面全、难易适度、实用性强、案例资料新颖等特点。本书每章前有“知识目标”、“能力目标”和“开章案例”，正文中穿插“案例”、“相关链接”等栏目，章后有“本章小结”、“复习思考题”和“实践与实训”，增强了可读性和实践性，便于教师的“教”和学生的“学”。

本书可作为高等职业技术学院、高等专科学校、成人高校财经专业的教科书，也可作为经济管理工作者和其他相关专业自学人员的参考书。

图书在版编目(CIP)数据

现代企业管理实务/宗莉苹，田桂芹主编. —武汉：武汉理工大学出版社，2011.8 (2016.1 重印)
(21 世纪高职高专规划教材 · 工商企业管理系列)
ISBN 978-7-5629-3446-2

Ⅰ.①现…　Ⅱ.①宗…　②田…　Ⅲ.①企业管理-教材　Ⅳ.①F270

中国版本图书馆 CIP 数据核字(2011)第 138551 号

现代企业管理实务　　宗莉苹　田桂芹　主编

项目负责人：孙　丽(027-87395053)　　责任编辑：楼燕芳
责 任 校 对：郭　芳　　装帧设计：吴　极

出版发行：武汉理工大学出版社　　网　址：http://www.wutp.com.cn
地　　址：武汉市洪山区珞狮路 122 号　　邮　编：430070
印　　刷：武汉兴和彩色印务有限公司　　经　销：各地新华书店

开本：787×1092　1/16　　印张：18　　插页：1　　字数：449 千字
版次：2011 年 8 月第 1 版　　印次：2016 年 1 月第 2 次印刷
印数：3001—4000 册　　定价：29.00 元

凡使用本教材的教师，可通过 E-mail 索取教学参考资料。
E-mail：wutpcqx@163.com　　wutpcqx@tom.com
本社购书热线电话：027-87515778　87515848　87785758　87165708(传真)

前　言

企业管理学是一门实践性很强的综合性学科。企业管理作为高职高专院校经济类各专业的基础课程，在专业教学计划中居于重要的地位。本书为适应高职高专教学和培养生产、建设、管理、服务第一线所需高等技术应用型专门人才的需要，强化学生综合职业能力的培养，促进基础理论知识的创新和整体素质的提高而编写。通过本课程的学习，可以培养学生的经济意识和管理能力，提高学生的综合素质，使学生成为既具有一定专业技术理论和实践能力，又具有现代管理理论和技能的新型复合型人才。

本书编写的指导思想是注重理论与实践、传统与创新、全面与重点相结合，体现高职教学特色。本书比较充分地反映了21世纪现代企业管理的最新知识和最新理论，其内容包括企业与企业管理，企业组织、企业形象与企业文化，企业战略管理，企业经营决策与计划，企业市场营销管理，企业人力资源管理，企业财务管理，企业物流管理，企业生产与技术管理，企业信息管理和企业质量管理等。本书每章前有“知识目标”、“能力目标”和“开章案例”，正文中穿插“案例”、“相关链接”等栏目，章后有“本章小结”、“复习思考题”和“实践与实训”，增强了可读性和实践性，便于教师的“教”和学生的“学”。

本书的主要特点如下：

(1)体现了最新的高职教育理念。贯彻《关于全面提高高等职业教育教学质量的若干意见》(教高〔2006〕16号)等重要文件精神，按照“工学结合”人才培养模式的要求，真正体现了“工学结合”、“融教、学、做为一体”、“以学生为主体”的高职教育理念。

(2)现代性强。在内容上紧跟社会的潮流，尽量介绍最新的管理研究成果和案例资料。

(3)注重案例教学和实践训练。力求理论联系实际，注重案例的现代性和实用性，注重技能训练，激发学生主动学习的积极性。

(4)学校与企业共同开发教材。采用学校与企业共同开发教材的模式，使教材内容及所设计的项目和任务更加贴近企业管理工作实际。在编写过程中得到了多位企业管理专家的指导和帮助。

(5)编者具有丰富的实践经验。对于高职教材，较为理想的编者是集学科理论、教学经验和企业实际工作经验为一体的“双师型”人才。本书的编写者均在教学第一线工作了多年，具有较高的理论水平和实践教学经验。

本书可作为高等职业技术学院、高等专科学校、成人高校财经专业的教科书，也可作为经济管理工作者和其他相关专业自学人员的参考书。

本书由泰山职业技术学院宗莉苹主编，并负责全书的统稿和审稿工作，潍坊经贸学院的田桂芹任第二主编。具体编写分工如下：宗莉苹编写第五章和第七章；田桂芹编写第十章；李军编写第一章和第六章；傅晓玉编写第二章；王国英编写第十一章；刘莉莉编写第八章；张述敬编写第九章；徐力编写第四章；钱伟和张晓宁编写第三章。本书在编写过程中得到了有关单位、企业和专家的大力支持和帮助，在此一并表示感谢。

“现代企业管理实务”是一门涉及面广、实践性强的综合性课程，由于作者水平有限，书中难免存在不足之处，敬请同行专家和广大读者批评指正。

编　者

2011 年 4 月

目　录

第一章　企业与企业管理

知识目标

1. 掌握现代企业及企业管理的概念、特征，企业管理的原理与方法，管理者的基本素质和技能要求；

2. 理解企业的作用及构成要素和管理的性质、职能；

3. 掌握现代企业的类型、现代企业制度和企业的设立等相关内容。

能力目标

1. 能准确辨认企业的类型及其经营活动特点；

2. 能用现代企业知识指导以后的学习和经营活动；

3. 能按管理者的基本素质和技能要求来塑造自己。

企业是社会经济的基本构成细胞，是市场经济最主要的参与主体，企业管理对企业具有举足轻重的作用。本章介绍了企业和企业管理的基本知识，通过本章的学习，能对企业、企业管理、管理者建立一个总体的认识框架。

开章案例

分粥的故事

有7个人曾经住在一起，每天分一大桶粥。但是，粥每天都是不够的。一开始，他们通过抓阄决定由谁来分粥，每天轮一个人。于是每周下来，他们每个人都会有一天是饱的，就是自己分粥的那一天。后来，他们开始推选出一个道德高尚的人出来分粥。强权就会产生腐败，大家开始挖空心思去讨好他，贿赂他，搞得整个小团体"乌烟瘴气"。然后大家开始组成3人的分粥委员会及4人的评选委员会，但他们常常互相攻击，最后，粥吃到嘴里全是凉的。最后他们想出了一个方法：轮流分粥，但分粥的人要等其他人都挑完后再拿剩下的最后一碗。为了不让自己吃得最少，每个分粥的人都会尽量把粥分平均，就算不平均，也只能认了。从此，大家快快乐乐，和和气气，日子越过越好。

思考题：

通过上述案例可以得到什么启示？

第一节 企业概述

一、企业的概念

(一)企业的产生与发展

企业是社会生产力发展到一定程度的产物，是商品生产和商品交换的产物，是现代社会的基本经济单位。在封建社会，出现家庭手工作坊，生产的目的是为了自身的需要，没有发生经营活动，因此它们没有成为社会的基本经济单位，从严格意义上讲还不是企业。

伴随着资本主义社会的产生与发展，企业的产生与发展大体经历了以下几个时期：

1. 工场手工业生产时期

这一时期主要是指从封建社会的家庭手工业到资本主义初期的工场手工业时期。16世纪到17世纪，西方一些国家从封建社会制度向资本主义制度转变，资本主义原始积累加快，资本家大规模剥夺农民的土地，资本主义向海外殖民地加速扩张，从而使家庭手工业急剧瓦解，开始向资本主义工场手工业过渡。

工场手工业同家庭手工业相比，有以下一些特点：一是规模扩大；二是产业结构发生了变化，对于许多以前家庭手工业无法进入的行业，如采矿、冶金、造纸等，资本主义的工场却有能力进入；三是机器生产开始替代手工作业；四是资本主义工场内部开始形成了分工，即按某一产品的生产要求，将生产过程分解成若干个作业工序。此时的工场手工业实际上已具有了企业的雏形。

2. 工厂生产时期

18世纪，随着第一次工业革命的爆发，大机器生产被普遍采用，为工厂制的建立奠定了基础。19世纪三四十年代，工厂制度在英国、德国普遍建立。和工场手工业相比，工厂制度的主要变化在于：劳动规模扩大；采用大机器生产；实行雇佣工人制；劳动分工细化；生产走向社会化。

工厂制度的建立，标志着企业的真正形成。

3. 企业生产时期

在资本主义经济发展的过程中，工厂制度的建立，顺应了商品经济发展的潮流，促进了生产力的大发展。到19世纪末20世纪初，随着自由资本主义向垄断资本主义的过渡，工厂的发展十分迅速，并产生了一系列的变化，这些变化主要表现在以下几个方面：

(1)企业规模空前扩大，产生了垄断企业组织，如托拉斯；

(2)不断采用新技术，使生产技术迅速发展；

(3)企业内部开始建立科学的管理制度，形成了一系列的科学管理理论，如泰罗的科学管理理论；

(4)经营权与所有权开始分离，出现了职业化的经理阶层；

(5)竞争加剧，企业兼并与重组加速，出现了大量的跨国公司。

伴随着以上一系列变化，企业逐步成为一个社会经济的基本单位。

(二)企业的定义和作用

1. 企业的定义

企业是指从事生产、流通等经济活动，为满足社会需要，并获取盈利，进行自主经营、独立核算，具有法人资格的经济组织。企业是商品经济发展到一定阶段的产物，是机器大工业代替了工场手工业之后产生并逐步发展起来的，是现代社会的基本经济细胞。

相关链接

世界 500 强前十位企业

美国《财富》杂志公布了 2010 年度世界 500 强公司排行榜，中国公司排名最好的是中国石化，名列第七位。中国上榜公司再创新高，达到 54 家，新上榜的有 12 家，亚洲公司位置最高的是日本的丰田汽车公司，名列第五位。

名列前十位的世界 500 强企业如表 1-1 所示：

表 1-1　2010 年世界 500 强前十位的公司排名表

2010 年排名	2009 年排名	公司名称（中英文）
1	3	沃尔玛（Wal-Mart Stores）
2	1	荷兰皇家壳牌石油公司（Royal Dutch Shell）
3	2	埃克森美孚（Exxon Mobil）
4	4	英国石油公司（BP）
5	10	丰田汽车公司（Toyota Motor）
6	11	日本邮政控股（Japan Post Holdings）
7	9	中国石油化工集团公司（Sinopec）
8	15	国家电网公司（State Grid）
9	73	安盛（AXA）
10	13	中国石油天然气集团公司（China National Petroleum）

2. 企业的作用

作为现代社会经济的基本单位，企业的基本作用体现在以下几方面：

（1）企业是市场经济活动的主要参加者。企业在自己的生产经营活动过程中扮演着双重的角色：既向市场提供各种商品和服务，又从市场购买各种生产资料、招聘人才；既是生产者，也是消费者。

（2）企业是社会生产和流通的直接承担者。企业的经营状况如何，直接关系到产品的丰富程度和市场活跃程度，与国家经济实力增长、人民物质生活水平的提高息息相关。

（3）企业是推动社会经济技术发展的主要力量。企业为了避免在激烈的竞争中被淘汰，就得千方百计地提高技术水平，减少劳动消耗，主观上是为自身利益，客观上有利于社会技术水平的进步与提高。

（三）企业的特征

企业作为国民经济的重要组成部分，具有一些共同的特征，具体表现在以下几个方面：

（1）目标特征：企业是营利性的组织。

(2)功能特征:企业是从事商品生产、流通等经济活动的经济组织。

(3)行为特征:企业是自主经营、独立核算、自负盈亏的经济实体。

(4)系统特征:企业是一个由人、财、物、信息、时间等构成的有机系统。

(5)社会特征:企业必须承担一定的社会责任。

(6)人格特征:现代企业应是具有法人资格的经济实体。也就是说,企业是依法成立的,具有民事权利能力和民事行为能力。但也应注意,并不是所有的企业都具有法人资格。

(四)企业的构成要素

一般来说,企业为了从事生产、流通和服务活动,以实现其目标,就必须拥有生产产品、提供服务所需要的人力、物力、财力以及反映这些要素相互结合运动的各种信息。所以,企业系统主要是由人、财、物、信息四大要素构成的。

1. 人

人即一定数量和质量的工人和管理者。人是企业的主体,人才是企业所有资源中最宝贵的资源。

2. 财

财是指资金,资金的数量和周转速度是企业生存和发展的保证。如何筹集资金,管好用好资金,以加快资金的周转速度,是每个企业所要面对的一个重要课题。

3. 物

物是指现代企业中的各种劳动资料和劳动对象,包括土地、自然资源、建筑物、机器设备、工具和各种原、辅材料等。它是企业从事生产经营活动的客观条件和物质基础,它们的数量、质量和技术状况会对企业的经营和运转效果产生很大影响。

4. 信息

信息包括来自于企业外部和产生于企业内部生产经营活动过程中的信息。现代企业每时每刻都离不开信息,就如同神经中枢对于我们人体一样重要。企业有生产经营活动,就必然会产生信息;有企业管理活动,就必然需要信息。所以信息已成为现代企业中的一个重要的构成要素。信息的全面性、及时性、准确性、实用性和经济性影响甚至决定着企业的正常有效运转。

(五)企业的生产经营活动过程

我们以工业企业为例,简要阐述企业的生产经营活动过程。

生产经营活动过程是指企业从事商品生产经营活动的全部过程。其主要包括以下三个过程:

1. 供应过程

企业生产经营首先需要有一个物资的供应过程,涉及生产经营过程中所需要的各种生产要素,如资金、原料、机器设备等。

2. 生产过程

企业的生产过程是劳动者运用劳动工具作用于劳动对象,从而生产出一定的产品的过程。

3. 销售过程

产品生产出来后,必须把它在市场上销售出去,这样才能换取货币,以保证再生产过程的进行,因此企业生产的产品是否在市场上畅销,是企业经营成败的关键。在今天市场竞争愈来愈激烈的情况下，销售管理和营销活动显得愈来愈重要。

（六）企业的目标

对企业的目标可以从以下两个方面来理解：

1. 企业的组织目标

企业的组织目标是指企业为了生存和发展，要追求利润、追求企业规模的不断扩大和追求企业长远的经济效益，主要表现在对以下一些具体指标的追求上：产品品种、产量、质量、固定资产规模、市场占有率、利润额、上缴税金和福利基金等。

相关链接

2010年中国汽车生产企业销量十强榜

据中国汽车工业协会的统计数据显示，2010年销量排名在前十位的汽车生产企业依次为：上汽、东风、一汽、长安、北汽、广汽、奇瑞、比亚迪、华晨和江淮，分别销售355.84万辆、272.48万辆、255.82万辆、237.88万辆、148.99万辆、72.42万辆、68.21万辆、51.98万辆、50.14万辆和45.85万辆，同比分别增长31.53%、36.05%、31.55%、27.22%、19.86%、13.74%、36.33%、15.93%、43.94%和42.46%。2010年，上述十家企业共销售汽车1 559.61万辆，占汽车销售总量的86%。

销量排名前十位的轿车生产企业依次为：上海通用、上海大众、一汽大众、北京现代、东风日产、比亚迪、奇瑞、吉利、长安福特和一汽丰田，分别销售95.99万辆、90.89万辆、83.75万辆、58.32万辆、56.31万辆、51.71万辆、50.21万辆、41.62万辆、40.64万辆和38.64万辆。2010年，上述十家企业共销售轿车608.08万辆，占轿车销售总量的64%。

排名前十位的轿车品牌依次为：F3、朗逸、悦动、捷达、凯越、桑塔纳、夏利、科鲁兹、旗云和新宝来，分别销售26.39万辆、25.16万辆、23.33万辆、22.45万辆、22.25万辆、21.01万辆、19.87万辆、18.78万辆、17.35万辆和17.25万辆。2010年，上述十个品牌共销售轿车213.84万辆，占轿车销售总量的23%。

2. 企业的社会责任

企业作为社会组织，首先，要以自己的生产经营活动来满足社会需要，包括个人物质需要和精神需要，也包括社会共同需要，这种共同的需要表现为企业的社会责任；其次，企业需要不断创造和提供就业机会；最后，保护环境也是企业必须承担的社会责任，这一点在今天显得尤其重要。

二、企业的类型

随着市场经济的不断发展，现代企业越来越多样化。根据不同的标准，现代企业可以分为不同的类型。

1. 按企业所从事的生产经营活动内容的不同分类

企业按所从事的生产经营活动内容的不同可以分为工业企业、商业企业、金融企业、农业企业、建筑安装企业、运输企业、邮电企业、咨询企业等。

需要说明的是，现代企业管理的研究多以工业企业为主要对象。

相关链接

关于三次产业的划分

根据《国民经济行业分类》(GB/T 4754—2002)的规定，三次产业划分的范围如下：

第一产业是指农、林、牧、渔业。

第二产业是指采矿业、制造业、电力、燃气及水的生产和供应业、建筑业。

第三产业是指除第一、二产业以外的其他行业，包括交通运输、仓储和邮政业，信息传输、计算机服务和软件业，批发和零售业，住宿和餐饮业，金融业，房地产业，租赁和商务服务业，科学研究、技术服务和地质勘探业，水利、环境和公共设施管理业，居民服务和其他服务业，教育卫生社会保障和社会福利业，文化体育和娱乐业，公共管理和社会组织、国际组织。

(资料来源：国统字[2003]14号文《三次产业划分规定》)

2. 按不同的生产要素在企业中的密集程度分类

按不同的生产要素在企业中的密集程度不同，可将企业分为以下几类：

(1)劳动密集型企业，是指生产需要大量的劳动力的企业，也就是说产品成本中劳动消耗占较大的比重，平均每个工人的劳动装备不高的企业，如纺织、服装等企业。

(2)资金密集型企业，指产品成本中物化劳动消耗所占的比重较大或资金有机构成较高的企业，如钢铁、石油化工等重工业企业。

(3)技术密集型企业，指技术装备的程度较高，所需劳动力或手工操作的人数较少的企业。其特点主要是：技术装备先进；工艺过程复杂；原材料消耗量大；劳动生产率高。

(4)知识密集型企业，指综合运用先进的、现代化的科学技术成就的工业企业，也有人称之为知识技术密集型企业。在这类企业中，集中了较多的中高级技术人员，多数是属于需要花费较多的科研时间和产品开发费用，能生产科技含量高的产品的部门。如计算机、飞机、超大规模集成电路、原子能工业等。从事计算机软件设计、技术和管理的咨询服务业也往往被归入其中。

3. 按企业的组织形式不同分类

按组织形式的不同，可将企业分为：

(1)单厂企业，指只有一个工厂的企业。

(2)多厂企业，指由几个甚至几十个工厂组成的企业。常见的形式是总公司下设若干个分厂或分公司。

(3)企业集团，指以资本为主要联结纽带的母子公司作为主体，以集团章程为共同行为规范的母公司、子公司、参股公司及其他成员企业或机构共同组成的具有一定规模的企业法人联合体。企业集团不具有企业法人资格。

4. 按企业规模的不同分类

按规模的不同，可将企业分为：

(1)大型企业。

(2)中型企业。

(3)小型企业。

衡量企业规模的主要指标一般包括企业的生产能力、机器设备数量、固定资产原值、职工人数四个方面。划分的具体数值和内容随着社会经济的不断发展和行业的不同而有所变化。表 1-2 列出了一些行业的划分标准。

表 1-2　大、中、小型企业划分标准

行业名称	指标名称	单位	大型	中型	小型
工业企业	从业人员数	人	2000 以上	300～2000	300 以下
	销售额	万元	30000 以上	3000～30000	3000 以下
	资产总额	万元	40000 以上	4000～40000	4000 以下
建筑企业	从业人员数	人	3000 以上	600～3000	600 以下
	销售额	万元	30000 以上	3000～30000	3000 以下
	资产总额	万元	40000 以上	4000～40000	4000 以下
零售业企业	从业人员数	人	500 以上	100～500	100 以下
	销售额	万元	15000 以上	1000～15000	1000 以下
交通运输业企业	从业人员数	人	3000 以上	500～3000	500 以下
	销售额	万元	30000 以上	3000～30000	3000 以下

5. 按企业的所有制关系不同分类

按所有制关系的不同，可将企业分为：

(1)国有企业。

(2)集体所有制企业。

(3)私营企业。

(4)外商投资企业，也就是“三资”企业。

(5)混合所有制企业。

6. 按企业的法律形式不同分类

按法律形式的不同，可将企业分为：

(1)个人独资企业。

(2)合伙企业。

(3)公司制企业。

三、现代企业制度

(一)现代企业制度的含义

现代企业制度是指在现代市场经济条件下，以规范和完善的法人制度为主体，以有限责任制度为基本特征，以法人治理结构为保证，以公司企业为主要形态的企业制度。

相关链接

现代企业制度提出的意义

我国的现代企业制度是为适应国有企业制度创新的需要而提出来的特定概念，党的十一届三中全会通过的《关于建设社会主义市场经济体制若干问题的决议》指出："以公有制为基础的现代企业制度是社会主义市场经济的基础"，"建立现代企业制度，是发展社会化大生产和市场经济的必然要求，是我国国有企业改革的方向"。现代企业制度的提出，标志着我国国有企业的改革已进入到以理顺产权关系为重要内容的企业制度的建立时期，这为国有大、中型企业的深化改革指明了方向。

对现代企业制度含义的理解，应明确以下几点：

(1)现代企业制度是企业制度的现代形式；

(2)现代企业制度是由若干具体制度相互联系而构成的系统；

(3)企业的法人制度是现代企业制度的基础；

(4)产权制度是现代企业制度的核心；

(5)现代企业制度以公司制为主要的组织形式。

(二)现代企业制度的基本特征

现代企业制度的基本特征是产权清晰、权责明确、政企分开、管理科学。

1. 产权清晰

产权清晰主要是指产权关系与责任的清晰。完整意义上的产权关系是多层次的，它表明财产最终归谁所有、由谁实际占有、谁来使用、谁享受收益、归谁处置等产权中的一系列关系。也就是说，要用法律的手段来界定出资者与企业之间的关系，使出资者所有权与企业法人财产权相分离，企业法人财产权保持独立、完整，同时使出资者和企业法人的权利、职责明确下来。法律所规定的企业产权有以下两个方面：

(1)企业资产的所有权归出资者，国有企业中的国有资产所有权属于国家。

(2)企业拥有包括国家在内的出资者投资形成的全部法人财产权，成为享有民事权利、承担民事责任的法人实体。

2. 权责明确

现代企业制度用法律来界定出资者与企业之间的关系，明确各自的责、权、利，从而形成各要素之间科学的、行之有效的、相互制衡的法人治理结构。

企业以其全部法人财产，依法自主经营、自负盈亏、照章纳税，并对出资者承担资产保值、增值的责任。出资者按投入企业的资本额享有所有者权益(包括资产受益、重大决策和选择管理者等方面的权利)，对企业的债务负有限责任。

3. 政企分开

这主要是针对国有企业而言的，是指必须把政府的行政管理职能和企业的经营管理职能分开，取消企业与政府之间的行政隶属关系。

政府的行政、资产管理职能分开是指：行政职能属于行政权力，面对全社会；资产管理职能是所有权职能，政府只能针对国有资产行使。

政企职能分开是指:政府对全社会行使宏观经济管理职能,对国企行使投资者权力;企业行使微观经营管理职能,依法独立经营。

4. 管理科学

现代企业必须形成一套严格、科学、系统的管理制度。企业要通过各种管理手段、管理方法的实施,建立科学的企业领导体制和管理制度,使企业所有者、经营者和企业职工之间形成既相互配合又相互制约的协作关系,建立激励与约束相结合的经营机制,建立完善的人事劳动、分配制度。

公司制是现代经济社会中最重要的企业形式,是现代企业产权组织形式的发展趋势,也是现代企业制度的主要形式。

(三)现代企业制度的内容

现代企业制度是一种制度体系,这个体系主要由三部分内容组成,即现代企业产权制度、现代企业组织制度和现代企业管理制度。

1. 现代企业产权制度

(1)产权。产权实质上是一种财产权,即支配财产的权利。它是法定的主体对财产所拥有的各项权能的总和,其中权能包括所有权、使用权、收益权和处置权。产权的基础和核心是所有权,它是法律规定的主体(所有者)对于客体(财产)的最高的、排他的独立权。产权包含的各项权能既可以统一也可以分离,即人们对财产没有所有权,却可拥有一定时间和一定程度内的使用、收益、转让和处置的权利。产权本质上是一定社会阶段人们之间社会经济关系的反映,产权的内容和权利约束结构是一个动态的变化过程。

(2)产权制度。产权制度是指以产权为依托,对财产关系进行合理有效的组合、调节的制度安排,具体表现为在一定的所有制基础上,对财产占有、支配、使用、收益和处置过程中所形成的各类产权主体的地位、行为、权利、责任、相互关系加以规范的法律制度。

产权制度的作用为:产权制度的确立和完善可以使所有者约束经营者,保证资产增值;企业可以自主经营和激励自己;可以提高资源配置效益;可以规范市场交易行为。

(3)现代企业产权制度。现代企业产权制度,即企业法人制度,其关键在于确立法人财产权,理顺国家与企业的财产关系,实行出资者所有权与法人财产权的分离。对于国有企业,国家作为出资者享有财产所有权,企业作为独立的商品生产经营者享有法人财产权。

法人财产是指由出资者依法向企业注入的资本金及其增值和企业在经营中负债所形成的财产。

企业的总资产就是企业的法人财产,包括所有者权益和企业负债。

法人财产权是指企业法人支配法人财产的权利。

法人财产权是现代企业制度的基石,出资者所有权表现为出资者拥有股权,即以出资者的身份依法享有资产受益、选择管理者、决定公司章程和财产处置等权利。法人财产权表现为公司依法享有法人财产的占有、使用、收益和处置权,以独立的财产对自己的生产经营活动负责。同时,企业法人行使法人财产权,受出资人所有权的约束和限制,必须对出资人履行义务,依法维护出资人的权益,对所有者承担资产保值、增值的责任。企业拥有独立的法人财产权,是现代企业产权制度的核心。

2. 现代企业组织制度

在市场经济的发展中,公司企业已经形成了一套完整的组织制度,其基本的特征是:所有者、经营者和生产者之间，通过公司的决策机构、执行机构、监督机构，形成各自独立、权责分明、相互制约的关系，再以法律和公司章程的形式加以确定和实现。

现代企业组织制度坚持和维护决策权、执行权、监督权三权分离的原则，由此形成了股东大会、董事会和监事会并存的组织架构，如图1-1所示。

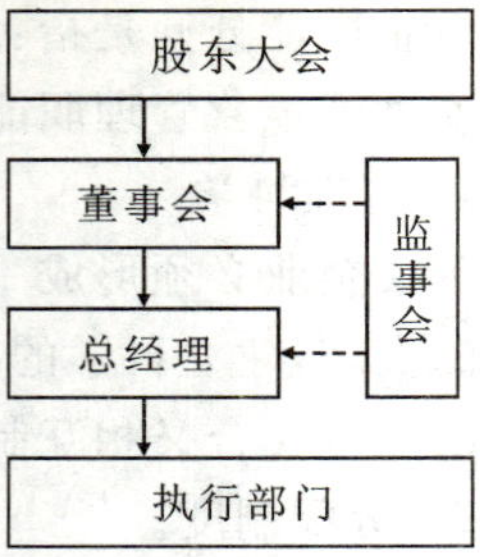

图1-1　现代企业组织制度

3. 现代企业管理制度

现代企业管理制度是有关约束和调整企业经营管理活动中各种经营管理行为方式和关系的行为规则。它包括以下几个方面的内容：

(1)树立正确的经营理念，制订切实可行的经营战略；

(2)建立科学完善的企业领导体制；

(3)拥有熟练掌握现代管理知识与技能的人才，拥有素质良好的职工队伍；

(4)建立科学合理的企业组织机构和内部管理制度；

(5)运用现代化的管理方法和手段，建立起完善的管理信息系统，推行现代化管理；

(6)建设以企业精神、企业形象、企业规范等内容为主的企业文化，培育良好的企业精神。

现代企业产权制度、现代企业组织制度和现代企业管理制度三者相辅相成，共同构成了现代企业制度的总体框架。

四、企业的设立

(一)企业设立的基本条件

企业设立就是按照一定的法律程序组建企业，并使之取得合法的生产经营资格。按照我国有关法律法规的规定，设立企业应当具备以下条件：具有合法的企业名称；具有健全的组织机构；具有企业章程；有企业自有的经营财产；有符合国家法律、法规和政策规定的经营范围、确定的场所和设施。

(二)企业设立的一般程序

企业的类型、规模不同，其设立的程序也不完全相同，设立小型企业的程序简单一些，设立大型企业的程序复杂一些。一般来说，企业设立的程序包括发起、论证、报批、筹建、申请设立登记、批准注册等环节。

(三)有限责任公司的设立

1. 有限责任公司设立的条件

有限责任公司是由股东出资，依据《公司法》的有关规定设立的企业法人，公司股东以其认缴的出资额对公司承担有限责任，公司以其全部资产对其债务承担责任。根据我国《公司法》的有关规定，设立有限责任公司应当具备以下条件：股东应符合法定的人数；股东出资要达到法定资本最低限额；股东应当共同制定章程；有公司名称并建立相应的组织机构；有固定的生产经营场所和必要的生产经营条件。

2. 有限责任公司设立的程序

设立有限责任公司一般要遵循以下程序：订立公司章程；审批；登记注册。有限责任公司成立之后，要由公司向全体股东出具出资证明。

（四）股份有限公司的设立

1. 股份有限公司设立的条件

股份有限公司是指全部资本由等额股份构成并通过发行股票方式筹集资本成立的企业法人，股东以其所认购的股份对公司承担责任，公司以其全部资产对公司债务承担责任。设立股份有限公司必须要符合法律规定的有关条件，一般应具备以下条件：设立股份有限公司的发起人应符合法律规定的人数；发起人认缴和社会公开募集的股份应达到法定资本最低限额；股份发行和筹办事项必须符合法律的规定；发起人应制定公司章程，并经创立大会通过；公司要有合法的名称，并建立符合股份有限公司要求的组织机构；有固定的经营场所和必要的生产经营条件。

2. 股份有限公司设立的方式

股份有限公司设立的方式可分为发起设立和募集设立两种。发起设立是由公司发起人自己认购公司应发行的全部股份而成立公司。募集设立是由发起人认购公司应发行股份的一部分，其余部分向社会公开募集而成立公司。

第二节　管理与企业管理

一、管理的概念

（一）管理的定义

管理是社会共同劳动的要求，它伴随着人类的生产实践活动而产生和发展。一般认为，有了人类就有了管理活动，也就是说，管理作为一项普遍存在的社会活动，其历史同人类社会的历史一样悠久。但是把管理作为一门科学来研究是从20世纪初才开始的。

从字面上看，管理有“管辖”、“治理”、“管人”、“理事”等意思。究竟什么是管理？至今尚未有一个统一的、为大多数人所接受的定义。

尽管关于管理的定义很多，但是我们认为管理就是人们为了有效地实现某项活动的目标，根据客观事物的内部条件和外部环境，运用一定的方式（计划、组织、领导、控制、创新）进行的一项综合性活动。这一概念包括了五个方面的含义：

第一，管理的主体是人。

第二，管理的客体是人（群）或客观事物，也就是人或物。

第三，管理采用的方式是计划、组织、领导、控制、创新等，这也是管理的具体职能。

第四，要了解组织的内在条件与外部环境，以便进行管理。

第五，管理是有目的的活动。

相关链接

管理的起源

管理活动是伴随着人类的生产、生活而产生的。自从有了人类社会和社会组织，就产生了管理问题。任何一个时代的物质文明和精神文明的发展,都与管理密切相关,许多宏伟的古代建筑,如万里长城、金字塔等,之所以能够顺利完成,都是因为有了管理。

管理最早起源于人类的共同劳动,由于当时生产力水平低下,人们为了生存不得不共同狩猎、采集野果、建造屋棚,在这种共同劳动之中,开始出现了简单的分工与协作。随着生产力的发展,人们的活动日趋复杂,共同劳动的规模逐渐扩大,分工越来越细,协作也日益复杂,一项工程常需要几十人、上百人甚至上万人共同参加,这就出现了人力、物力、财力的合理安排,人与人关系的协调,成果分享等一系列问题,需要对各种活动有周密的计划、组织、决策、指挥、控制等,这就是简单管理活动产生的客观条件和发展过程。

但是,真正科学意义上的管理则是在资本主义企业产生以后才开始的。18世纪下半叶,资本主义的工业革命之后,机器和机器体系在生产过程中被广泛应用,生产劳动的节奏急剧加快,各环节之间的联系、衔接变得更加紧密,管理就显得重要了。尤其是在第二次世界大战以后,科学技术突飞猛进,新兴学科纷纷出现,社会分工越来越细,劳动专业化和生产社会化程度不断提高,企业之间、部门之间、地区之间,以至于国家之间的经济联系更加广泛、密切,综合地、系统地解决问题的要求逐渐增多,开始出现了大科学(需要多学科共同协作,投放大量的人力、物力、财力进行科学研究)、大工程、大企业,管理的任务和职能更加复杂,管理的形式、方法和技术的要求更加严格和多样化。这一切都使得现代管理走向了一个快速发展的轨道。

(二)管理的职能

管理的职能是指管理系统中管理主体在整个管理活动中的职责与功能。最早对管理的职能进行系统论述的是法国人法约尔,他提出了计划、组织、指挥、协调、控制五项管理的职能,被称为"五职能"学说。以后,不同的管理专家对管理的职能提出了不同的观点。在此我们将管理的职能划分为计划、组织、领导、控制和创新五项。

1. 计划职能

计划职能是指组织中的各项活动实施以前,都要进行预计、谋划,提出实现目标的途径、程序、办法等。计划职能是管理的首要职能,它使组织活动有明确的方向和目标,从而激发组织的活力;它为统一和协调组织各局部的活动做出估计,从而增强组织的应变能力。

计划的主要内容是预先决定做什么(What)、为什么做(Why)、何时做(When)、何地做(Where)、谁去做(Who)、如何做(How),也就是通常所说的"5W1H"。

2. 组织职能

管理的组织职能是对实现组织目标的各种要素和人们在社会经济活动中的相互关系进行组合、配置的活动。它使组织的各个要素、各环节形成有机联系和有序运营的整体。

组织职能的内容包括建立组织机构、划分职责和职权、形成信息的沟通渠道和合理配置各种要素。

3. 领导职能

领导是一种影响并感召人们去追求某些目标的行为过程。领导职能的内容是激励、沟通、指挥、协调、团结等。

4. 控制职能

人们在执行计划的过程中,由于受到各种因素的干扰,常常会使实践活动偏离原来的计划。为了保证目标及为此而制订的计划得以实现,就需要组织具有控制职能。控制职能是指组织对所属各部门、各环节、各层次的运作与管理活动情况进行监督、检查和调节的全部过程。控制的实质是使组织计划与实际作业动态相适应。

5. 创新职能

最近几十年来，由于科学技术迅猛发展，社会经济活动空前活跃，市场需求瞬息万变，产品更新换代的周期越来越短，创新已成为企业的灵魂。因此，企业必须不断进行机制创新、制度创新、管理创新、技术创新和产品创新，才能在激烈的市场竞争中立于不败之地。

相关链接

“三个和尚喝水”新解

三个和尚没水喝？这是过时的观点。现在的观点是：一个和尚没水喝，三个和尚水多得喝不完。

以新的观点，和尚们怎么来解决喝水问题呢？

第一个方法：和尚们接力挑水。第一个和尚从河边挑到半路停下来休息，第二个和尚继续挑，然后又转给第三个和尚，挑到缸边灌进去，回来再接着挑，这样大家都不累，水很快就挑满了。这是协作的办法，可以叫“机制创新”。

第二个方法：立一个新的庙规，引进竞争机制。三个和尚都去挑水，挑水多的和尚晚上吃饭加一道菜；挑水少的和尚吃白饭，没菜。结果三个和尚都拼命去挑，一会儿水就挑满了。这个办法叫“管理创新”。

第三个方法是这样的：山上有竹子，把竹子砍下来连在一起，然后买一个辘轳。第一个和尚把水摇上去，第二个和尚专管倒水，第三个和尚休息。三个人轮流换班，一会儿水就灌满了。这个办法叫“技术创新”。

（三）管理的性质

1. 管理的二重性

管理的二重性是指管理一方面具有与生产力、社会化大生产相联系的自然属性；另一方面又具有与生产关系、社会制度相联系的社会属性。

管理的二重性是马克思主义关于管理问题的基本观点。正确理解管理的二重性，具有十分重要的现实意义。

管理的自然属性是管理的最根本属性，它要求管理工作要适应现代化大生产的客观要求，按现代化大生产的客观规律来合理组织生产力，采用科学的方法，不断提高管理的现代化水平。这有助于我们及时吸收和借鉴西方资本主义国家先进的管理经验和管理方法。同时，管理又具有明显的社会属性，任何一种管理方法、管理技术和管理手段的出现总会带有社会的背景、时代的烙印。实践证明，不存在一个适用于古今中外的普遍的管理模式。因此，在学习和运用某些管理理论、原理、方式、方法时，要结合本国、本单位、本部门的实际情况，因地制宜，才能取得预期的效果。

2. 管理的科学性和艺术性

管理的科学性是指管理作为一个活动过程，期间存在着一系列基本的客观规律。管理是一门科学，是指它以反映管理客观规律的管理理论和方法为指导，有一套分析问题、解决问题的科学方法。

管理的艺术性是强调其实践性和创造性，没有实践和创造就无所谓艺术。管理活动除了要掌握一定的理论和方法外，还要有灵活地、创造性地运用这些知识和技能的技巧和诀窍。

总之，管理既是一门科学，又是一门艺术，是科学和艺术的有机结合体。管理的这一特性，可以促使人们既注重管理基本理论的学习，又不忽视在实践中创造性地运用它，使理论与实践相结合，这是管理成功的重要保证。

二、企业管理的概念

（一）企业管理的定义

企业管理是根据企业的特性及其生产经营规律，按照市场反映出来的社会需求，对企业的生产经营活动进行计划、组织、领导、控制，充分利用各种资源，不断地适应市场变化，满足社会需求，同时求得企业自身的发展和职工利益的满足。

1. 管理的对象

企业的生产经营活动是生产过程和流通过程的统一。因此，企业的主要活动是内部的生产活动和外部的经营活动，企业管理的对象就是内外结合的生产经营活动。

2. 管理的主体

企业总体发展，各个方面总体活动的控制是由企业的主管以及以他们为中心组成的企业的管理系统来完成的。在这个系统中的人，就是企业管理的主体。

3. 管理的实施

企业管理是通过计划、组织、领导、控制等一系列管理职能进行的。只有熟悉和运用多项管理职能，才能顺利完成任务。

4. 管理的目的

管理活动本身不是目的，管理是实现一定目的的手段。企业管理的目的是合理利用资源，实现企业目标，在满足需求中获得更多的利润。

5. 管理的依据

企业管理是管理者的主观行为，要使主观行为变成可靠的客观活动，并取得客观效果，就必须使管理的主观活动符合客观规律。所以管理的依据是企业的特征及由此表现出来的生产经营规律。可以说，企业管理的成效如何，取决于管理者认识和利用生产经营规律的程度以及主观能动性的发挥程度。

相关链接

经营与管理

从一般意义上讲，经营与管理既有一致性，又有所区别。从生产的过程来讲，管理是劳动社会化的产物，而经营则是商品经济的产物；从它们应用的范围来看，管理适用于一切组织，而经营通常只适用于企业；从它们要达到的目的来看，管理旨在提高作业效率，而经营则以提高经济效益为目标。

当商品经济高度发展，市场由卖方市场转变为买方市场后，企业管理也就由以生产为中心转变为以交换和流通过程为中心，经营的功能日益重要，也日益为人们所重视，企业管理的职能自然要延伸到研究市场需要、开发适销产品、制订市场经营战略等方面，从而使企业管理转变为企业经营管理。

（二）企业管理的作用

企业管理的作用主要体现在以下三个方面：

1. 企业管理是企业生产经营好坏的决定因素

企业管理直接影响企业人、财、物各因素的组织和利用。国外有“三七开”的说法，是指一个企业的成败，“三分在技术，七分在管理”，因此，必须重视和加强企业管理。

2. 企业管理是提高经济效益的重要手段

有人把先进的科学技术和先进的管理形象地比作经济高速发展的两个“车轮”。提高产品质量、降低消耗、增加经济效益，当然同两个轮子都有关系，但与先进的管理关系更为紧密。

3. 企业管理是建设两个文明的三大支柱之一

现代社会文明的发展，即物质文明和精神文明的发展，要靠管理、科学、技术三大支柱。要把企业建设成现代化企业，当然需要先进科学和技术的应用，但更重要的还在于企业管理的能力和水平。社会进步、企业发展的重要标志是看物质文明和精神文明建设的水平，两个文明建设的关键因素就是科学、技术和管理。因此，管理是企业建设两个文明不可缺少的三大支柱之一。

相关链接

双汇和春都——两种管理，两种结果

我国两大肉类加工企业双汇和春都集团在市场竞争中因管理不同呈现出不同的景观：双汇集团2010年实现利税60多亿元，企业步入快速发展轨道；而春都集团2010年5月15日破产清算，正式宣布“春都集团破产”，亏损高达6.7亿元，并且欠下了13亿元的巨额债务。

同是国家重点企业，同是中国名牌，同是地处中原的肉类加工企业，双汇的迅速发展和春都的严重滑坡引起了社会的广泛关注。

双汇和春都的前身分别是漯河肉联厂和洛阳肉联厂，都建于1958年。不同的是，1984年，漯河肉联厂的资产总额是468万元，企业累计亏损534万元；而洛阳肉联厂当时的资产总额是2000多万元，当年实现利税200多万元。1986年，中国的第一根火腿肠在洛阳肉联厂诞生，而漯河肉联厂生产出第一根火腿肠是在6年以后的1992年。1993年春都集团实现工业总产值、利税分别为11亿元和1亿多元，而双汇集团仅为8亿元和7095万元。各方面都处于劣势的双汇集团为什么在短短的几年时间内成了同行业的排头兵，而春都集团却在市场竞争中败下阵来？

双汇集团注重决策管理，而春都集团却多次失误。同是企业扩张，双汇集团紧紧围绕肉类加工主业项目扩大规模，使企业迅速形成了以肉类加工为主，养殖、屠宰、包装、彩印等紧密联系的产业群体，1998年集团实现利税3亿元，1999年突破了5亿元。而春都集团在发展中盲目贪大求快，不仅收购和兼并了洛阳市旋宫大厦、平顶山肉联厂、重庆万州食品公司等多家扭亏无望的企业，使自己背上了沉重的负担，而且在条件不成熟的情况下，还投巨资上了茶饮料项目等10多个大型项目，由于缺乏流动资金，这些项目大多都无法启动。

在资金管理上，双汇集团对项目精心运作，最大限度地压缩银行贷款、减少仓库存货，实行产品销售一律现款现货制度，对原料采购实行生产试用合格后付款的制度。双汇集团靠严格管理取得了良好的经营业绩，投资者的回报率高达35%～70%。而春都集团在成本管理、人事管理、营销管理、质量管理、基础管理等方面与双汇集团的差距更大。在营销管理上，双汇集团建立健全了财务部垂直管理、审计部时常监督的财务管理体制，使财务管理走上了规范化、制度化、法制化的轨道。而春都集团财务上报数据虚假，该集团债转股情况汇报上显示1998年集团实现利税4994万元，而上报的数字是实现利润2055万元。春都集团总裁坦言："现在看来，春都在发展中确实是轻视了管理。"而双汇总裁也不避讳，他说："管理是企业的生命，双汇赢就赢在管理上。"

目前世界各国都在各自的社会经济发展中深刻认识到，企业管理无论是在促进整个社会发展的过程中，还是在企业的发展过程中，都具有不可替代的作用。企业管理能把各种独立的生产要素结合在一起，使潜在的生产力变为现实的生产力，并且能够创造出一种新的生产力。

三、管理者

(一)管理者的概念及其分类

管理者是指那些在组织中行使管理职能、指挥或协调他人完成具体任务的人。

1. 按管理者的管理层次对其进行分类

按管理者所处的管理层次可将其划分为高层管理者、中层管理者和基层管理者。

(1)高层管理者：指负责组织的全面管理，为组织运行制定各种政策，并处理组织与环境的相互关系的管理者。如总经理、总裁等。

(2)中层管理者：指居于中间范围的管理者，他们负责管理其他比他们级别低的管理人员，有时也管理某些员工，同时接受更高层次的管理者的管理。如地区经理、部门经理、团队主管等。

(3)基层管理者：指那些仅负责指挥操作者却不能指挥其他管理者的管理者。如监督者、业务经理、领班等。

不同管理层次的管理者，其管理工作的重点是有明显区别的。

(1)高层管理者：做正确的事。

(2)中层管理者：正确地做事。

(3)基层管理者：把事做正确。

2. 按管理者所从事管理工作的领域及专业性质对其进行分类

按管理者所从事管理工作的领域及专业性质可将其分为综合管理者和职能管理者(或专业管理者)。

(1)综合管理者：是管理一个综合性的单位的管理者，负责该单位的所有管理活动。

(2)职能管理者：是负责某一项职能活动管理的管理者。职能管理者或专业管理者仅仅负责管理组织中的某一类活动(或职能)。根据这些管理者所管理的专业领域性质的不同,可以具体划分为生产部门管理者、管理部门管理者、人力资源部门管理者、财务部门管理者以及研究开发部门管理者等。

(二)管理者的素质要求

管理人员的素质主要表现在品德、知识、能力与身心条件上。管理人员的素质是形成管理水平与能力的基础,是做好管理工作、取得管理功效的重要主观条件。

1. 管理人员的基本素质

(1)政治与文化素质,指管理人员的政治思想修养水平和文化基础,包括政治立场的坚定性、敏感性,事业心、责任感,思想境界、品德情操,文化知识等。

(2)基本业务素质,指管理人员在所从事工作领域内的知识与能力,包括一般的业务素质和专门的业务素质。

(3)身心素质,指管理人员本人的身体状况与心理素质,包括健康的身体,坚强的意志,开朗、乐观的性格,广泛而健康的兴趣等。

2. 现代管理人员素质的核心——创新

在社会化大生产不断发展,市场竞争日益激烈的今天,时代对管理者素质提出了更高的要求。在当今时代进行有效而成功的管理,最重要的素质就是创新。创新是现代管理人员素质的核心,创新素质从内容上来讲体现在以下几个方面:

(1)创新意识。管理人员要树立创新观念,要真正认识到创新对组织生存与发展的决定性意义,并在管理实践中,事事、时时、处处坚持创新,要有强烈的创新意识。

(2)创新精神。管理人员在工作实践中,不但要想到创新,更要敢于创新,要有勇于突破常规、求新求异、敢为天下先的大无畏精神。

(3)创新思维。管理人员不但要敢于创新,还要善于创新,善于通过科学的创新思维来完成创新构思。没有创造性思维,不掌握科学可行的创造性方法,是很难实现管理上的突破与创新的。

(4)创新能力。在管理实践中,促使创新完成的能力是由相关的知识、经验、技能与创造性思维综合形成的。

(三)管理者的技能

一个管理者要使自己的工作获得成功,就必须使自己具备必要的管理技能,这些管理技能主要包括以下三个方面:

1. 专业技术技能

它是指管理者必须通过以往经验的积累和新学到的知识、方法以及新的专门技术,掌握必要的管理知识、方法,专业技术知识,计算工具使用知识等,胜任特定任务的管理要求,善于把专业技术应用到管理中去。这是管理和领导现代化企业所必须具备的技术能力。

2. 人际关系技能

它是指管理者必须具有善于与人共事并对部属实行有效领导的能力,善于把行为科学应用到管理中去,如对职工的激励方法和需要的了解,能帮助别人,为他人做出榜样,善于动员群众的力量,为实现组织目标而努力工作等。一般认为这种技能比聪明才智、决策能力、工作能力和计算技术等更为重要。

3. 概念技能

它是指综观全局，认清为什么要做某事的能力，也就是洞察企业与环境相互影响之间复杂性的能力。具体包括：理解事物的相互关联性，从而找出关键影响因素的能力，确定和协调各方面关系的能力，权衡不同方案优劣和内在风险的能力等。

需要说明的是，管理者职位高低的不同，对以上三种技能学习和掌握的要求也不同。

对于高层领导者来讲，人际关系技能和概念技能的重要性要高于专业技术技能；对于基层执行者来讲正好相反，专业技术技能很重要，概念技能相对来说没那么重要；对于中层管理者来讲，可能比较均衡。打个不恰当的比喻，假设人际关系技能和概念技能主要是用脑和口，专业技术技能主要是用脚和手的话，那么高层领导者就是动动嘴，基层执行者主要是跑跑腿，而中层管理者则既要动嘴又要跑腿，所以在任何一个组织里，中层是至关重要的。

四、管理的原理与方法

(一)企业管理的基本原理

企业管理必须有管理的灵魂，即管理者的思维方式。企业管理原理以丰富的管理实践为基础，以科学理论为指导，并为管理实践所检验，是对企业管理活动的实质及其基本运行规律所做的高度概括和表述。从这些原理引申出来的一些原则，对管理活动起着具体的指导作用。

1. 系统原理

系统是由若干相互依存、相互制约的要素，为了实现确定的目标而组成的具有特定功能的有机整体。管理的系统原理要求把管理对象看成是一个复杂的人造系统，树立整体观念，了解事物的组成要素、结构、功能等，以达到优化管理的目的。系统原理要求我们在解决问题时，要遵循以下原则：

(1)整分合原则。现代高效率的管理是在整体规划下明确分工，在分工基础上进行有效的综合，这就是整分合原则。整体规划是分工的前提，分工则是为了提高效率，适应社会大生产的要求，分工之后，各部门还必须进行有效的配合、协作，以保证整体目标的完成。

(2)封闭原则。封闭原则是指企业管理系统内的管理方法、管理手段、管理制度等必须形成一个连续的封闭回路。如在企业管理机构的设计上，要有指挥机构、执行机构、监督机构和反馈机构等，这些机构相对独立而又相互制约，构成回路，以保证管理活动的正常高效运行。

(3)规律效应原则。规律是客观事物本身所固有的、本质的、内在的、必然的联系。任何事物的运动都有其客观的规律性。效应则是客观事物在其运动过程中引起的反应和结果。遵循规律必然取得好的效应，逆其道而行之必然遭到报复。市场经济条件下的企业管理也是如此。规律效应原理要求管理者认识管理对象运动的规律性，主动掌握规律，运用规律，按规律办事，以取得良好的效益。

(4)协调和谐原则。协调和谐原则是指系统内各要素之间、系统和其环境之间要保持良好的生态平衡，以保证系统健康、持续地发展。这一原则要求管理者以矛盾制衡求得动态的平衡，积极创造企业整体结构的和谐，使企业内部人—机关系、人—人关系、人—环境关系保持和谐，保证企业取得良好效益。

2. 人本原理

管理主要是人的管理和以人为对象的管理，即一切管理活动要以调动人的积极性、做好人的工作为根本，这就要求管理者必须以人为中心来开展工作，反对和防止那种见物不见人、见钱不见人、重技术不重视人、靠权力不靠群众的行为。人本原理要求我们在管理上必须遵循以下原则：

（1）动力原则。管理的动力是指在管理活动中，把人们的行为引向实现企业目标的力量，包括动力源和动力机制。管理的动力源主要有物质动力、精神动力和信息动力三种。管理的动力原则要求管理者在管理中，必须正确认识和掌握管理的动力源，运用有效的管理动力机制，激发、引导、制约和管制管理对象，使其行为有助于整体目标的实现。在实际管理中正确运用动力原则，必须树立以人为中心的管理观念，正确认识和综合运用三种动力，保证管理活动得到足够的动力源；正确处理个人动力与集体动力、当前动力与长远动力的关系；建立有效的动力机制，使各种动力的作用方向与企业目标尽可能一致。

（2）能级原则。“能级”指能量的高低与势的关系。企业管理中不同管理和不同层次的管理者所产生的“势”是不一样的，高级管理层及高层管理者应该有较大的权力，基层管理层及基层管理者的权力不宜太大，这样才能保证企业的管理具有权威性，保证管理有序进行。在企业管理中，稳定的管理结构是正三角形的，它由操作层、执行层、管理层、决策层四能级构成，如图1-2所示。上一层的管理者比下一层的管理者权力更大，责任也更大。这就要求每一层次的管理者始终要有与其权责利相对应的能力。对管理者应按其能力大小进行管理层次上的安排，力求避免人才错位现象出现。

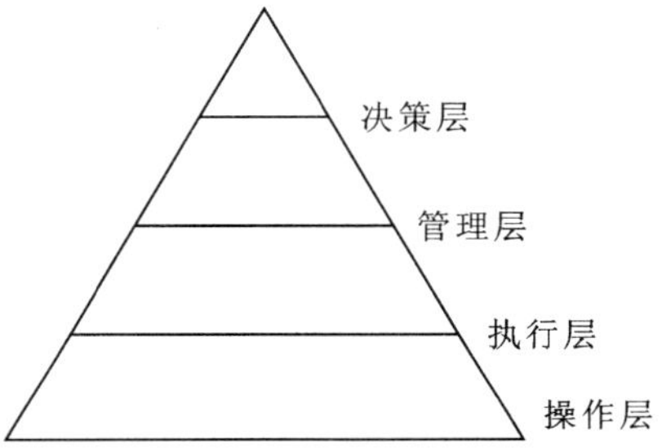

图1-2 管理能级三角形

（3）行为原则。管理的行为原则是指管理者必须对其下属人员的行为进行全面的了解和科学的分析，并掌握其特点和发展规律，在此基础上采用合理的政策和措施，最大限度地调动下层人员的积极性和创造性。在现代管理中，把下属看做“经济人”来进行管理是行不通的。

3．动态原理

事物的运动是永恒的，静止则是相对的。一切事物都处于不断的变化与发展之中，企业也是如此。不断变化的管理环境，要求管理方法、手段和观念也必须进行调整。动态原理要求企业管理必须遵循以下原则：

（1）反馈原则。反馈是指一个系统把信息输送出去，又将其作用结果返送回来，并对信息的再输出产生影响的过程。反馈是决策的前提，是实现有效控制的必要条件。反馈原则就是根据过去的实践情况来调整未来的行为，使之不偏离预定的目标，以提高管理效率。它要求管理者在进行企业系统的管理活动时，为了保证及时、高效、准确地完成企业计划和目标，必须及时了解企业外部环境的变化及企业自身生产经营现状，及时把企业经营状况和环境对企业的反应与原计划和目标进行对比，发现问题及时采取措施予以解决。

（2）创新原则。创新是一切事物向前发展的原动力，技术的进步、社会经济的发展等都是创新的结果。因此，把创新作为管理的原则是企业生存、发展的需要。它要求管理者具有创新思维，不断更新观念，尽快将最近的科技成果和最新的社会经济理论运用于管理之中。

（3）弹性原则。弹性原则是物理学的概念，指的是物体的伸缩性。管理的弹性原则要求管理者在对企业的外部环境进行深入研究和充分认识的基础上，结合企业内部条件，对影响企业决策的各种因素进行科学的分析与预测，保证企业的决策目标、计划都留有充分的余地，以增强企业管理的应变能力。我们主张“遇事多一手”的积极弹性，反对“遇事留一手”的消极弹性。企业在制订方案时，应尽量备有应急方案，这样才能保证目标的实现更具可行性。

4. 效益原理

效益是有效产出与其投入之间的一种比例关系。管理必须追求效益，提高管理效率和企业经济效益是企业永恒的追求目标，也是管理的出发点和归宿，效率高低和效益好坏是管理成败的试金石。因此，管理者应把提高管理效率和企业经济效益放在首位，同时要正确地处理好直接效益和间接效益、经济效益和社会效益、短期效益与长期效益之间的关系，保证各方面的均衡发展。效益原理要求企业管理必须遵循以下原则：

(1)效用最大化原则。效用是经济学中的一个概念，是指某一商品给消费者带来的满足程度。市场经济中，消费者追求的消费目标是效用最大化，企业只有实现消费者的消费目标才能保证自己盈利，换句话说，满足消费者的需要是企业获利的前提条件。而消费效用因时、因地、因人而异，这就要求企业必须适时开发、生产符合消费者需要的产品，最大限度地满足消费者的需要。

(2)效益最优原则。管理的目标是获得最优的效益。所谓效益最优原则是指在一定的技术条件下，企业根据其目标、外部环境和内部条件，对三者进行综合平衡而制定的效益标准。效益最优原则要求管理不仅要追求效益，而且要综合分析，追求最优效益。同时，效益最优是一个相对的、动态的概念，短期最优不一定长期最优，局部最优不一定整体最优。效益最优原则要求企业必须从全局的角度考虑企业长远的发展。

(二)企业管理的方法

执行管理职能，完成企业管理任务，必须解决方法问题。所谓方法，是指达到目标的方式、手段、措施、途径等。现代企业管理的方法很多，一般可分为行政方法、经济方法、法律方法、教育方法和科学技术方法等几大类。

1. 行政方法

行政方法是指企业各级行政组织机构运用其权力，通过发布命令和指示，颁布规章制度，制订和贯彻企业计划等手段管理企业的方法。企业行政机构具有特定的权力，其行政方法具有强制性，企业所有人员都必须服从和执行。

在运用行政方法时，要特别注意这种方法强调的是职责、职权，而非个人特权、“长官意志”。因此，行政领导人必须注重深入实际，注重与下级的沟通，按照客观规律办事，切忌出现主观主义的瞎指挥。行政方法有一定的限度和范围，不要夸大行政方法的作用。单纯依靠行政权力和行政手段，是不利于调动职工积极性的，因而行政方法要与其他管理方法结合使用。

2. 经济方法

经济方法是指按照客观经济规律的要求，正确运用经济手段和经济责任制管理企业的方法。它运用经济杠杆和价值工具，正确处理国家、企业、员工三者之间的经济利益，调节三者之间的经济关系，从而调控企业经济活动。经济方法的实质是按照物质利益原则，实行按劳分配，用经济利益来激发员工的积极性。因此，经济方法的运用必须以经济利益关系的存在和人们对物质利益的追求为前提，在运用时要注意其限度。例如，利用奖金作为刺激积极性的杠杆，若超过一定限度，可能产生副作用。再如，运用罚款作为对某些不良行为进行制止的手段，需要有一定的强度，若强度不足以触动其经济利益，就失去了这种手段的作用。同其他管理方法相比，经济方法的局限性在于它不能直接控制人们的行为，无法解决企业中许多需要严格规定或立即采取措施的问题。单纯的经济方法容易导致盲目追求物质利益的倾向，从而偏离统一的目标，阻碍生产经营活动协调顺利地发展。因此，在运用经济方法时，要注意与其他方法的综合使用。

3. 法律方法

法律方法是指根据法律规范，运用国家法律维护企业利益和管理企业的方法。法律方法比其他管理方法具有更大的权威性和强制性。

在企业管理中，法律方法主要依据的是经济法规。经济法规是我国法律的重要组成部分，是处理经济活动中所发生的社会关系的法律规范，如《企业法》、《公司法》、《经济合同法》、《专利法》、《商标法》、《产品质量法》、《企业承包经营责任制条例》、《企业租赁经营责任制条例》等。用法律方法进行管理，要求企业的一切活动都必须贯彻法制原则，在法律许可的范围内从事生产经营活动，融法律于企业规章制度之中，依法调解和解决企业内部经济纠纷，运用法律手段维护企业的合法权益等。法律方法也有其局限性，它只能在有限的范围内调整和控制人们的行为，故不能代替其他管理方法的运用。

4. 教育方法

教育方法是指管理者运用现代教育思想和方法，通过对企业职工进行思想、科学文化、生产技能和经营管理等方面的教育，提高职工素质，从而增强企业的生存和发展能力的管理企业的方法。教育方法立足于人才开发、智力开发和企业文化的培育，是具有战略性的管理措施。它包括三方面内容：一是企业职工知识技能的增长；二是良好的心理、品德素质的提高和加强思想政治工作；三是价值观和企业精神的培育。

5. 科学技术方法

现代科学技术方法是管理者将现代科学技术的成果应用于管理活动，以提高企业经营管理成效的方法。现代科学技术方法可以使企业管理定量化、精确化、系统化和科学化，可以对影响企业生产经营活动的各种因素进行定量控制，使许多复杂问题的处理变得简单、快捷。现代科学技术方法的运用是企业管理现代化的标志。企业管理中采用的科学技术手段十分广泛，如数学分析方法、管理技术设备现代化、计算机应用技术等。

本章小结

企业是指从事生产、流通等经济活动，为满足社会需要，并获取盈利，进行自主经营、独立核算，具有法人资格的经济组织。企业是现代社会经济的基本构成细胞。按不同的标准，可以把现实生活中的企业划分为许多不同的类型。从一般意义来说，现代企业系统由人、财、物、信息四大要素构成，工业企业的生产经营活动过程由供、产、销三个环节组成。

现代企业制度是企业制度的现代形式，是由若干具体制度相互联系而构成的系统。它的基本特征是产权清晰、权责明确、政企分开、管理科学。它的主要内容包括现代企业产权制度、现代企业组织制度和现代企业管理制度三个方面。

管理是人们为了有效地实现某项活动的目标，根据客观事物的内部条件和外部环境，运用一定的方式（计划、组织、领导、控制、创新）进行的一项综合性活动。管理具有二重性、科学性与艺术性。管理的职能划分为计划、组织、领导、控制和创新五项。

现代企业管理原理主要有：系统原理、人本原理、动态原理、效益原理。

管理原理必须通过管理方法才能在管理实践中发挥作用。管理方法一般可分为行政方法、经济方法、法律方法、教育方法和科技方法。

管理者按其所处的管理层次不同可分为高层管理者、中层管理者和基层管理者。按其所从事管理工作的领域及专业性质划分，通常将管理者分为综合管理者和职能管理者或专业管理者。管理者的技能包括专业技术技能、人际关系技能和概念技能。不同管理者的技能要求重点是有差别的。

复习思考题

一、选择题

1. 企业是指从事生产、流通等经济活动，为满足社会需要，并获取盈利，进行自主经营、独立核算，具有法人资格的（　　）。

A. 社会组织　B. 法人组织　C. 经济组织　D. 事业组织

2. 具有法人资格的企业是（　　）。

A. 个人独资企业　B. 合伙企业　C. 公司制企业　D. 工商户

3. 在组织规模一定的条件下，管理层次越少，其管理幅度就会（　　）。

A. 越大　B. 越小　C. 不变　D. 不一定

4. 越是处于高层的管理者，其对于概念技能、专业技术技能、人际关系技能的需要程度从高到低按以下顺序排列（　　）。

A. 概念技能、专业技术技能、人际关系技能

B. 专业技术技能、概念技能、人际关系技能

C. 概念技能、人际关系技能、专业技术技能

D. 人际关系技能、专业技术技能、概念技能

5. 管理的二重性是指（　　）。

A. 科学性和艺术性　B. 综合性和系统性

C. 自然属性和社会属性　D. 科学性和实践性

6. 对于基层管理者而言，最重要的是（　　）。

A. 专业技术技能　B. 人际关系技能　C. 概念技能

二、简答题

1. 企业的特征有哪些？

2. 现代企业制度的主要内容有哪些？

3. 管理的具体职能有哪些？含义如何？

4. 管理人员应具备什么样的技能？

5. 企业管理的原理和方法有哪些？

实践与实训

一、实训目的

增强对现代企业管理思想、理论的感性认识。

二、实训项目

寻找一个或几个现实生活中有关管理的案例或资料（或在网上、报纸杂志中寻找），应用所学知识，分析其管理思想和包含的管理原理。在班级中组织一次关于管理理论与管理思想的讨论会。

三、实训内容与要求

1. 每班分成数个小组（3～6人/组），每组选定一位实习组长。
2. 各小组利用业余时间寻找案例资料。
3. 每组写一份讨论体会。
4. 每组同学都可以做介绍，谈体会。教师点评。

案例分析

西安杨森的个性化管理

西安杨森制药有限公司成立于1985年10月。合资中方以陕西省医药工业公司为代表，外方为美国强生公司的成员比利时杨森制药有限公司。总投资1.9亿元人民币，注册资金比例为外方占52%，中方占48%，合资期限50年。西安杨森的管理具有以下特点：

1. 严格管理，注重激励

合资企业的工人和中层管理人员是由几家中方合资单位提供的。起初，他们在管理意识上比较涣散，不适应严格的生产要求。鉴于此，合资企业在管理上严格遵循杨森公司的标准，制定了严格的劳动纪律，使员工逐步适应新的管理模式。

通过调查研究发现，在中国员工尤其是较高层次的员工中，价值取向表现为对高报酬和工作成功的双重追求。优厚的待遇是西安杨森吸引和招聘人才的重要手段，而不断丰富的工作内容，增加工作的挑战性和成功的机会则是公司善于使用人才的关键所在。在创建初期，公司主要依靠销售代表的个人能力，四处撒网，孤军奋战，对员工采取的是个人激励。从"人员—职位—组织"匹配原则出发，选用那些具有冒险精神、勇于探索、争强好胜又认同企业哲学、对企业负责的人作为企业的销售代表，主要是医药大学应届毕业生和已有若干年工作经验的医药代表。同时，西安杨森大力宣传以"鹰"为代表形象的企业文化，"鹰是强壮的，鹰是果敢的，鹰是敢于向山巅和天空挑战的，它们总是敢于伸出自己的颈项独立作战。在我们的队伍中，鼓励出头鸟，并且不仅要做出头鸟，还要做搏击长空的雄鹰，作为企业，我们要成为全世界优秀公司中的雄鹰”。

2. 注重团队建设

在1996年年底的销售会议中,西安杨森的员工集中学习并听了“雁的启示”的讲座:“……当每只雁展翅高飞时,也为后面的队友提供了‘向上之风’。由于组成V字队形,可以增加雁群71%的飞行范围”。“当某只雁离队时它会立即感到孤独飞行的困难和阻力,会立即飞回队伍,善用前面同伴提供的‘向上之风’继续前进”。

3. 充满人情味的工作环境

每逢过年过节,总裁即使出差、休假,也不会忘记邮寄贺卡,捎给员工一份祝福。员工过生日,总会得到公司领导的问候。员工生病休息,部门负责人甚至总裁都会亲自前去看望,或写信问候。员工结婚或生小孩,公司都会把这视为自己家庭的喜事而给予热烈祝贺,公司还曾举办过集体婚礼。公司有的活动还邀请员工家属参加,一起分享大家的快乐。公司主办的内部刊物名字叫《我们的家》,以此作为沟通信息、联络感情、相互关怀的桥梁。

公司中外双方高层领导经过几年的磨合,终于达成共识:员工个人待业、就业、退休保险,人身保险由公司承担,由部门专门负责;员工的医疗费用可以全部报销。在住房上,他们借鉴新加坡的做法,并结合中国房改政策,建立员工购房基金。

4. 加强爱国主义的传统教育

1996年11月22日,西安杨森的90多名高级管理人员和销售骨干,与来自中央和地方新闻单位的记者及中国扶贫基金会的代表一起,由江西省宁冈县茅坪镇向井冈山市所在地的茨坪镇挺进,进行30.8千米的“96’西安杨森领导健康新长征”活动。他们每走30.8千米,就拿出308元人民币捐献给井冈山地区的人民,除此以外个人也进行了捐献。公司还向井冈山地区的人民医院赠送了价值10万元的药品。1996年冬天的早晨,北京天安门广场上出现了西安杨森的一支身穿“我爱中国”红蓝色大衣的30多人的队伍,中国人、外国人都有,他们连续许多天进行长跑,然后观看庄严肃穆的升国旗仪式,高唱国歌。这是西安杨森爱国主义教育的又一部分。

公司前任美籍总裁罗健瑞说:“我们重视爱国主义教育,通过爱国主义教育使员工具备吃苦耐劳的精神,使我们企业更有凝聚力。因为很难想象,一个不热爱祖国的人怎能热爱公司?而且我也爱中国!”

思考与讨论:

1. 西安杨森在管理实践中用到了哪些管理方法?
2. 失去员工认同的经营理念会成功地得到贯彻吗?
3. 你认为在企业管理中应该如何正确运用教育方法?

第二章　企业组织、企业形象与企业文化

知识目标

1. 了解常见的组织结构类型，熟悉企业组织结构设计的原则，掌握组织结构设计的内容；
2. 了解企业形象的概念、企业形象塑造的基础，掌握企业形象的内容；
3. 了解企业文化的含义，掌握企业文化的内容、企业文化建设的内容。

能力目标

1. 能根据组织的职能设计企业组织结构；
2. 能够进行企业形象策划，运用所学知识建设适合本企业的文化。

进入21世纪，企业组织结构、企业形象、企业文化、企业公共关系在现代企业的发展中起着越来越重要的作用。一个企业要发展，优质的产品和服务是基础，优良的组织结构是保障，同时还应该创造出良好的社会关系和社会舆论环境。塑造了良好的企业形象，提高了企业的知名度，企业的发展就有了保证。任何一个企业如果没有完善的组织结构、良好的企业形象、独特的文化管理模式，设施和产品再好，企业的发展都会受到限制和影响。

开章案例

D公司是否应该进行组织变革?

一整天的公司高层例会结束后，D公司的S总经理不禁陷入沉思。例会由S总经理主持、几位副总经理参加。原本他只想谈一下公司今后的发展方向问题，但会上的意见争执却出乎自己的预料。很明显，几位高层领导在对公司所面临的主要问题和下一步如何发展的认识上，存在着明显的分歧。

6年来，D公司由初创时的几个人、1500万元资产、单一开发房地产的公司，发展到今天的1300余人、5.8亿元资产、以房地产业为主，集娱乐、餐饮、咨询、汽车维护、百货零售等业务于一体的多元化实业公司，已经成为本市乃至周边地区较有竞争实力和知名度的企业。公司创业以来一直担任主帅的S总经理在成功的喜悦与憧憬中，更多了一层隐忧。在高层例会上，S总经理是这样发言的:“公司成立已经6年了，在过去的几年里，经过全体员工的努力奋斗与拼搏，公司取得了很大的发展。现在回过头来看，过去的路子基本上是正确的。当然也应该承认，公司现在面临着许多新问题：一是企业规模较大，组织管理中管理信息沟

通不及时，各部门协调不力；二是市场变化快，过去先入为主的优势已经逐渐消失，且主业、副业市场竞争都渐趋激烈；三是我们原本的战略发展定位是多元化，在坚持主业的同时，积极向外扩张，寻找新的发展空间，应该如何坚持这一定位？”面对新的形势，就公司未来的发展方向和目前的主要问题，会上各位高层领导都谈了自己的想法。

管理科班出身、主管公司经营与发展的L副总经理在会上说：“公司的成绩只能说明过去，面对新的局面必须有新的思路。公司成长到今天，人员在膨胀，组织层级过多，部门数量大量增加，这就在组织管理上出现了阻隔。例如，总公司下设5个分公司，即综合娱乐中心（下有戏水、餐饮、健身、保龄球、滑冰等项目）、房地产开发公司、装修公司、汽车维修公司和物业管理公司。各部门都自成体系，公司管理层次过多，如总公司有3级，各分公司又各有3级以上管理层，最为突出的是娱乐中心的高、中、低管理层次竟达7级，且专业管理机构存在重复设置现象。总公司有人力资源开发部，而下属公司也设置了人力资源开发部，职能重叠，管理混乱。管理效率和人员效率低下，这从根本上导致了管理成本加大，组织效率下降，这是任何一个公司的发展大忌。从组织管理理论的角度看，一个企业发展到1000人左右，就应以制度管理代替‘人治’，我们公司可以说正是处于这一管理制度变革的关口。我们公司业务种类多、市场面广、跨行业的管理具有复杂性和业务多元化的特点，现有的直线职能制组织结构已不能适应公司的发展，所以进行组织变革是必然的，问题在于我们应该构建一种什么样的组织结构以适应企业发展需要。”

坐在S总经理旁边的另一位是公司创立三元老之一、始终主管财务的C副总经理，他考虑良久，非常有把握地说：“公司之所以有今天，靠的就是最早创业的几个人，他们不怕苦、不怕累、不怕丢了饭碗，有的是闯劲、拼劲。一句话，公司的这种敬业、拼搏精神是公司的立足之本。目前，我们公司的发展出现了一点问题，遇到了一些困难，这应该说是正常的，也是难免的。要走出困境，关键是要强化内部管理，特别是财务管理。现在公司的财务管理比较混乱，各个分部独立核算后，都有了自己的账户，总公司可控制的资金越来越少。如果要进一步发展，首先必须做到财务管理上的集权，该收的权力总公司一定要收上来，这样才有利于公司通盘考虑，共图发展。”

高层会议各领导的观点在公司的管理人员中间亦引起了争论，各部门和下属公司也有各自的打算：房地产开发部要求开展铝业装修；娱乐部想要租车间搞服装设计；物业管理部提出了经营园林花卉的设想。甚至有人提出公司应介入制造业，成立自己的机电制造中心。

思考题：

1. 请讨论该公司目前进行改革是否成熟。
2. 请根据以上信息，为该公司设计一套合适的组织结构，并画出相应的组织结构图。

第一节　企业组织结构

一、企业管理组织

现代企业是一个有机的整体，为使企业协调而有效地运转，必须建立统一的、高效的生产经营管理系统。企业的组织结构是企业管理系统的硬件，建立精干高效的组织结构对实现企业目标，提高企业竞争力和盈利能力，具有重要的作用。

组织是为了达到一定的目标，由分工与合作及不同层次的权力和责任制度而构成的人的集合。它有一个特定的目的，由一群人组成，有一个系统化的结构。例如，一支排球队、一个企业。组织从本质上来说，是人们为了实现共同的目标而采用的一种手段或工具。组织必须有目标，共同目标的存在是组织存在的前提。为了实现共同的目标，组织内部必然要进行分工与协作，没有分工与协作的群体也不是组织，分工与协作的关系是由组织的目标决定的。

企业组织则是为有效地向社会提供产品或劳务，将企业的各种资源按照一定的形式结合起来的社会系统。现代企业组织有目的性、系统性、结构性、群体性、适应性等基本特征。

企业组织分为两个层次：一是由职工和生产资料紧密结合而形成的企业生产劳动组织；二是配备一定数量和能力的管理人员，按分工协作关系划分，具有明确职责、权限和义务的企业管理组织。管理组织通过其整体性活动和信息的传递，决定和影响企业生产劳动组织配置的合理性和效率。企业管理组织既要对直接生产过程进行计划、组织、领导、控制，又要对企业生产经营过程中出现的一系列问题负责。

管理组织主要是由管理人员、规章制度和企业信息等要素组成的，其工作内容主要是组织结构的设计、组织规章制度的建立和组织人事工作等。下面我们主要讨论企业组织结构的设计。

二、组织设计的基本内容

组织设计就是企业组织结构设计，即根据企业的具体目标、所处的环境及生产技术条件等为组织绘制一个蓝图，设计一个“骨架”。它是组织管理的基础工作，其必要性和重要性是随着组织活动内容的复杂程度和参与活动的人员数量的增加而不断提高的。

组织设计的结果是形成组织结构，并以一系列的组织文件，如组织图和职务说明书等，作为人员配备的基本依据。

组织结构是表明组织各部分排列顺序、空间位置、聚集状态、联系方式以及各要素之间相互关系的一种模式。它犹如人体的骨架，起着支撑与联结的作用，使组织内各要素充分发挥作用，有效实现组织目标。

组织结构设计的内容一般包括：层次的划分、部门的划分、职权的划分，以及相互的协调等基本内容。

（一）层次的划分

层次的划分又可称为“层次化”或“层级化”。它主要是由管理幅度的有限性决定的。

1. 管理幅度和管理层次

（1）管理幅度。管理幅度是指一名主管人员能有效监督、管理的直接下属的人数。

管理幅度突出的特点是有限性。因为任何一位主管的能力、精力、时间都是有一定限度的，所以他能有效监督、管理的直接下属人数也是有限的。当主管人员的管理幅度超过他的限度时，要想保证其管理的有效性，就必须考虑增加管理层次了。可以通过委派工作给下一级来减轻上层主管的负担。这样，便形成了有层次的结构。

（2）管理层次。管理层次是指一个组织的管理系统由上至下划分为多少层级，它是由职权关系形成的领导与服从的纵向结构。

需要注意的是，上级主管在利用增加管理层次来减轻自己执行这部分工作负担的同时，也增加了监督、协调其下属执行工作的负担，而监督、协调也是需要时间和精力的。所以增加管理层次节约出来的时间，一定要大于用作监督、协调的时间，这是衡量增加一个管理层次是否合理的重要标准。

(3)管理幅度与管理层次的关系。从上面的介绍中不难看出，管理幅度与管理层次是紧密相连的，当组织规模一定时，管理幅度与管理层次呈反向关系，即管理幅度越大，则管理层次就越少；反之，管理幅度越小，则管理层次就越多。表 2-1 可以反映出两者的关系。

表 2-1　管理幅度与管理层次的对比

管理层次		1	2	3	4	5	6	7
管理幅度	4	1	4	16	64	256	1024	4096
	8	1	8	64	512	4096		

相关链接

一个管理者适合管理多少下属?

这一问题是古典管理组织设计理论中被经常讨论的问题。不同的学者在这个问题上的看法不尽相同。一些学者认为 5～6 人，而其他一些学者则认为可达 10～12 人甚至更多。而在今天的电子商务环境中，有人认为，管理幅度可以达到 150 人。

一般来说，影响管理幅度的因素有以下几种：

①管理者的素质和能力。综合素质较高的管理者，其管理幅度往往可以大些。

②下属的素质和能力。下属的素质、能力高，管理者的管理幅度就可以大些。

③工作相似性。下属的工作越相类似，管理幅度就可以越大。

④环境。一般而言，环境越稳定，管理幅度越大。

⑤计划的完善程度、授权、人员的空间分布等。

(4)两种基本的组织结构形式。由于管理幅度与管理层次的这种关系，决定了两类基本的组织结构：

①扁平型结构。扁平型结构是指在组织规模一定时，管理幅度较大而管理层次较少的一类组织结构，如图 2-1 所示。

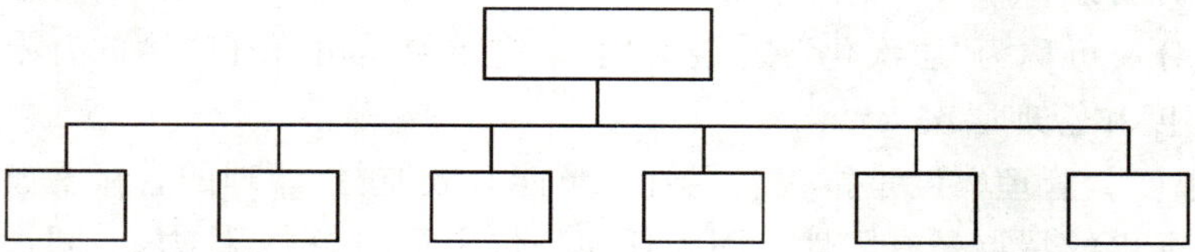

图 2-1　扁平型结构

②高型结构。高型结构是指组织规模一定时，管理幅度较小而管理层次较多的高、尖、细的金字塔形的组织结构，如图 2-2 所示。

2. 管理层次的划分

一个组织中的管理层次的多少，应具体地根据组织规模的大小、管理幅度以及组织活动

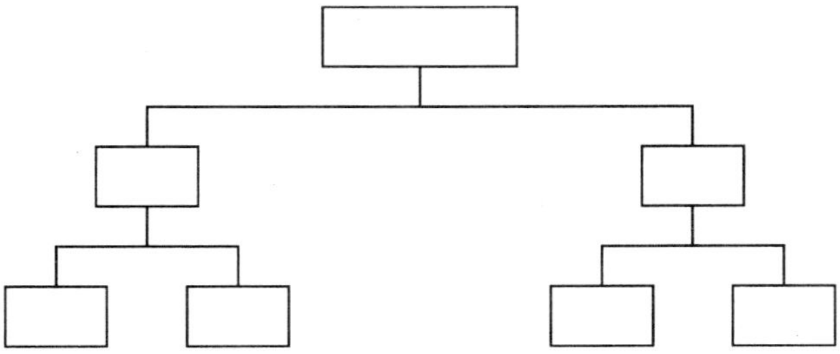

图 2-2　高型结构

的特点来综合考虑。不过一般而言，大部分组织的管理层次分为三层。企业经营管理层次结构如表 2-2 所示。

表 2-2　企业经营管理层次结构

项目＼层次	战略规划层	战术计划层	运行管理层
工作解决的主要问题	是否上马、何时上马	怎样上马	怎样干好
时间期限	3～5 年	1 年	月、旬、周、日
视野	宽广	中等	狭窄
信息来源	外部为主，内部为辅	内部为主，外部为辅	内部
信息特征	高度综合	中等汇总	详尽
不确定因素与冒险程度	高	中	低

(1)上层。也称为战略规划层。其主要任务是从组织的整体、长远利益出发，制定组织目标，以及实现目标的大政方针，并对整个组织进行统一指挥和综合管理。

(2)中层。也称为战术计划层。其主要任务是对如何实现既定目标进行具体安排和控制。如负责分目标的制定，编制相应的计划，并分配资源和协调下级的活动，以及评价组织活动的成果和制定纠正偏差的措施等。

(3)基层。也称为运行管理层。其主要任务是实现既定目标的具体落实。如按照计划协调各项工作的执行，并进行现场控制，以保证各项计划任务的完成、组织目标的顺利实现。

3. 层次间的相互关系

任何组织无论怎样划分层次，各层次之间的关系总是一定的，也就是：上级对下级拥有指挥与监督的权力，下级对上级则负有接受命令完成任务和及时汇报的工作责任，即领导与服从的关系。这种关系是由组织的职权关系决定的，以此形成组织由上而下的纵向结构。

(二)部门的划分

组织设计除了通过层次的划分形成组织的纵向结构之外，还需要通过部门的划分形成组织的横向结构。部门是指组织工作主管人员为完成规定的任务而有权管辖的一个特定的领域，如企业中的部、处、科等。

部门划分的目的，在于确定组织中各项任务的分配与责任的归属，以求分工合理、职责分明，有效地达成组织的目标。正如法约尔指出的：它是为了用同样多的努力生产更多和更好的产品的一种分工，即部门划分是提高组织内工作效率的一个重要保证。

1. 部门划分的标准

部门划分是在对组织业务活动横向分工的基础上进行的，而各个组织因为目标的不同，组织活动也有很大的差异，这样所形成的部门亦会不同。组织设计中经常采用的划分方法（或依据、标准）有以下几种：

（1）按人数划分。这是一种最原始、最简单的划分方法，比如军队中的班、排、连、营、团等就基本上是这样划分的。它是抽取一定数量的人在主管人员的指挥下去执行一定的任务，其特点是：划分的标准仅以人力资源即人数的多少来衡量，因此在现代社会中有逐渐被淘汰的趋势。当然并不排除在某些场合，尤其是在作业层的部门划分中仍然要使用，如企业生产班组的划分等。

（2）按时间划分。这亦多见于组织的作业层，大多在正常的工作时间内不能满足工作需要时采用，如石化企业、医院等。这样划分既可提高组织中机器、设备、场地等的使用效率，也可满足市场的需求。不过它的缺点是：在非正常工作时间的部门，对早、晚班人员的管理较难，几乎完全要靠本部门的主管来进行；另外，这些部门的工作效率相对较低，而费用则较高。

（3）按职能划分。这是许多组织在进行部门划分时广泛采用的一种方法，它是根据分工和专业化的原则，以工作或任务的性质为基础划分部门，即根据业务活动的相似性来划分部门。

它的优点是：它遵循分工和专业化原则，有利于实行专业管理，使主管人员专注于某一方面的专业工作；有利于工作人员的专业培训、相互交流，提高其专业技术水平。由于各部门是在最高主管的领导下从事相互依存的整体活动的一部分，因此有利于维护组织的统一性。

它的缺点是：各职能部门的人员只从事某种专业的工作，易产生“隧道视野”，考虑问题时缺乏整体观念，不利于培养全面型的高级管理人才。组织中各项活动的性质不同，各职能部门往往只从本部门的特点、角度去考虑问题、采取行动，从而给部门之间的横向协调带来困难，影响组织整体目标的实现。

（4）按地区（域）划分。对于规模庞大或者其活动在地理位置上较为分散的组织，按地区（域）划分部门是一种较为普遍的做法。采用这种方法的前提是：组织各部分所处的地理位置分布于不同的地区（域），并且各地区（域）的政治、经济、文化等环境因素影响到组织的管理。这样就可将某一地区（域）内的所有工作集中起来，成立一个部门，其目的是为了根据各地区（域）的具体特点进行有针对性的管理，调动各地区（域）的积极性，更好地实现组织整体目标。在国际范围内从事经营活动的跨国公司大多采用这种方式设置部门。

它的优点是：责任下放到较低层次，有利于改善地区（域）内的协调，取得地区（域）经营的经济效益；同时也为全面型的管理人员提供了广阔的培训场所和有利的机会，有利于主管人员的培养和成长。

它的缺点是：需要更多具有全面管理能力的人员；常会导致一些服务的重复，使集中的服务工作不易进行；地区（域）间的协调也不容易进行；增加了组织高层的控制难度。

（5）按产品划分。它是用产品或产品系列对组织的业务活动进行分组。如制冷设备公司按其生产的不同产品系列分为冰箱厂和空调厂，大型商业企业按经营的不同类型产品设置家电部、服装部、食品部、化妆品部等。

它的优点表现在以下几个方面：

①有利于企业将多角化经营与专业化经营结合起来，发挥各自的长处。因为整个企业

向社会提供多种产品，而每一个部门只专门生产、经销某一种产品，这样既可以使企业因多角化经营而减少市场风险，提高经营的稳定性，又可以使企业的各部门因专业化经营而提高生产效率、降低成本。

②有利于企业及时调整生产方向。因为是按产品划分部门，每种产品的成本与收益较易计算，这样就容易考察和比较不同产品对企业的贡献，从而及时地调整生产方向，使整个企业的产品结构更趋合理。各部门主管将注意力集中在产品上，有利于对产品的改进和发展，促进产品的更新换代。

③有利于促进企业内部竞争。由于各产品部门对企业的贡献容易辨认，这样就有利于促进不同产品部门相互竞争，不断改善本身的工作，从而促进整个企业的发展。同时有利于培养和训练全面型的高层管理人员。

它的局限性和按地区（域）划分相似，要求有更多具有全面管理能力的主管；部门中的某些机构会与企业总部的机构重叠，导致管理费用的增加；各部门独立性较强，而整体性较差，从而影响企业的统一指挥；加大高层主管的协调和控制困难。

(6)按服务对象划分。它是将组织为满足不同服务对象或顾客的需要而做的事加以分类，并以此为基础划分部门。如大学里设置的研究生院、成教学院，大型零售商业企业设置的儿童用品部、老年人用品部等。

这种划分最大的优点就是能满足各类服务对象专门的和一般的要求，社会效益比较好。但按这种方法组织起来的部门，其主管人员常常因此要求给予特殊照顾，从而使这些部门和按其他标准形成的各部门之间的协调发生困难。另外，这类部门的专业人员和设备可能得不到充分利用。比如在萧条时期，某类顾客的需求大幅度减少或几乎没有了；而经济繁荣时期，某些顾客的需求又供不应求。所以这样划分的部门要经常根据服务对象的需求变化而做相应的调整，时刻保持人员和设备等的灵活性。

(7)按设备或工艺流程划分。这在制造业中常常见到，如纺织服装企业。这种划分能够经济地使用和管理设备，充分发挥设备的效益，同时也为发挥专业人员的特长以及上级主管的监督管理提供了方便。但是部门间的协调较困难。

不管怎样，对于部门的划分，应该始终记住的是：部门划分是为保证组织目标的有效实现而对其业务工作进行分类和安排的一种手段。在实际工作中，每个组织都应该根据自己的具体情况，采用能取得满意效果的部门划分方法：可以按一个标准划分组织的各部门；也可以采用混合标准，即在一个组织内，甚至在组织的同一层次中采用两种或两种以上的标准进行划分。如在大学里，有按培养方向设置的各个系，也有按职能建立的教务处、学生处、后勤处、财务处等，还有按服务对象成立的成教部、研究生部，有的大学还按地区分为南院、北院等；还可以用不同的标准划分同一部门，常见的如矩阵组织或项目小组的建立，它就是在进行部门划分时，同一部门既按职能又按产品（项目）来设立。

2. 部门划分的原则

部门划分是遵循组织工作中的分工协调原理进行的。具体地说，在进行部门划分时应注意以下原则：

(1)力求维持最少部门。在有效实现组织目标的前提下，应该尽量使组织结构精简，这其中包括部门的数量要尽可能地保持最少。

(2)部门设置应具有弹性。即划分出的部门应随着组织目标及其业务活动的需要而及时调整、增减。如在调查某重大案件时设立的专案组，工作一完成，就要尽快撤销，否则，组织结构的臃肿就在所难免了。

(3)确保目标的实现。组织活动中必要的职能应该建立有相应的部门，以确保目标的顺利实现。当某一职能与两个以上的部门有关联时，应该明确每一个部门所负责的工作，既不能相互重叠，又不要出现空隙。

(4)各部门工作量的分配应尽量达到平衡，避免忙闲不均。

(5)检查部门与业务部门分设。负责考核、检查的部门和人员不应隶属于受其检查评价的部门，以保证检查、考核的公平、公正。

总之，部门划分的好处在于解决了因管理幅度的限制而约束组织规模扩大的问题；同时又把业务工作安排到了各个部门中去，有利于组织目标的实现。但是无论按照什么方法划分部门都有利有弊，而且只要划分了部门，部门间的协调问题就难以避免。因此在部门划分的同时，必须注意到这点，想办法使其降到最低限度。

(三)职权的划分

组织的层次划分、部门划分确定了组织的纵向和横向结构，解决了组织内部各部门、各职位之间的排列顺序、空间位置和聚集状态等问题。职权划分的任务是要解决组织中各层次、各部门之间的相互关系和联系方式问题，从而使组织真正成为一个有机的整体。

1. 职权的概念

职权是职务范围内的管理权限，是指由一定的正式程序所赋予某一职位的一种权力，是处于某一职位的人要求其下属为完成组织目标而做或不做某些事情的权力。其实质是决策的权力，即决定干什么、如何干、何时干的权力。它是管理者行使管理职责的工具和保障。需要指出的是：职权来源于职位，它是与组织中的职位有关而与占据这一职位的个人无关的权力。

相关链接

关于权力

职权是权力的一部分。权力是指使他人进行某项特定活动或做出特定决策的能力。其实质是影响力。权力由两部分组成：职务权力(职权)、个人权力。

(1)职务权力。职务权力由合法权力、奖赏权力、强制权力组成。

①合法权力：直接来自于所担任的职务，可以影响他人的能力。这是一种最容易理解和接受的权力。

②奖赏权力：指领导者对下属认为有价值的奖励拥有控制权。

③强制权力：指领导者对于惩罚措施的控制权。

(2)个人权力。个人权力又包括专长权、个人影响权。

①专长权：是指通过掌握与工作有关的专业知识来控制他人的能力。

②个人影响权：是指通过他人对自己的忠诚和爱戴而影响他人的能力。

优秀的管理者和领导者在自己的工作过程中，应学会把职务权力和个人权力有机地结合起来，如此，才能实施最有效的领导与管理。

2. 职权的类型

组织内的职权有三种类型:直线职权、参谋职权、职能职权。

(1)直线职权。直线职权是直线主管人员所拥有的包括发布命令及执行决策等的权力,也就是通常讲的指挥权。所谓直线主管是指能领导、监督、指挥、管理下属的人员。如企业的经理、车间主任、班组长等。管理幅度中所说的主管人员指的就是这种直线主管人员。每位直线主管都拥有直线职权,只不过因他们所处的管理层次不同,其职权的大小及范围会各有不同。

直线职权是任何一个组织层次划分的重要依据,由此而形成的指挥链(等级链)既是组织内权力执行的路线,也是信息流通的渠道。

(2)参谋职权。参谋职权是某个职位或部门所拥有的辅助性职权,包括提供咨询、建议等的权力。与此相对,拥有这种职权的人员或部门称为参谋人员、参谋部门,日常生活中的顾问、参谋部、顾问班子、智囊团都属此类。他们都是协助直线主管进行工作的。

直线主管拥有决策和发号施令的权力,即指挥权;而参谋则是作为直线主管的助手,为其提供服务和协助,只拥有谋划和提供咨询、建议的权力,即参谋权。

(3)职能职权。职能职权是指某职位或某部门所拥有的进行专业管理的权力。相应地,拥有这种权力的人员或部门称为职能人员或职能部门。职能职权原属于直线主管,由于种种原因,为确保有效的管理,直线主管往往将其中一部分专业方面的工作,授权给参谋人员或下级某一部门的主管人员。职能职权大多由参谋部门或业务部门的负责人来行使,因为他们通常都是一些专业人员,他们的知识正是进行职能管理的基础。

职能职权实质上是直线职权的一部分,不过它行使的范围要小得多,只在某一专业方面有指挥权。相比之下,参谋职权则完全没有对下属的指挥权,而只有对上级的参谋权。可见,职能职权是组织职权中较特殊的一种权力,是介于直线职权和参谋职权之间的一种职权。

3. 正确处理直线人员(部门)、职能人员(部门)和参谋人员(部门)的关系

三种职权是使组织活动朝向组织目标进行的不可分割的整体,三种人员(部门)的工作也是相辅相成、密切配合的,从前面的介绍中可以看出,在现代组织中,直线职权意味着做出决策、发布命令并付诸实施,是协调组织中人、财、物等资源,保证组织目标实现的基本权力;参谋职权则仅仅意味着协助和建议的权力,它的行使是要保证直线主管人员做出的决策更加科学合理,如同"田忌赛马"中的孙膑;而职能职权由于是直线职权的一部分,因此也具有直线职权的特点,但它的范围要小一些,只局限于某一专业方面,主要解决的是关于"怎么做"和"何时做"的问题,绝不可包揽直线职权的一切权力。

相关链接

职权划分应注意的问题

1. 充分发挥参谋职权的作用。但应注意,参谋应根据客观情况独立提出建议,不受他人左右,否则就失去了参谋的意义。而直线主管也不应为参谋所左右。前者应多谋,后者应善断。

2. 适当地限制职能职权。如果对职能职权不做明确的规定或不加限制，则必然导致多头领导。因此，应在一定范围内限制职能职权的使用，仅限于他们解决“如何做”和“何时做”等方面的问题，不能扩大到“在哪里做”和“做什么”等方面的问题。另外，还要限制职能职权使用的级别。

三、组织结构设计应遵循的基本原则

组织结构的设置，应根据组织的目标、外部环境和自身条件而定，没有固定的模式。但不管具体形式如何，有一些基本的原则是要遵循的，以此来保证组织的高效性和稳定性。

（一）目标统一原则

目标统一原则就是要求组织结构的设计和组织形式的选择必须有利于组织目标的实现。这就要求在组织设计时应以组织目标为中心，因事而设置机构、职务，做到人与事的高度配合。这里的“事”是实现组织目标应该做的工作、业务、活动。这样建立的组织结构才能反映组织目标的要求，使“事事有人做”，要避免“因人设事、因人设岗”。

（二）分工协作原则

组织结构的设计越是能反映完成目标所必需的工作、工作的分工以及彼此之间的合作，委派的职务越是能适合于担任这一职务的人的能力与动机，其组织结构的设计就越是有效。

这就要求组织设计应按照提高管理专业化程度和工作效率的要求，把组织的目标层层分解，落实到各级、各部门及每一个人身上，使之明确自己在实现组织目标中应承担的工作职责。协作是与分工相联系的一个概念，有分工就必然有因此而产生的协作问题，而组织是一个有机整体，只有密切的协作，才会发挥整体功能。想一想体育比赛中的集体项目，就不难理解分工协作的重要性。

（三）统一指挥原则

统一指挥原则即组织中除了最高层的主管外，每一个人都只对其唯一的直接上级负责，服从他的命令和指挥，向他汇报工作。这一原则贯彻得越彻底，整个组织的指挥就越统一、有效，相互矛盾的指令就越少。

按照统一指挥原则，组织的上下级之间形成“指挥链”，也就是权力线，它上至组织的最高层，下至组织的基层。它既是组织执行权力的线路，又是组织信息传递的重要渠道。指挥链必须是连续的，不能中断；任何下级只能有一个直接上级；不允许上级越级指挥；职能机构无权干涉直线指挥系统的工作。

（四）权责一致原则

在组织设计时，既要明确规定各个部门、各个职位的职责范围，又要赋予完成其职责所必需的管理权限，使职责与职权相协调。只有职责没有职权或权限太小，则其承担责任的积极性、主动性必然受到束缚；相反，只有职权而无任何责任，或责任程度小于职权，则会导致滥用权力和官僚主义。因此应尽量避免这种现象的产生，组织设计时应将职位、职责、职权形成规范，使权责对等，使在其位的人有所遵从。

（五）有效的管理幅度和管理层次原则

组织中的管理幅度与层次越是适当，就越能够保证组织的有效运行。

组织工作的作用是通过组织的有效运行来实现的，要保证组织运行的有效性，就必须正确处理好管理幅度和管理层次的问题，它们是协调组织中各层次、各部门以及个人工作的一个重要方面。

（六）集权与分权相结合的原则

为了保证有效的管理，必须实行集权与分权相结合的领导体制。应该集中的权力集中起来，应该下放的权力则下放给下级，这样才能加强组织的灵活性和适应性。如果没有适度的分权，将所有的权力都集中在最高管理层，不仅会使最高层主管淹没于繁琐的日常事务之中，顾此失彼，而且还会助长官僚主义、命令主义等不良的作风，会影响对例外问题的有效处理。因此，最高主管必须将与下属所承担的职责相对应的职权授予他们，使下属有职、有责、有权。这样，就能够使下属充分发挥出其聪明才智，调动他们工作的积极性，以保证管理效率的提高，也可以减轻高层主管的负担，以集中精力抓大事。当然，在一个具体的组织中，到底哪些权力该集中，哪些权力该下放，必须具体问题具体分析，没有一定之规。

（七）精干高效原则

在服从由组织目标所决定的业务活动需要的前提下，应力求减少管理层次，精简管理机构和人员，提高管理效率。

精干是机构少、人员精。高效是工作效率高。一个组织只有机构精简、队伍精干，工作效率才会高；相反，如果组织层次繁多、机构臃肿、人浮于事，则势必导致人力资源的浪费，使效率降低。因此，一个组织是不是具备精干高效的特点，是衡量其组织结构是否合理的主要标准之一。

（八）稳定性和适应性相结合的原则

组织要进行实现目标的有效活动，其组织结构必须维持一种相对平衡的状态，组织结构不宜频繁调整，应有一定的稳定性。但是，稳定是相对的，由于组织以及组织赖以生存的环境是不断变化的，当组织结构明显地难以适应已变化发展了的外部环境的时候，组织的调整和变革就是不可避免的了，此时，只有调整与变革，才会给组织重新带来效率和活力。稳定是相对的，而变革是永恒的。

四、组织结构的类型

通过对组织的层次、部门和职权的划分，最后就形成了组织的“骨架”——组织结构。企业组织结构的典型形式有直线制、职能制、直线职能制、事业部制、模拟分权制、矩阵制、多维立体型等。

1. 直线制组织结构

直线制又称为军队制，是最早出现也是最简单的企业组织结构形式。如图 2-3 所示。

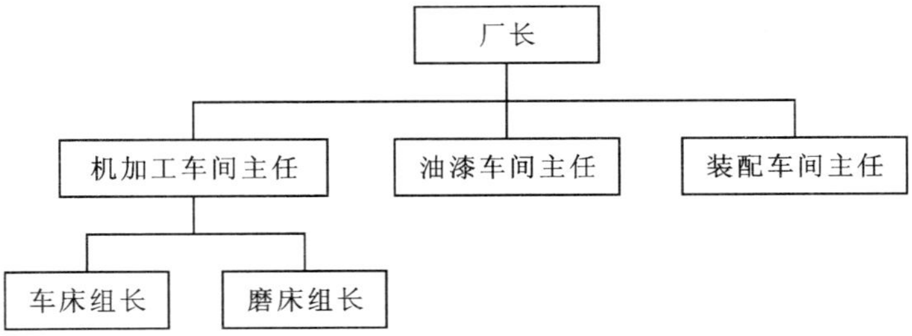

图 2-3　直线制组织结构简图

在直线制组织结构中，企业的各级行政单位从上到下实行垂直领导，各直线主管对本单位的一切问题负责，无职能机构。

直线制组织结构的优点为：结构简单，责任明确，指挥统一。

直线制组织结构的缺点为：在企业规模较大时，所有的管理职能都集中在主管身上，往往由于个人的知识及能力有限而难以应付，顾此失彼，从而可能导致较多失误。此外，每个部门基本上只关心自己的工作，部门间的协调比较难以进行。

直线制组织结构适应于规模较小、生产技术比较简单的企业。

2. 职能制组织结构

为了缓解直线制组织结构中各级主管的工作压力，出现了职能制组织结构。如图 2-4 所示。

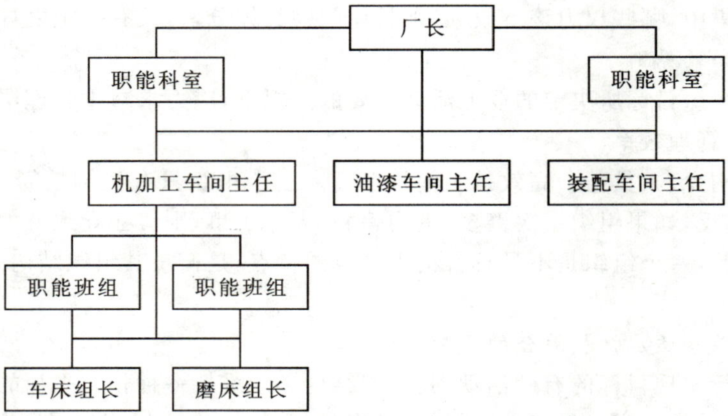

图 2-4 职能制组织结构简图

在职能制组织结构中，各级行政单位除了主管外，还相应地设立一些由专业人员组成的职能机构，它们有权在各自的业务范围内向下级下达命令。

职能制组织结构的优点为：适应现代化工业企业生产比较复杂、管理工作分工比较细的特点，能充分发挥职能机构的专业管理作用，减轻直线领导人员的工作负担。

职能制组织结构的缺点为：破坏了统一指挥原则，形成了多头领导。

现代企业一般都不采用这一组织结构形式。

3. 直线职能制组织结构

直线职能制组织结构是在直线制组织结构和职能制组织结构的基础上，取长补短而建立起来的。目前，我国大多数企业都采用这一组织结构形式。如图 2-5 所示。

在直线职能制组织结构中，既设置纵向的直线指挥系统，又设置横向的职能管理系统，以前者为主体建立二维管理组织。

这种组织结构形式把企业管理结构和人员分为两大类：一类是直线领导机构和人员，按统一指挥原则对下级进行指挥；另一类是职能机构和人员，按照专业化原则，从事组织的各项职能管理工作。直线领导机构和人员在自己的职责范围内有一定的决定权和对下属的指挥权，并对自己部门的工作负全部责任。而职能机构和人员，则是直线指挥人员的参谋，不能直接对部门发号施令，只能进行业务指导。

直线职能制组织结构的优点为：既能保证统一指挥，又能充分发挥专业管理的作用。

直线职能制组织结构的缺点为：一方面，职能部门之间的协作和配合性较差，职能部门

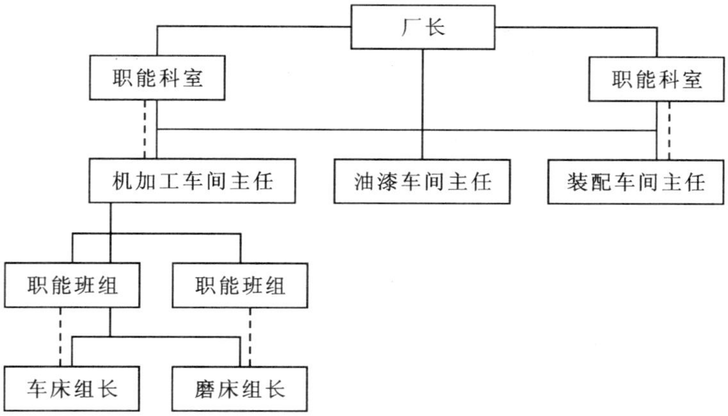

图 2-5　直线职能制组织结构简图

的许多工作要直接向上层领导请示，加重了上层领导的工作负担；另一方面，会造成办事效率低下。

4. 事业部制组织结构

事业部制最早由美国通用汽车公司的总裁斯隆提出，他将全公司按产品划分为 21 个事业部（如雪佛莱部、卡迪拉克部等），分属 4 个副总经理领导，有关大政方针如财务控制、重要领导人任免、长期计划、科技发展等重要决策由总公司掌握，而其他具体业务则完全由各个事业部负责。现在的事业部制组织结构由此而来。

在事业部制组织结构中，把一个企业的生产经营活动按产品类别或按地区分成不同的组成部分，每一部分就是一个事业部。从产品的设计、原材料采购、成本核算、产品制造，一直到产品销售，均由事业部及所属工厂负责。各事业部实行独立经营，单独核算。一般企业总部只保留人事决策、预算控制和监督权。企业总部通过利润等指标对各个事业部进行控制。如图 2-6 所示。

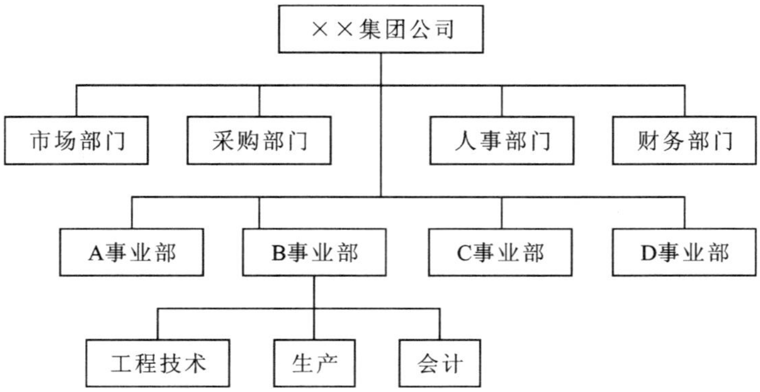

图 2-6　事业部制组织结构简图

事业部制组织结构的优点为：

（1）事业部制是一种高度集权下的分权管理，通过分权，企业总部的高层领导管理者和经营者的负担得以减轻，可以集中精力进行长期战略目标的研究，对企业整体战略性问题进行迅速、准确的决策；通过分权，各个事业部的主管，都能在权力范围内对相应的市场作出快速反应，决策迅速。

(2)各事业部独立经营，实行独立核算，在一定程度上分散了企业整体的经营风险，各个事业部的经营成果也一目了然，便于总部对其进行考核；同时，各个事业部内部的供、产、销之间不像直线职能制下需要高层管理人员的参与和管理，更便于组织专业化生产和实现企业内部协作。

(3)总部往往主要通过各个事业部的业绩来对其进行考核和评价，所以这在一定程度上会促进各个事业部之间的相互竞争，容易形成竞争氛围，更能发挥各个事业部的积极性，在一定的程度上促进企业的发展。

(4)各个事业部的主管要从事业部的整体来考虑解决各种问题，这有利于公司不断培养和训练管理人才。

事业部制组织结构的缺点为：

(1)总部与各事业部的职能机构部分重叠，会出现管理人员和其他非生产性人员增加的倾向，造成管理人员及相关管理费用的浪费。

(2)事业部实行独立核算，各个事业部通常只考虑自己的利益，这在一定的程度上会影响到各事业部之间的协作，同时也可能造成各事业部之间不易交流，不利于相互之间取长补短。

(3)事业部之间、事业部与总部之间的一些业务联系与沟通往往会被经济关系所取代，使总部与各个事业部之间的关系变得松散，不利于总部对各个事业部的控制与协调。

事业部制适用于规模庞大、产品品种繁多、技术复杂，面对多个不同市场的大企业。

5. 模拟分权制组织结构

模拟分权制组织结构形式是介于直线职能制和事业部制之间的一种企业组织结构形式。如图 2-7 所示。它适用于钢铁、化工、原料、医药等连续生产的大型企业。这类企业受产品生产工艺过程的限制，生产经营整体性强，各生产单位生产的产品没有真正的外部市场，难以分解成几个独立的事业部，因此不宜分权；同时，又由于企业的规模庞大，高层管理者不容易有效地控制管理，因此又不宜集权。于是就出现了模拟分权制的结构形式。

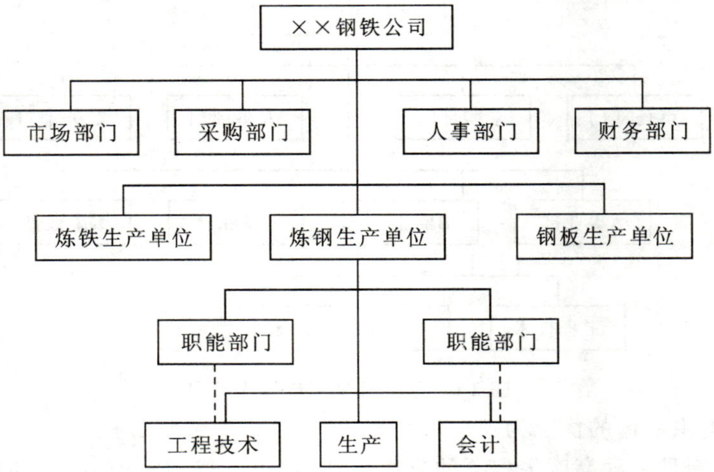

图 2-7 模拟分权制组织结构简图

所谓模拟，就是模拟事业部制的独立核算、单独经营，即按地区或其他标准把企业分成许多“生产单位”，并把它看成是一个独立的“事业部”，但并不是真正的事业部。这些生产单位有自己的职能部门，享有较大的自主权，各个生产单位之间按内部的价格进行产品交换并计算利润，进行“模拟性”的独立核算，负有“模拟性”的盈亏责任。这样做的目的是要调动各生产单位的积极性，达到改善企业生产经营管理的目的。模拟分权制的关键是准确确定各生产单位生产的中间产品的价格。

模拟分权制组织结构的优点为：

(1)通过模拟分权可以减轻高层主管领导处理日常事务的负担，从而可将精力更多地投入到企业战略研究上。

(2)企业内部通过模拟形成生产单位后，各单位相对独立，可调动其积极性，也便于考核各单位的业绩。

模拟分权制组织结构的缺点为：

(1)正是因为是模拟分权，缺乏明确的标准，所以关于分权的大小、幅度以及各个单位之间的统一管理和协调也不易量化和明确。

(2)各个管理生产单位因为没有自己独立的外部市场，而在工序上或流程上又是相互衔接的，所以产品在内部转移时实行的是内部价格，确定该价格时也缺乏明确的依据和标准，易造成效益核算的不准确。

6. 矩阵制组织结构

矩阵制组织结构，又称规划—目标结构，是在20世纪50年代出现的一种组织结构。它的实质是：在同一个组织结构中，按职能划分部门的形式同按产品划分部门的形式相结合，即把按职能划分部门形成的纵向职能系统和按产品(项目或服务)划分部门组成的横向项目系统结合起来组成一个矩阵，使同一名员工既同原职能部门保持组织与业务上的联系，又参加产品和项目小组的工作。为了保证完成一定的管理目标，每个项目小组都设负责人，在组织最高主管的直接领导下进行工作。为了完成某一项目，由各职能部门抽调人员组成项目小组，该项目小组中包括了为完成项目所必需的各类专业人员，当项目完成之后，各类人员仍回原职能部门。多个项目小组以图2-8的形式排列在一起即成为矩阵组织。

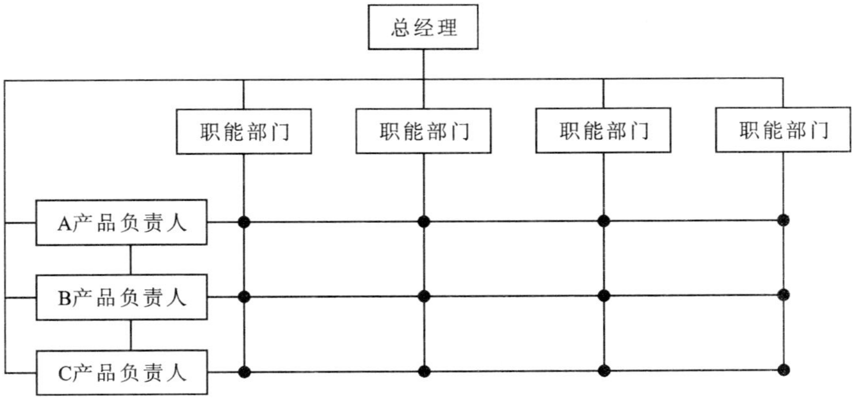

图2-8　矩阵制组织结构简图

这种组织结构的特点是打破了传统的“一个员工只有一个头儿”的命令统一原则，使一个员工属于两个甚至两个以上的部门。

矩阵制组织结构的优点为：

(1)加强了各职能部门的横向联系，有助于加强各部门的协调和沟通，克服职能部门相互脱节、各自为政的现象。

(2)可以根据工作的需要,集中各种具备专门知识和技能的人才,去完成有关的工作任务。当任务完成后,项目小组即解散,各回原部门。这样,使组织结构具有很大的机动性和适应性。

(3)由于项目小组中集中了各种人才,便于知识和意见的交流及相互启发,有利于克服"近亲繁殖"。

矩阵制组织结构的缺点为:

(1)由于这种组织结构实行纵向、横向的双重领导,处理不当,会因意见分歧而造成工作中的扯皮现象和矛盾。

(2)组织关系较复杂,对项目负责人的要求较高。

(3)由于这种结构一般具有临时性的特点,因而也易导致人心不稳,凝聚力不强,影响工作责任心。

为克服双重领导带来的问题,可以采取的办法有:

(1)授予项目负责人全面的职权;

(2)各项目小组实行独立预算;

(3)项目负责人和职能负责人共同制定进度、确定重点,如有矛盾,提交上一级解决。

矩阵组织的特点决定了它主要适用于那些工作内容变动频繁,每项工作的完成需要众多技术知识的组织,如造船、建筑、飞机制造等企业,就多以项目为中心进行生产经营管理。有时作为一般组织中安排临时性工作任务的补充结构形式,如在一些新兴行业(IT、航天)的工程部门、研究与发展部门。

7. 多维立体型组织结构

多维立体型组织结构是由美国道-科宁化学工业公司于1967年首先建立的。它是矩阵制组织结构形式和事业部制组织结构形式的综合发展。这种结构形式由三方面的管理系统组成:①按产品(项目或服务)划分的部门(事业部),是产品利润中心;②按职能如市场研究、生产、技术、质量管理等划分的专业参谋机构,是职能利润中心;③按地区划分的管理机构,是地区利润中心。在这种组织结构形式下,每一系统都不能单独做出决定,而必须由三方代表,通过共同的协调才能采取行动。因此,多维立体型组织结构能够促进每个部门都从整个组织的全局来考虑问题,从而减少了产品、职能、地区各部门之间的矛盾。即使三者之间有摩擦,也比较容易统一和协调。这种类型的组织结构最适用于跨国公司或规模巨大的跨地区公司。

以上介绍的7种类型是到20世纪80年代末为止的一些主要的和基本的组织结构形式。需要指出的是,这些类型是对实际存在的组织结构形式一定程度的理论抽象,仅仅是一个基本框架,而现实组织的结构则要比这些框架丰富得多,多数企业的组织结构是多种类型的综合体。随着生产力的发展和人们对管理客观规律认识的逐步深化,组织结构的类型也必将得到更进一步的发展和完善。

相关链接

LG 电子组织架构调整，创造价值

据悉，自 1993 年 LG 电子进入中国以来，LG 在中国的事业规模全面扩张。如今在中国的 13 家工厂发展迅速，但随着市场竞争的日趋激烈和消费需求的日趋复杂，LG 原先的组织结构已不合时宜，到了必须做出调整的时候了。业界分析人士认为，LG 电子要在中国成长必须找到新的坐标，同时，为了使分散在各地的营业组织运营得更加有效率，LG 将中国地区分为华北、华东、华南、华西、东北 5 大区域进行集中化管理。在各个区域的重点城市即北京、上海、广州、成都、沈阳等地建立大分公司体制。重新整编的 5 大分公司作为中国内销事业的主体，将被建立为同时拥有权限和责任的独立经营体，强化市场应对能力，积极推进本地化建设。同时实施大规模重组，撤销一个业务部门并且用韩国人替换全部 5 名外籍高管。根据这个"休克疗法"重组计划，LG 电子将撤销其业务解决方案部门，把当前的业务部门数量从 5 个减少到 4 个。保留的 4 个部门是家用电器、空调和能源解决方案、家庭娱乐和移动通信。为了帮助 LG 重新获得重要的手机业务的实力，LG 创建了一个软件技术中心，以增强与软件有关的能力。

LG 电子发言人 Oh Sea-chun 说，我们需要调整公司结构以便更迅速地提高业务效率。LG 电子的这种组织结构的迅速调整，明确了组织功能，优化了管理结构，提升了运营效率，因此这种组织结构的优化和调整也为企业带来了更大的利润，推动了企业的可持续发展。

第二节　企业形象

一、企业形象的含义

从心理学的角度来看，形象就是人们通过视觉、听觉、触觉、味觉等各种感觉器官在大脑中形成的关于某种事物的整体印象，即各种感觉的再现。形象不是事物本身，而是人们对事物的感知，不同的人对同一事物的感知不会完全相同，因而其正确性受到人的意识和认知过程的影响。

企业形象是人们通过企业的各种标志（如产品特点、行销策略、人员风格等）而建立起来的对企业的总体印象，是企业内外对企业的整体感觉、印象和认知，是企业状况的综合反映。企业形象是企业精神文化的一种外在表现形式，它是社会公众在与企业接触交往的过程中所感受到的总体印象。这种印象是通过人体的感官传递获得的。企业形象有好与不好之分，当企业在社会公众中具有良好的企业形象时，消费者就愿意购买该企业的产品或接受其提供的服务；反之，消费者将不会购买该企业的产品，也不会接受其提供的服务。

二、企业形象的构成

企业形象的构成要素主要有：产品形象、组织形象、人员形象、文化形象、环境形象、社区形象等。

(1)产品形象:组成要素主要有质量、款式、包装、商标、服务等。

(2)组织形象:组成要素主要有体制、制度、方针、政策、程序、流程、效率、效益、信用、承诺、服务、保障、规模、实力等。

(3)人员形象:组成要素主要有领导层、管理群、员工等。

(4)文化形象:组成要素主要有历史传统、价值观念、企业精神、英雄人物、群体风格、职业道德、言行规范、公司礼仪等。

(5)环境形象:组成要素主要有企业门面、建筑物、标志物、布局装修、展示系统、环保绿化等。

(6)社区形象:组成要素主要有社区关系、公众舆论等。

三、企业形象的分类

企业形象的分类方法很多,根据不同的分类标准,企业形象可以划分为以下几类:

(一)企业内在形象和外在形象

这是以企业的内外在表现来划分的。内在形象主要指企业目标、企业哲学、企业精神、企业风气等看不见、摸不着的部分,是企业形象的核心部分。外在形象则是指企业的名称、商标、广告、厂房、厂歌、产品的外观和包装、典礼仪式、公开活动等看得见、听得到的部分。

(二)企业实态形象和虚态形象

这是按照主客观属性来划分的。实态形象又可以叫做客观形象,指企业实际的观念、行为和物质形态,它是不以人的意志为转移的客观存在。诸如企业生产经营规模、产品和服务质量、市场占有情况、产值和利润等。虚态形象则是用户、供应商、合作伙伴、内部员工等企业关系者对企业整体的主观印象,是实态形象通过传播媒体等渠道产生的映象,就好像我们从镜子中去观察一个物体,得到的是虚像。

(三)企业内部形象和外部形象

这是根据接受者的范围划分的。外部形象是员工以外的社会公众形成的对企业的认知。内部形象则指该企业的全体员工对企业的整体感觉和认知。

(四)企业正面形象与负面形象

这是按照社会公众的评价态度不同来划分的,社会公众对企业形象的认同或肯定的部分就是正面形象,抵触或否定的部分就是负面形象。任何企业的企业形象都是由正反两方面构成的。对于企业来说,一方面要努力扩大正面形象,另一方面又要努力避免或消除负面形象,两方面同等重要,因为往往不是正面形象决定用户一定购买某企业产品或接受某项服务,而是负面形象一定使得他们拒绝购买该企业产品或接受其服务。

(五)企业直接形象和间接形象

这是根据公众获取企业信息的媒介渠道来划分的,公众通过直接接触某企业的产品和服务,由亲身体验形成的企业形象是直接形象,而通过大众传播媒介或借助他人的亲身体验得到的企业形象是间接形象。

(六)企业主导形象和辅助形象

这是根据公众对企业形象因素的关注程度来划分的,公众最关注的企业形象构成主导形象,而其他一般因素构成辅助形象。例如,公众最关心电视机的质量(图像、色彩、音质等等)和价格(是否公道合理),因而电视机的质量和价格等构成电视机厂的主导形象,而电视机厂的企业理念、员工素质、企业规模、厂区环境、是否赞助公益事业等则构成企业的辅助形象。企业形象由主导形象和辅助形象共同组成，决定企业形象性质的是主导形象；辅助形象对主导形象有影响作用，而且在一定条件下能够与主导形象实现相互转化。

四、企业形象识别系统

(一)企业形象识别系统的含义及发展历史

CI 是英文 Corporate Identity 的缩写，有些文献中也称 CIS，是英文 Corporate Identity System 的缩写，直译为企业形象识别系统，意译为企业形象设计。CI 是指企业有意识、有计划地将自己企业的各种特征向社会公众主动地进行展示与传播，使公众在市场环境中对某一个特定的企业有一个标准化、差别化的印象和认识，以便更好地识别并留下良好的印象。

CI 的早期实践可以追溯到 1914 年德国的 AEG 电器公司首创 CI。AEG 在其系列电器产品上，首次采用彼德·贝汉斯所设计的商标，成为 CI 中统一视觉形象的雏形。紧接着，在 1932—1940 年之间，英国实施伦敦地下铁路工程，该工程由英国工业设计协会会长佛兰克·毕克负责，被称为“设计政策”的经典之作。第二次世界大战后，全球经济复苏，企业经营者普遍感到了建立统一的识别系统，以及塑造独特经营观念的重要性。自 1950 年，欧美各大企业纷纷导入 CI。1956 年，美国国际商用计算机公司以公司文化和企业形象为出发点，突出表现制造尖端科技产品的精神，将公司的全称“International Business Machines”设计为蓝色的富有品质感和时代感的造型——“IBM”，其后四十几年中成为“蓝色巨人”的形象代表，即“前卫、科技、智慧”的代名词，也是 CI 正式诞生的重要标志。20 世纪 60 年代以后，欧美国家的企业 CI 导入出现了潮流般的趋势。20 世纪 60 年代的代表作是由无线电业扩展到情报、娱乐等 8 大领域的 RCA；20 世纪 70 年代的代表作是以强烈震撼的红色、独特的瓶形、律动的条纹所构成的 Coca-Cola 标志。总之，20 世纪 60—80 年代，是欧美 CI 的全盛时期。日本企业在 20 世纪 70 年代后，我国企业在 20 世纪 90 年代后也开始创造自己的 CI，从而使之发展成为一个世界性的趋势。

(二)企业形象识别系统的组成

企业形象识别系统一般分为三个方面，即企业的理念识别——Mind Identity(MI)、行为识别——Behavior Identity(BI)和视觉识别——Visual Identity(VI)。另外还有质量识别(QI)、员工识别(PI)、营销识别(SI)、管理识别(AI)等。

1. 企业理念识别

企业理念识别是企业在长期的生产经营过程中所形成的企业共同认可和遵守的价值准则和文化观念，以及由企业价值准则和文化观念决定的企业经营方向、经营思想和经营战略目标。

2. 企业行为识别

企业行为识别是企业理念的行为表现，由企业组织及组织成员在内部和对外的生产经营管理及非生产经营性活动中表现出来的员工素质、企业制度、行为规范等因素构成的企业形象子系统。内部行为包括员工招聘、培训、管理、考核、奖惩，各项管理制度、责任制度的制定和执行，企业风俗习惯，等等；对外行为包括采购、销售、广告、金融、公益等公共关系活动。

3. 企业视觉识别

企业视觉识别是企业理念的视觉化，通过企业形象广告、标识、商标、品牌、产品包装、企业内部环境布局和厂容厂貌等媒体及方式向大众表现、传达企业理念。CI的核心目的是通过企业行为识别和企业视觉识别传达企业理念，树立企业形象。

在以上三种企业形象识别系统中，核心的是MI，它是整个CI的最高决策层，给整个系统奠定了理论基础和行为准则，并通过BI、VI表达出来。所有的行为活动与视觉设计都是围绕着MI这个中心展开的，成功的BI与VI就是将企业富有个性的、独特的精神准确地表达出来，三者统一规划，融为一体，共同来塑造企业的完整形象。

（三）CI设计要领

有效的CI设计或策划应抓住以下要领：

（1）统一规范和标准化。CI设计的基本原理，就是通过将有关企业的全部信息统一化，在传播过程中实现对公众的反复性和一致性刺激，以强化整体形象。

（2）理念统一化。企业的全体员工必须从企业的宗旨和目标出发，形成共同的群体意识、一致的价值观，建立统一的规范。

（3）行为统一化。在共同理念的支配下，企业全体员工的对内对外行为应保证高度一致，实现行为统一化，有效地塑造企业的整体形象。

（4）标识统一化。按照共同理念设计的视觉识别，即企业标识应实现同一性，尽最大可能使企业的店名、店标、商标以及一切企业标识统一化、标准化；并努力实现应用的广泛性，尽最大可能将企业标识广泛应用，如产品包装、柜台、货架、室内装饰、建筑物外部装饰、汽车、人员标志服等。

相关链接

麦当劳的企业识别系统

麦当劳的企业标志是弧形的M字，以黄色为标准色，稍暗的红色为辅助色，标准字设计得简明易读，宣传标语是“世界通用的语言：麦当劳”。麦当劳的企业识别有三大特点：第一，企业理念很明确；第二，企业行动和企业理念具有一贯性；第三，企业外观设计统一化。

麦当劳的企业理念是Q、S、C+V，即优质（Quality）、服务（Service）、清洁（Cleanness）、价值（Value）。

优质，麦当劳的品质管理十分严格，食品制作后超过一定时限，就舍弃不卖，这并非是因为食品腐烂或食品缺陷，麦当劳的经营方针是坚持不卖味道差的食品，这种做法重视品质管理，使顾客能安心享用，从而赢得公众的信任，建立起高度的信誉。

服务，包括营业时间的设定、销售人员的服务态度等。在美国，麦当劳的连锁店和住宅区邻接时，就会设置小型的游园地，让孩子们和家长在此休息。微笑是麦当劳的特色，所有的店员都面带微笑、活泼开朗地与顾客交谈、做事，让顾客觉得亲切，忘记了一天的辛劳。

清洁，麦当劳要求员工维护清洁，并以此作为考察各连锁店业绩的一项标准，树立麦当劳清洁的良好形象。

麦当劳的企业理念一度只采用了Q、S、C三项，后又加了V，即价值，它表达了麦当劳“提供更有价值的高品质物品给顾客”的理念。现代社会逐渐形成了商品品质化的需求标准，而且消费者的喜好也趋于多样化。如果企业只提供一种模式的商品，消费者很快就会失去新鲜感。麦当劳虽已被认为是世界第一大企业，但它仍需适应社会环境和需求的变化，否则也无法继续生存。麦当劳强调价值，即要附加新的价值。

第三节　企业文化

一、企业文化的含义

“企业文化”这个名词对于许多人来说并不陌生。而人们对企业文化的理解也是见仁见智，有人认为，企业文化就是在企业内搞的各种文体活动；也有人认为，企业文化就是企业形象设计；还有人认为，企业文化就是搞思想教育……上述内容只是企业文化的表现形式，或者说是企业文化的载体，并不能等同于企业文化。应该明确的是：企业文化不是企业加文化，也不是企业与文化嫁接，更不是企业家与文化人的联谊会。

目前对企业文化的理解大致有广义和狭义之分。狭义的企业文化主要是指企业的精神文化，它是在长期的经营活动中形成的企业员工共同拥有的企业理想、信念、价值观和道德规范的总和。广义的企业文化是指企业在创业和发展过程中形成的共同价值观、企业理想目标、基本行为准则、制度管理规范、外在形式表现等的总和。它是企业意识形态、物质形态、制度形态等文化的复合体。

企业文化是企业的“灵魂”，是推动企业发展的不竭动力。它包含着非常丰富的内容，其核心是企业的精神和价值观。这里的价值观不是泛指企业管理中的各种文化现象，而是企业或企业中的员工在从事商品生产与经营中所持有的价值观念。

相关链接

海尔精神：敬业报国，追求卓越

2005 年以前海尔追求的精神是敬业报国，追求卓越。

敬业报国的中心思想是中国传统文化的“忠”，“忠”就是回报，海尔人要用最好的产品和服务来回报用户、回报社会、回报国家；“忠”就是真诚，海尔人真诚到永远。追求卓越的核心思想是创新。追求卓越表现了海尔人永不自满、永远进取、永远创新的生生不息的精神境界。能体现海尔精神的两句话是：

(1)把别人视为绝对办不到的事办成；

(2)把别人认为非常简单的事持之以恒地坚持下去。

二、企业文化的特征

认识企业文化的特征，对于进一步理解企业文化的概念，指导企业文化的实践，具有现实意义。企业文化主要有以下几个方面的特征：

(一)民族性

企业文化的形成来源于一个国家的民族文化，民族的传统文化是孕育企业文化的土壤，正是民族文化传统直接影响着员工的言行，并随时代的发展而发扬光大，源远流传。传统的风俗习惯和价值取向影响着企业员工的好恶取舍，引起员工的感情共鸣，企业只有在全民族共同认可的核心文化范围内建设和培养企业文化，才能最大限度地调动员工的积极性、创造性和工作热忱。

（二）人文性

所谓企业文化的人文性，就是从企业文化的角度来看，企业内外的一切活动都应是以人为中心的。从企业内部来看，企业不应是单纯地制造产品、追求利润的机器，员工不应是这部机器上的部件，企业应该是使员工发挥聪明才智，实现事业追求，和睦相处、舒畅生活的大家庭。从企业外部来看，企业与社会不应该是单纯的商品交换关系，企业生产经营的最终目的是为了满足广大人民的需要，是为了促进人类社会的发展。

（三）集体性

企业文化是在企业生产经营过程中，逐步将企业的价值观、规范和制度积淀下来形成的，这是一个长期的过程。企业的价值观念、道德标准、经营理念、行为规范、规章制度等都必须是由企业内部的全体成员共同认可和遵守的。企业文化是企业全体员工共同努力才建立和完善的，并不是只对公司的某一个人有效，因此，企业文化具有集体性。

（四）继承性

每一种文化都是在承袭了前人优秀文化成果的基础上建立和发展起来的。企业文化建设是一个文化积淀的过程，是在漫长岁月的磨炼中不断地去粗取精、丰富、充实、积累起来的，它是企业成员共同拥有的财富，深厚的文化资本是企业凝聚力的根本保证。

（五）动态性

企业文化一旦形成，一定时期内就具有相对稳定性。但随着企业的发展以及企业内外生存环境的变化，企业文化也要不断创新，提出前瞻性的新价值观，使企业文化永远充满活力。

三、企业文化的功能

（一）导向功能

所谓企业文化的导向功能，就是通过它对企业的领导者和职工起引导作用。企业文化的导向功能主要体现在以下两个方面：

1. 经营哲学和价值观念的指导

经营哲学和价值观念决定了企业经营的思维方式和处理问题的法则，这些方式和法则指导经营者进行正确的决策，指导员工采用科学的方法从事生产经营活动。

2. 企业目标的指引

企业目标代表着企业发展的方向，没有正确的目标就等于迷失了方向。企业员工就是在这一目标的指导下从事生产经营活动。

（二）约束功能

企业文化的约束功能主要是通过完善管理制度和道德规范来实现的。

1. 有效规章制度的约束

企业制度是企业文化的内容之一。企业制度是企业内部的法规，企业的领导者和企业职工必须遵守和执行，从而形成约束力。

2. 道德规范的约束

道德规范是从伦理关系的角度来约束企业领导者和职工的行为。如果人们违背了道德规范的要求，就会受到舆论的谴责，心理上会感到内疚。

(三)凝聚功能

企业文化以人为本，尊重人的感情，从而在企业中形成了一种团结友爱、相互信任的和睦气氛，强化了团体意识，使企业职工之间形成强大的凝聚力和向心力。“厂兴我荣，厂衰我耻”成为职工发自内心的真挚感情，“爱厂如家”就会变成他们的实际行动。

(四)激励功能

共同的价值观念使每个职工都感到自己存在和行为的价值，自我价值的实现是人的最高精神需求的一种满足，这种满足必将形成强大的激励。在以人为本的企业文化氛围中，领导与职工、职工与职工之间互相关心、互相支持。特别是当企业文化建设取得成功，在社会上产生影响时，企业职工会产生强烈的荣誉感和自豪感，他们会加倍努力，用自己的实际行动去维护企业的荣誉和形象。

(五)调适功能

调适就是调整和适应。企业各部门之间、职工之间，由于各种原因难免会产生一些矛盾，解决这些矛盾需要各自进行自我调节。企业文化使经营者和普通员工能科学地处理这些矛盾，自觉地约束自己。

四、企业文化的层次

企业文化可以从四个层面来剖析，分别是物质层、行为层、制度层和精神层。

(一)企业文化的物质层

企业文化的物质层即企业的物质文化，它是由企业职工创造的产品和各种物质设施等构成的器物文化，是一种以物质形态为主要研究对象的表层企业文化。企业生产的产品或提供的服务是企业生产经营的成果，它是企业物质文化的首要内容。其次是企业的生产环境、企业建筑、企业广告、产品包装与设计，它们都是企业物质文化的主要内容。

(二)企业文化的行为层

企业文化的行为层即企业行为文化。企业行为文化是指企业员工在生产经营、学习娱乐中产生的活动文化。它包括企业经营、教育宣传、精神面貌、人际关系的动态体现，也是企业精神、企业价值观的折射。

(三)企业文化的制度层

企业文化的制度层即企业制度文化，主要包括企业领导体制、企业组织机构和企业管理制度三个方面。企业领导体制的产生、发展、变化是企业生产发展的必然结果，也是文化进步的产物。企业组织机构是企业文化的载体，包括正式组织机构和非正式组织机构。企业管理制度是企业在进行生产经营管理时所制定的、起规范保证作用的各项规定或条例。

(四)企业文化的精神层

企业文化的精神层即企业精神文化，企业精神文化是一种更深层次的文化现象，在整个企业文化系统中，它处于核心地位。企业精神文化是指企业在生产经营过程中，受一定的社会文化背景、意识形态影响而长期形成的一种精神成果和文化观念。它包括企业精神、企业经营哲学、企业道德、企业价值观念、企业风貌等内容，是企业意识形态的总和。它是企业物质文化、行为文化的升华，是企业的上层建筑。

五、企业文化的建设

一个没有企业文化的企业是没有前途的企业，一个没有信念的企业是没有希望的企业。从这个意义上说，企业文化建设既是企业在市场经济条件下生存发展的内在需要，又是实现管理现代化的重要方面。为此，应从现代企业发展的实际出发，树立科学发展观，讲究经营之道，培养企业精神，塑造企业形象，优化企业内外环境，全力打造具有自身特质的企业文化，为企业快速发展提供动力和保证。

(一)企业文化建设的原则

建设企业文化应遵循以下基本原则：

1. 目标原则

企业文化建设要有明确而崇高的目标。如 TCL 企业的经营宗旨是：为顾客创造价值，为员工创造机会，为社会创造效益。

2. 价值原则

企业文化建设要树立共同的价值观念。如海尔集团提出的“真诚到永远”、“用户永远是对的”等格言。

3. 亲密原则

企业文化建设要有和谐统一的企业氛围。如日本松下电器公司坚持的信条：只有通过我们大家的共同努力和互相合作，才能使公司发展壮大，每个人都应该以精诚团结为宗旨，为公司的发展壮大而献身。

4. 参与原则

企业文化建设要集中员工的集体智慧。企业文化建设的目的是激活人力资源，开发群体动力，通过培养共同的价值观来协调各个方面的关系，发挥组织协调效应，激发每个员工的自主性和创新精神。

5. 卓越原则

企业文化建设要追求卓越，永攀高峰。无论企业经营状况如何，都不能悲观或自满，要永远保持积极向上的进取精神，这样的企业文化对内才有凝聚力，对外才有向心力。

6. 时代原则

企业文化建设要反映时代文化。时代变了，企业文化也要随之创新，来适应时代的变革，赋予企业历史使命感。开拓创新才是企业发展的动力，才能给企业注入新的生命力。

(二)企业文化建设的基本内容

企业文化建设的基本内容主要包括以下几个方面：

1. 企业精神

企业精神是企业文化的核心，是企业在经营和管理实践活动中形成的能够反映员工意愿和激励员工热情的精神支柱。因此，在企业文化建设中，必须要抓好企业精神的培育。

2. 企业目标

企业目标是企业适应形势发展和需要提出的奋斗方向，是企业员工团结一致、努力拼搏的基础，是企业全体员工凝聚力的焦点，也是企业文化建设的出发点和归宿。

3. 经营宗旨

经营宗旨是在企业的生产经营过程中，企业员工所信奉的共同信念和理想追求。

4. 企业道德

企业道德是企业及其员工在生产经营活动中应该遵循的行为规范的总和。它主要是靠道德的力量建立起来的以个人理想、信念为核心的自我约束机制，从而规范员工的行为。企业道德以其说服力和劝导力提高员工的思想认识水平和道德觉悟水平，使员工从内心深处热爱企业，真正树立起为企业所思、所想和为企业作贡献的先进的现代化观念。

5. 企业风气

企业风气是指企业及其员工在生产经营活动中逐步形成的一种带有普遍性的、相对稳定的行为心理状态，是影响整个企业生活的重要因素。

6. 企业形象识别系统(CIS)

企业形象识别系统是指企业形象的塑造、展示和识别，CIS 由 MI(理念识别)、BI(行为识别)、VI(视觉识别)三部分组成，特别体现在企业的物质形象上，如企业名称、企业标志、产品商标、标准字、标准色等，通过具体符号的视觉传达设计，直接进入人脑，留下对企业的视觉形象。企业形象是企业自身一项重要的无形资产。

相关链接

阿迪达斯用三个标志来适应市场

当前的阿迪达斯已有三个经典标志，不同的标志代表着不同的理念。Performance(图 2-9)于 1949 年问世，也就是阿迪达斯创下品牌的第二年。三道杠是由阿迪达斯运动鞋结构上有实质作用的承力部分所简化变形而来的，体现出早期的阿迪达斯标志更注重表现产品的实用性、功能性和用材质量。鲜红的标志颜色代表着热情、奔放、动感。对那个成长阶段的阿迪达斯来说正是体现了一个少年充满朝气激情的背景。

阿迪达斯后来的标志 Originals(图 2-10)于 1972 年问世，也就是人们现在所熟知的三叶草。其实设计这个标志的初衷并不是按一种花或一种草来构思的。它象征着展开的世界地图，寓意是要把阿迪达斯这个品牌推广到世界的各个角落。从颜色上看，黑色代表着冷酷、理智、深邃，体现成熟与稳重。而当时的阿迪达斯也正是在逐渐走向成熟的阶段。

图 2-9 Performance 标志

图 2-10 Originals 标志

阿迪达斯的又一标志如图 2-11 所示，该标志是日本的设计师山本耀司和阿迪达斯合作的一个高端时尚品牌，从形状上看这个标志是一个不标准的圆，上面画上三道杠。不管标志怎么换，始终围绕一个“三”字，因为它代表了阿迪达斯的精神“平等、经典美与最高”。这个标志所用的深蓝色，既结合了三道杠（图2-9）的动感，又结合了三叶草（图2-10）的深邃，同时表达了一种博大宽广的胸怀，更符合时代环境，体现了当前的阿迪达斯可以包容一切，追求精髓的理念。

图2-11　阿迪达斯的最新标志

本章小结

现代企业是一个有机的整体，为使企业协调而有效地运转，必须建立统一的、高效的生产经营管理系统。企业的组织结构对于企业，就好比我们人体的骨架，它是企业管理系统的硬件。建立精干高效的组织结构对实现企业目标，提高企业竞争力和盈利能力，具有重要的作用。

企业形象是人们通过企业的各种标志（如产品特点、行销策略、人员风格等）而建立起来的对企业的总体印象。企业形象的构成要素主要有产品形象、组织形象、人员形象、文化形象、环境形象、社区形象等。

CI是指企业有意识、有计划地将自己企业的各种特征向社会公众主动地进行展示与传播。企业形象识别系统一般分为三个方面，即企业的理念识别、行为识别和视觉识别，掌握CI设计要领非常重要。企业文化是企业的“灵魂”，可以分为四个层面来剖析，分别是物质层、行为层、制度层和精神层。企业文化建设的基本内容包括：企业精神、企业目标、经营宗旨、企业道德、企业风气、企业形象识别系统。

复习思考题

一、名词解释

企业组织结构　企业形象识别系统　企业文化

二、简答题

1. 企业组织结构设计的主要内容包括哪些？
2. 有效的CI设计或策划应抓住哪些要领？
3. 企业文化包含哪些层次？

实践与实训

一、实训目的

培养形象塑造的能力、培养策划能力。

二、实训项目

企业形象塑造。

三、实训内容与要求

1. 认真分析研究(设计)某一企业的管理理念与经营特色,增强设计的针对性。
2. 确定所塑造的组织形象的特色与内容。

四、实训考核

要求每位同学设计一份形象策划书,在班级内进行交流。

案例分析

一位乘客的飞机航班

英国航空公司所属的波音747客机008号班机,准备从伦敦飞往日本东京时,因故障推迟起飞20小时。为了不使在东京候此班机回伦敦的乘客耽误行程,英国航空公司及时帮助这些乘客换乘其他公司的飞机,共190名乘客欣然接受了英国航空公司的妥当安排。但其中有一位日本老太太叫大竹秀子,说什么也不肯换乘其他班机,坚决要乘008号班机。

一个罕见的情景出现在人们的面前:东京—伦敦,航程达1.3万公里,可是英国航空公司的008号班机上只载着一名旅客,这就是大竹秀子,她一人独享该机的353个飞机坐席以及6位机组人员和15位服务人员的周到服务。有人估计,这次只有1名乘客的国际航班使英国航空公司至少损失约10万美元。从表面上看,的确是个不小的损失。可是,从深一层来理解,它却是一个无法估价的收获。正是由于英国航空公司一切为顾客服务的行为,在世界各国来去匆匆的顾客心目中换取了一个用金钱难以买到的良好公司形象。

思考与讨论:

1. 英国航空公司为什么能做出如此惊人之举?
2. 请你为英国航空公司策划一次制造新闻的活动。
3. 当企业组织与顾客之间发生矛盾时,顾客未必总是正确的,但为什么我们还要说:“顾客永远是正确的”?请你结合案例,加以阐述。

第三章 企业战略管理

知识目标

1. 掌握企业基本的战略类型；
2. 掌握企业战略选择的分析方法。

能力目标

1. 学会运用企业战略的制订程序；
2. 能运用 SWOT 及波士顿矩阵分析法进行战略选择分析。

企业是一个与环境协调平衡的开放系统。在激烈的市场竞争过程中，很多企业由于经营管理不善，止步不前甚至陷入困境，找不到发展的契机。在这种情况下，企业对战略与谋划的学习和了解，尤其显得重要和必要。要制订正确的企业战略，必须运用科学的理论、方法，客观地研究企业外部环境和企业自身条件，扬长避短，制订战略目标和选择战略方案，搞好战略过程管理。通过本章的学习，可以了解企业战略的概念、构成和种类，掌握企业战略分析方法，进行科学的战略管理。

开章案例

LG 的战略转型给我们的启示

除了核心技术，“设计经营”正在成为全球消费电子市场竞争的一个方向，而韩国的 LG 正是抓住了这股潮流，让韩国的消费电子品牌开始在世界范围内掀起一阵阵“韩流”，成为挑战原有日系企业索尼、松下等最强有力的竞争对手。LG 在韩国的地位，相当于海尔之于中国，尤其在韩国这个民族性非常强的国家，国产品牌的受欢迎程度比中国还要更高。不过，就像海尔的国际化道路探索非常艰难一样，LG 公司也曾经面临着同样的苦恼，尤其是对于如何打入品牌林立的欧美市场。

在几年前，当欧美消费者听到 LG 的名字时，还十有八九会把它与品质不高的产品联系在一起。但是，仅仅两年的时间，LG 就一举改变了自己在世界消费电子品牌中的形象。LG 在美国拉斯维加斯规模宏大的世界消费电子产品博览会上出尽了风头。不仅以它琳琅满目的产品吸引了人们的眼光：从售价 180 美元、只有火柴盒大小的 MP3 播放器，到价格高达 7.7 万美元的 71 英寸等离子电视机。更重要的是，在这次展会上，LG 公司一举夺得了 16 项创新奖，超过了其他任何一家参展公司。能在两年内“翻身”，是与 LG 公司在亚洲金融危机后坚持走设计经营化道路分不开的。LG 最早被人们所认识，还是最初的品牌“乐喜—金星”(Lucky-Goldstar)。1958 年创办时它还只是一家小小的电扇生产商，一年后开始生产收音机，成为韩国有史以来第一家从事电子产品制造的企业，1995 年以后它正式更名为 LG 公司。现在，LG 公司的营销人员更希望人们彻底忘掉这个品牌原来的含义，因为一年前他们绞尽脑汁为 LG 这个名字赋予了新的品牌意义——“生活真美好”(Life's Good)，并希望强化这个概念。现在，LG 的触角已经延伸到了家电、电梯、手机、监控系统、化妆品、电池、塑料制品等各个方面，其中甚至包括竹盐牙膏和蝶妆这样的日用品和化妆品品牌。

可是 LG 的扩张道路并非一帆风顺，在亚洲金融危机时遭遇了挫折。直到 20 世纪 90 年代中期，LG、三星还在为争夺韩国电子产品制造商头把交椅相互较量，那时它们也难分伯仲。但此后双方共同经历了金融危机，而三星很快便进行了痛苦的结构调整，并投入巨资进行品牌塑造，结果一下子跨入了全球电子业领导者的行业。而 LG 公司却把赌注错押在了电信产业上，包括有线通信、移动电话服务和交换机系统等这些后来一路滑坡的行业，造成了 LG 股票的暴跌。今天，相比起三星公司 2004 年 100 亿美元的盈利，LG 公司接近 13 亿美元的盈利还相形见绌，虽然三星约有一半的收益来自芯片生产部门。

如今，LG 公司那一度不切实际的电信战略已经成为了历史，取而代之的是对设计的理解与坚持。此后它不仅迅速恢复了元气，并由此完成了从制造型企业向设计创新型企业的转型。

思考题：

1. 战略管理的要素包括哪些？
2. LG 的战略类型是什么？
3. LG 的战略转型给我们的启示是什么？

第一节　企业战略概述

知识经济、信息技术、经济全球一体化及各种技术的高速创新是 21 世纪的主要特征。随着我国改革开放的全面推进，这些变化在推动我国企业发展的同时，也对我国企业提出了挑战，企业面临着一个更趋于动态多变的经营环境，使企业不得不重新审视自己，思考自己的战略定位，确定企业的战略发展目标。

一、企业战略的概念和特点

(一)企业战略的概念

“战略”这个词最早来源于军事术语，原指战争指挥者为赢得战争，根据战争规律制定和采取的方略，这也是战争指挥的艺术。现在“战略”一词已广泛应用于政治、经济、社会、文化、教育、科技等领域。

企业战略是企业面对激烈变化、严峻挑战的环境，为求得长期生存和不断发展而进行的总体性谋略，包括战略指导思想、战略目标、战略重点、战略对策等。

1. 战略指导思想

战略指导思想是企业总体战略的灵魂，其内容可以概括为：(1)满足市场需要的思想；

(2)系统的思想;(3)竞争思想;(4)市场营销观念。

2. 战略目标

战略目标是一定战略时期内的总任务,也是战略主体的行动方向。战略目标是由企业的经营目的确定的,是经营目的的对象化和数量化。不同的企业有不同的经营目的,但它们都是为了提高企业的经营能力。可以说,经营目的决定经营目标,经营目标决定经营战略及其目标的形成。企业战略目标有以下三种基本类型:

(1)成长性目标。如产品品种、产量,资产总额,销售额及其增长率,利润及其增长率。

(2)稳定性目标。如经营安全率、利润率、支付能力、企业凝聚力等。

(3)竞争性目标。如产品成本价格地位、产品质量水平、市场占有率、企业知名度和美誉度等。

在确定企业的战略目标时,需要注意应符合一定的要求,比如先进性和可靠性的统一,定量与定性的有机结合等。

3. 战略重点

战略重点是指那些对实现战略目标具有关键作用的方面,也是企业资金、劳动和技术投入的重点,同时还是决策人员实施战略指导的重点。

4. 战略对策

战略对策是根据战略目标和战略重点制定的,用来指导企业在战略期内合理分配资源,有效达到目标的一整套手段的总称。一般包括战略阶段和战略措施。

(1)战略阶段。战略阶段是为实现战略目标,在整个战略实施期间根据特定的战略任务所明确的时间段落。每一个战略阶段都有其特点和相对的独立性,各个阶段不可相互混淆和倒置;各个阶段又是相互联系和不可分割的,前一阶段是后一阶段的基础,后一阶段是前一阶段的继续。划分战略阶段是实现总体战略目标的必然要求,不是主观臆断的结果。

战略阶段的划分没有统一的模式,应根据各自的战略重点来划分。一般来说,当整个战略期只有一个战略重点时,可将战略期分为三个阶段,即准备阶段、发展阶段和完善阶段。从时间上看,准备阶段和完善阶段可以短些,发展阶段要长些;当整个战略期有两个以上战略重点时,可按战略重点的因果顺序来划分战略阶段。工业企业的战略期一般确定为5～10年,可与国家五年计划同步,也可不同步。

(2)战略措施。战略措施是为实现战略目标,创造优势和竞争的主动地位而采取的具体制胜方式和方法,其中包括战略实施期间各种重要事件的短期决策。战略措施又称战术。战略实施期间的战术活动一般包括四个过程:研究变化、捕捉战机、调整行动、改变态势。

战略对策的主要特征是:①预见性;②针对性;③多重性;④灵活性。

企业战略是企业管理的核心内容,是企业高层管理者的重要职责,它对企业的生存和发展起着决定性的作用。科学技术的快速发展,市场需求的多样化,企业规模的逐渐扩大,市场竞争的加剧和企业内外环境的不断变化,给企业带来了新的机会和威胁。企业高层管理者为了正确选择企业的发展方向、确定行动方针以及进行各类资源的优化配置,需要具有很强的谋划能力。

相关链接

“美的”提出战略滚动发展规划:3 年再造两个“美的”

美的集团 2004 年出台的《美的集团三年战略滚动发展规划》中提出了“三年成就 500 亿”目标,即 2006 年美的集团的销售收入争取突破 500 亿元(其中新产业占 130 亿元),相当于 2003 年 175 亿元的 2.86 倍,年平均增长 40%。

美的为什么此时提出这一规划?美的集团有关负责人说:“中国正成为全球的制造中心,WTO 消除了国际资本和技术的流入障碍,以及国有企业改革等内外环境,为美的发展提供了千载难逢的机遇。”同时,“不兼并别人,就被别人兼并”的行业内部经营形式也对企业提出了产业扩张的要求。美的 2004—2006 年三年的产业发展目标是:成为亚洲最大的白色家电生产企业;拥有除家电外至少两个行业的支柱产业,并且使其处于国内行业领先地位;在不同行业拥有 4～5 个知名品牌;企业集团旗下拥有 4～5 个产业集团,5～6 家上市公司;开始成为国内知名综合性制造企业集团。

三年成就 500 亿元,即三年内再造两个美的,如何实现这一飞越?美的集团负责人介绍:美的将从业务重组、兼并收购、国际化三方面发力。首先,对现有主营业务,要在稳健经营的基础上,对不良产品或产业进行调整重组,进一步做大做强家电产业,稳定家电产品的多品种系列化生产经营,始终坚持规模领先、适度利润的原则。其次,不失时机进入相关多元化领域,有计划、有步骤地推动跨地区、跨领域的收购、兼并和合作,有策略地推动企业经营国际化,寻求现有各产业的协调、稳健和可持续发展。最后,继续扩大出口规模,稳步推进品牌、产权的国际化。

(二)企业战略的特点

1. 指导性

企业战略界定了企业的经营方向、远景目标,明确了企业的经营方针和行动指南,并筹划了实现目标的发展轨迹及指导性的措施、对策,在企业经营管理活动中起着导向的作用。

2. 全局性

企业战略立足于未来,通过对国际、国家的政治、经济、文化及行业等经营环境的深入分析,结合自身资源,站在系统管理高度,对企业的远景发展轨迹进行全面的规划。

3. 长远性

“今天的努力是为明天的收获”、“人无远虑,必有近忧”。兼顾短期利益,企业战略着眼于长期生存和长远发展的思考,确立了远景目标,并谋划了实现远景目标的发展轨迹及宏观管理的措施、对策。其次,围绕远景目标,企业战略必须经历一个持续、长远的奋斗过程,除根据市场变化进行必要的调整外,制定的战略通常不能朝令夕改,需具有长效的稳定性。

4. 竞争性

竞争是市场经济不可回避的现实,也正是因为有了竞争才确立了“战略”在经营管理中的主导地位。面对竞争,企业需要进行内外环境分析,明确自身的资源优势,通过设计适当的经营模式,形成特色经营,增强企业的对抗性和战斗力,推动企业长远、健康的发展。

5. 系统性

立足长远发展，企业战略确立了远景目标，还需围绕远景目标设立阶段目标及各阶段目标实现的经营策略，以构成一个环环相扣的战略目标体系。

6. 风险性

企业做出任何一项决策都存在风险，战略决策也不例外。市场研究深入，行业发展趋势预测准确，设立的远景目标客观，各战略阶段人、财、物等资源调配得当，战略形态选择科学，制定的战略才能引导企业健康、快速的发展。反之，仅凭个人主观判断市场，设立目标过于理想或对行业的发展趋势预测有偏差，制定的战略就会产生管理误导，甚至给企业带来破产的风险。

二、企业战略的作用

（一）有利于企业建立长远的发展方向和奋斗目标

比如，20 世纪 70 年代美国的一些公司之所以竞争力下降，在与日本、德国企业的竞争中节节败退，很重要的原因就是由于这些企业没有经营战略的指导和控制。我国最近几年国有企业竞争力下降，一大部分乡镇企业失去了 20 世纪 80 年代的经营活力，说到底也都是因为没有明确的企业发展战略，当市场需求发生变化、竞争进一步加剧时企业便束手无策，很快失去了竞争能力。

（二）有利于企业明确在市场竞争中的地位

近些年来，一部分中小企业能够脱颖而出，一个很重要的原因是充分了解自己在市场竞争中的地位，抓住了市场空当，做到了出奇制胜。比如，电子行业中的新科电子、万利达，都属于这一类企业。

（三）有利于提高企业的获利能力和经济效益

实践证明，实行战略管理的企业的经营成果大大超过了那些没有实行战略管理的企业，同时也大大超过自己以前未实行战略管理的经营成果。比如，我国微电子行业中迅速崛起的联想和北大方正的发展道路，就证明了实施企业战略的重要作用。

（四）有利于企业全面推行现代化管理

企业是否推行战略管理是区别传统静态管理和现代动态管理的一个重要标志。企业在制定和实施企业战略的过程中，能够把管理思想、管理组织、管理人员、管理方法、管理手段等方面结合成为一个有机的整体，全面提高企业的管理现代化水平。

相关链接

伊利：先深耕国内市场，牵手奥运，借机出海

伊利的战略规划中有两个阶段性的战略目标，即：2010 年，进入世界乳业 20 强，成为中国最有竞争力的企业之一；2015 年，进入世界乳业 10 强，成为全球最具竞争力的大型乳业集团之一。多年以来伊利一直深耕国内市场，“用全球的资源，做中国的市场”，致力于打造中国一流的民族品牌。但在伊利牵手奥运之后，伊利的国际化开始启动，对其战略进行了重大调整，将市场国际化列为重要战略举措。2006 年年初，潘刚对外界透露，“一定要是高水平的国际化、多方位的国际化，包括产品的国际化、技术的国际化、标准的国际化、管理的国

际化等，才有可能使伊利最终成为国际乳业发展趋势的引导者”。

三、企业战略的种类

企业战略可依据不同标准进行分类，主要有以下四种分类方法：

(一)按照战略的目的性分类

按照战略的目的性分类，可把企业战略划分为成长战略和竞争战略。

(1)成长战略是指企业为了适应企业外部环境的变化，有效地利用企业的资源，研究企业为了实现成长目标如何选择经营领域的战略。成长战略的重点是产品和市场，即选择具体的产品和市场领域，规定产品和市场的开拓方向与幅度。

(2)竞争战略是指企业在特定的产品与市场范围内，为了取得差别优势、维护和扩大市场占有率所采取的战略。竞争战略的重点是提高市场占有率和销售利润率。企业战略归根到底是竞争战略。从企业的一般竞争角度看，竞争战略大致有三种可供选择的战略：低成本战略、产品差异战略和目标集中战略。

(二)按照战略的领域分类

按照战略的领域分类，可以把企业的战略划分为产品战略、市场战略和投资战略。

(1)产品战略主要包括产品的扩展战略、维持战略、收缩战略、更新换代战略、多样化战略和产品组合战略等。

(2)市场战略主要有市场渗透战略、市场开拓战略、新产品市场战略、混合市场战略、产品寿命周期战略、市场细分战略和市场营销组合战略等。

(3)投资战略是一种资源分配战略，主要包括产品投资战略、市场投资战略、技术发展投资战略、规模化投资战略和企业联合与兼并战略等。

(三)按照战略对市场环境变化的适应程度分类

按照战略对市场环境变化的适应程度分类，可以把企业战略划分为进攻战略、防守战略和撤退战略。

(1)进攻战略的特点是企业不断地开发新产品和新市场，力图掌握市场竞争的主动权，不断地提高市场占有率。其着眼点是技术、产品、质量、市场和规模。

(2)防守战略也称维持战略，其特点是以守为攻，避实就虚，不与对手正面竞争；在技术上实行拿来主义，以购买专利为主；在产品开发上实行紧跟主义，后发制人；在生产方面着眼于提高效率、降低成本。

(3)撤退战略是一种收缩战略，目的是积蓄优势力量，以保证重点进攻方向取得胜利。

(四)按照战略的层次性分类

按照战略的层次性分类，可把企业战略划分为企业总体战略、企业事业战略和企业职能战略。

(1)企业总体战略指决策层战略。企业总体战略是企业最高层次的战略，其重点是确定企业的经营范围和在企业内部各项事业之间进行资源分配。

(2)企业事业战略是企业在分散经营的条件下，由各事业部根据企业战略赋予的任务而确定的战略。

(3)企业职能战略是为实现企业总体战略和各项事业战略，对组织内部各项关键的职能活动做出的统筹安排，如财务战略、营销战略、生产战略、人力资源开发战略、研究与开发战略等。

决策层战略、事业单位战略、职能部门战略三个层级构成一体。决策层战略是企业总体的指导性战略,决定企业的经营方针、投资规模、经营方向和远景目标等战略要素,是战略的核心。

第二节　企业战略的类型

在市场经济中,企业的生存和发展主要取决于能否提供为市场所接受的产品或服务。根据企业产品是现有产品还是未来产品,以及不同产品所针对的市场是现有目标市场还是未来市场,企业将有不同的产品与市场组合战略。

一、市场战略

(一)市场渗透战略

市场渗透战略是指实现市场逐步扩张的拓展战略,该战略可以通过扩大生产规模、提高生产能力、增加产品功能、改进产品用途、拓宽销售渠道、开发新市场、降低产品成本、集中资源优势等单一策略或组合策略来开展,其战略核心体现在两个方面:利用现有产品开辟新市场实现渗透;向现有市场提供新产品实现渗透。市场渗透战略的具体方法体现在以下几个方面:

(1)向潜在的顾客介绍和推销本企业的产品。如汽车生产厂家向新开业的企业推销本企业生产的商用汽车。

(2)把竞争对手的顾客吸引过来。要做到这一点,企业必须使顾客转换产品的成本尽量小。

(3)扩大产品使用人的数量。例如,婴幼儿奶粉,通过配方的调整也可以变成中老年人和体弱者或孕妇的保健品。

(4)扩大产品使用人的使用次数和每次的使用量。如向目标顾客宣传良好的口腔护理习惯,培养早起、饭后、睡前刷牙的习惯,增加刷牙次数,就可增加牙膏生产厂家的生产量和销售商的销售量。

(5)改进产品特性,增加产品新的用途以增加销量。例如,使一般的手机增加上网或游戏功能或改进产品的外观品质等以吸引顾客。

(二)市场发展战略

市场发展战略是指企业利用现有的产品品种或服务去开拓新市场的战略。

(1)现有产品进入相关市场战略。企业通过略为改进现有产品使产品进入同行业的其他细分市场。例如,把婴幼儿奶粉的配方稍加改变便可成为中老年人奶粉或其他保健奶粉。

(2)现有产品进入相关行业或其他行业的产品市场战略。这种战略是指企业面向相关行业的产品市场或其他行业的产品市场来销售自己的现有产品。一般是将现有产品作为相关行业或其他行业某种产品的替代品看待。例如,用高档塑料制品或高级陶瓷材料制品去替代汽车配件市场某些金属制品的汽车配件。

(3)用现有产品去开发新市场战略。这种战略指用现有产品打入其他企业尚未进入的市场。例如,当国内火柴市场销售不旺时,将火柴产品改进后打入越南市场。又如,制造潜艇的军工企业在现有产品的基础上，开发出适于在海底、河流、湖泊等深水区进行旅游观光的简易潜艇，从而开辟具有吸引力的水底旅游观光市场。

（三）产品开发战略

产品开发战略是对企业现有市场投放新产品或增加产品品种，以扩大市场份额、增加销售收入为目标的发展战略。和前两种战略不同，企业产品开发战略工作的重点不在于市场的渗透和拓展，而在于企业自身产品的开发和改进，从某种意义上说，企业的真正活力就在于产品的不断推陈出新。企业通常从以下四个方面进行产品开发战略：

(1)深度开发战略。根据目标市场的需要对现有产品进行深度开发，给目标市场以更多的选择，防止竞争对手挤进本企业的目标市场，从而稳定本企业的市场份额。

(2)品牌延伸战略。根据目标市场的需要，在原产品基础上提供其他行业企业正在生产的产品或服务。

(3)差异化产品开发战略。它是指开发有别于竞争对手的产品，突出一种或数种特征以满足消费者的需要和利益，从而保持其市场份额的策略。其中包括：产品实体差异化、产品服务差异化、产品信息传递的差别化。

(4)全新产品开发战略。向目标市场提供其他企业尚未生产的新产品。这实际上有两种情况：一种是原有产品的更新换代；另一种是开发生产全新的产品。

（四）多角化经营战略

多角化经营战略是指企业同时生产或提供两种以上的产品或劳务的经营战略。这是一种积极的发展型战略。多角化经营战略主要包括三种形式：同心多元化、水平多元化、综合多元化。同心多元化是利用原有技术及优势资源，面对新市场、新顾客增加新业务实现的多元化经营；水平多元化是针对现有市场和顾客，采用新技术增加新业务实现的多元化经营；综合多元化是直接利用新技术进入新市场实现的多元化经营。

多角化经营战略适合大中型企业，该战略能充分利用企业的经营资源，提高闲置资产的利用率，通过扩大经营范围，缓解竞争压力，降低经营成本，分散经营风险，增强综合竞争优势，加快集团化进程。但实施多角化经营战略应考虑选择行业的关联性、企业控制力及跨行业投资风险。

相关链接

统一企业的多角化经营

对于“统一”方便面我们都熟悉，但对于其后台老板之一即统一企业，我们或许比较陌生，殊不知统一原来的经营领域是纺织业，它是通过多角化经营进入食品行业的。

中国台湾统一集团在台湾的事业，除食品、流通两个部门发展顺利外，1988 年起还通过统一投资、统乐开发事业等下属企业，开始向娱乐业投资。统一半导体也通过引进美国 MTI 公司的技术生产 MOS 半导体而迅速发展起来。更加引人注目的是统一集团在国外的投资活动。1990 年，它以 3.35 亿美元的价格，收购了在美国的甜饼、饼干业界仅次于那比斯克、基辅乐两家公司的温德姆食品公司，正式打进美国的食品市场。统一集团收购温德姆食品公司的目的，不仅在于将其作为在美国的活动据点，而且是想在台湾利用该公司的先进的物流管理和营销系统。此外，从20世纪80年代末起，统一集团在菲律宾、印度尼西亚、泰国等东南亚国家向以食品加工为中心的几项事业投资，其中包括向泰国最大的面包制造厂参股20%。1990年以后，该集团又在中国内地积极开展投资活动，目前已在北京、上海、天津等几个城市建成了生产快餐面、乳制品及番茄制品的加工厂，并将其产品投放到中国内地市场。

统一企业积极发展由食品到流通、服务行业的多角化经营，以从事食品加工的统一企业为骨干，属下有贸易部门的南联国际贸易、流通部门的统一超商、生产自行车和电池的统一工业、生产罐头的统一实业、生产电子产品的统一半导体等公司。

二、企业竞争战略

在产品市场战略确定的情况下，企业所进入的特定行业也就确定了。企业需进一步考虑的是如何参与市场竞争问题，即如何发挥企业产品的优势，在满足顾客需求方面做得比竞争对手更有成效。这时要决定的就是如何选择竞争战略。而一个企业的战略决策往往是随着市场的变化和竞争形势的变动而演变的。它包括积极型和防守型两种战略及其组合。

由于企业面临的环境和市场是各不相同的，其采用的竞争战略方案也不一样。通常企业有三种制订竞争战略的一般性思路：一是力争成为本行业里的低成本生产者；二是与竞争对手相比，自己的产品或服务一个或多个方面具有特色；三是能为市场上的某一部分顾客提供集中的或专门化的供应与服务，而不是把整个市场都看成自己的目标市场。这三种思路形成了竞争战略的三种基本类型：低成本战略、差异化战略与重点战略。

（一）低成本战略

低成本战略的指导思想是要取得并维持比竞争对手更低的成本，在行业中赢得总成本领先，以低成本作为企业的竞争优势。

这一战略主要用于企业生产同类产品的产量规模大，成本具有很大潜力时；企业面临强大的竞争对手要保持与扩大市场占有率时；为了防止更多的竞争者进入同类产品的销售市场而筑起较高的进入壁垒时；或者企业面临与替代品渗入市场的竞争时等。

企业降低产品成本的方法很多。一是运用价值工程方法提高产品的性能价格比、降低产品成本；二是扩大生产规模，采用先进的专用技术设备和先进的生产工艺，以提高劳动生产率；三是改善管理，减少废次品，缩短生产周期，节约开支，提高工作效率。

相关链接

沃尔玛低成本战略

1962年，山姆·沃尔顿开设了第一家沃尔玛(Wal-Mart)商店。迄今沃尔玛商店已成为世界第一大百货商店。沃尔玛成功运用低成本竞争战略，在激烈的市场竞争中取胜。

沃尔玛取得成功的关键在于商品物美价廉，对顾客的服务优质上乘。沃尔玛始终保持自己的商品售价比其他商店便宜，是在压低进货价格和降低经营成本方面下工夫的结果。沃尔玛直接从生产厂家进货，想尽一切办法把价格压低到极限成交。公司纪律严明，监督有力，禁止供应商送礼或请采购员吃饭，以免采购员损公肥私。公司建有最先进的配货和存货系统，保证高效的商品进、销、存管理，使公司迅速掌握商品的进、销、存情况和市场需求趋势，做到既不积压存货，销售又不断货，加速资金周转，降低了资金成本和仓储成本。

压缩广告费用是沃尔玛保持低成本竞争战略的另一种策略。沃尔玛公司每年只在媒体上做几次广告，大大低于一般的百货公司每年50～100次的水平。沃尔玛认为，价廉物美的商品就是最好的广告，我们不希望顾客买1美元的东西，就得承担20～30美分的宣传、广告费用，那样对顾客极不公平，顾客也不会对华而不实的商品感兴趣。

沃尔玛也重视对职工勤俭风气的培养。沃尔玛说："你关心你的同事，他们就会关心你。"员工从进公司的第一天起，就受到"爱公司，如爱家"的店训熏陶。从经理到雇员，都要关心公司的经营状况，勤俭节约，杜绝浪费，从细微处做起。这使沃尔玛的商品损耗率只有1%，而全美零售业平均损耗率为2%，从而使沃尔玛大大降低成本。

（二）差异化战略

差异化战略也称为特色战略。企业凭借自己的专有技术和特长或者优良的管理和服务理念使自己的产品质量、性能优于同行的产品，或在服务方面有吸引顾客的特色，因而形成了与众不同的特色，使顾客建立起品牌偏好与忠诚。产品的差异化战略通常包括四种差别形式。

(1)由产品的技术、物理特性导致的差别。主要表现为产品的款式、性能、质量和包装等方面的不同。

(2)由买方的主观印象和评价导致的差异，以及由此而形成的顾客对不同企业产品的偏爱。

(3)由产品的生产或销售的地理位置导致的产品差别，如各类商业区的差别等。

(4)由营销渠道、价格、营销服务的不同导致的产品差别，如不同的中间商、代理商提供的服务品位、内容、质量、方式上的差别等。

（三）重点战略

重点战略也称集中经营战略。它要求企业或者把经营目标的重点集中于特定的购买群体或具有特定用途的产品上，或者把市场集中于整个市场的某一部分。即在一个相对较小的竞争领域内，建立自己在产品功能上或生产成本上的差异，从而确立有竞争优势的市场地位。归纳起来，重点战略包括以下三种具体形式：

(1)产品类型的专一化。企业集中资源，生产和经营特定的产品系列中的一种。例如，"七匹狼"只生产男装。

(2)顾客类型的专一化。企业专门生产或经营某一特定类型顾客所需的产品或服务，例如，为高收入阶层提供豪华型别墅，为老年人开办老年人用品商店等。

(3)地理区域的专一化。企业产品经营仅限某一特定地区。例如，日本在中国改革开放初期为打入中国汽车市场，专门设计了适于中国需求的载客工具车——"面包车"。

重点战略既适用于某些大型企业的专项产品开发，又适用于中、小型企业只具有局部优势的情况。因此重点战略可以是低成本战略，也可以是差异化战略。

三、企业联合战略

企业的联合或合并是指两个或两个以上的企业，通过经营权和所有权的有偿转移，实现资产、要素与经营活动的重组的产权交易方式。从广义上讲，企业联合包括兼并。企业兼并是一个企业以现金或股票购买的方式取得另一企业的全部资产或控制权，以扩大企业规模和经营范围的一种产权交易方式。

企业实施联合或兼并的原因有以下几种：

(1)投机性动机。由于企业普遍存在成本信息不完全和经营状况不确定两个特点，在这种情况下，一个企业一旦资产贬值、股价大跌，就会招来兼并商。兼并商通过收购该企业并加强经营管理就可以增加企业生产经营性利润，同时通过调整投资政策，又可在资产重估升值中赚回一笔净收入。

(2)以经济规模为目的的效率性动机。其依据是大批量生产的企业进行专业化协作生产，利用参与联合的各个企业各自的生产设施、营销网络、专有技术、管理经验和其他闲置资源的重新优化组合，使企业获得相对的低成本优势和较大的市场份额。

(3)多样化动机。通过多样化经营，企业可以避开内部扩张风险，减少对单一产品市场的依赖，增强经营适应能力。企业联合与兼并的目的可能是进行企业结构性调整，剥离不相关业务，突出经营重点，努力保持有利竞争地位。

(4)弱化竞争和形成垄断的动机。通过同行业联合与兼并，可以达到减少竞争、垄断市场、提高售价的垄断性目的。

(一)企业间合作战略

企业间合作战略也就是企业间的战略联盟，即企业为实现自己的战略目标，与其他企业建立起伙伴关系，进行战略上的合作，形成能达到共同目标，获得最大利润的网络型长期联盟。这种战略联盟可发生在一个企业与其供应商、销售商及相关企业之间，有时也可能发生在竞争对手之间。

(二)企业兼并(合并)战略

在市场经济中，企业兼并是竞争的自然结果。企业都希望形成垄断，以获取垄断利润，这是对完全竞争的合理的资源配置的一种强烈冲击，是不利于社会的。但是，从另一方面来说，适当的兼并可以获得规模经济的效益，节省市场交易费用，对资源配置有积极意义。

从企业角度看，企业兼并往往是一种投资少、速度快和风险小的发展战略。兼并企业可以利用被兼并企业的销售渠道和市场份额，同时又可以减少竞争对手，在一定程度上形成垄断势力。值得注意的是，近年来国际上的大跨国公司都是以这种购买兼并的方式迅速进入发展中国家，消灭东道国的民族品牌，最终形成垄断以获取高额利润的。这种情况值得我们警惕。同时，对我国企业来说，应加以借鉴，通过国内企业的兼并重组，壮大企业的实力与其抗衡。

1. 企业兼并的类型

企业兼并(合并)战略主要有以下三种类型：

(1)纵向兼并。这是指处于相邻生产阶段的不同企业间的兼并。这种兼并又可以分为后向兼并和前向兼并。后向兼并是指生产企业兼并其原材料或零部件供应企业，即兼并其上游的生产企业。这种兼并的动因是加强企业对原材料或零部件供应的控制。前向兼并是生产企业兼并下游的再次加工的企业，甚至兼并产品流通环节的企业，其动因是便于接近和控制最终产品市场。纵向兼并的程度取决于交易费用和企业管理费用之间的权衡。一旦实现兼并，交易费就可以省下来。但与此同时，企业内部的管理费用就可能因企业规模过大而上升。因此，恰当地权衡交易费用和企业管理费用是决定是否实施纵向兼并的准则，也是形成企业与市场边界的重要因素。这些因素又取决于市场发育程度和企业管理水平。

(2)横向兼并。这是指生产同类产品或者工艺相近的企业间的兼并,其动因是迅速扩大规模,减少相互间的竞争,提高兼并后的竞争实力。从国家和社会角度看,如果这种兼并形成国内市场的垄断,则不利于国内资源的配置;如果兼并后能产生明显的规模经济效益,又能增加对外竞争实力,则还是应该加以鼓励的。

(3)复合兼并。这是指产品与市场都没有紧密联系的企业间的兼并。其动因主要是实现多角化经营,以降低企业的经营风险,经常发生于同一地区或同一隶属关系的企业之间。

2. 企业兼并的方式

企业兼并的资产转让方式有以下几种:

(1)出资购买式。即兼并企业出资购买被兼并企业的资产以实现兼并。

(2)承担债务式。即兼并方承担被兼并方的全部债务以实现兼并。这种方式的前提条件是被兼并企业的债务要与其全部资产的价值相当。

(3)吸引股份式。即兼并方给被兼并方与其资产价值相当的股份以交换被兼并方的资产。

(4)承租式。即兼并方与被兼并方签订契约,以租赁方式实现资产的有偿转让。兼并方按契约规定定期向被兼并方支付转让费或租赁费。

(5)杠杆收购方式。即兼并方能以小额的自有资金进行大规模的收购,俗称"以小吃大",具有很强的投机性,这种方式在美国最为普遍。

无论采用何种方式,都要对被兼并方的资产进行重估,特别要注意防止国有资产在兼并过程中的流失。

相关链接

从海尔扩张看企业兼并战略

海尔——从 1984 年由两个濒临倒闭的集体小厂合并成立青岛电冰箱总厂,到 1997 年中国政府宣布重点培植向世界 500 强迈进,从张瑞敏砸冰箱抓质量,到今天海尔成功的案例被收入世界 MBA 案例库,海尔创造了一个又一个奇迹。海尔的经验很多,其中重要的一条是成功制订并实施了企业兼并战略。十多年来,海尔集团兼并了 17 家企业,这 17 家企业的亏损总额高达 5.5 亿元,海尔集团使其全部扭亏为盈,盘活资产近 15.2 亿元。低成本并购企业,是现代企业迅速扩大规模,占领市场,取得竞争优势的一条捷径。从海尔的成功兼并中我们可得到如下启示:

一、相关多样化策略

海尔在选择目标企业时,主要考虑自己的行业专长和竞争优势,选择的目标以家电企业为主。这就使所涉及的多样化经营活动的价值链与现有经营活动的价值链存在有益于竞争的战略适应,可以有共享的技术、相似的运作方法、共同的劳动技能、共同的分销渠道、共同的供应商和原材料来源、相似的管理诀窍、共同的销售力量以及顾客的交叉互补等竞争优势。

二、激活“休克鱼”

按照激活“休克鱼”理论，选择那些硬件不错，但软件不强的企业，即那些技术、设备、人才素质欠佳，只是因管理不善而在市场竞争中败下阵来的企业。张瑞敏形象地称这种现象为“好鱼吃不到，坏鱼不能吃，只能吃半死不动的休克鱼”。对于这种企业，只要注入海尔的文化模式和管理模式，很快就可以使它起死回生，重新充满活力，这是典型的低成本扩张战略。

三、“以无形资产盘活有形资产”

以 1995 年 7 月兼并红星电器厂为例。海尔对红星厂分两步进行改造：首先，企业文化先行，即向新企业选派主要领导，依靠注入海尔观念和 OEC 管理。其次，输入管理，提高工作效率。海尔派出质量保证体系审核小组检查工厂的所有环节；按照“公开竞争、择优上岗”的原则，变“相马”式的干部提拔制度为“赛马”式的竞争制度；公开招聘、选拔一流人才等崭新的用人观念，给企业的人力资源注入了新的活力。

四、塑造品牌

企业兼并，说到底是市场竞争的结果。海尔之所以能够不断取得兼并成功，实现低成本高速扩张，与海尔自身的实力——品牌优势有关。权威部门评估，海尔商标品牌价值为 77.36 亿元，高居国内家电同行之首。在中国百家大商场中，海尔空调、冰箱、洗衣机、冰柜等均高居市场占有率第一；在国际市场上，海尔冰箱在美国，空调在欧盟，洗衣机在日本，都已形成强劲的竞争势头。海尔家电以其高质量和优质服务受到了中外消费者的普遍赞誉。

第三节　企业战略管理的概念及过程

一、企业战略管理概述

（一）企业战略管理的概念

企业战略管理是企业在宏观层次通过分析、预测、规划、控制等手段，实现充分利用本企业的人、财、物等资源，以达到优化管理，提高经济效益的目的。企业战略管理是对企业战略的设计、选择、控制和实施，直至达到企业战略总目标的全过程。战略管理涉及企业发展的全局性、长远性的重大问题，诸如企业的经营方向、市场开拓、产品开发、科技发展、机制改革、组织机构改组、重大技术改造、筹资融资等。

（二）企业战略管理的特征

企业战略管理有以下特征：

（1）企业战略管理是一种高层次性管理。企业战略管理的核心是对企业现在及未来的整体经营活动实行战略性的管理，是一种关系企业长远生存与发展的管理，而非企业的日常管理，也不是企业的各项职能管理。它必须由企业的高层领导推动方能顺利进行。

（2）企业战略管理是一项整体性管理。战略管理不单纯是制订企业进攻、防守、成长、紧缩或撤退等大战略，也不单纯是市场营销、研究开发、财务、生产、人力资源等职能战略。企业战略管理是一项涉及企业所有部门以及所有相关因素的管理活动。

(3)企业战略管理是一种动态性管理。企业战略管理的目标是使企业内部因素与外部环境因素相适应，从而实现企业的目标。而企业的外部环境因素是不断发生变化的，所以企业的战略管理活动也必须时时随之调整。此外，企业战略管理活动自身可能具有的“偏差性”也加大了企业战略管理的动态性。

二、企业战略的管理过程

企业战略的管理过程一般包括企业战略的制订、实施与控制三个阶段。

(一)企业战略的制订

战略制订是企业的最高决策机构，按照一定的程序和方法，为企业选择合适的经营战略的过程。

1. 企业战略制订的依据

(1)外部环境分析：深入细致分析企业的外部环境是正确制订战略的重要基础，为此，要及时收集和准确把握企业的各种各样的外部环境信息，譬如，国家经济发展战略，国民经济和社会发展的长远规划和年度计划，产业发展与调整政策，国家科技发展政策，宏观调控政策，本部门、本行业和本地区的经济发展战略，顾客(用户)的情况，竞争对手的情况，供应厂家的情况，协作单位的情况，潜在竞争者的情况等。

(2)内部条件分析：分析本企业的人员素质、技术素质和管理素质，产、供、销、人、财、物的现状以及在同行业中的地位等，明确本企业的优势和薄弱环节。

2. 企业战略制订的程序

(1)识别企业现行的战略。要制订新的战略，首先必须识别企业的现行战略是否已不适应于当前的形势。因此，识别和分析企业现行的战略是制订新的战略的前提。只有确认现行战略已不适用时，才有必要制订新的战略。同时，也只有在认清现行战略缺陷的基础上，才能制订出较为适宜的新战略。

(2)分析企业外部环境。通过环境分析，战略制订人员应认清企业所面临的主要机会和威胁，觉察现有和潜在竞争对手的图谋和未来行动方向，了解未来一定时期社会、政治、经济、文化等的发展动向，以及企业由此而面临的机遇和挑战。

(3)分析企业内部环境。企业通过测定和评估企业的各项素质，摸清自身的情况，明确自身的优势与劣势。

(4)准备战略方案。根据企业的发展要求和经营目标，依据企业所面临的机遇，企业列出所有可能达到实现经营目标的战略方案。

(5)评价和比较战略方案。企业根据股东、管理人员以及其他相关利益集团的价值观和期望目标，确定战略方案的评价标准，并依照标准对各项备选方案加以评价和比较。

(6)选择战略方案。在评价和比较战略方案的基础上，企业选择一个最为满意的战略方案作为正式的战略实施方案。有时，为了增强战略的适应性，企业往往还选择一个或多个方案作为后备的战略方案。

(二)企业战略的实施与控制

企业战略的执行与控制，是将优选的企业战略付诸实施，并保证达到预期结果的过程。

企业战略实施是一项复杂的系统运行过程，主要涉及以下一些问题：如何在企业内部各部门和各层次间分配及使用现有的资源；为了实现企业目标，还需要获得哪些外部资源以及如何使用；为了实现既定的战略目标，需要对组织结构做哪些调整；如何处理可能出现的利益再分配与企业文化的适应问题；如何进行企业文化管理，以保证企业战略的成功实施，等等。

为了有效执行企业制订的战略，一方面要依靠各个层次的组织机构及工作人员的配合积极工作；另一方面，要通过企业的生产经营综合计划、各种专业计划、预算、具体作业计划等，去具体实施战略目标。实践证明，良好的战略执行不仅是保证战略成功的前提，还可在一定程度上挽救不良的战略可能给企业带来的损失。

战略控制是将战略执行过程中实际达到目标所取得的成果与预期的战略目标进行比较，评价达标程度，分析其原因，及时采取有力措施纠正偏差，以保证战略目标的实现。根据市场变化，适时进行战略调整。建立跟踪、监视市场变化的预警系统，对企业发展领域和方向、专业化和多元化选择、产品结构、资本结构和资金筹措方式、规模和效益的优先次序等进行不断的调研和战略重组，使企业的发展始终能够适应市场要求，达到驾驭市场的目的。

相关链接

巨人集团的扩张战略到底错在哪里？

巨人大厦本应是史玉柱和他的巨人集团的一个丰碑式的建筑，结果却成了一个拥有上亿资产的庞大企业集团衰落的开始。巨人倒塌的原因不能浅显地归纳为投资的失误。导致巨人失败的原因既有客观的因素，又有主观的因素，但最关键的还是史玉柱本人主观上没有看清“巨人”究竟是一个怎样的企业，以及“巨人”应该朝什么方向发展。对于一个白手起家的民营企业来说，当资本规模迅速扩大、真正成长成一个“巨人”时，企业的战略规划开始显得越来越重要。巨人的衰落，正是由于战略的严重失误导致的，可以归结为一句话：在没有有效的环境分析、稳健的资金保障和完善的管理机制下，采取激进的扩张战略。选择做一个混合式多样化发展的企业，出发点是为了分散经营的风险，但在对各个行业没有进行必要的研究、对整个产业环境缺乏预测和分析的情况下，贸然扩张只会使风险更大。

1. 多角化战略与市场覆盖的矛盾

巨人的发展显然想走混合型多样化的道路，但它忽视了混合化经营的基本要求：资金充足并且每个事业达到行业的平均利润。从生物工程的部分可以看出，尽管巨人在生物保健方面异军突起，但整个生物工程却是亏损的。实行多角化战略并不意味着每个产业的细分市场都要进入，应该按照企业的特长和现有资源进行取舍。它想做市场的全覆盖，但忽视了生物工程行业的特殊性：资金要求巨大。该产业的亏损就是因为没有做到细分市场的取舍，没有使每个细分市场达到行业平均利润。

2. 多角化战略与巨人大厦的矛盾

多角化战略需要强大、充裕的资金做后盾。巨人大厦的巨额支出显然是与战略不相符的。一个行业的发展往往要经过“问号—明星—现金牛—瘦狗”的过程，建造巨人大厦的资金取自生物保健业，显然在这个决策做出之前管理层没有理智地判定生物保健所处的阶段，导致了联锁效应。

3. 短期利润与长期稳定的矛盾

战略的宗旨就是长期生存、稳定发展，发展应建立在稳定的前提下。巨人进入房地产行业，本身就是一种很偶然的行为，并不是出于战略的考虑，通过对房地产行业的研究而制订出的战略计划的一部分。回顾巨人大厦的建设，从建楼目的到楼层都一改再改，然而就是在这种目标不清晰的情况下，投入的资金却越来越多，对于上亿元这么庞大的预算，巨人对资金的保障显得过分自信，不够谨慎。

进入生物工程领域也是同样的道理。巨人以做电脑软件发家，后来又进入房地产业、生物工程业，每一次扩张的唯一理由都是短期的"高利润"，而忽视了高利润往往意味着高风险，并且一个产业的高利润不可能保持很长时间，只要该产业没有很高的壁垒，竞争者必然蜂拥而至，而巨人又缺乏在该产业的基本专业知识技能，没有长期的规划和产品研发。"脑黄金"的成功只是一个好主意加上成功营销的战术上的胜利，巨人对这一胜利明显感到无所适从，管理层、营销网络、生产系统都没有做好准备，因此"脑黄金"的成功其实是替巨人揭开了"疮疤"。"脑黄金"虽然火爆了一把，但究其根本，这只是一个很短期化的投资活动，不是一个在企业远景框架下，基于市场需求树立顾客中心位置的扩张战略。

没有长远的诉求，"过把瘾就死"，难以协调各经营产业间的资源竞争，最终导致资源配置的失控。这种"什么赚就做什么"、缺乏大局观的做法无疑是以企业的资本作为赌注的冒险。

第四节　企业战略的分析方法

一、SWOT 分析法

（一）SWOT 分析法的含义

SWOT 分析法是制订企业战略决策、竞争情报分析中常用的方法之一。企业管理者可以运用 SWOT 方法，了解当前企业环境、未来竞争状况，制订一套能适应当前，也能适应未来的企业策略。

所谓 SWOT 分析，也称为态势分析和知己知彼战略，就是将与研究对象密切相关的各种主要内部优势因素（Strengths）、劣势因素（Weaknesses）、机会因素（Opportunities）和威胁因素（Threats），通过调查罗列出来，并依照一定的次序按矩阵形式排列起来，然后运用系统分析的思想，把各种因素相互匹配起来加以分析，从中得出一系列相应的结论或对策。

这种研究方法，最早是由美国旧金山大学的管理学教授在 20 世纪 80 年代初提出来的，其研究基础是波特提出的波特模型。

（二）SWOT 分析的主要步骤

1. 分析环境因素

运用各种调查研究方法，分析公司所处的环境，即外部环境因素和内部环境因素。外部环境因素包括机会因素和威胁因素，它们是外部环境对公司的发展有直接影响的有利和不利因素，属于客观因素，一般归属为经济的、政治的、社会的、人口的、产品和服务的、技术的、市场的、竞争的等不同范畴；内部环境因素包括优势因素和劣势因素，它们是公司在其发展过程中自身存在的积极和消极因素，属于主动因素，一般归类为管理的、组织的、经营的、财务的、销售的、人力资源的等不同范畴。在调查分析这些因素时，不仅要考虑到公司的历史与现状，而且要考虑公司的未来发展。

2. 构造 SWOT 矩阵

将调查得出的各种因素根据轻重缓急或影响程度等排序方式，构造 SWOT 矩阵。在此过程中，将那些对公司发展有直接的、重要的、大量的、迫切的、久远的影响因素优先排列出来，而将那些间接的、次要的、少许的、不急的、短暂的影响因素排列在后面。

3. 制订行动计划

在完成环境因素分析和 SWOT 矩阵的构造后，便可以制订出相应的行动计划。制订计划的基本思路是：发挥优势因素，克服劣势因素，利用机会因素，化解威胁因素，考虑过去，立足当前，着眼未来。运用系统分析的综合分析方法，将排列与考虑的各种环境因素相互匹配起来加以组合，得出一系列公司未来发展的可选择对策。

（三）战略决策选择

在为将来做计划时，确定企业的能力和资源代表的是可利用的优势还是劣势，这一点是很重要的。成功的决定因素指的是那些公司成功所必须具备的能力和资源。把这些成功的决定因素放在一起，就可以形成一个表格。SWOT 分析法提供了分析的框架，通过内部与外部之间的比较，以确定企业实施什么样的战略。如表 3-1 所示。

表 3-1　SWOT 的四种战略

竞争＼环境	机会(O)	威胁(T)
优势(S)	SO 战略，增长性战略	ST 战略，多元化战略
劣势(W)	WO 战略，扭转性战略	WT 战略，防御性战略

(1)SO 战略：SO 战略就是依靠内部优势去抓住外部机会的战略。如一个资源雄厚的企业发现某一国际市场未饱和（外在机会），那么就应该采取 SO 战略去开拓这一国际市场。

(2)WO 战略：WO 战略是利用外部机会来改进内部劣势的战略。如一个企业面对计算机服务需求增长的外在机会，却十分缺乏技术专家（内在劣势），那么就应该采用 WO 战略培养或外聘技术专家，或购入一个高技术的计算机公司。

(3)ST 战略：ST 战略就是利用企业的优势，去避免或减轻外部威胁的打击。如一个企业的销售渠道（内在优势）很多，但是由于各种限制又不允许它经营其他商品（外在威胁），那么就应该采取 ST 战略，走集中型、多样化的道路。

(4)WT 战略：WT 战略就是直接克服内部劣势和避免外部威胁的战略。如一个商品质量差（内在劣势）、供应渠道不可靠（外在威胁）的企业就应该采取 WT 战略，强化企业管理，提高产品质量，稳定供应渠道，或走联合、合并之路以谋得生存和发展。

（四）SWOT 分析法的应用

SWOT 分析方法在管理工作中受到广泛重视和普遍应用，原因在于它将内外部环境有机地结合了起来，把复杂的非结构问题结构化，为群体决策过程中的有效沟通创造了条件，有助于企业识别自身优势、劣势，把握外部机会和威胁，给决策者提供更多的方案。

企业运用 SWOT 分析法应考虑以下几个方面：

(1)企业外部环境分析：市场分析、竞争状况、科技发展、经济影响、法规变化、人力资源、政治、社会等条件分析。

(2)企业内部环境分析：企业机能、管理机能分析等。

(3)企业运行指标分析:收益能力、安定能力、活动能力、生产能力、成长能力、研发能力分析等。

相关链接

沃尔玛(Wal-Mart)的SWOT分析

1. 优势(Strengths)

沃尔玛是著名的零售业品牌,它以物美价廉、货物繁多和一站式购物而闻名。沃尔玛的销售额在近年内有明显增长,并且在全球化的范围内进行扩张。沃尔玛的一个核心竞争力是由先进的信息技术所支持的国际化物流系统。沃尔玛的一个焦点战略是人力资源的开发和管理。优秀的人才是沃尔玛在商业上成功的关键因素,为此沃尔玛投入大量时间和金钱对优秀员工进行培训并建立忠诚度。

2. 劣势(Weaknesses)

沃尔玛建立了世界上最大的食品零售帝国。尽管它在信息技术上拥有优势,但因为其巨大的业务拓展范围,这可能导致对某些领域的控制力不够强。因为沃尔玛的商品涵盖了服装、食品等多个部门,它可能在适应性上比起更加专注于某一领域的竞争对手存在劣势。该公司是全球化的,但是目前只开拓了少数几个国家的市场。

3. 机会(Opportunities)

采取收购、合并或者战略联盟的方式与其他国际零售商合作,专注于欧洲等特定市场。沃尔玛的卖场当前只开设在少数几个国家内。因此,拓展市场(如中国、印度)可以带来大量的机会。沃尔玛的机会存在于对现有大型超市战略的坚持。

4. 威胁(Threats)

沃尔玛在零售业的领头羊地位使其成为所有竞争对手的赶超目标。沃尔玛的全球化战略使其可能在其业务国家遇到政治上的问题。多种消费品的成本趋向下降,原因是制造成本的降低。造成制造成本降低的主要原因是生产外包走向了世界上的低成本地区。这导致了价格竞争,并在一些领域内造成了通货紧缩。恶性价格竞争是一个威胁。

二、波士顿矩阵分析法

(一)波士顿矩阵的含义

波士顿矩阵(BCG Matrix)又称市场增长率-相对市场份额矩阵、波士顿咨询集团法、四象限分析法、产品系列结构管理法等。波士顿矩阵是由美国大型商业咨询公司——波士顿咨询集团(Boston Consulting Group)首创的一种规划企业产品组合的方法。企业发展问题的关键在于要解决如何使企业的产品品种及其结构(产品组合)适合市场需求的变化,只有这样企业的生产才有意义。同时,如何将企业有限的资源有效地分配到合理的产品结构中去，以保证企业收益，是企业在激烈竞争中能否取胜的关键。

波士顿矩阵认为，决定产品组合的基本因素一般有两个：市场引力与企业实力。

(1)市场引力包括企业销售增长率、目标市场容量、竞争对手强弱及利润高低等。其中最主要的是反映市场引力的综合指标——销售增长率，这是决定企业产品结构是否合理的外在因素。

(2)企业实力包括市场占有率，技术、设备、资金利用能力等，其中市场占有率是决定企业产品结构的内在要素，它直接显示出企业竞争实力。

销售增长率与市场占有率既相互影响，又互为条件：市场引力大，销售增长率高，可以显示产品发展的良好前景，企业也具备相应的适应能力，实力较强；如果仅是市场引力大，而没有相应的高销售增长率，则说明企业尚无足够实力，则该种产品也无法顺利发展。相反，企业实力强，而市场引力小的产品，也预示了该产品的市场前景不佳。

通过以上两个因素的相互作用，会出现四种不同性质的产品类型，形成不同的产品发展前景：①销售增长率和市场占有率“双高”的产品群(明星类产品)；②销售增长率和市场占有率“双低”的产品群(瘦狗类产品)；③销售增长率高、市场占有率低的产品群(问号类产品)；④销售增长率低、市场占有率高的产品群(现金牛类产品)。

(二)波士顿矩阵分析法的基本原理与基本步骤

1. 波士顿矩阵分析法的基本原理

本法将企业所有产品从销售增长率和市场占有率角度进行再组合。如图 3-1 所示，以纵轴表示企业销售增长率，以 10%作为区分高低的中点。横轴表示相对市场占有率(0.2 表示市场占有率为最大竞争者的市场占有率的 20%)，以 1 作为区分高、低的中点。如此，将坐标图划分为四个象限，依次为“问号类”、“明星类”、“现金牛类”、“瘦狗类”。在使用中，企业可将产品按各自的销售增长率和市场占有率归入不同象限，使企业现有产品组合一目了然，同时便于对处于不同象限的产品做出不同的发展决策。其目的在于通过产品所处不同象限的划分，使企业采取不同决策，以保证其不断地淘汰无发展前景的产品，保持“问号”、“明星”、“现金牛”产品的合理组合，实现产品及资源分配结构的良性循环。

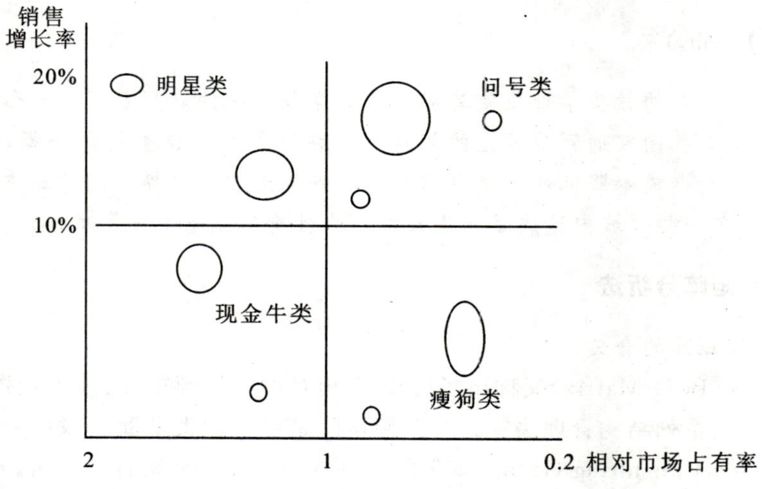

图 3-1 波士顿矩阵

2. 波士顿矩阵分析法的基本步骤

(1)核算企业各种产品的销售增长率和市场占有率。销售增长率可以用本企业的产品销售额或销售量增长率。时间可以是 1 年或是 3 年甚至更长时间。市场占有率,可以用相对市场占有率或绝对市场占有率,但是应用最新资料。基本计算公式为:

$$\text{本企业某种产品的绝对市场占有率}=\text{本企业该产品的销售量}\div\text{该产品市场销售总量}$$

$$\text{本企业某种产品的相对市场占有率}=\text{本企业该产品的市场占有率}\div\text{该产品市场占有份额最大者(或特定的竞争对手)的市场占有率}$$

(2)绘制四象限图。以 10%的销售增长率和 1 的相对市场占有率为高低标准分界线,将坐标图划分为四个象限。然后把企业全部产品按其销售增长率和市场占有率的大小,在坐标图上标出其相应位置(圆心)。定位后,按每种产品当年销售额的多少,绘成面积不等的圆圈,按顺序标上不同的数字代号以示区别。定位的结果即将产品划分为四种类型。

(三)各象限产品的定义及战略对策

波士顿矩阵对于企业产品所处的四个象限具有不同的定义和相应的战略对策。

(1)明星产品(Stars)。它是指处于高增长率、高市场占有率象限内的产品群,这类产品可能成为企业的现金牛产品,需要加大投资以支持其迅速发展。采用的发展战略是:积极扩大经济规模和市场机会,以长远利益为目标,提高市场占有率,加强竞争地位。明星产品的管理与组织最好采用事业部制形式,由对生产技术和销售两方面都很内行的经营者负责。

(2)现金牛产品(Cash Cow),或称奶牛类产品,又称厚利产品。它是指处于低增长率、高市场占有率象限内的产品群,已进入成熟期。其财务特点是销售量大,产品利润率高,负债比率低,可以为企业提供资金,而且由于增长率低,也无需增大投资。因而成为企业回收资金,支持其他产品,尤其是明星产品投资的后盾。对这一象限内的大多数产品,销售增长率的下跌已成不可阻挡之势,因此可采用收获战略:即所投入资源以达到短期收益最大化为限。①把设备投资和其他投资尽量压缩;②采用榨油式方法,争取在短时间内获取更多利润,为其他产品提供资金。对于这一象限内的销售增长率仍有所增长的产品,应进一步进行市场细分,维持现存市场增长率或延缓其下降速度。对于现金牛产品,适合于用事业部制进行管理,其经营者最好是市场营销型人物。

(3)问号产品(Question Marks)。它是处于高增长率、低市场占有率象限内的产品群。前者说明市场机会大、前景好,而后者则说明在市场营销上存在问题。其财务特点是利润率较低,所需资金不足,负债比率高。例如,在产品生命周期中处于引进期、因种种原因未能开拓市场局面的新产品即属此类产品。对问号产品应采取选择性投资战略,即首先确定对该象限中那些经过改进可能会成为明星产品的产品进行重点投资,提高市场占有率,使之转变成明星产品;对其他将来有希望成为明星产品的产品则在一段时期内采取扶持的对策。因此,对问号产品的改进与扶持方案一般均列入企业长期计划中。对问号产品的管理组织,最好是采取智囊团或项目组织等形式,选拔有规划能力、敢于冒风险、有才干的人负责。

(4)瘦狗产品(Dogs),或称劣狗类产品,也称衰退类产品。它是处在低增长率、低市场占有率象限内的产品群。其财务特点是利润率低、处于保本或亏损状态,负债比率高,无法为企业带来收益。对这类产品应采用撤退战略:首先应减少批量,逐渐撤退,对那些销售增长率和市场占有率均极低的产品应立即淘汰。其次是将剩余资源向其他产品转移。最后是整顿产品系列,最好将瘦狗产品与其他事业部合并,统一管理。

本章小结

企业战略是企业面对激烈变化、严峻挑战的环境，为求得长期生存和不断发展而进行的总体性谋略，包括战略指导思想、战略目标、战略重点、战略对策等。企业理想的战略应是能够充分利用外部机会并减少不利因素的影响，同时，它也能加强企业自身的优势并对弱点加以克服。企业战略管理是企业的高层决策者根据企业的特点和对内外部环境的分析，确定企业的总体目标和发展方向，制定和实施企业发展总体谋划的动态过程。它包括企业战略的制订、实施与控制。企业战略类型有三大类：产品-市场战略、企业竞争战略、企业联合战略。SWOT分析法和波士顿矩阵分析法是企业进行战略选择的两种基本方法。

复习思考题

一、名词解释

企业战略　企业战略管理　SWOT法　波士顿矩阵分析法

二、简答题

1. 如何理解企业战略的概念和特点？
2. 市场战略有哪些形式？试举例说明。
3. 企业战略的管理过程可分为哪几个阶段？

实践与实训

一、实训目的

培养初步的参与企业战略制订的能力。

二、实训项目

企业战略的制订与实施。

三、实训内容与要求

1. 走访企业，收集有关企业经营战略的案例，并进行简要分析；

2. 以某公司为例，研讨确定该公司的竞争战略，并就确定战略的依据、实施的途径与内容等进行分析与研究。

四、实训考核

要求每位同学写出走访企业实施战略的简要分析材料，教师对学生的表现进行评估打分。

案例分析

战略问题的选择

某企业经营烟酒业务，其厂址在华北某市，销售市场在华北、东北、华东及西北各省。产品以高档酒为主，企业最近有如下几件事需要解决：

1. 由于石油价格持续上涨，各国都在酝酿开发新能源。其中用酒精作为汽油的替代产品是其中的一个方案。企业打算同某发动机企业联合开发不挥发的用于动力的酒精。

2. 购买设备的意向已定，协议已签，急待履约。

3. 当地一条街道、当地一列进京列车分别邀请本酒厂参加冠名活动，企业正在考虑是否参加竞标。

4. 董事会研究决定收购南方一家酒厂，现就有关收购的法律问题、收购的价格及被购企业的人员及财务问题进行调研与磋商。

5. 营销部总结近几年营销渠道的营销效果，建议从电视广告中撤出来，同时将公益赞助广告渠道作为营销的一个主渠道。

思考与讨论：

以上事件中哪些是企业战略层次应该研究的问题，哪些不是，请一一列举理由。

第四章 企业经营决策与计划

知识目标

1. 掌握经营决策的概念、程序、方法；
2. 了解经营决策的类型、特点、原则；
3. 掌握计划的含义、构成要素，经营计划的内容、编制程序与方法；
4. 掌握经营计划的执行与控制、目标管理的基本内容。

能力目标

1. 能运用决策的程序进行决策分析；
2. 明确企业管理中决策的定性及定量方法的结合运用；
3. 能将计划的程序运用于工作和生活之中；
4. 学会运用计划的具体编制方法。

管理就是决策。企业经营目标能否实现，取决于决策的正确与否，经营决策是企业经营管理中最重要的工作。经营计划是经营决策的具体化，是实施经营决策的必要前提。

本章主要介绍现代企业经营决策的基本理论与方法，经营计划的分类、内容和编制程序与方法以及企业目标管理的基本内容。

开章案例

1. 新任厂长的产品决策

某工具厂从1990年以来一直生产A产品，虽然产品品种单一，但是市场销路一直很好。后来由于经济政策的暂时调整及客观条件的变化，A产品完全滞销，企业职工连续半年只能拿50%的工资，更谈不上奖金，企业职工怨声载道，积极性受到极大的影响。

新厂长上任后，决心在一年内改变工厂的面貌。他发现该厂与其他部门合作的环保产品B产品是成功的，于是决定下马A产品，改产B产品。一年过去，企业总算没有亏损，但工厂的日子仍然不好过。

后来市场形势发生了巨大的变化。原来的A产品市场脱销，用户纷纷来函、来电希望该厂能尽快恢复A产品的生产。与此同时，B产品销路不好。在这种情况下，厂长又回过头来抓A产品，但一时又无法搞上去，无论数量和质量都不能恢复到原来的水平。为此，集团公司领导对该厂厂长很不满意，甚至认为改产是错误的决策，厂长感到很委屈。

思考题：

1. 你认为该厂长的决策是否有错误？请你做详细分析。
2. 如果你是该厂厂长，你在决策过程中会如何去做？

2. 画家的觉醒

有一位画家想画一幅人见人爱的画。画完之后，他将画拿到市场上去展出，并在画旁放了一支笔，同时附上说明：任何一位观赏者，如果认为此画有欠佳之笔，均可在画中做记号标出。晚上，画家取回画，发现整个画面都涂满了记号，没有一笔一画不被指责。画家十分不快，对这次尝试深感失望。他又临摹了同样一幅画到市场上去展出。这次他要求观赏者在最为欣赏的妙笔上标上记号。当画家再取回画时，他发现画面又涂满了记号，一切曾被指责的笔画，都被换上了赞美的标记。画家不无感慨地说道："我现在发现了一个奥妙，那就是不管干什么，只要使一部分人满意就够了。"

思考题：

通过上述案例可以得到什么启示？

第一节　企业经营决策

对于一个想在激烈的市场竞争中获胜的企业来说，管理是基础，是企业长久发展的保证。而经营决策在企业管理中处于中心地位，经营决策正确与否关系着企业的兴衰与存亡。所以，决策理论学派的代表——美国人西蒙认为"管理就是决策"，决策贯穿于管理全过程。现代管理的重心在于经营，经营的重心在于决策。

一、经营决策的含义

（一）决策及其特点

决策，就是"做出决定"、"拍板"，是指在明确问题的基础上，为未来行动确定目标，并在多个可供选择的可行方案中，选择一个合理方案的分析判断过程。科学的决策应有以下基本特性：

(1)决策要有明确的目标，目标要清楚、具体。

(2)决策应有若干个可供选择的可行方案，比较各种方案的优劣，并做出选择。

(3)决策是一个分析判断过程，必须通过技术、经济等方面的综合评价。

(4)决策的结果是选择一个满意的方案。值得注意的是，获得满足一切要求的最优方案是不现实的。

(5)决策应是一项有组织的集体活动。因为企业的决策问题具有信息量大、涉及面广、变化快的特点，这就增加了决策的复杂性和艰巨性，从而使个人决策成功的可能性大为减少。因此，科学决策不能是领导者个人行为。决策的民主性是决策成功的重要条件。

（二）经营决策的概念

所谓企业的经营决策，就是在对企业的外部环境、内部条件进行分析的基础上，依据客观规律和实际情况,对企业的总体发展和各种重要经营活动的经营目标、方针和策略,做好正确的选择的工作。它是一个过程,是一种寻找问题、制订方案、选择评价方案的活动。

经营决策的目的是通过谋取企业外部环境、企业内部条件、企业经营目标三者的动态平衡,以求得企业的最佳经济效益。对于企业来讲,涉及的经营决策问题主要有:经营战略与目标决策、市场营销决策、新产品开发与老产品淘汰决策、技术开发与投资决策、成本决策、生产计划决策、价格决策、经营方式选择及人事决策等。

(三)经营决策的特点

经营决策具有以下的特点:

1. 目标性

任何企业的决策都要先确定企业活动的目标。目标是企业在将来一段时间内完成任务程度的标志。决策是为了实现目标的活动,没有目标就无从决策。

2. 可行性

决策可指导企业未来的活动。企业的任何活动都需要资源,即使制订的方案再完美,但是如果缺少必要的人力、物力和技术条件,这个方案也只能是空中楼阁。例如,一家旅游公司经过市场调查发现月球旅游是一个潜在的目标市场,但旅游公司就其实力难以实现该项目,因而在现阶段,这样的决策就无任何意义。

3. 选择性

决策的基本含义是抉择。如果只有一种方案,没有选择的余地,也就无所谓决策。没有比较就没有鉴别,更谈不上所谓的“最佳”。所以,在制订可行性方案时,应尽可能制订多种方案,以避免那些可能是最好的方案被漏掉。另外,各个方案之间不能相互包含,要相对独立。

4. 满意性

决策遵循的原则是满意原则,而不是最优原则。在现实的决策中,可供选择的方案有多种,最优方案的实现需要严格的条件,现实中很难完全满足或代价太大。决策不要过分地去追求最大化,在满足决策条件要求的前提下,寻求一个相对优化的方案,以相对满意为原则。

5. 过程性

决策是一个过程,而不是瞬间行动。一般来说,决策过程包括识别问题、制订备选方案、评价方案、实施方案等内容。因此,决策实际上是一个连续不断的循环过程。

6. 动态性

决策在实施过程中可能受到一些因素的影响,决策者要在一定条件下修订决策,甚至重新制订决策来适应环境的变化。

(四)经营决策应遵循的原则

经营决策应遵循以下原则:

1. 信息准确原则

它是指为进行决策所收集的信息,必须全面准确地反映决策对象的内在规律与外部联系。信息的准确性是指信息要能真实地反映经济发展的客观规律;信息的全面性是指要从多渠道收集各种信息并对其进行必要的综合整理和筛选,以便能够全面地反映所要研究的问题。此外还需注意信息有效性与经济性的问题。

相关链接

失误的选矿决策

黑龙江省鸡西磷矿是20世纪70年代经过科学勘探发现的高品位、储量丰富、易于开采的大型磷矿，经反复的可行性论证，最后经集体决策，由国家投资建设。决定投入生产后，矿区、住宅区、学校、商店、医院建设全面铺开。当矿区大规模开采后，发现磷矿石品位低、呈点状分布，不具备大规模开采的价值，决策失误给国家带来巨大的经济损失。

决策失误的原因是：原始数据信息失真，所有勘探点都打在磷层较厚、高品位的磷矿石上，没有预见到点状分布的特殊情况，错误地认为是一个完整的大型矿床。

2. 可行性原则

它是指决策方案必须与企业现实的资源条件相适应。可行性程度的高低是衡量决策正确性的重要标志，决策方案绝不能超越企业现有的主客观条件。

3. 优选原则

它是指要坚持对各种备选方案进行比较和筛选的工作方法，对各备选方案的优劣进行综合评价和分析论证。

4. 系统性原则

它是指决策过程中，要运用系统分析的理论方法，对决策对象进行全面的分析和论证，在决策过程中兼顾各种利益关系，协调各种矛盾，以获得整体功能最优的效果。

5. 利用“外脑”原则

它是指在决策过程中，要充分发挥专家智慧，广泛利用“外脑”的作用，实行民主化决策。

6. 追踪监控原则

它是指在决策方案付诸实施的过程中，必须及时进行信息反馈，密切关注环境变化，采取措施及时有效地纠正发生的各种偏差。

二、经营决策的分类

因为决策所要解决的问题是多种多样的，不同的决策有着不同的性质和特点，因此决策可分为多种类别。

1. 按照决策所要解决的问题分类

按照决策所要解决的问题在企业经营中所处的地位或重要程度的不同，企业决策可分为战略决策、管理决策和业务决策。它们之间的比较见表4-1。

表4-1　战略决策、管理决策和业务决策的比较

决策种类	战略决策	管理决策	业务决策
性质差别	非定型化多，定型化少	定型化多，非定型化少	基本定型化
层次差别	战略性的多	业务性的多	执行性的多
决策的复杂程度	复杂	比较复杂	比较简单

续表 4-1

决策种类	战略决策	管理决策	业务决策
决策的定量化程度	大部分无定量化，具有风险性	大部分定量化，小部分无定量化	全部定量化
肯定程度	不完全	肯定	非常肯定

(1)战略决策。也称为高层决策，是指对直接关系企业发展的全局性、长远性问题的决策，如企业经营方针与经营目标的确定等。战略决策一般考虑的是企业如何与外部环境的适应问题，属于企业高层管理者的职责范围。

(2)管理决策。也称为中层决策，是指企业为实现战略决策对企业资源做出合理安排的策略性决策，如生产经营计划的确定、能源与原材料的合理使用、工作业绩的评价等。管理决策一般属于企业各职能管理部门的职责范围。

(3)业务决策。也称为基层决策，是指在管理决策的指导下，为了提高企业各种具体业务工作的质量或效率的决策，如工作任务的日常安排等。业务决策属于常规性、技术性的决策，一般属于基层管理人员的职责范围。

2. 按照决策问题出现的重复程度的不同分类

按照决策问题出现的重复程度的不同，企业决策可分为程序性决策与非程序性决策。

(1)程序性决策。是指对经常出现的重复性问题，并已有处理经验、程序和方法的问题的决策，如质量管理、成本控制等。由于程序性决策在企业中大量重复出现，涉及的主要是例行性的活动，因此在决策的管理上应重视对决策程序、方法和规章的制定，以便于人们碰到此类问题时，能够有法可依、照章办事，从而提高决策的科学性和准确性。程序性决策一般是企业中下级管理人员经常要面对和解决的问题。

(2)非程序性决策。是指对不经常出现的偶然性问题，并且没有处理经验，完全靠决策者个人的判断和经验来进行的决策。如经营方向的调整、新产品的开发、重大的投资项目等，一般无章法可循，通常是按解决问题的一般思维过程寻找独特的解决办法，这就需要发挥决策者的创造性思维。非程序性决策虽然所占比重较小，但通常是关系到企业全局和长远发展的重要问题，因而一般属于企业高层管理者的决策范畴。由于这类决策问题无先例可循，只能依靠决策者的经验、直觉、判断以及将这些问题分解成若干小问题逐一解决。

3. 按照决策问题所处客观条件的不同分类

按照决策问题所处客观条件的不同，企业决策可分为确定型决策、风险型决策与非确定型决策。

(1)确定型决策。是指决策条件明确，方案的结果是确定的，只要经过直接比较即可做出方案选择的决策。

(2)风险型决策。是指决策条件存在不可控因素，可供选择的方案存在多种结果，各种结果出现的可能性事先可以做出估计的决策。

(3)非确定型决策。是指决策条件存在不可控因素，可供选择的方案存在多种结果，对各种结果出现的可能性事先无法做出估计的决策。

4. 按决策主体不同分类

决策主体(决策者)是指具有决策能力并决定决策的个人或集团。而一般参与决策机构的准备活动,从事决策辅助工作或实施的个人或集团,是不能视为决策主体或决策者的。按决策主体的不同进行决策分类,有以下两种:

(1)群体决策。群体决策又叫组织决策。它是在环境研究的基础上,依靠组织成员参与进行的、为了达到一定的目标、对未来一定时期的活动所做的选择或调整,因此,必然要受到参与者的某些特征的影响,如群体规范、群体的压力、从众行为、群体的内聚力等群体行为的影响。这类决策所涉及的范围和时限通常都较为宽广。群体决策时,决策主体的决策能力不仅取决于诸如学识、胆略、经验等个人素质,而且取决于组织中由上述个人素质的组合所形成的整体智能结构和决策方式。

(2)个人决策。个人决策是指个人参与组织活动中的各种决策。在组织的活动中,每个成员都要制定一系列的决策。个人决策受决策者个人的经验、知识水平、决策能力、思想观念、欲望、意志等因素的影响,使决策具有强烈的个人色彩。在处理相同的问题时,不同的决策者做出的方案选择可能会有很大的不同。

一般来说,群体决策和个人决策各有利弊,如表 4-2 所示。

表 4-2 群体决策与个人决策对比

	速度	准确性	创造性	风险	效率
群体决策	慢	高	低	小	低
个人决策	快	低	高	大	高

在现实决策活动中,两种方式往往相互渗透、互相补充、交叉使用。因此,在进行具体决策活动时,应该根据决策的具体要求和条件,确定某一决策方式,辅之以另外方式,以保证决策的成功。

三、经营决策的基本程序

决策是一项复杂的活动,为了提高决策的有效性,应遵循一定的程序。一般情况下,决策过程有以下五个步骤,如图 4-1 所示。

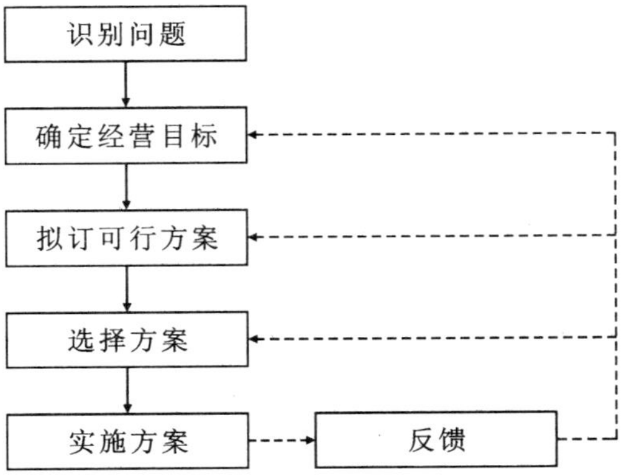

图 4-1 企业经营决策程序图

1. 识别问题

所谓问题,是指企业在经营活动中现实和标准的差距。标准可以是过去的成绩,也可以是事先制订的目标或者是其他企业的成绩。通过收集整理有关信息,发现差距,识别问题,明确目标，这是决策的起点。没有问题就不需要决策；如果问题判断错了，那么决策也就不可能正确。所以，决策的正确与否首先取决于对问题判断的正确与否。

2. 确定经营目标

问题找到以后，就要确定企业的经营目标。企业的经营目标要有可行性，尽量减少目标个数，放弃那些根本达不到的目标，可把相似的目标、次要的目标合并为一个目标。

相关链接

"沙格型"汽车的"昙花一现"

1985年，由马来西亚国营重工业公司和日本"三菱"汽车公司合资2.8亿美元生产的新款汽车"沙格型"隆重推出市场。马来西亚政府视之为马来西亚工业的"光荣产品"，但产品在推出后，销售量却很快跌至低潮。经济学家们经过研究，认为"沙格型"汽车的一切配件都从日本运来，由于日元升值，使它的生产成本急涨，再加上马来西亚本身的经济不景气，所以汽车的销售量很少。此外，最重要的因素是政府在决定引进这种车型时，主要考虑到满足国内的需要。因此，技术上未达到先进国家的标准，无法出口。由于在目标市场决策中出现失误，"沙格型"汽车为马来西亚工业带来的好梦，只是昙花一现而已。

此例说明，科学经营决策的前提是确定决策目标。它作为评价和监测整个决策行动的准则，不断地影响、调整和控制着决策活动的过程，一旦目标错了，就会导致决策失败。

3. 拟订可行方案

在收集了相关资料和确定决策目标后，就要拟订解决这些问题的方案。决策者应尽可能地拟订多种备选方案，因为备选方案越多，解决办法越完善。

拟订备选方案的过程是一个具有创造性的过程，拟订的备选方案应是可行的方案。只有这样，在评价和选择方案时才能保证最终选定方案的最优性。在企业实际运作中，由于决策条件的复杂性，要把所有的可行方案都设计出来是不可能的，因为不可能对决策时所需要的信息全部掌握，所以很难考虑到所有的可行方案，就现有的条件和能力，设计出来的备选方案越详尽，就越能保证备选方案的质量。每个方案的总体设计、主要措施应该是有区别的，所以必须坚持相互排斥性。只有这样，在选择时才便于从众多备选方案中选择一个。如果各个备选方案的内容几乎是相同的，就失去了选择的意义。

4. 选择方案

方案拟订出来后，选哪一个方案比较合适，这需要对每一个方案进行分析、评价。在评估的基础上，权衡各个方案的利弊得失，并将多个方案按优先顺序排列。选择最优化方案是决策中关键的一环，做好方案优选，需要满足两个条件：一是要有合理的选择标准；二是要有科学的选择方法。

(1)选择方案的标准。一般有"最优标准"和"满意标准"两种。由于人们的认识受到许多因素的限制，如主客观条件、科技水平、信息以及环境等，因此，绝对最优标准是不存在的，最优也是相对而言的。对企业来说，应该选择那些最能实现企业目标并且是比较经济的方案，即令企业满意的方案，这一点，我们在前面的决策的特点中已述及。

(2)选择方案的方法。归纳起来有经验判断、归纳法、数学法和试验法等。

5. 实施方案

通过多方案比较，选出最佳的决策方案之后，就进入了实施执行的阶段，也就是决策的最后阶段。决策的目的是为了付诸实施，如果不能有效地组织决策的实施，整个决策就失去了意义。方案在实施之前，要保证实施的条件和资源。同时，决策方案的实施过程也是一个不断反馈的过程。在实施的过程中要发现制订方案时所忽视的地方和方案本身的不足，这就需要边实施、边检查、边改进。如果是环境发生变化，那就需要重新制订新的决策，而这一步骤又成为下一轮决策的起点。

四、企业经营决策的方法

企业经营决策的方法有两类：定量分析法和定性分析法。定性分析法注重决策者本人的经验和思维能力；定量分析法注重决策问题各因素之间客观存在的数量关系。在实际工作中，两种分析方法不能截然分开，必须紧密结合，相辅相成。

（一）定性分析法

定性分析法是在决策者经验、能力的基础上，对决策方案进行分析、评价和判断的一种方法。这种方法并不是单靠某一个人的经验，而是大家的经验、群体的智慧，所以定性分析方法关键在于集思广益、发扬民主，进行科学的决策。常用的定性分析方法如下：

1. 头脑风暴法

头脑风暴法是指在决策的会议上，人们可以无拘无束、自由奔放地思考问题，无所顾忌地畅所欲言。这一方法是由美国创造工程学家奥斯本于 1939 年首先提出来的。

在具体操作上，头脑风暴法是通过一种小型会议的形式进行的。在会议上，与会者围绕决策问题相互启发，让创造性设想产生“连锁反应”，从而引发更多的创造性设想的灵感火花。为了能达到这样的会议目的，规定如下一些特殊的会议原则：

(1)在会议上严禁评头论足，不许批评或指责别人的想法，以免阻碍创造性设想的产生；

(2)参与会议者不分高低贵贱，随意自由想象，想法越奇特、越新鲜越好；

(3)对所有与会者提出的所有设想进行记录，但在会议上不做判断性结论；

(4)可以利用别人的想法来激发自己的灵感，或者综合几个人的想法形成新的思想；

(5)不准私下交谈，每个人的意见必须让全体与会者知道，只能各自发表自己的意见，不能代替别人的设想；

(6)每一次讨论的题目不能太小、太窄或带有过多的限制条件，但在讨论时必须注意针对性或方向，以做到有的放矢。

一次成功的头脑风暴法除了在程序、原则上有要求之外，最为关键的就是与会者讨论问题时的探讨方式、心态，也就是与会者在会议上能真正开展充分的、非评价的、无偏见的交流。

2. 专家意见法

专家意见法是由美国的兰德公司提出来的，也称为德尔斐法。这种方法是让参加决策的专家们互不见面，意见的交流采取书信方式进行。其步骤是：主持人先向有关专家提出问题，请专家分别写出书面意见；随后，主持人把各个专家的意见相互交换一下，做出分析意见后再收集起来，进行综合、整理，再反馈给每个专家；每个专家在修改后再寄给主持人，如此反复进行多次，直到各个专家的意见大体趋于一致为止。

这一方法的好处是:被调查者彼此不见面,也不了解真实姓名,可以避免相互的消极影响。经过几轮反馈,意见比较集中,便于决策者下决定。

3. 讨论交流法

讨论交流法主要用于两种意见明显不同的情况,即某项决策应该还是不应该执行这类问题。它的基本步骤如下:

(1)明确归纳出问题的要点,指出分歧所在。

(2)指定一组人去整理和调查问题的有利方面,另一组人去整理和调查问题的不利方面。

(3)经过一段时间以后,双方讨论各自整理的材料,双方交换任务,或指定各方为支持对方的观点去研究。

(4)再开讨论会,提出为对方能够接受的意见,或指明问题的共同点。尽量去看别人观点的长处,扩大共同意见范围以形成最终决策。

以上三种定性决策的方法,又称为决策的"软技术",它适用于非程序化决策,它们的共同特点是如何在决策过程中充分利用专家的创造力。定性决策方法的优点为:能充分利用集体的经验和科研成果,进行逻辑思维和创造性思维,灵活简便,省时省力。定性决策方法的缺点为:主观成分强,易受决策者个人对决策问题的感知方式、处理信息的能力和个人的价值观的影响。

相关链接

决策心理陷阱之一:证实偏差

证实偏差是指当人们确立了某一个信念或观点时,在收集信息和分析信息的过程中,他们有一种寻找支持这个信念的证据的倾向,也就是说他们会很容易接受支持这个信念的信息,而忽略否定这个信念的信息。甚至还会花费更多的时间贬低与他们的看法相左的观点。

证实偏差导致个体过分相信自己判断的准确性,评价一旦形成便不轻易改变。证实偏差其实是由人的一种自利性倾向造成的,有选择地去解释并记忆某些能够证实自己既存的信念或图式的信息,验证自己观念的科学性与合理性,并由此获得自信与自尊的满足感。

最能说明这种证实偏差的一个例子是《吕氏春秋》中疑邻窃斧的故事。

从前有一个丢了斧子的人。他怀疑是邻居家的儿子偷去了,观察那人走路的样子,像是偷斧子的人;看那人的神态,也像是偷斧子的人;他的一言一行、一举一动,无一不像偷斧子的人。

后来,丢斧子的人在山谷里挖水沟时,掘出了那把斧子,再留心察看邻居家的儿子,就觉得他走路的样子,不像是偷斧子的;他的神态,也不像是偷斧子的;那人的一言一行、一举一动,都不像偷斧子的了。

比如,管理者已经在内心里做出了一项投资决策,或者要发布一项改革政策,他们会召开"象征性会议",以征求大家的意见和建议,美其名曰"集思广益"。在召开会议之前,管理者很可能就在盘算,谁最有可能提反对意见,于是,想方设法把这个人或这些人排除在会议之外。有的管理者在开会之前已经定了调子,比如说:"我觉得这个项目是可行的,请大家发

表一下意见。"于是，就出现了一边倒，与会者争先恐后地为上司的决策增添实证性的数据与证据。

（二）定量分析方法

定量分析方法是建立在数学（模型）计算基础上的决策方法。它运用统计学、运筹学、计算机等科学技术，把与决策有关的变量与变量之间、变量与目标之间的关系用数学模型表示出来，通过数学模型的求解，选择决策方案。

1. 确定型决策方法

确定型决策是指决策条件非常明确，通过对各种备选方案的分析，就会知道其明确结果的决策。它必须具备四个条件：①具有决策者希望达到的目标；②客观条件相对稳定；③有两个以上可供选择的方案；④各方案执行的结果是明确的。确定型决策一般用于程序化的管理性或业务性的决策。此时决策的任务就是借助一定的计算分析方法把每个可行方案的结果计算出来，然后经过比较，把结果最好的方案优先选出来，作为决策的行动方案。

确定型决策的分析方法很多，最常见的有量本利分析法（盈亏平衡分析法）、线性规划法等。下面我们介绍一下盈亏平衡分析法。

盈亏平衡分析法是根据产品的销售量、成本和利润三者之间的关系，建立数学模型，分析企业的盈利或亏损状况，据此评价选择方案。该方法的前提是假设所生产的产品均能卖出（产量等于销量）。

该方法的基本做法可分成两个步骤进行：

第一步，根据成本习性把成本分成固定成本和变动成本两部分。成本习性即成本对业务量（产量、销量）总数的依存关系，即业务量变动与其相应的成本之间的内在联系。

固定成本是指在一定的相关范围内，不受业务量变化影响而保持固定不变的成本。例如，固定资产的折旧、设备租金等。单位产品的固定成本与业务量的增减成反比。

变动成本是指成本总额与业务量的变化成正比例变动的成本。如原材料费用、直接人工费用等。在一定的生产技术条件下，单位产品的变动成本应是一个常数。

第二步，假设：销售收入以 S 表示；固定成本以 F 表示；单位产品变动成本以 V 表示；产量以 Q 表示；单位产品价格以 P 表示；总成本以 C 表示；利润以 I 表示。

则有：

$$S=QP$$

$$C=F+QV$$

$$I=S-C$$

（1）找盈亏平衡点（见图 4-2）

盈亏平衡时：

$$S-C=0$$

即：

$$QP-(F+QV)=0$$

得到盈亏平衡时对应的产量为：

$$Q_0=F/(P-V)$$

（2）进行经营安全率分析

经营安全率是反映企业经营状况的一个指标，其计算公式为：

$$\eta=\frac{Q-Q_0}{Q}\times 100\%$$

其值越大，说明企业经营安全状况越好；反之，则反映企业经营安全状况差，亏损的风险

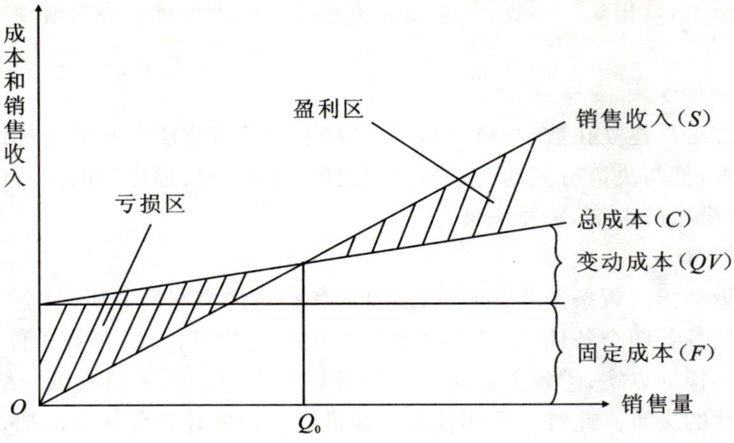

图 4-2 盈亏平衡分析图

大，如表 4-3 所示。

表 4-3 经营安全状况表

经营安全状况	安全	较安全	一般	须警惕	危险
经营安全率(%)	30 以上	25～30	15～25	10～15	10 以下

【例 4-1】 某企业固定成本为 80 万元，单位产品售价为 2000 元，单位产品变动成本为 1200 元。

试计算：

①盈亏平衡点的销量。

②目标利润为 40 万元时的销售量。

③经营安全率在 30%以上时的销售量。

解：

①$Q_0=F/(P-V)=800000/(2000-1200)=1000$(台)

②由公式 $I=S-C$ 可得

$400000=2000Q-(800000+1200Q)$

$Q=1500$(台)

③$\eta=(Q-Q_0)/Q\times100\%=30\%$

$Q=1429$(台)

可见，该企业的盈亏平衡点的销量为 1000 台；目标利润为 40 万元时的销售量为 1500 台；当销量超过 1429 台时，经营安全率达到 30%以上。

2. 风险型决策方法

风险型决策也叫随机性决策或概率性决策。它需要具备下列条件：①有一个明确的决策目标；②存在着决策者可以选择的两个以上的可行方案；③存在着决策者无法控制的两个以上的客观自然状态；④不同方案在不同自然状态下的损益值可以计算出来。由于风险型决策自然状态出现的概率不肯定，只能估计出一个概率，所以决策人要承担因估计失误而带来的风险。这种决策方法主要应用于有远期目标的战略决策或随机因素较多的非程序化决策，如投资决策、技术改造决策等。常用的方法有期望值法、决策树法。下面我们介绍一下决策树法。

决策树法是以决策损益值为依据，通过计算比较各个方案的损益值，绘制树形图，再根据决策目标，利用修枝寻求最优方案的决策方法。该方法最大的优点是能够形象地显示出整个决策问题在不同时间和不同阶段的决策过程，逻辑思维清晰，层次分明，对复杂的多级决策尤为适用。如图 4-3 所示。

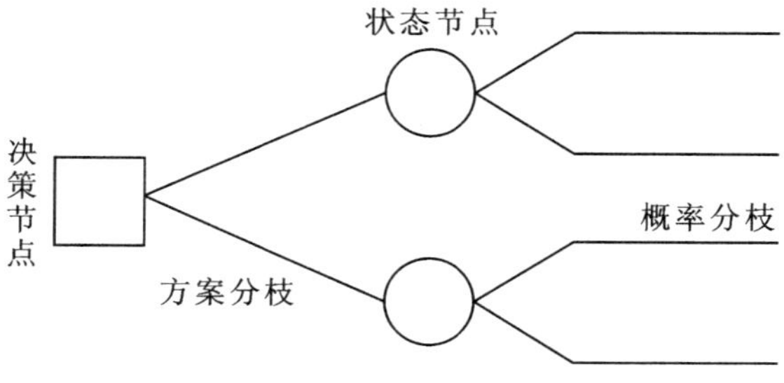

图 4-3　决策树的结构要素

(1)决策树的结构要素

决策节点：通常用“□”表示，决策节点是要选择的点，从它引出的分枝叫方案分枝，有几条分枝就有几个方案。

状态节点：通常用“○”表示，状态节点表示一个方案可能获得的损益值，从它引出的分枝叫概率分枝，每一条分枝代表一个自然状态。

(2)运用决策树决策的步骤

①自左向右绘制决策树，并标出数据。

②自右向左逐级计算出同一方案在不同自然状态下的损益值，进而计算出方案的期望值，并标在节点上。

③逐个比较不同方案期望值的大小，然后修枝，并剪去(在舍去的方案枝上划上“//”符号)期望值较小的方案枝，如果是期望损失值，剪去较大的方案枝。

(3)举例

【例 4-2】　某企业准备生产某种产品，预计该产品的销售有两种可能：销路好，其概率为 0.7；销路差，其概率为 0.3；可采用的方案有两个：一个是新建一条流水线，需投资 220 万元；另一个是对原有的设备进行技术改造，需投资 70 万元。两个方案的使用期均为 10 年，损益资料如表 4-4 所示，试对方案进行决策。

表 4-4　方案损益资料

方案	投资(万元)	年收益(万元)		使用期(年)
		销路好(0.7)	销路差(0.3)	
1. 新建流水线	220	90	−30	10
2. 技术改造	70	50	10	10

绘制决策树如图 4-4 所示。

然后计算期望值：

节点②的期望值为：

$[90\times0.7+(-30)\times0.3]\times10-220=320$(万元)

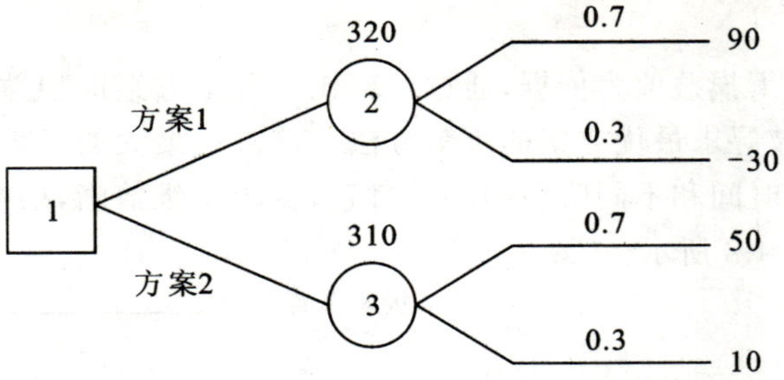

图 4-4　决策树

节点③的期望值为：

[50×0.7+10×0.3]×10－70＝310(万元)

从期望收益值来看，方案1较高。因此，应采用此方案。

3. 非确定型决策方法

非确定型决策的条件与风险型决策基本相同，只是无法测算各种状态出现的概率。这时的决策主要取决于决策者的经验、智能和思维判断。由于决策者面临哪一种自然状态是完全不确定的，因而决策的结果也是完全不确定的，所以称为非确定型决策。

例如：某决策问题的收益如表 4-5 所示，试用非确定型决策的方法进行决策。乐观系数 $a=0.8$。

表 4-5　决策问题的收益　　单位：万元

自然状态 / 收益值 / 方案	S_1	S_2	S_3	S_4
A_1	50	60	70	80
A_2	40	60	90	100
A_3	70	30	50	60
A_4	20	60	80	90

非确定型决策的方法有乐观准则、悲观准则、乐观系数准则、机会均等准则、后悔值准则。

(1)乐观准则(大中取大)。这是决策者对客观情况抱乐观态度。它是先找出各种行动方案在各种自然状态下的最大收益值，并选取最大收益中的最大值所对应的行动方案作为决策方案。其决策如表 4-6 所示。

这种方法的特点是决策者对决策事件未来前景的估计乐观并有成功的把握。因此愿意以承担风险的代价去获得最大收益。

(2)悲观准则(小中取大)。这种决策方法与乐观准则正相反，它要先算出各种方案在各种自然状态下可能有的收益值，再找出各种自然状态下的最小收益值，把最小收益值中的最大值对应的方案作为决策方案。其决策如表 4-7 所示。

表 4-6　乐观准则决策表

单位:万元

收益值 \ 自然状态 \ 方案	S_1	S_2	S_3	S_4	最大收益值
A_1	50	60	70	80	80
A_2	40	60	90	100	100
A_3	70	30	50	60	70
A_4	20	60	80	90	90
最大收益值中的最大收益值					100
所选定的决策方案					A_2

表 4-7　悲观准则决策表

单位:万元

收益值 \ 自然状态 \ 方案	S_1	S_2	S_3	S_4	最小收益值
A_1	50	60	70	80	50
A_2	40	60	90	100	40
A_3	70	30	50	60	30
A_4	20	60	80	90	20
最小收益值中的最大收益值					50
所选定的决策方案					A_1

采用这种方法是非常保守的,决策者唯恐决策失误造成较大的经济损失。因此在进行决策分析时,比较小心谨慎,从最不利的客观条件出发来考虑问题,力求损失最小。

(3)乐观系数准则(折中准则)。这是介于上述两个准则之间的一个准则,把自然状态好和差的概率变成人为地估计一种可能性,对乐观和悲观出现的可能性估计就是乐观系数。决策人根据市场预测和经验判断确定一个乐观系数 a 为主观概率,其值在$[0,1]$之间。

每个方案的估计损益期望值$=a\times$最大损益值$+(1-a)\times$最小损益值。

如上例:$a=0.8$

A_1 方案的损益期望值$=0.8\times80+0.2\times50=74$(万元)

A_2 方案的损益期望值$=0.8\times100+0.2\times40=88$(万元)

A_3 方案的损益期望值$=0.8\times70+0.2\times30=62$(万元)

A_4 方案的损益期望值$=0.8\times90+0.2\times20=76$(万元)

然后根据各个方案估算损益期望值的大小,选择最大值为决策方案,故应选方案 A_2。乐观系数准则比较接近实际,但乐观系数的决定很关键,常带有决策者的主观性。

(4)机会均等准则(等可能准则)。假定各个自然状态发生的概率相等,计算各个方案损益期望值,再以损益期望值为决策标准。如前例:

A_1 方案的损益期望值＝1/4×(50＋60＋70＋80)＝65(万元)

A_2 方案的损益期望值＝1/4×(40＋60＋90＋100)＝72.5(万元)

A_3 方案的损益期望值＝1/4×(70＋30＋50＋60)＝52.5(万元)

A_4 方案的损益期望值＝1/4×(20＋60＋80＋90)＝62.5(万元)

故以损益期望值最大的 A_2 方案为最优方案。

(5)后悔值准则。这是因决策的失误造成机会损失而后悔。我们的目的是使后悔值减少到最低限度，故以各个方案的机会损失大小来判定方案的优劣。决策过程是将各种自然状态下各个方案的后悔值计算出来以后，从中选择每个方案的最大后悔值，然后从最大后悔值中选取最小者为决策方案。决策后悔值的计算公式为：

决策后悔值＝理想效益值－现实结果值

用表 4-8 说明，按后悔值准则决策，应采用方案 A_1。

表 4-8　后悔值准则决策表　　单位：万元

	收益值				后悔值				最大后悔值
	S_1	S_2	S_3	S_4	S_1	S_2	S_3	S_4	
A_1	50	60	70	80	20	0	20	20	20
A_2	40	60	90	100	30	0	0	0	30
A_3	70	30	50	60	0	30	40	40	40
A_4	20	60	80	90	50	0	10	10	50
最大后悔值中的最小值				20					
应选择的决策方案				A_1					

以上五种方法，作为非确定型决策优选方案的依据，都带有相当程度的随意性，从例中可以看出，由于决策方法不同，决策的结果是不一样的。因此，在实际工作中，决策方法的选择，主要取决于决策者的知识、经验、观念、综合分析判断能力和魄力。

第二节　企业经营计划

一、计划概述

(一)计划的概念

组织中的各项活动在实施以前，都要进行预计、谋划，提出实现目标的途径、程序、办法等。从广义上来讲，计划就是对未来所要从事的事业的谋划、规划和打算。这是一种静态的理解。从动态的角度来看是指制订计划、执行计划和检查计划执行情况，一直到计划任务完成这样一个完整的过程。

(二)计划的构成要素

计划的构成要素如表 4-9 所示。

表 4-9 计划的构成要素

要素	所要回答的问题	内容
前提条件	该计划有效的环境条件	预测、实施条件
目标任务	做什么(What)	工作要求
目的	为什么做(Why)	原因、意义、重要性
战略	如何做(How)	方式、方法、途径
责任	谁来做(Who)	人选、激励措施
时间	何时做(When)	时机、起止时间、进度
范围	何地做(Where)	地理范围
预算	需投入多少	费用、成本
应变措施	实际执行时出现偏差怎么办	应变计划

二、计划的分类

(一)根据计划的形式分类

计划按其形式不同可分为:

(1)宗旨。即组织的目的和使命,也就是社会对该组织的要求,表现为组织的价值观念、经营理念、管理哲学等根本性的问题。例如,海尔的企业宗旨是:“海尔是海,真诚到永远”;SONY 公司的宗旨是:“索尼是开拓者,永远向着那未知的世界探索”;中国移动的企业使命为:“创无限通信世界,做信息社会栋梁”。

(2)目标。目标是宗旨的具体化,具体体现了在其宗旨下组织经营管理活动在一定时期要达到的具体成果。

(3)战略。战略是为了实现组织的长远目标所选择的发展方向、所确定的行动方针以及资源分配方针的一个总纲领。

(4)政策。政策是组织在决策时或处理问题时用来指导和沟通思想与行为的明文规定。

(5)程序。程序是为了完成某一特定任务而规定的一系列步骤。组织中的许多管理活动是重复发生的,处理这类问题应该有标准方法,这就是程序。如果说政策是人们思考问题的指南,那么程序则是行动的指南。如决策程序、战略制订程序、工艺流程等。程序通常是一种经过优化的计划,它是对大量日常工作过程及工作方法的提炼和规范化。

(6)规则。规则也是一种计划,只不过是一种最简单的计划。它是对具体场合和具体情况下,允许或不允许采取某种行动的规定。

(7)规划。规划是为了实施既定方针所必需的目标、政策、程序、规则、任务分配、执行步骤、使用的资源等而制订的综合性计划。

(8)预算。预算是用数字表示预期结果的一份报告书,如企业的财务收支预算。

(二)按计划的期限分类

计划按其期限不同可分为:

(1)长期计划。长期计划又称企业长远发展规划。一般指 3 年以上的计划。它是企业的战略计划,规定了企业的长期目标以及为实现目标所应采取的措施和步骤。

(2)中期计划。中期计划的年限一般为1～3年，它是企业近期的发展计划。

(3)短期计划。通常是指年度计划、季度计划或月度计划。它是企业的业务活动计划或作业计划，是组织日常生产经营活动的依据。

企业的长期计划、中期计划和短期计划相互衔接，反映了事物在时间上的连续性。长期计划是中期计划的依据，中期计划是短期计划的依据。短期计划是中期计划的具体化和补充。

(三)按计划的性质分类

计划按其性质不同可分为：

(1)战略性计划。战略性计划是关于企业未来发展的规划，是对企业发展起关键作用的计划，其中包括企业的经营战略、经营目标、产品开发战略及市场开拓战略等内容。企业的中长期计划均属于战略性计划。

(2)战术性计划。战术性计划是保证战略性计划实现的计划，也是解决局部问题或短期问题的计划，例如，企业的季、月销售计划，工程的施工计划及生产作业计划等。企业的短期计划一般属于战术性计划。

(四)按计划的内容分类

计划按其内容不同可分为：

(1)综合计划。综合计划是指对组织活动所做的整体安排，它是指导企业生产经营活动的纲领。

(2)专项计划。专项计划是指为完成某一特定任务而拟订的计划，如销售计划、新产品开发计划、成本计划等。企业职能部门的相关计划多是专项计划。

综合计划与专项计划之间是整体与局部的关系。专项计划必须以综合计划为指导，避免与综合计划脱节。

三、企业经营计划的内容体系

企业经营计划是在经营决策的基础上，根据经营目标，对企业的生产经营活动和所需要的各项资源，从时间和空间上进行具体的统筹安排所形成的计划体系。

现代企业的经营重点和目标在于提高经济效益，因而企业经营计划应当编制长期综合经营计划，把众多的经营活动内容尽可能都纳入计划，并且形成一个系统的计划体系，其基本结构如图4-5所示。

可见，现代企业长期综合经营计划以利润计划为核心，首先作用于销售计划和品种计划。利润计划必须靠一定的销售额及一定的品种结构来保证。而且，不同的品种结构会影响不同的销售结构，增销可能增收，但也可能不增收甚至减收。品种计划确定后，科研工作也就有了明确目标，可以着手编制科研计划，同时可以安排生产计划。生产计划、品种计划、科研计划又分别为企业改造提出了目标要求，为编制企业改造计划提供了依据。生产计划又决定了原材料采购计划、劳动工资计划以及流动资金计划。生产计划、原材料采购计划、劳动工资计划等又决定了生产费用预算和成本计划。流动资金和固定资金计划包括资金筹措在内的资金计划(财务计划)。资金及成本综合为资金利润率反馈到原定的利润计划，根据反馈情况考虑是否需要进行调整或者继续执行。

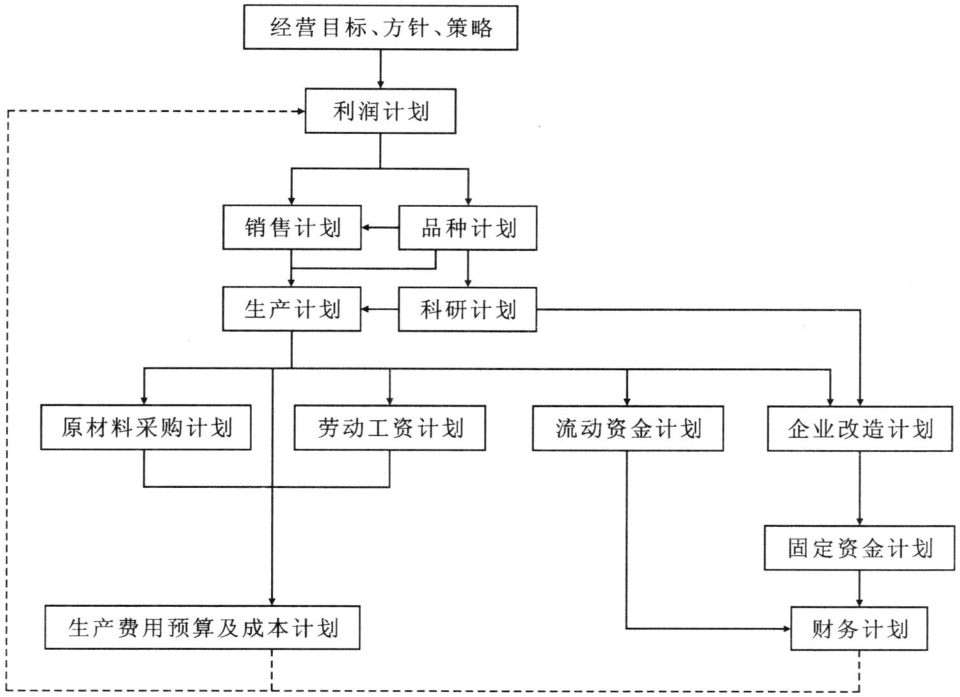

图 4-5 企业经营计划的内容体系

四、企业经营计划的编制

（一）编制企业经营计划的步骤

经营计划的编制步骤与经营决策的编制步骤基本相同。由于经营计划的编制是在经营决策之后进行的，所以经营计划的编制步骤可以简化。编制经营计划的重点是进行各项计划和任务之间的综合平衡。编制经营计划的一般步骤如下：

1. 调查研究

调查研究是编制计划的前提条件。通过调查研究，根据企业外部环境的状况及变化和企业的内部条件，寻找市场所提供的市场机会、存在的威胁，特别是要掌握计划的限制条件，如资源、环境、法规及地理位置等，对它们进行认真研究，将有助于所编制的计划切实可行。

2. 确定具体目标

确定具体目标是编制计划的关键。没有目标或目标不明确，就没有决策；目标如果不恰当，决策就可能失误，就必然影响到计划的质量。因此，编制经营计划应全面考虑各个目标、各种条件之间的相互影响，要考虑它受各有关条件的限制情况，处理好当前与长远的关系。

3. 拟订方案，比较选择

为实现同一目标，可以有多种可行性计划方案。一般来说，每个方案的优势，都是相对的，也都有它的局限性和不足，对各种条件的利用或限制来说，也都各有侧重。通过反复比较，逐步淘汰，将最接近目标而又最满足关键的限制性条件、利多弊少的计划方案选择出来。

4. 综合平衡，确定正式的计划草案

这是计划编制工作的最后步骤，其重点在于综合平衡，具体落实。首先，侧重企业的外部环境与目标之间的相互平衡。然后，进一步地进行综合平衡，侧重于目标与企业内部条件的平衡，主要包括产、供、销三方面的平衡，生产与组织之间的平衡，资金需要与资金筹措之间的平衡以及各生产环节生产能力的平衡等。

（二）企业经营计划的编制方法

企业借助一定的方法，把计划任务、目标和原则转化为指导实际行动的具体指标，在具体的经营业务中得以体现。科学的编制计划的方法是提高计划水平的重要保证。

1. 综合平衡法

综合平衡法是计划工作的基本方法。该方法研究如何正确确定企业生产经营活动中的一些主要比例关系，并使这些关系协调一致。如资源分配关系，包括人力、财力、物力的分配，保证与计划任务相平衡；投入产出关系，即生产与投入、消耗与成果、费用与效益的关系；整体与局部关系，指企业整体发展与各部门、各环节的平衡协调关系及供给与需求、收入与支出之间的关系等。

企业综合平衡的任务，就是在企业生产经营活动的复杂联系中寻求最优比例，并在此基础上确定最优的发展速度、最优的经济效果，把比例、速度、效果三者统一起来。这需要综合考虑影响企业生产经营活动的各项因素，通过反复测算制订科学计划，对企业生产经营活动进行指导、监督、控制和协调，从而实现企业综合平衡的要求，取得最佳经济效益。

2. 滚动计划法

在编制计划时，一般难以对未来一个时期影响计划实现的多种因素做出准确的预测，因而制订出来的计划往往不能完全符合未来的实际而需进行主动调整。滚动计划法就是一种连续、灵活、有弹性地根据一定时期的计划执行情况，通过定期的调整，依次将计划时期顺延，再确定计划的内容的编制方法。滚动计划法的滚动期可长可短，若是年度计划则按季滚动，若是中、长期计划则按年滚动，其形式如图 4-6 所示。

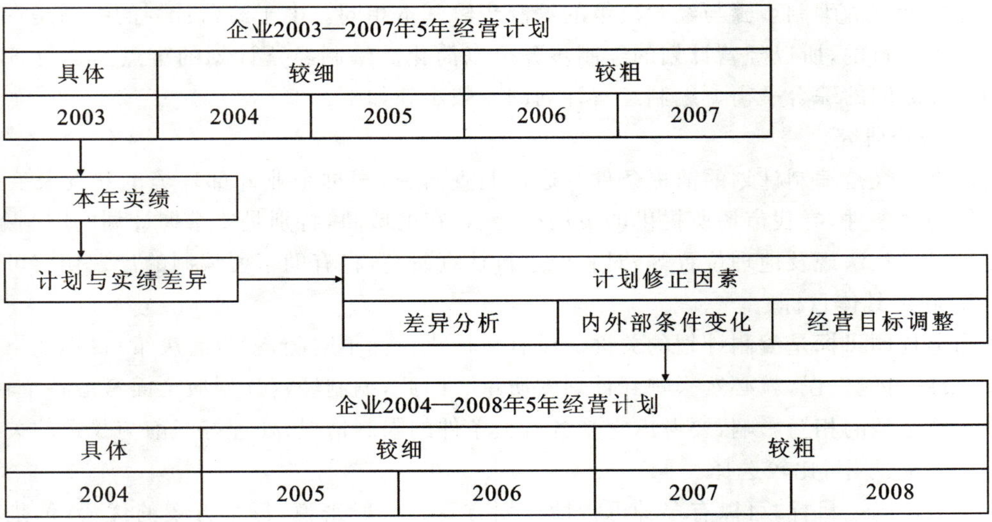

图 4-6　滚动计划法

3. PDCA 循环法

PDCA 循环法，就是按照计划（Plan）、执行（Do）、检查（Check）和处理（Action）4 个阶段的顺序，周而复始地循环进行计划管理的一种工作方法。这种方法的主要内容为：在计划阶段确定企业经营方式、目标，制订经营计划，并把经营计划的目标和措施项目落实到企业各部门、各环节。在执行阶段将制订的各项目具体计划，按各部门、各环节进行组织实施。在检查阶段要根据检查的结果，采取措施，修正偏差，并转入新的一个循环。每一次循环都有新的内容和要求，完成一个循环就应解决一些问题，使计划水平进一步提高。企业各个层次的计划都实行 PDCA 的循环，可以使计划的编制、执行、控制有机地结合起来，提高企业计划实效。

五、企业经营计划的执行与控制

（一）企业经营计划的执行

经营计划的贯彻与执行，主要是以方针落实及目标管理的方式进行的。方针落实是指按照经营目标和经营方针的要求，对一切与执行有关的部门和单位提出进一步具体的要求，使之形成一个系统，确保方针和目标的实现。目标管理是指企业管理者和广大职工都来参加经营目标的制定，在实施过程中，通过分解目标，落实措施，并达到自我控制的一种管理方法。企业最高管理层将企业的目的和任务转化为目标，然后进行目标分解，经过上下民主协商，定出下层及个人的分目标；总目标指导分目标，分目标保证总目标，最终企业每个部门、每个人都有各自的目标，形成一个目标体系。关于目标管理，我们在后面的内容中还要进行专门的讲述。

（二）企业经营计划的控制

企业经营计划的控制是指企业在动态变化的环境中，为了确保实现既定的目标而进行的检查、监督和纠正偏差等管理活动。控制是实现当前阶段企业目标和计划的有力保证，也是企业修正发展目标和制订下一轮计划的前提和基础。下面我们主要介绍事先控制、事中控制和事后控制三种方法。

1. 事先控制

事先控制又称预先控制，它是指通过观察和收集信息，掌握规律，预测趋势，提前采取措施，将可能发生的问题（事故、偏差）消除在萌芽状态，这是一种“防患于未然”的控制，是控制的最高境界。

2. 事中控制

事中控制又称现场控制或即时控制，是指在某项活动或者生产经营过程中，管理者采用纠正措施，以保证目标或计划的顺利实现。它主要通过管理人员深入现场进行有效的控制。

3. 事后控制

事后控制主要是分析工作的执行结果，与控制标准相比较，发现差异并找出原因，拟定纠正措施以防止问题继续存在。例如，财务分析报告、产品销售状况分析报告及销售人员业绩评定报告等。

六、目标管理

相关链接

“马”与“驴”的目标

唐太宗贞观年间，有一头马和一头驴子，它们是好朋友。贞观三年，这匹马被玄奘选中，前往印度取经。

17 年后，这匹马驮着佛经回到长安，便到磨房会见它的朋友驴子。老马谈起这次旅途的经历：浩瀚无边的沙漠、高耸入云的山峰、炽热的火山、奇幻的波澜……神话般的境界，让驴子听了大为惊异。

驴子感叹道：“你有多么丰富的见闻呀！那么遥远的路途，我连想都不敢想。”

老马说：“其实，我们跨过的距离大体是相同的，当我向印度前进的时候，你也一刻没有停步。不同的是，我同玄奘大师有一个遥远的目标，按照始终如一的方向前行，所以我们走进了一个广阔的世界。而你被蒙住了眼睛，一直围着磨盘打转，所以永远也走不出狭隘的天地……”

马和驴子最大的差别就在于目标的不同，最终导致了不同的结果。这则寓言启示我们：企业或团队有目标不等于有好目标。好目标一定要结合企业的长远发展和员工的特点来制定。彼得·德鲁克说：“目标并非命运，而是方向；目标并非命令，而是承诺；目标并不决定未来，而是动员企业的资源与能源，以便塑造未来的那种手段。”

（一）目标管理的含义

目标是期望的成果，成果是个人、小组或整个组织努力的结果。目标为经营管理决策指明了方向，作为标准可用来衡量实际的绩效。由于这些原因，目标就成为了计划的基础，企业经营计划管理也就自然应以目标的推行与管理为核心。目标管理是以目标为导向，以人为中心，以成果为标准，而使组织和个人取得最佳业绩的现代管理方法。

目标管理是由美国著名的管理学家德鲁克在 1954 年所写的《管理实践》一书中提出的一种管理方法。它主要建立在泰罗的科学管理理论与梅奥的人际关系理论的基础之上。

目标管理的主要内容为：组织的最高领导层根据组织面临的形势和社会需要，制定出一定时期内组织经营活动所要达到的总目标，然后层层分解落实，要求下属各部门主管人员以至每个员工根据上级制定的目标和保证措施，形成一个目标体系，并把目标完成的情况作为各部门或个人考核的依据。

德鲁克认为，并不是有了工作才有目标，而是相反，有了目标才能确定每个人的工作。所以，企业的使命和任务必须转化为目标，如果一个领域没有目标，这个领域的工作必然被忽视。

（二）目标管理的特点

目标管理在指导思想上是以 Y 理论为基础的，即认为在目标明确的条件下，人们能够对自己负责。目标管理的具体方法是泰罗科学管理的进一步发展。它与传统管理方式相比有鲜明的特点。

(1)重视人的因素。目标管理是一种参与的、民主的、自我控制的管理制度,在这一制度下,上级与下级的关系是平等、尊重、依赖、支持的,下级在承诺目标和被授权之后是自觉、自主和自治的。

(2)建立目标体系。目标管理通过专门设计的过程,将组织的整体目标逐级分解,转换为各单位、每一个员工的分目标。目标在分解后,责、权、利三者已经明确,而且相互对称。这些目标方向一致,环环相扣,相互配合,形成协调统一的目标体系。只有每个人都完成了自己的分目标,整个企业的总目标才有完成的可能。

(3)重视成果。目标管理以制定目标为起点,以目标完成情况的考核为终点。工作成果是评定目标完成程度的标准,也是考核和奖评的依据。至于完成目标的具体过程、途径、方法,上级并不过多干预。所以,在目标管理制度下,监督的成分少,而控制目标实现的能力却很强。

相关链接

传统的目标设定方法

目标的传统作用是组织内部的最高领导对组织施加控制的一种方式。企业的总经理告诉生产副总经理,下一年度的制造成本水平应是多少;告诉市场营销副总经理,下一年度的销售额要达到什么水平;总经理会告诉保安部门,在下一年度保安的预算是多少等。在以后的某些时间,对完成的结果进行评价,以此决定分派的目标是否达到了。

传统的目标设定方法是由企业的最高领导把总目标分解成为子目标落实到企业的各个层次,是一种单向的过程,即由上级给下级规定目标。

这种传统的方式是假定最高领导最了解应当设立什么目标,只有他能纵观企业的全貌。传统设定目标的方法,在很大程度上是非操作性的。

最高的领导一般采用泛泛的语言定义组织的目标,如“要获取足够的利润”或者“取得市场领导地位”,模糊性的目标在转化为具体的目标的过程中,要经过组织的层层过滤。在每一层上,领导都要加上一些可操作性的含义,明确性的获得是凭每一级领导用自己的理解,甚至是偏见对目标进行解释。结果可能使目标在自上而下的分解过程中,失去了它的清晰性和一致性。

(三)企业目标管理的实施

企业采用目标管理的方法时,在调查研究的基础上明确企业的问题与任务,确定企业发展目标,并进行层层分解,形成有机联系的目标体系,采取切实可行的方案,推动目标的实现,促进经营计划的落实。企业目标管理的实施过程包括以下三个环节:

1. 经营目标体系的建立

设定目标是实施目标管理的起点,也是目标管理的重要内容。目标设置得如何,会直接影响目标的实施和控制,从而影响企业的经营业绩。因此,建立合理有效的目标体系或目标网络是企业完成计划任务的关键。具体分为以下几个步骤:

(1)确定企业经营总目标并进行分解。

(2)各分目标进行协调平衡。

(3)经营目标体系的整理和确定。

2. 经营目标的实施

目标的实施是指目标落实和实现的过程,这是经营目标的执行阶段。这一阶段的主要工作是充分调动各部门、各职工的积极性,发挥其创造力和主观能动作用,鼓励自我约束、自我控制,自觉执行各目标方案,通过积极主动的努力,实现各项目标。

3. 经营目标的控制

企业经营目标在执行过程中,必须进行有效的控制,发现问题及时解决,以保证各项活动不偏离目标的轨道。各级领导在下级自检的基础上,必须用既定标准和进度计划来检查下级目标实施的效果,通过督促、协调和指导等方式,帮助下级改进工作,更好地完成任务。这时要注意:在采取调整措施时,必须与下级进行充分协商与讨论,避免强制性的上级干预。通过定期或不定期的检查,上级部门及时掌握目标管理活动各方面的情况,并及时向各部门员工进行通报、总结,根据个人成果进行考核、评比,以鼓励先进,鞭策后进。

相关链接

目标管理计划的典型步骤

(1)制定组织整体的目标和战略。

(2)在经营单位与各部门之间分配主要目标。

(3)各单位的领导与他们的上级共同设定本部门的具体目标。

(4)部门的所有成员都参与制定自己的具体目标。

(5)领导和下级共同商定实现目标的行动计划。

(6)实施行动计划。

(7)定期检查目标的进展情况,并向有关单位和个人反馈。

(8)基于绩效的奖励将促进目标的成功实现。

本章小结

决策,就是指在明确问题的基础上,为未来行动确定目标,并在多个可供选择的可行方案中,选择一个合理方案的分析判断过程。企业的经营决策就是在对企业的外部环境、内部条件进行分析的基础上,依据客观规律和实际情况,对企业总体发展和各种重要经营活动的经营目标、方针和策略,做好正确的选择的工作。它具有目标性、可行性、选择性、满意性、过程性和动态性的特点。

根据不同的标准,可以对决策进行一些不同类型的划分。

决策是一项复杂的活动,为了提高决策的有效性,应遵循一定的科学的决策程序。一般情况下,可将决策的过程划分为五个阶段:识别问题、确定经营目标、拟订可行方案、选择方案、实施方案。

组织中的各项活动在实施以前,都要进行预计、谋划,提出实现目标的途径、程序、办法等。

企业经营计划应当编制长期综合经营计划，把众多的经营活动内容尽可能都纳入计划，并形成一个系统的计划体系。

决策与计划是两个既相互区别，又相互联系的概念。计划工作的程序大体是：调查研究；确定具体目标；拟订方案，比较选择；综合平衡，确定正式的计划草案等。计划编制的常用方法有综合平衡法、滚动计划法、PDCA循环法。

经营计划的贯彻与执行，主要是以方针落实及目标管理的方式进行的。企业经营计划的控制是指企业在动态变化的环境中，为了确保实现既定的目标而进行的检查、监督和纠正偏差等管理活动。

目标是一个组织各项管理活动所指向的终点，每个组织、每项活动都应有自己的目标。它是根据组织自身需求而提出的在一定时期内经过努力要达到的预期成果。目标管理的主要内容为：组织的最高领导层根据组织面临的形势和社会需要，制定出一定时期内组织经营活动所要达到的总目标，然后层层分解落实，要求下属各部门主管人员以至每个员工根据上级制定的目标和保证措施，形成一个目标体系，并把目标完成的情况作为各部门或个人考核的依据。

复习思考题

一、填空题

1. 根据计划的期限不同，可将计划分为________、________和________。

2. 获得满足一切要求的最优决策方案是不现实的，决策的结果是选择一个________方案。

3. 按照决策问题出现的重复程度的不同，决策可分为________、________。

4. 按照决策问题所处客观条件不同，决策可分为________、________、________。

5. 按照决策所要解决的问题不同，决策可分为________、________、________。

6. 在决策方案付诸实施的过程中，必须及时进行信息反馈，密切关注环境变化，采取措施及时有效地纠正发生的各种偏差，这是经营决策应当遵循的________原则。

7. 目标管理过程包括的三个环节分别是________、________、________。

8. 企业经营计划的编制方法主要有________、________、________。

二、选择题

1. 主要根据决策人员的直觉、经验和判断能力来进行的决策是(   )。

A. 确定型决策　B. 不确定型决策　C. 程序化决策　D. 非程序化决策

2. 关于决策，正确的说法是(   )。

A. 决策是管理的基础　B. 管理是决策的基础

C. 决策是调查的基础　D. 计划是决策的基础

3. 下列不属于群体决策的缺点的是(   )。

A. 速度慢　B. 少数人的专制

C. 产生的备选方案少　D. 责任不明确

4. 决策树适合下列哪种类型的决策？(　　)

A. 风险型决策　　B. 确定型决策　　C. 不确定型决策　　D. 三者都是

5. 风险型决策和不确定型决策的主要区别是(　　)。

A. 风险的大小　　B. 能否确定客观概率　　C. 可控程度　　D. 环境的稳定性

6. 古人云："运筹帷幄之中，决胜千里之外"，这里的"运筹帷幄"反映了管理的哪一个职能？(　　)

A. 计划　　B. 组织　　C. 控制　　D. 领导

7. 根据计划的性质不同，可将计划分为(　　)。

A. 战略性计划　　B. 战术性计划　　C. 长期计划　　D. 短期计划

三、名词解释

决策　经营决策　风险型决策　程序化决策　计划　经营计划　滚动计划法　目标管理

四、简答题

1. 简述决策的程序。
2. 个人决策和群体决策的利弊如何？
3. 计划的构成要素有哪些？
4. 企业经营计划的内容体系如何？
5. 目标的作用有哪些？
6. 目标管理的特点如何？

五、计算题

1. 某自行车厂生产一种自行车，市场售价每辆300元，每辆耗用原材料、人工等变动成本180元，固定成本600000元。

(1)该企业生产多少辆自行车才能保本？

(2)如果该自行车厂的目标利润为600000元，应该生产多少辆自行车？

(3)如果该企业的生产能力为6000辆，判断企业的经营安全状况如何？

2. 某企业准备增加一台关键设备，使用年限为7年，决定条件如表4-10所示。试用决策树法进行决策。

表4-10　决定条件

单位：万元

方案	年损益值(万元)			投资额(万元)
	销路好(0.4)	销路中(0.4)	销路差(0.2)	
引进	50	30	−5	180
外购	40	28	10	120
自制	35	25	20	110

3. 某企业将投产一新产品，拟订的方案及资料如表4-11所示，试做出投产批量决策。

表 4-11　某企业拟订的方案及资料　　单位：万元

方案	销路好	销路一般	销路差
A 大批生产	600	200	−20
B 中批生产	400	150	−10
C 小批生产	200	10	0

实践与实训

一、实训目的

1. 培养创新能力；
2. 训练对创意与计划的策划与论证能力。

二、实训项目

创意“对对碰”

三、实训内容与要求

1. 由教师指定或由学生自选题目(或所要解决的问题)。在调研的基础上，运用创造性思维，策划一项活动，形成一个创意。选题尽可能与所学专业知识相关。

2. 收集资料，开展调研，对所要解决的问题要有较为深刻的认识。

3. 每个人都要运用创造性思维与创新技法进行深入思考，形成所策划活动的创意。

4. 以模拟公司为单位，运用“头脑风暴法”等方法，深入研讨，集思广益，形成公司的创意。

5. 组织召开创意方案论证会，为一家公司提出其策划创意，其余人可现场质疑、建议、启发与完善。

四、实训考核

1. 每个人都要提出一个创意，作为一次作业；
2. 每个公司要形成一份体现创意的策划方案；
3. 对各公司的策划创意与论证表现进行评估。

案例分析

耐克公司的决策

阿迪达斯，是为竞技运动员生产轻型跑鞋的先驱。在 1976 年的蒙特利尔奥运会上，田径赛中有 82%的获奖者穿的是阿迪达斯的运动鞋。阿迪达斯的优势在于它使用新的材料和技术来生产更结实和更轻便的鞋。它采用袋鼠皮绷紧鞋边，四钉跑鞋和竞赛鞋采用的是尼龙鞋底和可更换鞋钉。高质量、创新性和产品多样化，使阿迪达斯在20世纪70年代支配了这一领域的国际市场。

20世纪70年代，健康运动中成长最快的细分市场是慢跑。但是，阿迪达斯为了维持其在竞技市场中的统治地位，并没有大规模地进入慢跑市场。在此阶段，出现了一大批竞争者，其中有一家公司最富有进取性和创新性，那就是耐克，其于1972年在俄勒冈的尤金举行的奥林匹克选拔赛中首次亮相。穿着新耐克鞋的马拉松运动员获得了第4～7名，而穿阿迪达斯鞋的运动员在那次比赛中获得了前三名。

耐克的大突破是在1975年实施的“夹心饼干鞋底”方案。它的鞋底上的橡胶钉比市场上出售的其他鞋更富有弹性。“夹心饼干鞋底”的流行及旅游鞋市场的快速膨胀，使耐克公司1976年的销售额达到1440万美元，而其在1972年的销售额只有200万美元。自此，耐克公司的产品销售额飞速上涨。今天，耐克公司已经成为行业的领导者，占有运动鞋市场非常大的市场份额。

耐克公司的成功源于它强调的两点：一是研究和技术改进；二是风格的多样化。公司非常重视研究和开发工作。它的一些研究和开发活动包括人体运动高速摄影分析，对300多个运动员进行的试穿测验，以及对新的和改进的鞋及材料进行不断的试验和研究。

在营销中，耐克公司为消费者提供了最大范围的选择。它吸引了各种各样的运动员，并向消费者传递出了最完美的旅游鞋制造商形象。到20世纪80年代初，慢跑运动达到了高峰，阿迪达斯已成了市场中的“落伍者”。竞争对手推出了更多的创新产品，更多的品种，并且成功地扩展到了其他运动市场。例如，耐克公司的产品已经统治了篮球和年轻人市场，运动鞋已进入了时装时代。到20世纪90年代初，阿迪达斯的市场份额降到了可怜的4%。

（案例来源：[美]罗宾斯，著. 管理学. 黄卫伟，译. 北京：中国人民大学出版社，1997.）

思考与讨论：

1. 耐克公司的管理层制定了什么决策使它最终成功？
2. 20世纪90年代初，阿迪达斯的不良决策制定如何导致了市场份额的极大减少？

第五章　企业市场营销管理

知识目标

1. 掌握市场与市场营销的概念，了解市场营销观念的发展过程和市场营销管理过程，理解市场细分的方法和策略；

2. 掌握市场营销组合的构成及其策略。

能力目标

1. 能运用所学知识分析某类产品或企业的市场营销组合；

2. 能设计某一产品的市场营销方案。

在市场经济条件下，我国企业的经营环境发生了巨大变化，企业无法再利用传统的营销模式来维系繁荣，只有学习掌握现代企业市场营销技能和方法才能提高企业核心竞争力。企业市场营销学是现代企业经营管理经验的概括和总结，它系统地介绍了市场经济条件下企业应具备的市场观念、经营意识、营销策略和方法。在世界经济呈全球化趋势发展的大环境下，我国企业必须做到营销理论全球化、具体营销手段本土化，才能得以更好的生存、发展。

开章案例

史克公司感冒药康泰克的市场策略

20世纪90年代初期，中国的药品市场还没有完全发展起来，生产设备陈旧，工艺技术落后，产品品种单一，缺乏新药、特效药。医生在给病人开处方时，没有选择的余地，有些药品需要辗转几家药店、医院才能找到，甚至需跑到外地购买。由于感冒的发病率很高，对治疗和预防感冒的药品需求很大，而市场上出售的药品在产品质量、剂型、疗效等方面均有缺陷。比如APC是较常用的感冒药，该药是白色片状，药片外没有包衣层，服药时口感苦，常使患者产生不适，而服用后会出现重度嗜睡、大汗不止等不良反应，患者由于出汗过多，在睡觉时不注意保暖，还可能会使病情进一步加重。因此，患者对国产感冒药信心不足，有些人不惜重金购买服用方便、疗效显著的进口药品。在20世纪80年代中期公费医疗制度比较健全的情况下，公费医疗制度也使患者对进口药昂贵的价格不加考虑就加以购买。因此，中国药品企业开发合乎顾客需求的药品已成为重要的问题，中美天津史克制药有限公司应运而生，合作伙伴是世界排名第四的Smith-Kline Beecham公司。该公司推出的感冒新药康泰克被誉为“给感冒药市场注入了新鲜的血液，给感冒患者带来了更多的利益”。

康泰克是轻度感冒用药，外观为富于光泽的胶体，红色胶帽和透明胶体上均印制有“Contac”的字样；胶囊内容物为大小均一的红、黄、白三种球形小丸。第一层包装为透明气泡眼包装，密封性能良好，且气泡板有分割线，便于顾客携带和服用。第二层包装为色彩协调、字迹清楚、印刷精美的硬纸盒，小盒正面及反面均印有“康泰克”、“Contac”中英文字样，易于辨认。

康泰克是复方制剂，含有盐酸苯丙醇胺和扑尔敏两种主要成分。盐酸苯丙醇胺可使鼻塞症状减轻，扑尔敏可以消除或减轻流泪、流涕、打喷嚏等症状。对于具有上述症状的轻度感冒患者来说，康泰克不失为一种理想药品，它采用先进的缓释技术，使药物均匀释放，人体血液中的药物浓度始终维持在治疗水平，药力温和持久，可维持 12 小时，服药次数减少。而普通感冒药服用后，药物全部快速释放，血液浓度高，而后经人体分解，药物浓度迅速下降，血液中的药物浓度波动大，不利于治疗。

营销人员在引进康泰克时，运用目标市场营销策略，把营销重点集中在轻度感冒患者这一目标市场上。轻度感冒患者在临床上表现为鼻塞、流泪、流涕、打喷嚏等症状。盐酸苯丙醇胺和扑尔敏配合能达到减轻或消除上述症状的目的。开发康泰克满足了轻度感冒患者的需求。

在制订广告策略时，康泰克将广告目标集中在目标市场上，在产品引入期将新产品信息迅速传递给广大患者。广告信息表达了对患者的理解和支持，积极向上、充满信心的广告词具有极强的感染力。事实上，成功的电视广告不仅吸引了广大轻度感冒患者，许多重症感冒患者也因此对产品发生兴趣。

营销人员为产品制订的品牌战略增加了产品价值，对于康泰克吸引忠实的顾客起到了重要作用。产品采用高价位策略，出厂价为 0.48 元/粒（1990 年），批发价为 0.55 元/粒（1990 年），零售价为 0.64 元/粒（1990 年）。在产品推向市场初期，营销人员的促销策略是：①采用大规模立体广告，利用各种传媒发动宣传攻势，广告定位于轻度感冒患者，传播的信息是康泰克独特的性能及其品牌；②药品参加各地新药、特效药展览会，并在新药、特效药商店上市；③选择北京、上海、天津、广州、沈阳等全国一级药品批发站的营销商，以利用这些大规模分销网络和经验丰富的药品推销人员。随着市场份额和销售量的增加，营销人员适当调整了营销策略：①更换电视广告画面及广告语句，广告形象从“驱除感冒困扰”转变为“唤起幸福甜蜜生活”，播放频率增加；②药品进入全国各地二级、三级药品批发站；③在各地招聘大量销售代表做人员推销。

在营销人员的精心策划下，康泰克一经投放市场即不断成长壮大，取得了良好的市场业绩。

思考题：

1. 中国居民收入相对较低，史克公司运用高价位策略反而取得了巨大成功。试说明原因。

2. 为保持在感冒药市场上的竞争优势，史克公司的营销人员应采取什么策略？

3. 在产品从引入期过渡到发展期的过程中，营销人员是怎样调整营销策略的？

第一节　现代企业市场营销概述

市场营销学是一门运作市场的学问，主要研究开拓市场、占领市场、驾驭市场等开展市场竞争和提高经济效益的理论、方法和技巧。市场营销是企业的基本职能之一，研究市场营销学，首先要了解什么是市场，什么是市场营销，在明确了市场、市场营销和市场营销观念的基础上，再进一步探索市场营销学的其他基本策略和方法。

任何企业都与市场存在着千丝万缕的联系。市场不仅是企业生产经营活动的起点和终点，也是联系生产和消费的纽带。

一、市场的概念

市场有着多重含义：

(1)市场是商品交换的场所，即买主和卖主发生作用的地点和地区。

(2)市场是买主、卖主力量的结合，是商品供求双方的力量相互作用的总和。

(3)市场是交换关系的总和。

(4)市场是指某一产品现实的或潜在的购买者的集合。

市场营销学是站在企业或卖主的角度来理解市场的含义的：市场实际上是一种产品的所有购买者的需求总和。它必须具备三个要素，用公式可表示为：

市场＝人口＋购买力＋购买欲望

总之，市场是由具有一定购买力和购买欲望的人组成的。三个因素相互制约，互为条件，缺一不可，共同组成市场。

二、市场营销的概念

市场营销是市场经济和现代化大生产的产物，是随着企业市场营销实践活动的发展而发展的，并且是含义较广的概念。

美国市场营销协会定义委员会认为：市场营销是引导商品与劳务从生产者流向消费者或使用者的一切商业活动过程。

美国市场营销学专家麦卡锡认为：市场营销是引导物品及劳务从生产者到消费者或使用者的企业活动，以满足顾客的需求并实现企业的目标。

美国市场营销学权威菲利普·科特勒认为：市场营销是以满足人类各种需要和欲望为目的，通过市场变潜在交换为现实交换的活动。

上述各种解释，各具特点，说明人们对市场营销的认识是一个不断发展、不断完善的渐进过程。因此，广义的市场营销定义可概括为：市场营销是从卖方的立场出发，以买主为对象，在不断变化的市场环境中，以顾客需求为中心，通过交易程序，提供和引导商品或劳务到达顾客手中，满足顾客需求与利益，从而获取利润的企业综合活动。

它包括：市场调查与预测、营销环境分析、选择目标市场、消费者研究、新产品开发、价格制定、分销渠道抉择、产品储存与运输、产品促销、产品销售、提供服务等一系列与市场有关的企业经营活动。

现代市场营销的根本任务在于解决生产与消费的矛盾，使得生产者方面的各种不同供给与消费者方面的各种不同需要相适应，实现生产与消费的统一。现代市场营销已经成为现代企业生产经营管理中不可分割的组成部分。

相关链接

如何理解需要、欲望和需求

人由于需要而产生欲望，由于欲望而产生需求。

需要(Need)：没有得到某些基本满足的感受状态，表现为人在心理上的欠缺感和不平衡感。人一旦感受到某种需要，就会引起心理紧张，行为就会趋向满足需要的活动。市场营销的根本目的就是试图找到或开发出所需的物品或服务来满足人们的需要。

欲望(Want)：人对满足需要的特定事物的意愿或企盼，表现为一种消费选择。如人会因为饥饿而需要食物，美国人会吃汉堡包、炸薯条，中国人通常想吃米饭和菜。需要和欲望的意义不同。厂商不能只着眼于现存的欲望，而忽视顾客的根本需要，因为实体产品仅是解决顾客问题的一种手段。

需求(Demand)：需求是建立在一定购买力基础上的欲望。人的欲望无穷无尽，但拥有的资源却非常有限，因此需求有限。在既定的欲望和资源条件下，人们会选择利益加总后能提供最大满足的产品。

三、市场营销观念的发展

市场营销观念是企业从事营销活动的指导思想和行为准则，它概括了一个企业的经营态度和思维方式。一般来说，市场营销观念经历了5个不断演进的过程。

1. 生产观念

这是一种最古老的经营观念，它产生于20世纪20年代前。其基本指导思想是企业以改进、增加生产为中心，企业生产什么产品就销售什么产品，显然生产观念是一种重生产、轻市场营销的指导思想。

生产观念是在市场上商品供不应求的形势下产生的。企业着力于组织所有资源，集中一切力量提高生产效率，增加产量，降低成本，很少考虑顾客的具体需求，其一切经济活动以生产为中心，这时还谈不上市场营销观念。

2. 产品观念

这也是一种古老的经营思想。其基本指导思想为：消费者或用户总是欢迎那些质量高、性能好、有特色、价格合理的产品，企业应致力于提高产品质量，只要做到物美价廉，顾客就会找上门，无需大力推销。

产品观念与生产观念从本质上来看还是生产什么就销售什么，但二者又有所不同。产品观念是在产品供给不太紧缺的情况下产生的，它强调“以货取胜”、“以廉取胜”。

3. 推销观念

这种观念产生于20世纪20年代末至50年代初，它认为：广大消费者一般不愿意购买非必要的商品，但如果企业采取适当的措施，重视和加强推销工作，激发消费者对企业产品的兴趣，有可能扩大产品销售。

推销观念是从卖方市场向买方市场的转折过程中产生的。当社会产品日益丰富，市场上出现某些产品供过于求时，许多企业认识到不能只抓生产，还应重视推销工作。推销观念是在生产观念的基础上发展起来的，其本质仍然是生产什么销售什么，即以生产为起点，先生产后推销、以产定销，仍然轻视市场营销。

4．市场营销观念

它是以企业的目标顾客为中心，集中企业一切资源和力量，适当安排市场营销手段，以满足目标顾客的需要，扩大销售，获得利润，实现企业目标。

市场营销观念与推销观念不同，推销观念强调企业生产什么就推销什么，很少考虑消费者的需要，而市场营销观念正好把问题的逻辑颠倒过来，企业从目标顾客的需要出发，消费者需要什么产品，企业就生产、销售什么产品，实现了企业营销观念的革命性演变。

市场营销观念是在第二次世界大战后，特别是 20 世纪 50 年代以后逐渐形成和发展起来的。这一方面是由于西方发达资本主义国家的市场特别是消费品市场供过于求，买方市场出现，市场竞争更加激烈。另一方面是由于战后主要资本主义国家科学技术的发展、产品的丰富、人们收入水平和文化生活水平的提高，使得人们的消费需求也出现了多样性的变化。此外，一些发达资本主义国家对管理科学研究的深入，市场营销经验的积累，也使得企业在生产经营方面迈出了重大的一步。

5．社会营销观念

社会营销观念的基本指导思想是企业提供的产品，不仅要满足消费者的需求与欲望，而且要符合消费者和社会的长远利益，企业要关心与增进社会福利。企业在做市场营销决策时，必须全面兼顾企业利润、消费需要、社会利益三方面的统一。

社会营销观念产生于 20 世纪 70 年代，当时许多工商企业为牟取暴利，以虚假广告和伪劣产品损害消费者利益；回避了消费者欲望满足、消费者利益和长远的社会福利之间的潜在矛盾；企业奉行“市场营销观念”往往会导致物质浪费、环境污染等弊病。正是在这种情况下，人们对“市场营销观念”进行了修正，提出了社会营销观念。

对以上 5 种观念的比较如表 5-1 所示。

表 5-1 营销观念比较

观　念	出发点	方　法	目　标
生产观念	产品产量	降低成本，提高生产效率	在销量的增长中获利
产品观念	产品质量	生产更加优质的产品	用高质量的产品推动销量增长
推销观念	产品销售	加强推销和宣传活动	在扩大市场销售中获利
市场营销观念	顾客需求	运用整体营销策略	在满足顾客需求中获利
社会营销观念	社会利益	运用整体营销策略	维护社会长远利益，满足消费者需求

以上 5 种市场营销观念中的前 3 种可称之为传统营销观念，其出发点是产品，是以卖方的要求为中心的，其目的是将产品销售出去，以获取利润，这可以认为是一种“以生产者为导向”的经营观念；后两种观念又称为新型营销观念，其出发点是消费需求，是以买方的要求为中心的，其目的是从顾客的需求满足之中获取利润，这是一种“以消费者为导向”的经营销售观念。

第二节 市场营销管理过程

市场营销管理过程就是企业识别、分析、选择和利用市场营销机会制订企业营销战略和策略，实现企业任务和目标的过程，主要包括以下步骤：分析市场机会；选择目标市场及定位；制订市场营销策略；编制市场营销计划；组织、执行和控制市场营销工作，如图 5-1 所示。

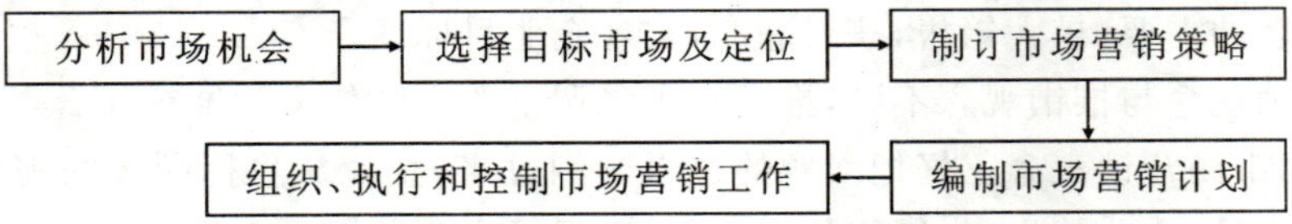

图 5-1 市场营销管理过程

一、分析市场机会

市场机会是指市场所存在的尚未被满足或未完全满足的需求。企业市场营销活动的首要任务，就是要寻找和识别市场机会。对于企业来说，分析市场机会的关键在于分析其是否能比潜在竞争者从市场环境的机会中获得更大的利益。其常用的方法主要有：

1. 市场信息分析法

市场营销管理人员可以通过阅读报纸新闻、收听广播、收看电视、上网、参加展销会、研究竞争者的产品、进行市场调研等途径，广泛收集信息，从中发现或识别新的市场机会。

2. 产品-市场矩阵分析法

此法将产品分为现有产品和新产品，市场也相应分为现有市场和新市场，从而形成了一个有四个象限的矩阵，企业可以通过对这四个象限的分析来寻找和发现市场机会。如某化妆品公司的市场营销管理人员可以考虑采取以下措施：在现有市场上扩大现有产品香波的销售（市场渗透）；在新市场扩大现有香波的销售（市场开发）；向现有市场提供发胶或新型香波以扩大销售（产品开发）；投入服装、家电等行业，跨行业经营多样业务（多角化经营）。经验证明，这是企业寻找、发现市场机会的一种很有效的方法。

3. 市场细分法

市场细分是根据用户和消费者需求的差异性，把整体市场划分为若干子市场的活动。经过细分划分出的每一个子市场都代表着具有类似特征的消费者群和用户群。一个子市场中顾客的需求要具有相似性，而不同的子市场之间，需求则应有明显的差别。

市场细分的基础是需求的差异性，即消费者需要、动机和购买行为的多元性。这种差异是客观存在的。在商品市场上，由于许多因素（如年龄、性别、职业、收入、心理等）的影响，不同的消费者有不同的愿望和需要，因而就有不同的购买习惯。正是这种需求的差异使得企业细分市场成为可能。

相关链接

“白加黑”的由来

东盛科技启东盖天力制药股份有限公司的老总去国外出差时，买了一种药。一般的药都有副作用，白天吃了不利于工作，而外国的这种药不存在这种现象，他深受启发，回来后以“白天服药不用担心打瞌睡”和“晚上吃了睡得香”为卖点，生产出了“白加黑”这种药。投放市场仅半年，就创下了 1.6 亿元人民币的销售额，分割了全国 15%的感冒药市场。

细分市场的因素是动态的，因而市场细分不能一劳永逸。要不断调查研究，掌握市场变化情况，灵活运用不同的标志，找出消费者及用户之间的差异，进而划分市场，为目标市场的选择提供可靠的依据。常见的市场细分标志如表 5-2 所示。

表 5-2　常见的市场细分标志

标志类别	市场细分具体标志
社会经济	性别、年龄、收入、职业、民族、受教育程度、宗教信仰
地理环境	区域、地域面积、气候、人口密度和分布
消费心理	消费者的生活方式、个性、购买动机、使用要求
购买行为	购买行为类型、支付方式、购买条件
产品	产品质量、产品特征、产品用途、产品价格、产品的新旧、销售季节

要进行有效的市场细分，应遵循以下几个基本要求：①实效性，即市场细分应符合市场实际情况，细分市场之间要确有差别，细分后的市场要具有开发价值。②可衡量性，即细分后的子市场能用一定的标准进行衡量，如人员的多少、购买力大小。③可进入性，即对细分出的市场，企业要有能力去开发和占领。④稳定性，即在一定时间和条件下，市场细分的标志及有用的子市场可保持相对不变，使企业的目标市场相对稳定，以便企业制订营销战略与策略。

营销人员不但要善于发现和识别市场机会，还要善于分析、评价哪些才是适合本企业的营销机会（就是对企业的营销具有吸引力的、能占有竞争优势的市场机会），市场上一切未满足的需要都是市场机会，但能否成为企业的营销机会，要看它是否适合于企业的目标和资源，是否能使企业扬长避短，发挥优势，比竞争者或潜在竞争者获得更大的超额利润。

二、选择目标市场及定位

1. 选择目标市场

这是市场营销管理的第二个步骤。目标市场就是企业在市场细分的基础上所确定的作为服务对象的顾客群。企业在选择目标市场时，必须对不同子市场的特点、要求和竞争状况以及企业的资源和实力等因素进行全面综合考虑，并对不同的子市场能够获得的效益作出可靠的评估和比较。在此基础上选定一个或几个潜在需求大、竞争者不多和竞争威胁不大、能发挥企业优势的子市场作为企业的目标市场。

选择目标市场有三种不同的策略：

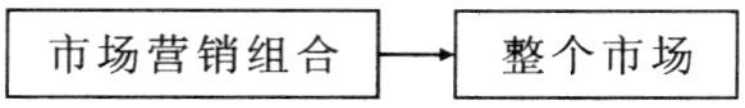

图 5-2　无差异性市场策略示意图

（1）无差异性市场策略。无差异性市场策略是指企业把整个市场看做一个大的目标市场，以同一产品、同一策略来满足大多数消费者。采用这种策略的企业由于大批量生产，不需要细分市场，可降低生产成本和市场开发费用。但这种策略仅适用于少数同质性产品。如图 5-2 所示。若大家都采用这种策略，一方面会导致市场竞争激烈，另一方面又会使其他市场需求得不到满足。美国可口可乐公司在过去就是采用单一的瓶装、一种口味、单一广告将产品推至全世界。

(2)差异性市场策略。差异性市场策略是指企业把整个市场划分为若干个子市场，针对不同子市场的需求差异，分别设计不同的产品满足不同用户和消费者的需求，这种策略的优点是进行多品种、多元化生产，能较好地满足各种需求，有利于扩大销售额。如图 5-3 所示。如果企业能在几个细分市场上都占优势，就能大大提高企业的声誉。宝洁公司就针对不同消费者对化妆品、洗涤用品的不同需求，提供适用于不同肤质、不同发质、不同心理需要、不同价位、不同类型、不同品质、不同品牌的产品给消费者。采用这种策略，要增加产品品种，还要求销售渠道和促销手段等的多样化、多层化，因而会增加生产成本和销售费用。

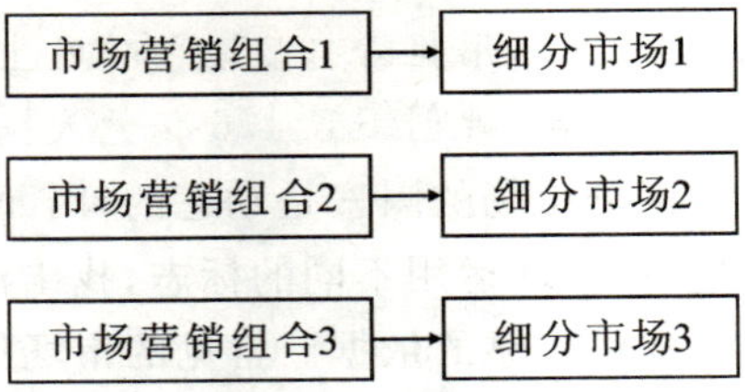

图 5-3　差异性市场策略示意图

(3)密集性市场策略。前两种策略都是以整个或大部分市场为目标，而密集性市场策略则是企业在市场细分的基础上，选择一个或少数几个子市场作为目标市场，实行专业化生产和销售，以便在部分市场上获得较大的占有率。如图 5-4 所示。日本的尼西奇公司原来是一家生产雨具、家用小五金、儿童玩具等产品的小企业，第二次世界大战后发现婴儿纸尿布的市场潜力大，于是将原来的生产范围缩减至婴儿纸尿布的生产上，后来成为日本最大的婴儿纸尿布生产商。这种策略有利于企业扬长避短，集中力量在部分市场上取得优势地位，而且生产、销售的专业化有利于节省费用，提高经济效益。但由于市场狭窄，故风险较大。

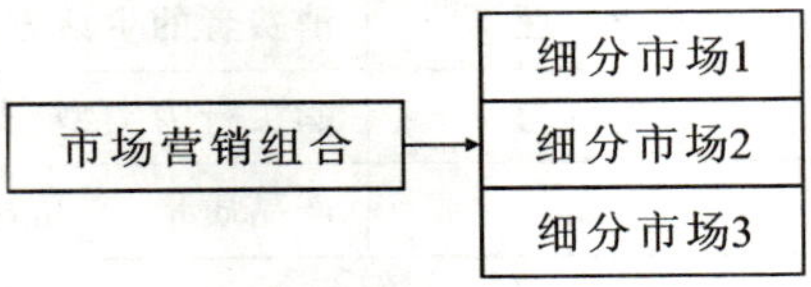

图 5-4　密集性市场策略示意图

这三种策略各有利弊，企业应全面考虑其资源能力、市场和生产的特征、产品生命周期阶段以及竞争者的市场策略等因素，交替或综合使用。

2. 市场定位

确定目标市场后，就要进行市场定位。市场定位是企业为使自己生产或销售的产品获得稳定的销路，要从各方面为产品培养一定的特色，树立一定的市场形象，以求在顾客心目中形成一种特殊偏爱，即要给产品在有可能成为顾客的人的心目中定一个适当的位置。市场定位可采取的策略有以下几种：

(1)填补市场空位策略。它是指将企业产品的位置定位在目标市场的空白处，避开了市场竞争，以更好地发挥企业的竞争优势，获取更多经济效益。它适用于中小企业。

(2)与竞争者并存和对峙的策略。它是将本企业的产品位置确定在目标市场上现在竞争者的产品旁，相互并存和对峙着。有一定实力的中小企业适用该策略。

(3)取代竞争者的策略。它是将竞争者赶出原位置，并取而代之。企业一定要比竞争对手具有明显的优势，为扩大自己的市场范围，才能使用该策略。这种策略通常适用于实力雄厚的大企业。

三、制订市场营销策略

企业在确定目标市场和进行市场定位之后，市场营销管理过程就进入第三阶段——制订市场营销策略。市场营销中常用的策略是一个由四个基本可控营销变量组成的组合，即产品、价格、地点和促销。

(1)产品指企业提供给目标市场的货物和劳务，包括产品质量、外观、式样、性能、品牌、型号、服务、保证等。

(2)价格指顾客购买产品时的价格，包括价目表所列的价格、折扣、折让、支付期限、信用条件等。

(3)地点指企业使其产品进入和到达目标市场所进行的种种活动，其中包括渠道选择、仓储、运输等。

(4)促销指企业宣传介绍其产品的特点，说服目标顾客来购买其产品所进行的种种活动，包括广告、人员推销、营业推广、公共关系等。

市场营销组合因素对企业来说都是可控因素，即企业根据目标市场的需求，可以自主决定产品结构、产品价格、选择分销渠道和促销方式，但这种自主权是相对的，要受到自身资源和目标的制约及各种微观和宏观因素的影响。

四、编制市场营销计划

市场营销计划是企业整体战略规划在营销领域的具体化，是企业的一种职能计划。编制的营销计划包括如下几个部分内容：

(1)计划概要：计划一开始就要对拟订的主要计划目标和建议给予扼要的概述，以便让高层管理部门尽快掌握计划的核心内容。内容目录应附在计划概要之后。

(2)市场营销现状：提供有关市场、产品、竞争、分销渠道和宏观环境等的背景资料。

(3)机会与问题分析：综合主要的机会和威胁、优势和劣势，以及计划必须涉及的产品所面临的问题。

(4)目标：确定计划在销售量、市场占有率和盈利等领域所完成的目标。

(5)市场营销策略：提供将用于完成计划目标的主要市场营销方法。可用文字或表格的方式列出策略陈述书，具体内容应包括目标市场、产品定位、产品线、价格、配销渠道、销售人员、服务、广告、促销、研究与开发、市场营销研究等。

(6)执行方案：具体列出将要做什么，如何去做，什么时候做，费用是多少等。

(7)预计盈亏报表：综述计划预计的开支。

(8)控制：讲述计划将如何监控。

五、组织、执行和控制市场营销工作

企业市场营销管理程序的最后一个步骤就是组织、执行和控制市场营销工作，这是因为“除非计划转化成工作，否则计划等于零”。有效的现代营销组织需要强化合作和以顾客为中心，以顺利地完成计划。

在营销计划的执行过程中，可能会出现意想不到的问题，需要一个控制系统来保证营销目标的实现。营销控制主要有年度计划控制、盈利能力控制、效率控制和战略控制。

第三节　现代企业市场营销组合策略

一、现代企业市场营销组合策略的概念

1964 年，美国营销专家鲍敦提出了市场营销组合概念，归并为四类，即 4P（产品——Product；价格——Price；地点——Place；促销——Promotion），从那以后，4P 成为每一个商业人士的公用语言。市场营销组合是指企业按目标市场的需要对自己可控制的各种营销因素（或称营销手段）进行的优化组合。图 5-5 所示为市场营销组合示意图。1985 年，菲利浦·科特勒在强调“大市场营销”概念时，又提出了公共关系和政治权力两个因素，成为 6P。现代企业市场营销组合策略又在 6P 的基础上变为（6P＋S）×C。6P 是指传统的 4P 加上 2P，即：权力（Power）和公共关系（Public Relations），S 是指服务（Service），C 是指顾客（Customer）。

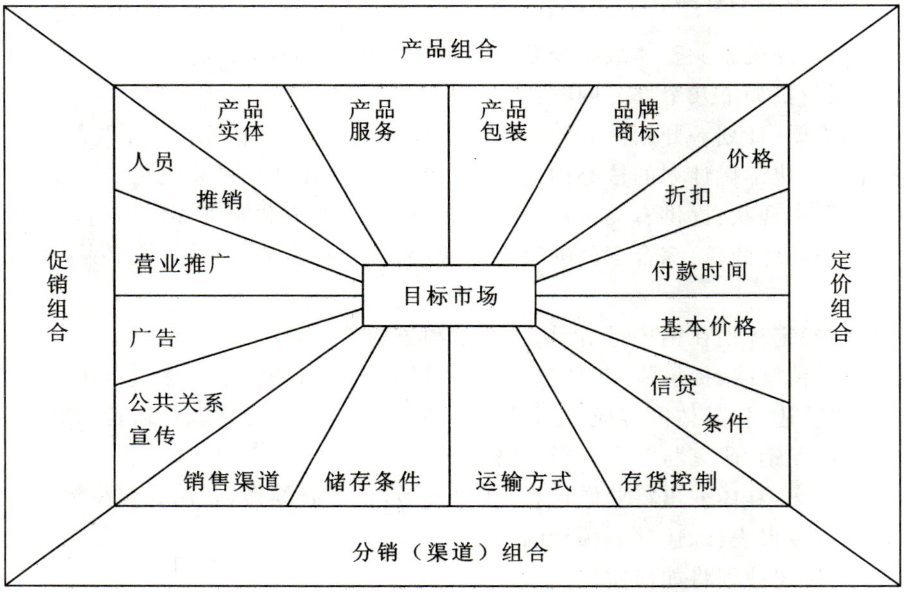

图 5-5　市场营销组合示意图

营销因素组合的要求及目的是，用最适宜的产品，最适宜的价格，最恰当的方法及销售网络，最好地满足消费者的需求，以获得最佳的信誉和最好的经济效益。4P 在营销管理中是一个非常有效的基础理论，下面分而述之。

二、产品策略

企业制订营销策略时，首先碰到的第一个问题是企业应提供什么样的产品或服务去满足消费者的需求，即首先制订企业的产品策略。

（一）产品的整体概念

在产品的整体概念中，包含着三层含义。一是具有实质性，即能够满足购买者的需要和利益要求，也就是通常所说的具有使用价值。例如，买电视机是为了看电视，它是产品的核

心部分。人们购买商品，首先看的是核心部分。二是具有实体性，即产品的具体形态，如产品的性能、质量、式样、色彩、商标、包装等，它是产品的形式部分。人们在购买商品时，考虑到核心部分以后，还要对形式部分进行选择。三是具有延伸性，即商品给购买者带来的附加利益，如送货、安装、维修、保证等，是产品的附加部分。这是购买大型产品和高技术产品时的要求。产品的整体概念如图 5-6 所示：

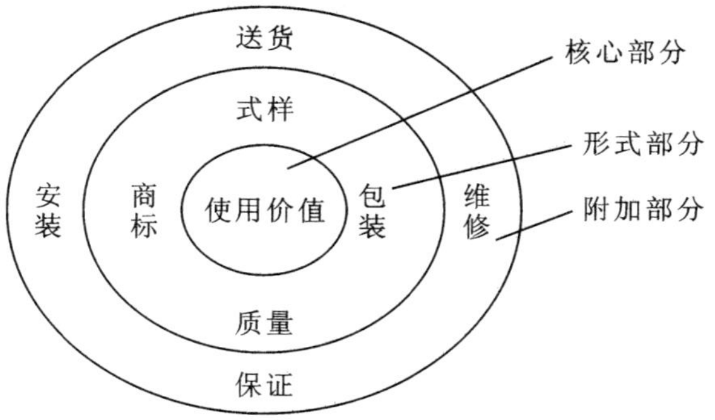

图 5-6 产品整体概念示意图

（二）产品的生命周期

1. 产品生命周期的概念

产品生命周期是指产品从试制成功到投入市场开始，直到最后被淘汰退出市场为止所经历的全部时间，即是产品的市场寿命，不是产品的使用寿命，这段时间称为产品生命周期。

产品生命周期一般可分为四个阶段，即投入期、成长期、成熟期和衰退期。为了描述一个产品在市场上从无到有、高速增长、市场饱和、直到被市场淘汰的变化过程，可用一条曲线来表示，该曲线称为产品生命周期曲线，如图 5-7 所示。

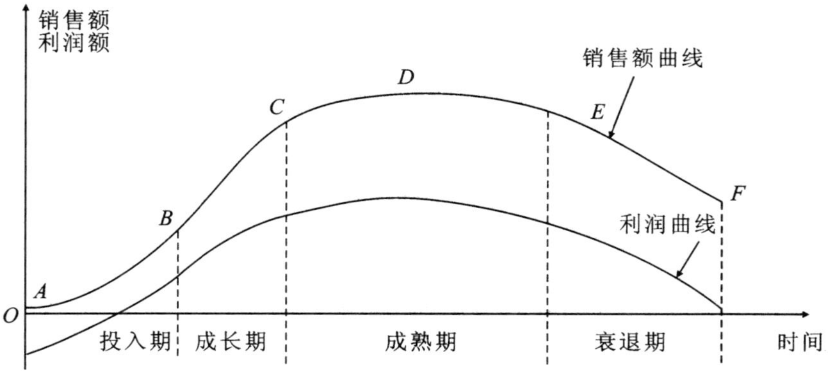

图 5-7 产品生命周期曲线图

2. 产品生命周期各阶段的特点及其策略

产品生命周期各阶段有其不同的特点，企业可根据其特点，制订和采取相应的市场营销组合策略，如表 5-3 所示。

表 5-3 产品生命周期各阶段的特点及策略

各阶段 特点及策略	投入期	成长期	成熟期	衰退期
主要特征	市场销售渠道少，销售量上升缓慢，成本费用高，利润少，市场竞争不激烈	分销售渠道畅通，销售量增长迅速，大批量，成本低，利润增加，市场竞争渐趋激烈	销售量大，销售增长速度缓慢，批量大，成本低，利润总额高，但开始下降，市场竞争激烈	销售量和利润急剧下降，生产能力过剩，降低售价，回收资金，企业纷纷退出市场
主要任务	投入市场的产品要“准”，投入市场的时机要合适，应缩短投入期，以更快进入成长期	防止产品粗制滥造，快速增加销售额和利润，回收投资	尽可能延长产品寿命，增加销量，提高经济效益	转入研制开发新产品或转入新市场
产品策略	产品有特色，完善产品的质量、性能，取得顾客信任	狠抓产品质量，配以良好的包装和服务，争创优质名牌	开展优质服务，提高产品声誉，开辟产品的新用途，增加销售量	淘汰老产品或用老产品占领新市场或开发新产品
价格策略	尽量制定顾客满意价格，也可采取高价或低价	分析市场价格趋势，保持原价或适当调整	适当降价，吸引老顾客，争取新顾客	适当降价，力争取得边际利润
渠道策略	自行销售，或选择中间商	扩大销售网点，渗透或开拓市场，增加销售量	有选择地扩大销售渠道，增加销售网点，促进销售	减少销售网点，开拓新市场
促销策略	宣传产品的性质、用途以吸引顾客，尽快占领市场	强调树立产品形象，扩大产品知名度，争创名牌，加强销售服务	宣传产品的新用途，开拓新市场	努力降低销售费用，在新的目标市场上加强宣传，占领新市场

（三）产品组合策略

现代企业经营的产品往往不止一种，经营多种产品就有产品组合问题。企业应根据市场的需要和资源技术条件等，确定最佳的产品组合，以便提高经济效益，顺利达到企业目标。

1. 产品组合的概念

产品组合是指一个企业生产经营的全部产品的结构。它由若干种产品线（产品系列）组成。产品线是指一个企业内具有相同制造原理与技术，且用途相同的一组类似的产品。每条产品线又由在型号、品种、质量、价格等方面有不同特点的产品组成，称为产品项目。

产品组合包括广度、深度和关联度三个要素。产品组合的广度是指一个企业产品线的多少；产品组合的深度是指企业各条产品线中所包含的产品项目的平均数；产品组合的关联度是指产品组合中各产品线之间在最终用途、生产条件、分销渠道等方面的相关程度。产品组合举例如表 5-4 所示。在表 5-4 中，产品组合的深度为 6，广度为 4。由于该产品组合中的各种产品线都属食品类，故关联度较强。

表 5-4 产品组合

产品线	产品组合深度						
饮料	A_1	A_2	A_3	A_4	A_5	A_6	产品组合广度
罐头	B_1	B_2	B_3	B_4	B_5	B_6	
糖果	C_1	C_2	C_3	C_4	C_5	C_6	
饼干	D_1	D_2	D_3	D_4	D_5	D_6	

2. 产品组合的策略

产品组合一般有两种策略：

(1)扩展策略，即扩大产品组合的广度。其内容包括：扩大经营范围，实行多角化经营，以提高企业的适应性和竞争能力，减少经营风险；扩大产品的深度，以适应不同顾客的需要；增加产品组合的关联度，以增加企业的生产能力，提高企业的声誉和市场地位。企业可根据自己的情况，采取上述全部或部分扩展方式。

(2)紧缩策略，即缩小产品组合的广度、深度，实行集中经营。这种策略通常是在企业经营状况不太好和市场环境不佳时采用。如 20 世纪 70 年代，随着原材料和能源的短缺、价格竞争的激烈以及市场饱和压力，许多企业采取缩减策略，取消一些产品线和产品项目，取消低利产品，以保证资源的重点使用，使企业顺利渡过难关，像美国通用电气公司、静电复印公司等企业就退出了电子计算机行业。当然，在采取这种策略时，不能消极地减缩，而应以退为进，缩中有张，变被动为主动。

(四)新产品开发

1. 新产品的概念

从营销角度而言，新产品是指某个市场上首次出现或企业首次向市场提供的，具有新的功能、新的特征、新的结构和新的用途，能满足某种消费需求的整体产品。大体包括全新产品、换代产品、改进产品和仿制产品四大类。

2. 新产品开发的实施过程

为提高新产品开发的成功率，必须建立科学的新产品开发管理程序。新产品开发程序一般分为 7 个步骤：构想→筛选→概念形成与验证→可行性分析→产品研制→市场试销→正式投放市场。

(五)品牌和包装策略

品牌、包装都是产品整体概念中的重要组成部分，也是产品策略中的重要决策。

1. 品牌

品牌是商品的商业名称，是由企业独创的、有显著特性的、未作商标或已作商标申请注册的特定名称。品牌可以由文字、标记、数字、符号及其组合构成。品牌是简称，它包括品牌名称和品牌标记。

(1)品牌名称,是指品牌中可以用语言称呼或念出来的部分。如长虹彩电、海尔冰箱。

(2)品牌标记,是指品牌中可以识别、认知,但不能用语言称呼或念出来的那一部分。如奔驰汽车的标记是"☮"。

商标是一个具有法律意义的名词,通常被称为注册商标,企业具有使用品牌名称和品牌标记的专用权,并受到法律保护。而未经注册的产品品牌不是商标,不受法律保护。

相关链接

金利来品牌

在国内市场很有名气的金利来产品及商标,最初的名字叫金狮。一次,金利来(远东)有限公司的董事长曾宪梓先生将两条上等的金狮领带送给一个亲戚,结果人家不高兴地说:"我才不戴你的领带呢,尽输,尽输,什么都输掉了。"原来,香港话中"狮"与"输"的读音相同。曾先生彻夜未眠,绞尽脑汁想出一个万全之策:将"金狮"的英文"Goldlion"用音译与意译相结合的方法,演变成新的名字,即把"Gold"意译为"金",lion 音译为"利来",合称为金利来。这样,"输"变成了"利来",既符合中国人的文化心理,又保持了名称的稳定性,曾先生以"金利来"这个吉祥的名字创造了一个"男人的世界"。

品牌策略主要有:

(1)无品牌(商标)策略。使用品牌和商标对多数商品来说,可起到积极作用,但不是所有商品都必须采用商标,因为使用和宣传商标是要支付费用的。对某些不易与其他同类产品相区别的商品(如电力、煤炭、水泥、钢材等)、消费者和用户在购买时无任何选择的商品以及临时性或一次性生产的商品,企业可不使用商标,以降低商品的宣传费用。

(2)统一品牌(商标)策略,即企业生产、经营的所有产品都以同一种品牌和商标进入市场。这种策略可利用已成功的品牌推出新产品,以增强顾客的信任感;可节省商标设计制作费用;有利于壮大企业的声势,提高知名度。

(3)不同品牌(商标)策略,即企业将不同产品分别采用不同的品牌和商标进入市场。这种策略能严格区分高、中、低档产品,满足不同顾客的需求与爱好,减少市场风险。

(4)不变品牌(商标)策略,即企业长期使用一种或数种品牌而不作任何改变。这样有利于节省费用,保持原有品牌的声誉。这种策略多为传统名牌产品采用。

(5)创新品牌(商标)策略。在需要改变产品形象或原品牌(商标)陈旧的情况下,可对原品牌商标进行更新和改进。

2. 包装

包装是指便于产品销售和传播信息的容器或包装材料,以及与此相关的一系列设计活动。

在现代市场营销观念中,以保护产品为主的传统包装观念已被突破。包装作为传递产品信息的一种重要且有效的手段,有着识别、便利、美化、增值的功能。据美国市场调查公司的调查显示,一般上超级市场购物的妇女,由于精美包装的吸引,所购商品通常超过出门时打算购买数量的 45%,由此可见包装的重要性。常见的包装策略如下所述:

(1)类似包装策略。即一个企业所生产的各种不同产品,在包装上使用相同的图案、色彩或某些共同的特征，使顾客一见就联想到它们是同一企业的产品，有利于树立企业形象和介绍新产品。

(2)等级包装策略。企业对自己生产经营的不同质量等级的产品分别设计和使用不同的包装。

(3)组合包装策略。即将消费关联性强的多种商品纳入一个包装容器内配套出售。如把化妆品、文教用品、电工器具配套包装，这样做既便于消费者使用，又能够扩大多种产品的销售总量。

(4)再使用包装策略。即包装内的商品用完之后，包装本身还有其他用途，此种包装上有企业标志。该策略的运用一方面可以引起消费者的购买兴趣，另外还具有促销功能。

(5)附赠品包装策略。这是当前市场上颇为流行的一种包装策略。包装内一般附有赠送的小商品，或者消费者在购买产品的同时，可根据包装上的号码或附赠纸条上的号码进行兑奖，使顾客拥有获得额外奖品的机会，导致重复购买。

三、价格策略

价格是市场营销组合的重要因素，价格决定着产品能否畅销，决定着产品销售的数量与利润。价格对买方来说，往往是决定产品是否有吸引力的重要因素；对卖方来说则是市场竞争的重要手段。因此企业必须重视价格策略。

(一)产品价格构成

产品价格构成是指形成价格的各个要素及其在价格中的组成情况。价格是商品价值的货币表现，价值是商品价格形成的基础，所以价格构成实际是价值构成的反映。商品价值由物化劳动的转移价值、劳动者自己所创造的价值和劳动者为社会创造的价值三部分构成，它们在货币形态上分别转化为构成价格的 4 个要素，即生产成本、流通费用、税金和利润。

(二)影响企业定价的因素

1. 成本因素

成本是商品价格的最低限度。一般来说，商品价格应该能够补偿产品在生产经营中的所有费用，并补偿生产经营者为其承担的风险。

2. 市场因素

市场因素主要指市场范围、市场商品供求情况、产品需求特性、市场竞争状况及其他各种市场营销环境因素等。如商品供过于求时价格会下降，而供不应求时价格会上涨。商品需求弹性大，可降价以扩大销售，若需求弹性小，可适当提价以增加利润。

3. 购买者行为因素

购买者行为尤其是心理行为是影响企业定价的一个重要因素。不同顾客存在不同的心理状态，如求实、求廉、求新、求美等，不同的心理对价格的期望值不同，企业在定价时，要充分分析顾客心理和他们对价格的期望。

4. 政策因素

政策因素包括国家有关的经济政策、法规、商品的差价和比价等，这些都会约束企业的定价行为。

(三)定价方法

1. 成本导向定价法

以成本为中心的定价方法最为简便，也最为常用，具体方法又可分为4种：

(1)成本加成定价，是按单位产品总成本加上一定比例的预期利润或再加上税金的一种定价方法。计算公式如下：

单位产品价格＝单位产品成本×(1＋成本加成率)÷(1－税金率)

(2)收支平衡定价法，又称盈亏平衡定价法，是以总成本和总销售收入保持平衡为定价原则，即总销售收入等于总成本来制定产品的保本价格。其计算公式为：

单位产品保本价＝(固定成本＋总的变动成本)÷预计销售量

(3)目标利润定价法，该方法是以总成本和目标利润作为定价原则。使用时先估计未来可能达到的销售量和需要的总成本，在保本分析(收支平衡)的基础上，加上预期的目标利润额，或是加上预期投资报酬额，然后再计算出具体的价格。其计算公式如下：

单位产品价格＝(总成本＋目标利润额)÷预计销售量

投资报酬额＝总投资额÷投资回收期

(4)变动成本定价法，又称边际贡献定价法，该方法以变动成本作为定价基础，变动成本是指其成本总额随着数量的增减而呈正比例变动的成本。只要定价高于变动成本，企业就可以获得边际收益(边际贡献)，用以补偿固定成本，多余者为盈利。其计算公式是：

单位产品价格＝(总的变动成本＋边际贡献)÷预计销售量

边际贡献＝销售收入－总的变动成本

2. 需求导向定价法

需求导向定价法是以消费需求的变化及消费者的感觉作为定价的基本依据来确定价格的一种方法。它主要有以下两种定价法：

(1)理解价值定价法，是根据顾客对企业产品价值的感觉及理解程度来制定产品价格的一种方法。消费者对商品价值的认知和理解程度不同，会形成不同的定价上限，如果价格刚好定在这一限度内，消费者能顺利购买，企业也更为有利可图。采用这一方法定价时，首先要通过市场调研，确定该产品的质量、服务、特色、效用、广告宣传因素在顾客心目中形成的价值，然后再根据这种理解价值确定价格。

(2)需求差别定价法，是根据不同的顾客、时间、地点、款式所产生的需求差异，对产品制定不同的价格的一种方法。不同顾客的差别价格，如轮胎厂的轮胎卖给汽车厂，价格低些，卖给一般用户，价格则高些。不同时间的差别价格，如对于季节性的产品，在销售旺季和销售淡季采用不同价格，黄金时刻的广告比其他时刻高。不同地点的差别价格，如歌舞厅中的饮料价格比零售商店高。

3. 竞争导向定价法

针对市场竞争情况，以市场上相互竞争的同类产品价格为定价依据的方法称为竞争导向定价法。企业根据竞争状况的变化，确定和调整价格水平，价格水平与产品成本及市场需求没有联系，常用的主要方法有以下两种：

(1)随行就市定价法，是指企业按行业的平均价格水平来制定价格的一种方法。企业采用这种方法的目的是避免竞争产生风险，以保证企业获得合理、适度的利润。在测算成本有困难、竞争者不确定或难以估计采取进攻性策略会引起对手什么反应时，这种方法提供了一个有效的解决途径，特别适合为小型企业所采用。

(2)密封投标定价法，这种定价法广泛用于承揽工程、产品设计和大宗商品交易等活动，投标价格是投标企业根据对竞争者的报价确定的。企业要正确估算完成招标任务所耗的费用，以既能中标又能获得尽可能多的利润为原则来确定价格。

（四）产品定价策略

定价方法是对产品定价的科学依据，在确定其具体价格时还要把科学性和艺术性结合起来，针对不同情况，采用不同的定价策略，即定价的谋略和技巧。

1. 新产品定价策略

新产品定价策略主要有三种：一是高价策略（取脂定价），即在新产品刚进入市场的阶段（产品生命周期的投入期），采取高价政策，在短期内赚取最大利润。此策略适用于具有独特功能、能独占市场的产品，短期内不足以引起激烈竞争的产品和信誉较高的企业。二是低价策略，即用略高于成本的较低价格将产品投放市场。这种策略有利于打开新产品的销路，薄利多销。它适用于有成本优势的企业。三是适中定价策略。它主要适用于大量生产和销售、市场比较稳定且需求弹性较小的产品的定价。

2. 心理定价策略

（1）尾数定价策略，是依据消费者认为零数价格比整数价格便宜的消费心理而采取的一种定价策略。

（2）整数定价策略，即企业采用合零凑整的方式，为产品制定整数价格。

（3）声望价格策略，是一种利用企业和产品的声誉对产品定价的策略，其产品价格比一般商品价格高。

（4）招徕定价策略，是一种利用消费者求廉的心理，将少数几种商品暂时降低价格，吸引和招徕顾客购买的一种策略。

3. 折扣与折让策略

这是一种减价策略，是在原定价格的基础上减收一定比例的货款，降低产品价格以争取顾客。折扣形式主要有现金折扣（对按期付款或用现金购买者给予折扣）、数量折扣（按购买数量的多少给予折扣）、交易折扣（按各类中间商在销售中的作用给予折扣）。

4. 差别定价策略

差别定价就是根据交易对象、交易时间等方面的不同，突出两种或多种不同价格，适应顾客的不同需要，扩大销售，增加收益。常有以下几种形式：

（1）地区减价策略，是指同一商品销售地区不同，所定价格也不同的策略。

（2）分级差价策略，是指对同一类产品进行挑选整理，分成若干级别，各级之间保持一定价格差额的策略。

（3）时间差别策略，是指同质产品在不同季节、不同时期、甚至同一天的不同时间定价不同的策略。

（4）品牌差别策略，是指同品种的商品由于品牌不同定价有别的策略。

5. 产品组合定价策略

在某一产品线内，依据需求和成本的关联性，可以对不同项目的产品采用不同的价格。如有的产品定低价，以吸引顾客；有的产品定价高，充当品牌质量和回收投资的角色；其他产品参照这两种价格，取中间价格。

四、分销策略

满足消费者的市场需求，不仅要有适宜的商品和适宜的价格，还必须要有适宜的通道送达消费者手中。因此，企业必须认真研究自己的产品选择哪条分销渠道更有利。

(一)分销渠道的概念

所谓分销渠道，是指产品或服务从生产者向消费者转移过程中，所经过的由各中间环节联结而成的路径。它由直接组织商品流通(如各中间商)、辅助商品流通(如储运、银行、保险公司等)以及为商品流通服务(如广告公司、咨询公司、信息公司、技术服务公司)的组织和个人组成。生产者是分销渠道的起点，消费者是分销渠道的终点。分销渠道是否畅通，关系到商品销售是否顺利；分销渠道中间环节的多少，关系到商品价格的高低和流通时间的长短。由于各类产品的产销特点和产品本身特性的不同，形成了不同的分销渠道。图 5-8 分别是消费者市场和生产者市场的分销渠道示意图。

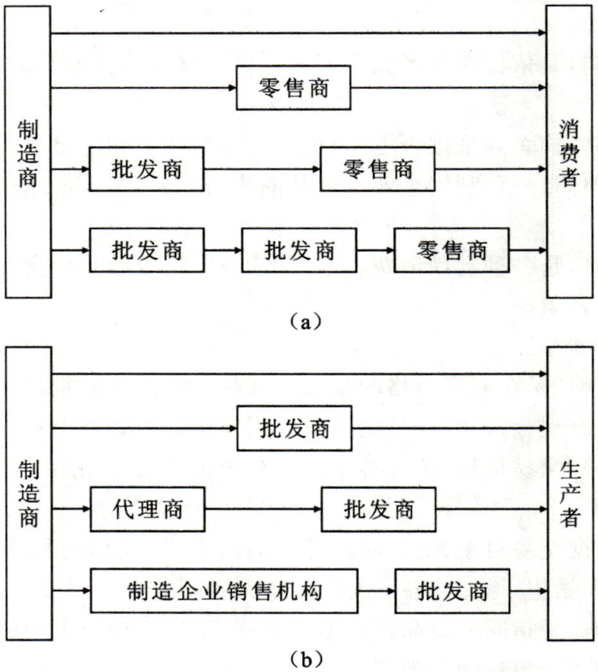

图 5-8　分销渠道结构

(a)消费者市场分销渠道；(b)生产者市场分销渠道

(二)分销渠道策略

分销渠道策略有很多方面，选择分销渠道有三种基本策略。

1. 普遍渠道策略

普遍渠道策略是一种宽渠道策略，是企业选择大量的批发商、零售商经销其产品的一种策略。由于广泛分销，能方便消费者购买，及时满足消费者的需求。这种策略适用于人们经常需要的日用品的销售。

2. 专营性分布策略

专营性分布策略是一种窄渠道策略，是企业在一特定市场中只选择有限数量的中间商经销其产品的一种策略。它的极端形式是独家经销。这种策略能使企业同经销商之间形成密切的协作关系，相互为对方承担义务，使经销商更积极地推销。一般来说，高档耐用品及使用方法复杂或需承担较多售后服务的产品宜采用此种策略。

3. 选择性分布策略

选择性分布策略是企业有选择地确定一些愿意合作且条件较好的中间商经销自己产品的一种策略。这种策略能较好地利用较多的中间商经销产品，占领较大的市场，同时又可以避免因产销之间过分依赖而使一方失利另一方也受牵连的情况。另外，还可以形成产销之间的密切配合关系，增强应变能力。这种策略适用于所有产品，尤其是对顾客在购买时需比较后才能决定购买的产品更为适宜。

（三）影响分销渠道选择的因素

分销渠道的形成是渠道成员相互选择的结果，选择中受许多主客观因素的制约，这些因素主要有：

1. 产品特性

一般说，鲜活易腐商品、时令商品，宜直销；技术复杂、专业性强的商品，用户对安装、维修、使用的要求越高，越宜采用直销或尽可能短的渠道；体积大、移动不方便的商品也适于直销，以减少中转的麻烦；再就是中间商的利润过高，又需充分演示或有较多附加服务的商品，可直销。

2. 市场因素

市场越分散，流通成本越高、耗时越长，越需要中间商；反之，用户规模大，位置集中，一次购买批量大，则可直销或采用短渠道。因此，一般来说，对生产者市场的用户可采用直销，对消费者市场则大多需相对较长的渠道；当零售商规模庞大时，可采用一层渠道或至多两层渠道，反之，中间环节可适当多些。

3. 企业自身因素

企业的规模大、声誉高、财力雄厚，具备市场营销所需的人员、设施、技术和经验，亦可采用直销或短渠道；否则，只能采用间接渠道。

（四）分销渠道的管理

分销渠道的管理包括以下三方面内容：

1. 选择渠道成员

对不同的企业来说，选择渠道成员的难易程度相差悬殊，主要取决于企业本身的声誉及产品的畅销程度。渠道成员主要包括批发商、零售商、代理商、中介机构等。企业选择中间商的标准主要有市场开拓能力、资金、销售能力、人员素质、商誉、经验、信用、仓储能力等。

2. 激励渠道成员

生产企业对中间商应以“利益均沾，风险分担”的原则，密切双方的合作关系，共同搞好营销。对中间商的工作需及时考核，经营效果好的，给以奖励或优惠待遇，让他们意识到作为纵向营销系统的一员，并非仅从消费者手中赚钱，还要能够从厂家手中赚钱，并争取建立长期合作关系。

3. 评价渠道成员

该项工作主要是依据与渠道成员签订的有关绩效标准和奖惩条件的合同条款来进行的，通常包括销售配额、平均存货水平、交货时间、促销和培训合作计划落实、中间商向顾客提供的服务等。评估之后，对那些贡献较大、工作努力的渠道成员，将给予特别的关注，建立更亲密的伙伴关系。对那些不能胜任的渠道成员，必要时可作出适当调整。

五、促销策略

（一）促销的概念及作用

促销即促进销售，是指生产经营者向顾客传递有关企业产品的信息，引起其注意和兴趣，激发其购买动机并形成购买行为，从而实现和扩大企业销售的活动。促销的实质是传递信息，是经营者与购买者之间的信息沟通。促销的目的是引起消费者的注意和兴趣，激发其购买欲望，促进购买行为的产生。促销的手段包括人员推销和非人员推销两大类，其中非人员推销又分为广告、营业推广和公共关系。

促销是企业整体营销活动中不可缺少的组成部分，其作用主要表现在：①传递信息。企业可通过促销手段向中间商和消费者提供有关产品和服务的信息，引起其注意，推动其购买；可及时了解市场动态，迅速解决销售、经营中的问题。②唤起需求，扩大销售。通过信息传递，唤起消费者对企业及其产品的好感，诱导需求或创造新的需求。③突出特点，强化优势，使消费者产生对本企业及产品的偏爱。④塑造产品形象，提高企业声誉，巩固市场地位。

（二）促销组合

促销组合是指企业在市场营销过程中对人员推销、广告、营业推广和公共关系等各种促销方式的综合运用。企业在进行营销策划时，必须针对营销目标，综合考虑产品特点、市场状况以及不同促销方式的特点，适当选择促销方式，并进行不同的组合，以实现营销目的。

1. 人员推销

人员推销是企业派销售人员直接与顾客联系，向他们宣传产品以达到推销目的的方式。人员推销是一种双向沟通方式，其显著特点是直接性，能根据顾客的需要灵活地进行宣传，能与顾客建立良好的关系，容易促成购买行为。同时还能收集市场信息，为企业提供有关情报和资料。但其推销范围有限，费用较高。

实行人员推销方式，十分重要的一点是选拔和培训推销人员。因为推销人员既是企业产品的推销者，又是企业形象的代表，其工作的好坏，往往关系到企业营销的成败。一名称职的推销员，应具备以下基本素质：①强烈的责任感、事业心；②丰富的业务知识，包括关于企业、产品、顾客、市场等多方面的知识；③良好的气质和职业素养；④熟练的推销技巧和综合能力，包括观察能力、应变能力、创新能力、沟通能力、说服能力等。

2. 广告

广告是企业通过一定的传播媒介，向公众传递有关产品或服务的信息，从而起到推销作用的促销方式。同人员推销相比，它具有信息传播面广、速度快、信息能多次重复、能强化印象、节省人力和费用等优点。但广告只是单向的信息传递，不易及时得到反馈信息，使其说服力受到一定的限制。因此，运用广告促销手段时，一定要注意其针对性和艺术性，注意正确选择广告媒体。广告媒体种类繁多，除了传统的广播、电视、报纸、杂志四大媒体外，随着信息社会的发展，互联网已日益成为重要的广告媒体。另外还有汽车等流动媒体，函件、订单等邮件媒体，路牌、招贴等户外媒体，橱窗、模特等展示媒体等。它们各有其特点，在实际中要灵活运用。广告媒体的选择如表 5-5 所示。

表 5-5　广告媒体的选择

广告媒体种类	媒体形式	优点	缺点
视听媒体	广播	灵活迅速，活动范围广，费用低，可边工作边收听	时间短暂，听众分散，印象不深
	电影、电视	形象生动，感染力强，有深刻的示范作用，印象深，收看面广	费用高，目标观众选择性较低，保存性差
印刷媒体	报纸	读者广泛，传递迅速，制作简单，灵活，收费低	保存性差，针对性不强，制作不精细，不能形象表现产品外观
	杂志	选择目标读者容易，针对性强，保存转读率高，制作精细，效果好	不及报纸迅速，发行范围有限，覆盖率低
邮政媒体	函件，包含商品样本、目录、说明书、订购单	广告对象明确，选择性好，传递快，提供信息全面准确，说服力强，效果显著	形象不够生动，传递范围较窄

3. 营业推广

营业推广是指为刺激需求而采用的、能够迅速激励购买行为的辅助性促销方式，如有奖销售、赠送样品、附赠礼品、现场示范、商品展销、折价酬宾、推销竞赛、交易折扣等。同其他促销方式相比，营业推广的针对性强，吸引力大，方式灵活多样，收效迅速。在新产品打开销路、老产品开辟新市场、争取潜在顾客等方面有明显效果。但由于攻势过强，容易使人产生逆反心理，误认为卖主急于出售的产品有问题，从而有损产品或企业的形象。因此，营业推广只能是一种短期的、补充性的促销方式，要与人员推销、广告等方式配合使用。

4. 公共关系

公共关系是指一个社会组织为了与它的各类公众建立有利的双方关系而采取的有计划、有组织的行动。企业公共关系是近年发展起来的一种“内求团结、外求发展”的管理艺术。作为一种促销手段，公共关系可理解为：企业通过各种宣传和社会活动，增进社会公众的信任，树立良好的企业形象和信誉，从而促进销售。同人员推销、广告和营业推广等方式相比，公共关系有间接促进销售和能获得长期效应的特点。公共关系的方式很多，主要有利用新闻媒介进行宣传、参与社会公益活动、举办专题活动、利用公关广告、建设企业文化等。

(1)宣传型公共关系策略。宣传型公共关系策略是广泛利用各种媒体直接向公众传递有关企业及其产品的各种信息，促进沟通与理解，以形成有利于企业发展的社会舆论以及内外部环境。

(2)社交型公共关系策略。社交型公共关系策略通过人际交往进行情感上的联络，为企业广交朋友，建立广泛的社会关系网络，以形成有利于企业发展的人际环境和外部环境。

(3)服务型公共关系策略。这是以提供实惠服务和优质服务来博取公众好感的一种公共关系手段。哈佛大学一位管理学教授曾经精辟地指出：“使企业向前发展有两个地位完全等同的条件：一是硬件产品具有优秀功能；二是围绕硬件产品的服务使顾客满意。”

(4)社会型公共关系策略。社会型公共关系策略是通过举办各种社会性活动，如庆祝会、运动会、赞助等来扩大企业的社会影响，提高企业的社会声誉。“企业的社会责任”这一概念的形成与此有关。

(5)征询型公共关系策略。征询型公共关系策略是指听取、收集、整理和反映公众对企业的产品、政策等方面意见和态度的公共关系活动，常采用的方法是信息采集、舆论调查和民意测验等。如丰田汽车公司在进军全球市场的过程中就是采用的这一策略。

(6)矫正型公共关系策略。矫正型公共关系策略是指在企业的发展遇到一定风险、企业形象受到损害、企业内外部环境发生严重不协调时所采取的一种消除影响、挽回声誉的公共关系活动。

(三)促销策略的分类

促销策略就是促销组合的运用策略，可分为推动策略和拉引策略两大类。

(1)推动策略是运用人员推销和其他销售推广手段把产品推向目标市场的策略。实施这种策略要求推销人员根据产品特性和不同的顾客，灵活运用各种方法。常用的方式有举办技术讲座、实物展销、现场表演、带样品或产品目录走访顾客、建立销售网点、搞好销售服务等。

(2)拉引策略是大量运用广告、公共关系等宣传手段激发顾客对产品的兴趣，吸引其购买的策略。通常消费品采用拉引策略较为适宜。拉引策略的常用方式有广告、信函、展销会、订货会、交易会、请中间商代销试销、创名牌树信誉等，其中以信誉促销为最有效的形式，它通过名牌产品、高质量的服务等增进顾客对其的信任感，从而促进产品销售。

运用促销策略要根据促销目标的要求、企业与市场状况等，合理选择各种不同的促销手段，有机搭配，形成有效的促销组合。具体来说应综合考虑以下因素：

1. 产品性质

不同类别、不同性能和特点的产品，购买差异大，应采取不同的促销策略。例如，消费品一般比工业品更多地使用广告促销，以广告为主，结合营业推广，以人员推销和公共关系为辅；而工业品则更多地使用人员推销，配合以广告与公共关系。

2. 产品寿命周期

产品在其寿命周期不同阶段的促销目标不同，故促销组合也应灵活调整，如表 5-6 所示。

表 5-6 产品寿命周期不同阶段中的促销组合

产品寿命周期	促销目标	促销组合
投入期	激发基本需求，认识、了解产品	以信息性广告为主，以营业推广、人员推销为辅
成长期	激发选择性需求，产生兴趣和偏好	以说服性广告为主，宣传品牌；强化人员推销；以营业推广、公共关系为辅
成熟期	前期：激发选择性需求；后期：强化信任，提醒购买	以防御性广告为主，突出企业信誉和产品差异；强化售后服务，配合公共关系
衰退期	提醒购买	以营业推广为主，提醒性广告为辅，缩减促销费用

本章小结

营销管理工作做得好坏，将直接关系到现代企业的生存和发展，因此，了解和掌握企业营销管理方面的基本知识和基本原理显得尤为重要和急迫。本章就是根据上述情况，有针对性地介绍市场营销的观念、组合与策略等基本知识和基本原理。搞好市场营销，第一要有正确的营销观念作指导；第二要有效地进行市场细分，确定企业目标市场，明确经营方向；第三要在选定的目标市场上运用适当的营销组合，形成统一的营销力量，取得竞争优势。同时，市场营销要不断适应社会、经济与技术的发展变革，企业要进行营销观念和营销方式的创新，以在市场竞争中获得优势。

复习思考题

一、选择题

1.“酒香不怕巷子深”所体现出的企业经营观念是（　　）。

A. 生产观念　　B. 市场观念　　C. 推销观念　　D. 竞争观念

2. 企业经营者在制订营销政策时，应统筹兼顾企业利润、顾客需要和社会可持续发展三个方面。这种市场营销管理哲学属于（　　）。

A. 生产观念　　B. 推销观念　　C. 社会营销观念　　D. 市场观念

3. 市场观念与推销观念的根本区别在于（　　）。

A. 经营活动的起点不同　　B. 满足消费者需求的方式不同

C. 市场营销组合不同　　D. 对市场的理解不同

4. 选择目标市场的前提是市场细分，而市场细分的基础是（　　）。

A. 消费需求的相似性　　B. 消费需求的差异性

C. 产品特点的差异性　　D. 企业经营能力的有限性

5. 企业将整体市场作为目标市场，推出一种商品，实施一种营销组合，以满足整体市场某种共同需要的目标市场策略是（　　）。

A. 密集性目标市场策略　　B. 差异性目标市场策略

C. 无差异性目标市场策略　　D. 总成本领先战略

6. 企业采用高价策略（取脂定价）作为其新产品定价策略的优点是（　　）。

A. 能达到长期最大利润目标　　B. 能达到短期最大利润目标

C. 容易得到渠道成员的支持　　D. 有利于迅速提高市场占有率

7. 一般来讲，日常生活用品适合采用（　　）的分销渠道。

A. 长而宽　　B. 长而窄　　C. 宽而短　　D. 窄而短

8. 某企业所生产的甲产品，近年来尽管市场旺销，但其销售量的增长率却一直徘徊不前，而市场调查显示该产品所在行业市场的销售量一直保持快速增长势头。如果估计这种情况仍将继续发展，则据此可以推断（　　）。

A. 该产品正处于生命周期的成熟期

B. 该企业的生产能力严重不足

C. 该企业甲产品的销售量正在下降

D. 该企业甲产品的市场占有率最终将下降

9. 促销的实质是(　　)。

A. 促进销售　　B. 增加利润　　C. 传播与沟通信息　D. 增强竞争力

二、简答题

1. 如何理解市场营销的含义?

2. 针对我国实际情况,企业应树立什么样的市场营销观念?

3. 什么是市场细分、目标市场?

4. 什么是市场营销组合? 举例说明其作用。

5. 为什么要从整体上理解产品概念?

6. 品牌(商标)在市场营销中有何作用? 如何运用品牌(商标)策略?

7. 企业在定价时要考虑哪些因素? 为什么?

实践与实训

一、实训目的

1. 熟悉市场细分的标准,学会选择目标市场;

2. 了解市场营销策划,掌握策划市场组合营销方案的基本方法。

二、实训项目

1. 现有一投资项目——建立校园早餐配送中心,请对该项目进行可行性调查,如果可行,确定其投资规模、主要经营品种与价格、服务方式等。

2. 任选一产品或服务的电视广告,分析其目标市场,初步对该广告的原稿设计、广告运作提出建议,或为该产品另行设计一广告方案,并明确选择广告媒体。

3. 现有一投资项目——建立校园二手货超市,请对该项目进行可行性调查,如果可行,确定其投资规模、主要经营品种与价格,服务方式等。撰写营销方案。

三、实训内容与要求

1. 每班分成数个小组(3～6人/组),每组选定一位实训组长,每组选出一个项目。

2. 各小组利用业余时间讨论,根据营销方案的要求,设计实训计划。

3. 根据选择的目标市场,分别确定产品策略、价格策略、分销策略和促销策略。

4. 撰写营销方案,并提交报告。

5. 课堂讨论各小组方案,教师点评。

案例分析

营销巨人 P&G 启示录

对于21世纪的中国年轻消费者来说，提起P&G，脑海里一定能立即蹦出一个个家喻户晓的牌子："海飞丝"、"飘柔"、"潘婷"洗发水，"舒肤佳"香皂，"碧浪"洗衣粉；"护舒宝"卫生巾；"玉兰油"……P&G的各类产品已经成为中国消费者，特别是年轻消费者日常生活中必不可少的一部分。

成立于1837年的美国 Procter & Gamble(P&G)公司是目前世界上名列前茅的日用消费品制造商和经销商。它在世界56个国家设有工厂及分公司，所经营的300个品牌畅销140个国家和地区，其中包括食品、纸品、洗涤用品、肥皂、药品、护发护肤产品、化妆品等。P&G公司于1988年8月创建了在中国的第一间合资企业——广州宝洁有限公司(P&G)，专门生产洗涤护肤用品；2000年合资各方为满足日益增长的市场需要，又创办了广州宝洁纸品有限公司；2002年再次合资创建广州宝洁洗涤用品有限公司，然后陆续在北京、天津、上海、成都成立了分公司，并先后在华东、华南、西北、华北等地建立分销机构，不断向市场推出多种品牌的产品，提供一流的产品和服务，销售覆盖面遍及全国。

P&G成功地登陆中国市场并取得如此巨大的成功，要得益于其成功的市场定位和市场选择战略。

一、抢滩点——选取广州作为最先的目标区域市场

P&G选择广州抢滩登陆，将其在大陆市场的总部设在广州，然后逐渐向沿海地区(上海等地)扩展，是别具匠心的。20世纪90年代的广州是中国改革开放的前沿阵地，具有优越的投资环境和优惠的投资政策。

广州地处珠江三角洲腹地，毗邻香港、澳门，享有得天独厚的地理优势，是中国14个沿海开放城市之一。这里优越的投资环境以及发展高新技术产品和高档居民消费品的特别优惠政策，再加上良好的城市设施，每年举行两次的商品交易会吸引着大批的海外投资者。近年来灵活开放的政策给广州的经济带来了空前的繁荣，使广州成为外商竞相投资的热点地区。

广州是中国的先导消费区域，消费潮流全国领先。经济的繁荣带来了广州居民人均年收入的显著增加和人均消费水平的不断提高，形成了强大的购买力。广州发展至今，已在传统文化的基础上形成了自身鲜明的特点和风格——"崇实、开放、进取、创新"，广州居民对外来文化的涌入更是持有一种善于兼收并蓄的学风和积极引进、消化的态度。广州这些比起内陆地区更注重中外文化的纵深拼接和汇流的新颖风格，深刻地影响着广州市消费者的消费心理和方式。广州成为国内消费水平和购买力居高的代表性区域，也将是高档化妆品进入普通居民家庭的先导性市场。

二、以高取胜——宝洁的品牌定位

P&G公司在国际市场的产品一向以高价位、高品质著称。P&G公司的一个高级顾问

曾经说过："P&G永不甘于屈居第二品牌的地位，我们的目标是争取第一。"继承P&G的这种传统，广州宝洁在市场中的定位很鲜明，即"一流"、"高档"。广州宝洁设有产品开发部，专门研究如何提高产品的质量、包装技术和工艺技术，力求在满足中国消费者需求方面做得比竞争对手更好。在中国消费者的心目中，P&G已经成为高品质的代名词。

P&G打入中国市场是在1988年，中国洗发用品市场上的同类产品种类不多。大多数国产产品质量差，包装粗糙，缺乏个性，但价格低廉；进口产品质量虽好，但价格昂贵，很少人问津。P&G将自己的产品定位为高端产品，价格是国内品牌的3～5倍，比如一瓶200mL的飘柔定价16.50元，比国产同等规格的"梦思"香波贵3倍，但比进口品牌便宜1～2元。

由此可见，P&G是以高品质、高价位的品牌形象打进中国市场的，这正切中了消费者崇尚名牌的购买心理。对于一种商品，内地消费者首先要对其产地做出选择：国产的、进口的，还是合资生产的。多年来，与物美价高的进口货和价廉物不美的国产货相比，合资产品因其价廉物美而备受青睐，往往是优先选择的目标。P&G的产品虽然价格稍贵，但其高品质的形象，新颖的包装，却有着强大的竞争力，于是得以在洗发水用品市场上的众多品牌中脱颖而出。自1988年推出"海飞丝"洗发水起，P&G接连打响了"飘柔二合一"、"潘婷PRO-V"等一个又一个洗发水的牌子。据中国社会科学院社会学所商品社会评价中心与国家统计局社会科技司合作调查的品牌市场占有率数据，中国内地1994年洗发水市场占有率的前三名均为P&G的产品，其中飘柔占19.1%，潘婷占15.6%，海飞丝占10.9%，P&G的洗发产品挤占了45.6%的市场份额。

三、抓住新一代——目标市场的选取

P&G广告画面多选用年轻男女的形象，展示年轻人追求浪漫的幻想，崇尚无拘无束和富有个性色彩的生活画面，并针对年轻人的心理配上如"滋润青春肌肤，蕴含青春美"等广告语。P&G选择青年消费群作为其目标市场，是看中了青年人的先导消费作用。

在中国内地消费者中，消费心理和方式显而易见地发生较大变化的首先是青年消费者。青年人带动了消费主义运动的兴起，改变了人们传统的生活态度和节俭观念，刺激着人们的消费欲望和财富欲望。青年人求新、好奇、透支消费、追求名牌、喜欢广告、注重自我等心理正先导性地改变着中国内地的消费习惯和行为。

P&G选取青年人崇拜的青春偶像郑伊健、张德培以及具有青春活力的年轻女孩等作为广告模特；举办"飘柔之星全国竞耀活动"，展示年轻女性的真我风采，以及围绕青年人所作的一系列促销活动，如"海飞丝美发亲善大行动"等充分表明了它的抓住新一代的定位意图，而它卓著的市场业绩也充分证明了其目标市场定位的正确性。

思考与讨论：

1. 根据案例分析宝洁公司是如何进行市场细分、目标市场选择和市场定位的？
2. 根据市场定位，宝洁公司进行了哪些营销活动？
3. 您觉得，宝洁公司的营销过程有哪些需要改进的地方？

第六章　企业人力资源管理

知识目标

1. 掌握人力资源及其管理的概念、人力资源管理的内容和激励理论；
2. 理解人力资源及其管理的特点；
3. 了解人力资源的内涵及其管理的基本要求以及人力资源管理的产生与发展。

能力目标

1. 运用人力资源管理的基本原理对某类企业的人力资源配置进行初步分析；
2. 设计所熟悉企业的人力资源计划框架。

伴随着知识经济社会的到来，人力的价值越来越被企业界认知。为了更好地吸引人才、留住人才、激励人才，人力资源管理越来越被企业所重视。对于企业来说，物力、财力都是有限的，而人力资源的潜力是无限的。企业管理的实质其实就是人力资源管理，是如何发挥人的积极性、主动性和创造性的问题，是企业保持竞争优势的关键，是关系企业生存与发展的大计。

开章案例

索尼人力资源管理的“黄金法则”

日本索尼(SONY)是以生产电子电器产品为主的一家跨国公司，成立于1946年，20世纪90年代，日本泡沫经济崩溃后，很多企业都举步维艰，只有索尼在短短的时间内调整好经营状况，成为日本最有活力的公司，创造这样奇迹的原动力来源于其人力资源管理的“黄金法则”。

1. 选人：千挑万选，唯才是举

索尼公司非常重视招聘人才工作，其招聘人才不分国籍、年龄、学历、性别以及身体是否残疾，尤其欢迎在目前工作的公司不能发挥潜力的人。

索尼公司对应聘的人选考试极其严格，每个应试人员都要经过30个经理以上干部的面试。面试通过后，还要经过集训考试，时间长达3天3夜，内容包括第一天的笔试，第二天的市场调查习作，第三天做题为“20年后的日本”的作文。

2. 用人：爱你就给你自由发展的空间

早在1946年索尼公司的前身——东京通信工业公司成立时所写的《成立宗旨》中，就有

“我们要建设技术人员积极工作的自由豁达的理想工场”的宗旨，而要实现这样的理想，在索尼公司具体的体现就是以“毛遂自荐”、内部招聘的方式保证人才有自由发展的空间。

此外，索尼公司原则上每隔两年便让员工置换一次工作，允许他们在公司各部门、各科研院所之间合理自由流动，为他们能够最大限度地发挥个人的聪明才智提供机会。

3. 留人：极力创造家庭般的温馨

索尼公司强调家庭式的温馨和团结精神，以此激发每位员工的主动性和积极性，激发他们参与管理的热情。

管理者的任务是要培育与员工之间的健康关系，在公司中产生一种大家庭式的整体观念，可使员工具有一种命运共同体的意识。对于索尼公司来说，就是要使不同姓氏的索尼公司员工像家庭成员似的团结共荣。

4. 育人：以人为本，不遗余力

培训是现代企业跟上时代发展的必备手段，索尼公司在这上面更不吝啬。索尼公司花在培训上的费用，每个员工大约每年 1.5 万日元，不包括在职培训的费用；大学新毕业的员工进行技术能力方面的培训时间，每人每年约 3.3 天，不包括在职培训；公司还拨出巨额专款，建立了索尼厚木工厂高工学校和索尼技术专科学校，用于员工的继续教育。

思考题：

1. 企业如何更好地选人、用人、留人、育人？
2. 索尼的做法对你有何启示？
3. 在企业人力资源管理中，怎样给员工创造自由发展的空间？

第一节　企业人力资源管理概述

一、人力资源及其特征

人力资源是人力资源管理的对象，它对于组织的正常运行、变革和创新都有着重要的意义。“人力资源”(Human Resource，HR)这一概念最早于 1919 年和 1921 年由约翰·康芒斯(J. R. Commons)在其《产业信誉》和《产业政府》中提出。现代意义上的“人力资源”概念是美国管理学家彼得·德鲁克提出的。他认为人力资源是指一定时期内组织中的人所拥有的能够被企业所用，且对价值创造起贡献作用的知识、能力、技能、经验、体力等的总和。同其他所有资源相比较而言，唯一的区别就在于人力资源指的是人，并且是经理们必须考虑的具有“特殊资产”的资源。

人力资源作为组织的基本要素，是指能够推动组织或社会发展的具有脑力劳动和体力劳动能力的人员的总称。人力资源的数量与质量在很大程度上反映了一个组织的实力。这个解释包括以下几个要点：

(1)人力资源的本质是人所具有的脑力和体力的总和，可以统称为劳动能力。

(2)这一能力要能够对财富的创造起贡献作用，成为社会财富的源泉。

(3)这一能力还要能够被组织所利用，这里的“组织”可以大到一个国家或地区，也可以小到一个企业或作坊。

人力资源的基本内容包括体能和智能。体能即人的身体素质。智能包含智力、知识、技能三个方面。体能、智力、知识、技能为人力资源的现实应用形态，也是人力资源的基本内容。

人力资源的一般特征有以下几方面：

(1)能动性、可激励性。人类不同于自然界其他生物之处在于其具有目的性、主观能动性和社会意识。人类的这种自我调控特征能使其在从事生产经营活动时，总是处在发现、操纵、控制其他资源的位置上。能够根据外部条件和自身的愿望、条件有目的地确定经营活动的方向。再者，人力资源具有可激励性，管理人员可通过各种管理措施来激励员工更好地工作。

(2)潜力可开发性。潜力是指员工所具有的潜在的能力，亦指员工将来通过学习或训练后，可能发挥出的某种能力水准。据有关专家观察分析，在平时正常状况，员工潜力平均只发挥到 40%左右，其余部分等待着管理者去发现开发。

(3)效用不可存储性。人力资源的形成、开发、使用都受到时间的制约。从个体看，作为生物有机体的人，有其生命周期，而作为人力资源的人，能够从事劳动的自然时间又被限定在其生命周期的中间一段，能够从事劳动的不同年龄段其劳动能力也不尽相同。所以，人力资源不可能像其他资源那样可以存储，它是具有时效性的资源。

(4)使用的经济性。人力资源的获得和开发都必须付出一定的代价。招聘、选拔、雇佣人员以满足某一组织现在和将来人力资源的需要，这是取得一个职工必须付出的代价；使一个员工达到某个职位上的预期业绩水平或提高他的技能也要付出代价。所以，人力资源的使用必须讲求经济性、科学性和合理性，以减少人工费用的支出，降低产品成本。

二、人力资源管理的概念

在人类所拥有的一切资源中，人力资源是最宝贵的，自然成了现代管理的核心。不断提高人力资源开发与管理的水平，不仅是当前发展经济、提高市场竞争力的需要，也是一个国家、一个民族、一个地区、一个单位长期兴旺发达的重要保证，更是一个现代人充分开发自身潜能、适应社会、改造社会的重要措施。

(一)人力资源管理的定义

人力资源管理，就是指运用现代化的科学方法，对与一定物力相结合的人力进行合理的培训、组织和调配，使人力、物力经常保持最佳比例，同时对人的思想、心理和行为进行恰当的诱导、控制和协调，充分发挥人的主观能动性，使人尽其才，事得其人，人事相宜，以实现组织目标。

根据定义，可以从两个方面来理解人力资源管理，即对人力资源外在要素量的管理和对人力资源内在要素质的管理。对人力资源进行量的管理，就是根据人力和物力及其变化，对人力进行恰当的培训、组织和协调，使二者经常保持最佳比例和有机的结合，使人和物都充分发挥出最佳效应。对人力资源内在要素质的管理，主要是指采用现代化的科学方法，对人的思想、心理和行为进行有效的管理(包括对个体和群体的思想、心理和行为的协调、控制和管理)，充分发挥人的主观能动性，以达到组织目标。

传统人事管理与人力资源管理的区别如表 6-1 所示。

表 6-1 传统人事管理与人力资源管理的区别

	传统人事管理	人力资源管理
管理的重心	以工作为中心，将人视为成本	以人为中心，将人视为宝贵的资源
在企业中的地位	职能部门，属执行层	战略管理部门，属决策层
管理活动的性质	具体的，操作性强的	战略性，高附加值的
管理模式	被动反应式	主动开发式
管理对象	劳动力	知识型员工

（二）人力资源管理的特征

21 世纪，中国企业人力资源管理进入了全面系统化的新阶段。因此，新世纪的中国企业人力资源管理必将出现新的重要特征，具体表现在以下几个方面：

（1）战略性。人力资源管理进入企业战略制订以及战略执行过程。

（2）系统性。在一整套先进的且贴近企业实际的管理理念和管理哲学的指导下，系统而全面地整理和完善人力资源管理制度与政策的各个方面。

（3）普遍性。所谓人力资源管理的普遍性，主要是指人力资源管理职能在企业中逐渐成为全体管理者都主动自觉承担的一种职能，而不再是人力资源管理人员的专利。

（4）前瞻性。运用科学的实证研究方法来对企业所实施的各项人力资源管理政策和实践的有效性进行研究和评价。

三、人力资源管理的内容

人力资源管理服务于企业的总体战略目标，是一系列管理环节的综合体。人力资源管理的主要内容包括以下几方面：

1. 人力资源战略规划

企业为适应内外环境的变化，依据企业总体发展战略，并充分考虑员工的期望而制订企业人力资源开发与管理的纲领性长远规划。人力资源战略规划是企业人力资源开发与管理活动的重要指南，是企业发展战略的重要组成部分，也是企业发展战略实施的有效保障。

2. 人力资源管理的基础业务

岗位分析与岗位评价是企业人力资源管理的基础工作。岗位分析就是对企业所有工作岗位的特征和任职要求进行界定和说明，岗位分析的结果是形成每一个工作岗位的职位描述、任职资格要求、岗位业务规范；岗位评价是对企业各工作岗位的相对价值进行评估和判断，岗位评价的结果是形成企业不同工作岗位的工资体系。岗位分析和岗位评价就如一个产品的说明书和产品标价，使员工“明明白白工作”、“清清楚楚拿钱”。

3. 人力资源管理的核心业务

人力资源管理的核心业务包括招聘、培训、绩效考核、薪酬管理。招聘是人力资源管理核心业务的首要环节，它是企业不断从组织外部吸纳人力资源的过程，能保证组织源源不断地输入人力资源；培训是企业人力资源开发的重要手段，包括对员工的知识、技能、心理素质等各方面的培训，是企业提升员工素质的重要保障；绩效考核是指运用科学的方法和标准对员工完成的工作数量、质量、效率及员工行为模式等方面的综合评价，从而进行相应的薪酬激励、人事晋升激励或者岗位调整，是实施员工激励的重要基础；薪酬管理是企业人力资源管理的一个极为重要的方面，主要包括薪酬制度与结构的设计、员工薪酬的计算与薪酬水平的调整、薪酬支付等内容，是企业对员工实施物质激励的重要手段。

4. 人力资源管理的其他工作

企业人力资源管理还包括其他一些日常事务性业务内容，如人事统计、员工健康与安全管理、人事考勤、人事档案管理、员工合同管理等。

相关链接

人力资源开发

与人力资源管理经常同时出现的还有“人力资源开发”这一名词，有的教材的名称就叫做“人力资源管理与开发”，其实，人力资源管理与人力资源开发是既有联系又有区别的一对概念。从前面的介绍中可以看出，现代人力资源管理区别于传统人事管理的一个重要特征就是更加注重对人力资源潜力的开发，也就是说，现在所讲的人力资源管理在多数情况下已内含了开发的功能，但这并不能完全体现出“人力资源开发”的更深入的内涵。

最早提出人力资源开发的是美国乔治·华盛顿大学的教授里奥·那德勒，1970 年，那德勒出版了《人力资源开发》的第一版，在这部著作中，他完善了后来成为人力资源开发领域分析框架的模型，人力资源开发第一次逐步取代原来的“培训”和“培训与开发”而被理论研究和实践者所接受。那德勒提出的人力资源开发的定义是：第一，由雇主提供的有组织的学习体验；第二，在一段特定的时间内；第三，其目的是增加雇员提高自己在职位上的绩效和发展个人的可能性。

复旦大学管理学院教授谢晋宇认为，人力资源开发主要包括培训、职业生涯开发、组织开发和管理开发。

第二节 人力资源管理的工作任务

企业在人力资源管理实践中有 7 项工作任务，分别是：人力资源规划、工作分析、员工招聘与录用、员工培训与开发、绩效管理、薪酬管理、劳动关系管理。

一、人力资源规划

人力资源规划（Human Resource Planning，HRP）是一项系统的战略工程，它以企业发展战略为指导，以全面核查现有人力资源、分析企业内外部条件为基础，以预测组织对人员的未来供需为切入点，内容包括晋升规划、补充规划、培训开发规划、人员调配规划、工资规划等，基本涵盖了人力资源的各项管理工作，人力资源规划还通过人事政策的制定对人力资源管理活动产生持续和重要的影响。

（一）人力资源规划的概念及作用

人力资源规划就是企业从战略规划和发展目标出发，根据其内外部环境的变化，预测企业未来的发展对人力资源的需求，以及为满足这种需要所提供人力资源的活动过程。

它的作用有以下几方面：

1. 有利于组织制订战略目标和发展规划

人力资源规划是组织发展战略的重要组成部分,同时也是实现组织战略目标的重要保证。

2. 确保组织生存发展过程中对人力资源的需求

人力资源部门必须分析组织人力资源的需求和供给之间的差距,制订各种规划来满足对人力资源的需求。

3. 有利于人力资源管理活动的有序化

人力资源规划是企业人力资源管理的基础,它由总体规划和各种业务计划构成,为管理活动(如确定人员的需求量、供给量,调整职务和任务,培训等)提供可靠的信息和依据,进而保证管理活动的有序化。

4. 有利于调动员工的积极性和创造性

人力资源管理要求在实现组织目标的同时,也要满足员工的个人需要(包括物质需要和精神需要),这样才能激发员工持久的积极性,只有在人力资源规划的条件下,员工对可满足自己的东西和满足的水平才是可知的。

5. 有利于控制人力资源成本

人力资源规划有助于检查和测算出人力资源规划方案的实施成本及其带来的效益。通过人力资源规划预测组织人员的变化,调整组织的人员结构,把人工成本控制在合理的水平上,这是组织持续发展不可缺少的环节。

(二)人力资源规划的内容

人力资源规划包括以下五个方面:

1. 战略规划

人力资源战略规划是根据企业总体发展战略的目标,对企业人力资源开发和利用的方针、政策和策略的规定,是各种人力资源具体计划的核心,是事关全局的关键性计划。

2. 组织规划

组织规划是对企业整体框架的设计,主要包括组织信息的采集、处理和应用;组织结构图的绘制;组织调查;诊断和评价;组织设计与调整;组织机构的设置,等等。

3. 制度建设规划

人力资源管理制度是企业人力资源管理系统有效运行的法律保障,企业要保证人力资源总体规划目标的实现,就必须不断建立、健全和完善企业人力资源管理的制度体系,使人力资源管理的吸引、录用、维持、评价、调整、发展六项基本职能得到充分的发挥。

4. 员工开发规划

人力资源的开发和利用是人力资源规划的重点,它包括:企业全员培训开发计划;员工职业道德的教育计划;员工职业技能的培训计划、专门人才的培养计划,等等。这类计划的编制和实施,有利于提高企业整体素质和员工个体素质,增强企业智力资本的竞争优势。

5. 费用规划

费用规划是对企业人工成本、人力资源管理费用的整体规划,包括人力资源费用的预算、核算、结算以及人力资源费用控制。

综上所述,按照我国的习惯,使用“人力资源计划”这一术语时,一般是专指企业短期的具体人力资源计划,而使用“人力资源规划”这一术语时,一般是泛指企业中长期的各类人力资源规划。因此，在实践中，我们应当明确加以界定。

二、工作分析

工作分析(Job Analysis)又称职位分析、岗位分析或职务分析，是对某特定的工作作出明确规定，并确定完成这一工作所需要的知识技能等资格条件的过程。工作分析是通过系统全面的情报收集手段，提供相关工作的全面信息，以便组织改善管理效率。工作分析是人力资源管理工作的基础，其分析质量对其他人力资源管理具有举足轻重的影响。

工作分析是对工作进行整体分析，以便确定每一项工作的 7 个 W：由谁做(Who)、做什么(What)、何时做(When)、在哪里做(Where)、如何做(How)、为什么做(Why)、为谁做(Whom)。分析的结果或直接成果是岗位说明书。岗位说明书是记录工作分析结果的文件，它把所分析该岗位的职责、权限、工作内容、任职资格等信息以文字形式记录下来，以便管理人员使用。只有在客观、准确的工作分析的基础上才能进一步建立科学的招聘、培训、绩效考核及薪酬管理体系。

(一)工作分析的方法

1. 访谈法

访谈法又称为面谈法，是一种应用最为广泛的工作分析方法，是指工作分析人员就某一职务或者职位面对面地向任职者、主管、专家等人询问对工作的意见和看法。在一般情况下，应用访谈法时可以以标准化访谈格式记录，目的是便于控制访谈内容及对同一职务不同任职者的回答进行相互比较。

2. 问卷调查法

问卷调查法是工作分析中最常用的一种方法，具体来说，由有关人员事先设计出一套工作分析的问卷，再由随后工作的员工来填写问卷，也可由工作分析人员填写，最后再将问卷加以归纳分析，做好详细的记录，并据此写出工作职务描述。

3. 观察法

观察法是一种传统的工作分析方法，指的是工作分析人员直接到工作现场，针对特定对象(一个或多个任职者)的作业活动进行观察，收集、记录有关工作的内容、工作间的相互关系、人与工作的关系以及工作环境、条件等信息，并用文字或图表形式记录下来，然后进行分析与归纳总结的方法。

4. 工作日志法

工作日志法又称工作写实法，指任职者按时间顺序详细记录自己的工作内容与工作过程，然后经过归纳、分析，达到工作分析的目的的一种方法。

5. 资料分析法

为降低工作分析的成本，应当尽量利用原有资料，例如，通过责任制文本等人事文件，以对每项工作的任务、责任、权利、工作负荷、任职资格等有一个大致的了解，为进一步调查、分析奠定基础。

6. 能力要求法

能力要求法指将完成任何一项工作的技能都用更基本的能力加以描述。例如，打乒乓球的技能可以用反应、腕力、眼手协调三类基本能力加以描述。

7. 关键事件法

关键事件法要求分析人员、管理人员、本岗位员工，将工作过程中的“关键事件”详细地加以记录，可在大量收集信息后，对岗位的特征要求进行分析研究(关键事件是使工作成功或失败的行为特征或事件，如成功与失败、盈利与亏损、高效与低产等)。

(二)工作分析的内容

工作分析由两大部分组成:工作描述和工作说明书。

1. 工作描述

工作描述具体说明了某一工作职位的物质特点和环境特点，主要包括以下几个方面：

(1)职位名称。指组织对从事一定工作活动所规定的职位名称或职位代号，以便对各种工作进行识别、登记、分类以及确定组织内外的各种工作关系。

(2)工作活动和工作程序。包括所要完成的工作任务、工作责任、使用的原材料和机器设备、工作流程、与其他人的正式工作关系、接受监督以及进行监督的性质和内容。

(3)工作条件和物理环境。包括工作地点的温度、光线、湿度、噪音、安全条件、地理位置、室内或室外等。

(4)社会环境。包括工作群体中的人数、完成工作所要求的人际交往的数量和程度、各部门之间的关系、工作地点内外的文化设施、社会习俗等。

(5)聘用条件。包括工时数、工资结构、支付工资的方法、福利待遇、该工作在组织中的正式位置、晋升的机会、工作的季节性、进修的机会等。

2. 工作说明书

工作说明书又称职位要求，要求说明从事某项工作职位的人职人员必须具备的生理要求和心理要求。主要包括以下几个方面：

(1)一般要求。主要包括年龄、性别、学历、工作经验等。

(2)生理要求。主要包括健康状况、体力、运动的灵活性、感觉器官的灵敏度等。

(3)心理要求。主要包括观察能力、集中能力、记忆能力、理解能力、学习能力、解决问题的能力、创造性、数学计算能力、语言表达能力、决策能力、特殊能力、性格、气质、兴趣爱好、态度、事业心、合作性、领导能力等。

三、员工招聘与录用

(一)员工招聘的含义

员工招聘，是指组织根据人力资源管理规划和工作分析的要求，从组织内部和外部吸收人力资源的过程。员工招聘在人力资源管理工作中具有重要的意义。招聘工作直接关系到企业人力资源的形成，有效的招聘工作不仅可以提高员工素质、改善人员结构，也可以为组织注入新的管理思想，为组织增添新的活力，甚至可能给企业带来技术、管理上的重大革新。招聘是企业整个人力资源管理活动的基础，有效的招聘工作能为以后的培训、考评、工资福利、劳动关系等管理活动打好基础。因此，员工招聘是人力资源管理的基础性工作。

(二)员工招聘程序

1. 制订招聘计划

招聘计划是组织根据发展目标和岗位需求对某一阶段的招聘工作所做的安排，包括招聘目标、信息发布的时间与渠道、招聘员工的类型及数量、甄选方案及时间安排等方面。

具体来讲，员工招聘计划包括以下内容：

(1)招聘的岗位、要求及其所需人员数量。

(2)招聘信息的发布。

(3)招聘对象。

(4)招聘方法。

(5)招聘预算。

(6)招聘时间安排。

2. 发布招聘信息及搜寻候选人信息

组织要将招聘信息通过多种渠道向社会发布，向社会公众告知用人计划和要求，确保有更多符合要求的人员前来应聘。

企业可以通过以下方式搜寻候选人信息：①应聘者自己所填的求职表，内容包括性别、年龄、学历、专业、工作经历及业绩等；②推荐材料，即有关组织或个人就某人向本单位写的推荐材料；③调查材料，指对某些岗位人员的招聘，还需要亲自到应聘人员工作过或学习过的单位或向其接触过的有关人员进行调查，以掌握第一手材料。

3. 甄选

甄选的过程一般包括对所有应聘者的情况进行初步的审查、知识与心理素质测试、面试，以确定最终的录用者。

4. 录用

人员录用过程一般可分为试用合同的签订、新员工的安置、岗前培训、试用、正式录用等几个阶段。

试用是企业对新上岗员工的尝试性使用，这是对员工的能力与潜力、个人品质与心理素质的进一步考核。

员工的正式录用是指试用期满后，对表现良好、符合组织要求的新员工，使其成为组织正式成员的过程。一般由用人部门根据新员工在试用期间的具体表现对其进行考核，做出鉴定，并提交人力资源管理部门。人力资源管理部门对考核合格的员工正式录用，并代表组织与员工签订正式录用合同，正式明确双方的责任、义务与权利。

5. 招聘工作评价

招聘工作评价主要指对招聘的结果、招聘的成本和招聘的方法等进行评估。一般在一次招聘工作结束之后，要对整个评估工作做一个总结和评价，目的是进一步提高下次招聘工作的效率。

相关链接

招聘渠道

外部招聘的渠道大致有：人才交流中心；招聘洽谈会；传统媒体广告；网上招聘；校园招聘；人才猎取和员工推荐等。

内部招聘，就是将招聘信息公布给公司内部员工，员工自己可以来参加应聘。

四、员工培训与开发

员工培训与开发是一个为组织员工灌输组织文化、道德，提供思路、理念、信息和技能，帮助他们提高素质和能力，提高工作效率，发挥内在潜力的过程。从管理角度看，培训主要是使员工学习掌握如何干好所承担工作的相关信息和技能，开发则是指通过教育活动使员工掌握目前和未来工作所需要的思路、知识及技巧，充分发挥自身的潜能(积极性、创造性)，能不断适应新情况、新环境的需要，卓有成效地完成组织任务和目标，所以开发又称为发展。其实，员工培训与开发就是组织正式员工的综合发展工作，从教育和管理角度来看，是一种在组织目标和岗位任务规定下的，对员工实施继续教育、终身教育，促使人的素质提高，开发人力资源的活动。员工培训的形式主要有以下几种：

1. 讲授法

讲授法属于传统的培训方式，优点是运用起来方便，便于培训者控制整个过程，缺点是单向信息传递，反馈效果差。常被用于一些理念性知识的培训。

2. 视听技术法

视听技术法是通过现代视听技术(如投影仪、DVD、录像机等工具)对员工进行培训。其优点是运用视觉与听觉的感知方式，直观鲜明，但学员的反馈与实践较差，且制作和购买的成本高，内容易过时。它多用于企业概况、传授技能等培训内容，也可用于概念性知识的培训。

3. 讨论法

讨论法按照费用与操作的复杂程序又可分成研讨会与小组讨论两种方式。研讨会多以专题演讲为主，中途或会后允许学员与演讲者进行交流沟通，优点是信息可以多向传递，与讲授法相比反馈效果较好，但费用较高。而小组讨论法的特点是信息交流方式为多向传递，学员的参与性高，费用较低，多用于巩固知识，训练学员分析、解决问题的能力与人际交往的能力，但运用时对培训教师的要求较高。

4. 案例研讨法

案例研讨法通过向培训对象提供相关的背景资料，让其寻找合适的解决方法。这一方式使用费用低，反馈效果好，可以有效训练学员分析、解决问题的能力。另外，近年的培训研究表明，案例、讨论的方式也可用于知识类的培训，且效果更佳。

5. 角色扮演法

角色扮演法是指受训者在培训教师设计的工作情况中扮演其中的角色，其他学员与培训教师在学员表演后作适当的点评。由于信息传递多向化，反馈效果好，实践性强，费用低，因而多用于人际关系能力的训练。

6. 自学法

这一方式较适合于一般理念性知识的学习，由于成人学习具有偏重经验与理解的特性，让具有一定学习能力与自觉的学员自学是既经济又实用的方法，但此方法存在监督性差的缺陷。

7. 互动小组法

互动小组法也称敏感训练法。此法主要适用于管理人员的人际关系与沟通训练，让学员通过培训活动中的亲身体验来提高他们处理人际关系的能力。其优点是可明显提高人际关系与沟通的能力，但其效果在很大程度上依赖于培训教师的水平。

8. 网络培训法

这是一种新型的计算机网络信息培训方式，投入较大。但其使用灵活，符合分散式学习的新趋势，可节省学员集中培训的时间与费用。这种方式信息量大，新知识、新观念传递优势明显，更适合成人学习。因此，特别为实力雄厚的企业所青睐，也是培训发展的一个必然趋势。

五、绩效管理

所谓绩效管理，是指各级管理者和员工为了达到组织目标，共同参与绩效计划制订、绩效辅导沟通、绩效考核评价、绩效结果应用、绩效目标提升的持续循环过程，绩效管理的目的是持续提升个人、部门和组织的绩效。

绩效管理有以下几种典型模式：

1.“德能勤绩”式

“德能勤绩”式绩效管理的考核具有非常悠久的历史，曾一度被国有企业和事业单位在年终考评中普遍采用，目前仍然有不少企业还在沿用这种模式。

对于刚刚起步发展的企业，通常基础管理水平不是很高，绩效管理工作没有太多经验，在这种情况下，“德能勤绩”式绩效管理是有其积极作用的。这种方式对加强基础工作管理水平，增强员工责任意识，督促员工完成岗位工作有积极的促进作用。但“德能勤绩”式绩效管理是简单粗放的绩效管理，对组织和个人绩效提升作用有限，虽然表面上看来易于操作，其实绩效考核过程随意性很大。企业发展后，随着公司基础管理水平的提高，公司绩效管理将对精细性、科学性提出更高要求，“德能勤绩”式绩效管理就不符合企业实际情况了。

2.“检查评比”式

在国内目前的绩效管理实践中，“检查评比”式还是比较常见的，采用这种绩效管理模式的公司通常情况下基础管理水平相对较高，公司决策领导对绩效管理工作比较重视，已经对绩效管理进行了初步的探索实践，并积累了一些经验教训，但对绩效管理的认识在某些方面还存在问题，绩效管理的公平目标、激励作用不能充分发挥，绩效管理战略导向作用不能得到实现。

3.“共同参与”式

在绩效管理实践中，“共同参与”式绩效管理在国有企业和事业单位中比较常见，这些组织的显著特征是崇尚团队精神，公司变革动力不足，公司领导往往从稳定发展的角度看问题，不愿冒太大风险。“共同参与”式绩效管理有三个显著特征：一是绩效考核指标比较宽泛，缺少定量硬性指标，这给考核者留出了很大余地；二是崇尚 360°考核，上级、下级、平级和自我都要进行评价，而且自我评价往往占有比较大的权重；三是绩效考核结果与薪酬发放联系不紧密，绩效考核工作不会得到大家的极力抵制。

4.“自我管理”式

“自我管理”式是世界一流企业推崇的管理方式，这种管理理念的基础是对人性的假设坚持 Y 理论：认为员工视工作如休息、娱乐一般自然；如果员工对某些工作做出承诺，他们会进行自我指导和自我控制，以完成任务；一般而言，每个人不仅能够承担责任，而且会主动寻求承担责任；绝大多数人都具备做出正确决策的能力，而不仅仅管理者才具备这一能力。

六、薪酬管理

在人力资源开发和管理中，薪酬管理是一项重要的内容。薪酬制度是否科学合理，给予员工的福利是否让员工满意，不仅关系到员工个人的切身利益，也将直接影响到企业的人力资源效率和劳动生产率，从而进一步影响到企业战略目标的实现。

(一)薪酬的基本概念

薪酬，或者说报酬，可以这样定义：薪酬是指雇员作为雇佣关系中的一方所得到的各种货币收入，以及各种具体的服务和福利之和。

薪酬＝基本工资＋奖金＋福利

基本工资是指一个组织根据员工所承担或完成的工作本身、所具备完成工作的技能或者能力和资历而向员工支付的稳定性报酬。

奖金是企业对员工超额劳动部分或劳动绩效突出部分所支付的奖励性报酬，其支付依据是绩效标准。

福利是报酬的重要组成部分，大多表现为非现金收入和非劳动收入，通常采取间接支付的发放形式，是一种普惠制的报酬形式。

(二)薪酬管理概述

薪酬管理，是在组织发展战略的指导下，对员工薪酬支付原则、薪酬策略、薪酬水平、薪酬结构、薪酬构成进行确定、分配和调整的动态管理过程。

1. 薪酬管理的重要性

薪酬在本质上是企业和员工之间的一种利益交换关系。无论对员工个人还是对企业来说，薪酬都是十分重要的。这可以从企业和员工两方面来理解。

薪酬管理对于企业而言，它可以帮助企业用一种科学、合理的管理策略来进行有效的人力资源管理，其重要性至少有三点：第一，支持企业吸纳优秀的人才；第二，帮助企业留住优秀的人才；第三，提高企业使用人才的效率。

薪酬管理对于员工而言，它的作用就在于提高员工的工作满意度，其重要性体现在两方面：第一，为员工及其家庭提供生活保障；第二，对员工行为产生引导和激励作用。

2. 薪酬设计的一般程序

(1)制定本组织的付酬原则与策略。这是由组织最高管理层的管理哲学及组织文化所决定的，包括对员工本性的认识，对员工总体价值的评价，对管理骨干及高级专业人才所起作用的估计等；组织基本工资制度及分配原则；有关薪酬分配的政策和策略，如薪酬拉开差距的分寸、差距标准，薪酬、奖励、福利费用的分配比例等。

(2)工作设计与工作分析。工作设计是对工作进行周密的、有目的的计划安排，包括工作本身的结构设计、与工作有关的社会各方面因素的考虑以及对员工的影响。

(3)工作评价。这一阶段主要的任务是把组织内的不同岗位进行相对价值的排序，即内部公平性问题的解决，这也是薪酬设计的关键一环。

(4)薪酬结构设计。薪酬结构是指一个组织机构中各个岗位的相对价值和与其对应的实付薪酬间的关系。

如图 6-1 所示，薪酬结构线显示的是组织内部各个岗位的相对价值和与其对应的实付薪酬之间的关系。薪酬结构线的横坐标是工作评价分数，纵坐标是实付薪酬值。

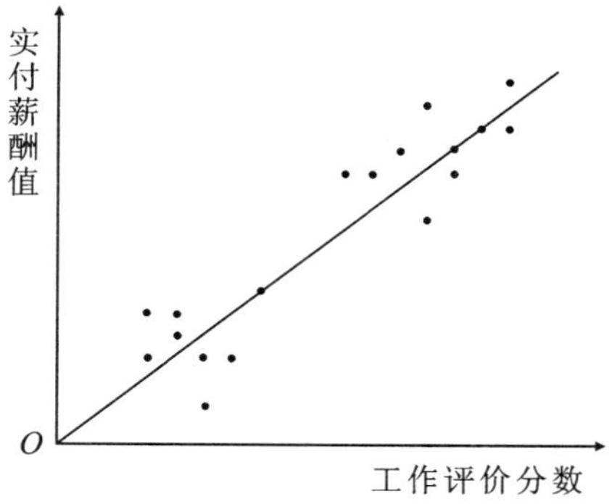

图 6-1 薪酬结构线

(5)薪酬调查。这一环节的活动主要研究两个问题:要调查什么;怎样去调查和收集数据。调查的内容首先是本地区、本行业,尤其是主要竞争对手的薪酬状况。数据来源首先应当是公开的资料,如国家及地区统计部门、劳动人事机构、工会等公开发布的资料;其次是通过散发问卷或抽样采访收集的数据;另外,也能从应聘人员与其他组织的招聘信息中获取相关资料。

(6)薪酬分级和定薪。组织根据工作评价确定的薪酬结构线将众多类型的岗位薪酬归并合成若干等级,形成一个薪酬等级系列,从而确定组织内每一岗位具体的薪酬范围,保证员工个体的公平性。并应结合个人情况进一步确定薪酬幅度,即同一等级内不同人员薪酬水平的差异,最终将薪酬明确到每一个人。

(7)薪酬制度的执行、控制和调整。组织的薪酬制度一经建立,如何投入正常运作并对其实行适当的控制与管理,使其发挥应有的功能,是一项长期而复杂的工作。

相关链接

杰克·韦尔奇:一个差点改写历史的薪酬故事

通用电气公司(GE)前 CEO 杰克·韦尔奇在工商界是一个遐迩闻名的传奇人物,号称世界第一经理人,他在 GE 的神奇业绩和经营管理思想充斥在报纸、电视、书籍和世界各种媒体上。然而,他在 40 多年前经历的一次薪酬事件差点改写了历史,几乎使他无法创造在 GE 的种种传奇。

1960 年,杰克·韦尔奇在取得化学博士学位以后,选择了 GE 的一家分公司,开始他自己的事业。他感到在这样一个规模极大的公司体系中,可以将自己的博士学问派上最大的用场。工作了一年之后,1961 年 10 月,他得到了第一次的年度评语,由于他创造了一种非常快速的流程,因此对他的评价很高。然而他所在的 GE 下属公司只按规定标准给他加 1000 美元的年薪。因为公司规定无论表现得好或坏,每个人都获得同样的薪酬。他感到非常气愤和沮丧,把自己的老板称作“吝啬鬼”,并毅然辞去了工作,接受了位于芝加哥的国际矿物化学公司提供的职位。但因为薪水问题,他又辞了职,准备前往另一家公司工作。就在第二位老板准备为他开欢送会的前天晚上,GE 总经理亲自飞到这个城市,向他提出了几乎无法拒绝的条件:假如他留在 GE 工作,公司将在薪酬上令他感到值得为它工作下去。杰克认为那是“一剂医治创伤的良药”，欣然接受，回到 GE 继续工作。于是，便有了我们今天所知道的作为通用电气 CEO 的杰克·韦尔奇。

七、劳动关系管理

劳动关系是劳动者与用人单位在实现劳动的过程中建立的社会经济关系。劳动关系的主体有雇员、雇员团体、雇主和雇主组织，影响因素包括社会分工、产权、产业革命与经济全球化以及其他影响因素。

劳动关系管理的基本内容有劳动合同管理制度、劳动纪律、劳动安全卫生制度及其他制度。

中国工会是职工自愿结合的工人阶级的群众组织，其基本职能是代表和维护劳动者的合法权益。

第三节　企业人力资源的激励

人力资源是现代企业的一种战略性资源，也是企业发展最关键的因素，而激励是人力资源管理的重要手段。企业实行激励机制的最根本的目的是正确地诱导员工的工作动机，使他们在实现组织目标的同时满足自身的需要，增加其满意度，从而使他们的积极性和创造性保持在最佳状态。建立一套科学有效的激励机制直接关系到企业的生存和发展，而在企业激励机制的创建中，人的需要是不能忽视的，只有建立以人为本的激励机制，才能使其在企业的生存和发展中发挥出巨大的作用。

一、激励概述

1. 激励的含义

激励对于不同的人具有不同的含义，对一些人来说，激励是一种动力，对另一些人来说，激励则是一种心理上的支持，或者为自己树立起榜样。激励是一种抽象的东西，所以当我们试图解释它的含义及应用它时总会有些困难。

激励，就其表面意思而言是激发和鼓励的意思。在管理工作中可以将其定义为调动人的积极性的过程。完整地讲，激励是指影响人们的内在需求或动机，从而加强、引导和维持行为的活动或过程，它的本质就是激发人的动机的过程。

相关链接

松下电器与八百半百货的不同命运

日本的两家大企业——松下电器和八百半百货有着两种不同的命运。八百半公司发展鼎盛的时候，还是家族式的非理性化的管理，后来因为决策层的腐败，员工没有得到激励，以至于企业陷入危机，最终垮掉。而松下电器，自 20 世纪六七十年代起就强调尊重人，强调团队精神，强调建立学习型组织。现在倡导的诸如学习型组织之类的这些概念，实际上跟松下电器这种公司的前期创新是分不开的。因此，松下电器很快就变成一家世界性的股份公司，虽然松下家族占的股份不足5%，但是它打造了一家百年老店式的世界性的跨国企业。

2. 激励的过程

激励和动机紧密相连，动机就是个体通过高水平的努力而实现组织目标的愿望，而这种努力又能满足个体的某些需要。动机是个人与环境相互作用的结果，动机是随环境条件的变化而变化的，动机水平不仅因人而异，而且因时而异，动机可以看做是需要获得满足的过程。

心理学的研究表明，人的动机是由他所体验到的某种未满足的需要和未达到的目标所引起的。这种需要或目标可以是生理上和物质上的，也可以是心理上和精神上的。在现实生活中，人的需要往往不止一种，而是多种需要同时存在的。这些需要的强弱会随时发生变化。在任何时候，一个人的行为动机总是由其全部需要中最重要、最强烈的需要所支配、决定的，这种最强烈的需要就叫优势需要。人的一切行为都是由其当时的优势需要引发，朝着满足这种优势需要的目标努力的。这种努力的结果又作为新的刺激反馈回来调整人的需要结构，指导人的下一个新的行为，这就是所谓的激励过程，也称动机—行为过程。

激励的过程主要有四个部分，即：需要、动机、行为、绩效。首先是需要的产生，在个人内心引起不平衡状态，产生了行为的动机。通过激励，使个人按照组织目标去寻求和选择满足这些需要的行为，最后达到提高绩效的目的，如图6-2所示。

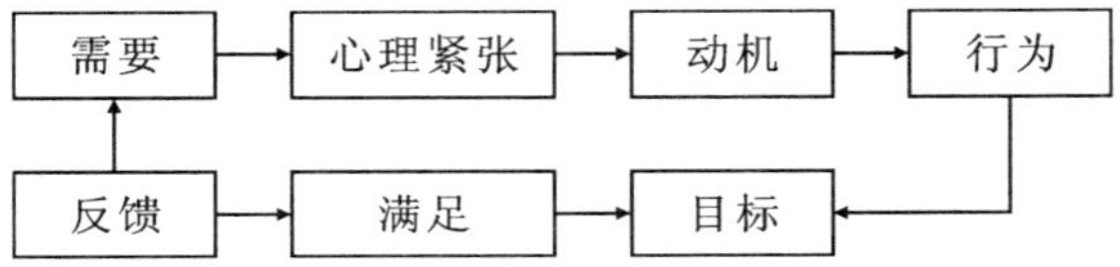

图6-2　人的行为过程

3. 激励的特征

(1)目的性。任何激励行为都有很强的目的性，即都有一个现实的、明确的目的。因此，任何希望达到某个目的的人(尤其是对管理者而言)都可以将激励作为一种手段。

(2)激励通过对人们的需要或动机施加影响来强化、引导或改变人的行为。

(3)激励是一个持续的反复的过程。

二、激励理论

(一)需要层次理论

这一理论是由美国社会心理学家亚伯拉罕·马斯洛(Abraham Maslow)提出来的，因而也称为马斯洛需要层次理论(Hierarchy of Needs Theory)。

马斯洛的需要层次理论有两个基本出发点。一个基本论点是人是有需要的动物，其需要取决于它已经得到了什么，还缺少什么，只有尚未满足的需要能够影响行为。换言之，已经得到满足的需要不再起激励作用。另一个基本论点是人的需要都有层次，某一层需要得到满足后，另一层需要才出现。在这两个论点的基础上，马斯洛认为在特定的时刻，人的一切需要如果都未能得到满足，那么满足最主要的需要就比满足其他需要更迫切，只有前面的需要得到充分的满足后，后面的需要才显示出其激励作用。

为此，马斯洛认为每个人都有五个层次的需要：生理的需要、安全的需要、社交的需要、尊重的需要、自我实现的需要，如图6-3所示。

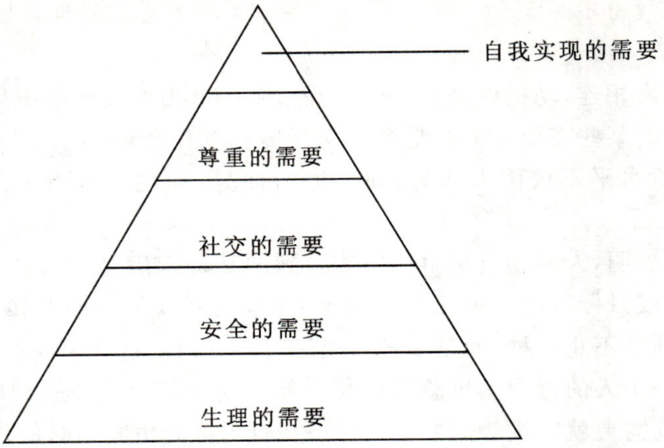

图 6-3　需要的五个层次

1. 生理的需要

生理的需要是任何动物都有的需要，只是不同的动物这种需要的表现形式不同而已。对人类来说，这是最基本的需要，如衣、食、住、行等。

2. 安全的需要

安全的需要是保护自己免受身体和情感伤害的需要。它又可以分为两类：一类是现在的安全的需要；另一类是对未来的安全的需要。即一方面要求自己现在的社会生活的各个方面均能有所保证；另一方面希望未来生活能有所保障。

3. 社交的需要

社交的需要包括友谊、爱情、归属及接纳方面的需要。这主要产生于人的社会性。马斯洛认为，人是一种社会动物，人们的生活和工作都不是孤立地进行的，人们希望在一种被接受或有归属的情况下工作，属于某一群体，而不希望在社会中成为离群的孤岛。

4. 尊重的需要

它包括自尊和受人尊重两个方面。自尊意味着在现实环境中希望有实力、有成就、能胜任或有信心，以及"要求独立和自由"；受人尊重是指"要求有名誉或威望"，获得别人对自己的尊重、赏识、关心、重视或高度评价。

相关链接

"一条腿的鸭子"

某城市有一个著名的厨师，他的拿手好菜是烤鸭，深受顾客的喜爱，特别是他的老板对他更是倍加赏识。不过这个老板从来没有给过这个厨师任何鼓励，使得厨师整天闷闷不乐。

有一天，老板有客从远方来，在家设宴招待贵宾，点了数道菜，其中的一道是老板最喜爱吃的烤鸭。厨师奉命行事。然而，烤鸭做完以后，当老板挟了一条鸭腿给客人后，却怎么也找不到另一条鸭腿，便问身后的厨师说："另一条腿到哪里去了？"厨师说："老板，我家养的鸭子都只有一条腿！"老板感到诧异，但碍于客人在场，不便问个究竟。

饭后，老板便跟着厨师到鸭笼去查个究竟。时值夜晚，鸭子正在睡觉。每只鸭子都只露出一条腿。厨师指着鸭子说："老板，你看，我家的鸭子不全都是只有一条腿的吗？"老板听后，便伸手拍掌，吵醒鸭子，鸭子当场被惊醒，都站了起来。

老板说："鸭子不全是两条腿吗？"

厨师说："对！对！不过，只有鼓掌拍手，才会有两条腿呀！"

启示：下级做出成绩希望得到领导的肯定和尊重，身为领导者，要经常在公众场所表扬佳绩者或赠送一些礼物给表现特佳者，以资鼓励，激励他们继续奋斗。一点小投资，可换来数倍的业绩，何乐而不为呢？

5. 自我实现的需要

自我实现指的是促使个人的潜能得以发挥，希望自己越来越成为所期望的人物，完成与自己能力相称的一切事情。自我实现的需要包括成长与发展、发挥自身潜能、实现理想的需要。这是一种追求个人能力极限的内趋力。

这五种需要基本上反映了在不同文化环境中人类共同的特点：人类的基本需要是由低级到高级，以层次形式出现的，当某一层次的需要得到相对满足时，其激发动机的作用随之减弱或消失。对人们已满足的需要，不会再起大的激励作用。组织应善于发现每个员工的优势需要，并随员工的需要结构的变化而采取相应的管理措施。

马斯洛认为，生理的需要和安全的需要称为较低级需要，而社交的需要、尊重的需要与自我实现的需要称为较高级的需要。高级需要是从内部使人得到满足，低级需要则主要是从外部使人得到满足。马斯洛的需要层次理论会自然得到这样的结论，在物质丰富的条件下，几乎所有员工的低级需要都得到了满足。马斯洛的五个需要等级的内涵及外延如表6-2所示。

表 6-2　马斯洛的五个需要等级的内涵及外延

需要层次	需要名称	基本元素	具体的组织因素
1	生理	空气、食物、房屋	保暖和空气调节、基本工资、食物、工作条件
2	安全	安全、保障、胜任、稳定	安全的工作条件、福利、普遍增薪、工作保障
3	社交	伙伴关系、感情、友谊	领导质量、和谐的工作团体、同事间的友谊
4	尊重	承认、地位、自尊、被尊敬	工作头衔、奖励工资的增加、同事/领导的认可、工作本身、负有责任
5	自我实现	成长、成就、晋升	有挑战的工作、创造性、组织内晋升、工作中的成就

（二）双因素理论（保健—激励理论）

双因素理论也叫"保健—激励理论"（Motivation-Hygiene Theory），是美国心理学家弗雷德里克·赫兹伯格（Frederick Herzberg）于 20 世纪 50 年代后期提出的。他在匹兹堡地区的 11 个工商业机构中，向近 2000 名白领工作者进行了调查。通过对调查结果的综合分析，赫兹伯格发现，引起人们不满意的因素往往是一些工作的外在因素，大多同他们的工作条件和环境有关。能给人们带来满意的因素，通常都是工作内在的，是由工作本身所决定的。

由此，赫兹伯格提出，影响人们行为的因素主要有两类：保健因素和激励因素。保健因素是那些与人们的不满情绪有关的因素，如公司的政策、管理和监督、人际关系、工作条件等。这类因素并不能对员工起激励的作用，只能起到保持人的积极性、维持工作现状的作用，所以保健因素又称为“维持因素”。激励因素是指那些与人们的满意情绪有关的因素。与激励因素有关的工作处理得好，能够使人们产生满意情绪；如果处理不当，其不利效果顶多只是没有满意情绪，而不会导致不满。他认为，激励因素主要包括：工作表现机会和工作带来的愉快，工作上的成就感，由于良好的工作成绩而得到的奖励，对未来发展的期望，以及职务上的责任感。

保健因素和激励因素的比较如表 6-3 所示。

表 6-3　双因素的比较

比较项目	保健因素	激励因素
含义	指对职工产生的效果类似于卫生保健对身体健康所起的作用的因素	指那些能带来积极态度、满意和激励作用的因素
内容	属于工作环境和工作关系	属于工作本身或工作内容
范围	公司政策、管理措施、监督、人际关系、物质工作条件、工资、福利等	成就、赏识、挑战性的工作、增加的工作责任以及成长和发展的机会
激励效果	满足：没有不满	满足：满意、产生激励
	不满足：不满意	不满足：不会产生太大的不满

这种理论对企业管理的基本启示是：要调动和维持员工的积极性，首先要注意保健因素，以防止不满情绪的产生。但更重要的是要利用激励因素去激发员工的工作热情，努力工作，创造奋发向上的局面，因为只有激励因素才会增加员工的工作满意感。

（三）期望理论

期望理论是著名的心理学家和行为科学家维克托·弗鲁姆于 1964 提出的。

期望理论的基础是：人之所以能够从事某项工作并达到组织目标，是因为这些工作和组织目标会帮助他们达到自己的目标，满足自己某方面的需要。弗鲁姆认为，某一活动对某人的激励力量取决于他所能得到结果的全部预期价值乘以他认为达到该结果的期望概率。用公式可以表示为：

$$M=V\times E$$

式中　M——激励力量，指调动一个人的积极性，激发出人的潜力的强度；

V——目标效价，指达到目标后对于满足个人需要的价值的大小；

E——期望值，指根据以往的经验进行的主观判断，达到目标并能导致某种结果的概率。

弗鲁姆的期望理论辩证地提出在进行激励时要处理好三方面的关系：

(1)努力与绩效的关系。人们总是希望通过一定的努力达到预期的目标，如果个人主观认为达到目标的概率很高，就会有信心，并激发出很强的工作力量；反之，如果他认为目标太高，通过努力也不会有很好的绩效时，就失去了内在的动力，会导致工作消极。

(2)绩效与奖励的关系。人总是希望取得成绩后能够得到奖励，当然这个奖励也是综合的,既包括物质上的,也包括精神上的。如果他认为取得绩效后能得到合理的奖励,就可能产生工作热情,否则就可能没有积极性。

(3)奖励与满足个人需要的关系。人总是希望自己所获得的奖励能满足自己某方面的需要。然而由于人们在年龄、性别、资历、社会地位和经济条件等方面都存在差异,他们的各种需要和需求得到满足的程度就不同。因此,对于不同的人,采用同一种奖励办法能满足的需要程度不同,能激发出的工作动力也就不同。这三方面管理可以用下式表现出来:

个人努力→取得绩效→组织奖励→满足个人需要程度

期望理论的应用主要体现在激励方面,这启示管理者不要泛泛地采用一般的激励措施,而应当采用多数组织成员认为效价最大的激励措施,而且在设置某一激励目标时应尽可能加大其效价的综合值,适当加大不同人实际所得效价的差值,加大组织期望行为与非期望行为之间的效价差值。在激励过程中,还要适当控制期望概率和实际概率,加强期望心理的疏导。期望概率过大,容易产生挫折;期望概率过小,又会减小激励力量。而实际概率应使大多数人受益,最好实际概率大于平均的个人期望概率,并与效价相适应。

(四)公平理论

公平理论又称社会比较理论,它是美国行为科学家亚当斯提出来的。公平理论的基本观点是:当一个人做出了成绩并取得了报酬后,他不仅关心自己所得报酬的绝对量,而且关心自己所得报酬的相对量。因此,他要进行种种比较来确定自己所获得报酬是否合理,比较的结果将直接影响今后工作的积极性。

一种比较称为横向比较,即他将自己所获得的报酬(薪资、晋升、褒奖、成就、地位等)与自己的投入(工作努力程度、技能、教育水平、完成任务的绩效等)的比值与组织内其他的人作社会比较,只有相等时,他才认为公平,如下式所示:

$$\frac{O_P}{I_P}=\frac{O_C}{I_C}$$

式中 O_P——自己对所获报酬的感觉;

O_C——自己对他人所获报酬的感觉;

I_P——自己对个人所做投入的感觉;

I_C——自己对他人所做投入的感觉。

当上式为不等式时,可能出现以下两种情况:

(1)当 O_P/I_P 小于 O_C/I_C 时。在这种情况下,他就会感到不公平,产生不公平感,就会采取一定的措施去消除这种不公平的感觉。第一,他可能要求增加自己的收入或减少自己今后的努力程度,以便使 O_P/I_P 的值增大,趋于相等;第二种办法是他可能要求组织减少比较对象的收入或者让其今后增大努力程度以便使 O_C/I_C 的值减小,趋于相等。此外,他还可能另外找人进行比较,以便达到心理上的平衡。

(2)当 O_P/I_P 大于 O_C/I_C 时。在这种情况下,他可能要求减少自己的报酬或在开始时自动多做些工作,但久而久之,他会重新评估自己的技术水平和工作情况,最终会觉得他确实应当得到那么高的报酬,于是便又回到过去的水平了。

人们除了会进行横向比较外,也会进行纵向比较,也就是把自己目前投入的努力与目前所得报酬的比值,同自己过去投入的努力与过去所得报酬的比值进行比较,只有相等时他才认为公平,如下式所示:

$$\frac{O_P}{I_P}=\frac{O_H}{I_H}$$

式中　O_P——自己对现在所得报酬的感觉；

O_H——自己对过去所得报酬的感觉；

I_P——自己对个人现在投入的感觉；

I_H——自己对个人过去投入的感觉。

当上式为不等式时，也可能出现如下两种情况：

(1)当 O_P/I_P 小于 O_H/I_H 时。当出现这种情况时，人也会产生不公平的感觉，这可能导致工作积极性下降。

(2)当 O_P/I_P 大于 O_H/I_H 时。当出现这种情况时，人不会因此产生不公平的感觉，但也不会觉得自己多拿了报酬而主动多做些工作。

公平理论对我们有着重要的启示：第一，影响激励效果的不仅有报酬的绝对值，还有报酬的相对值。第二，激励时应力求公平，使上述等式在客观上相等，尽管有主观判断的误差，也不致造成严重的不公平感。第三，在激励过程中应注意对被激励者公平心理的引导，使其树立正确的公平观：一是要认识到没有绝对的公平；二是不要盲目攀比；三是不要按酬付劳，按酬付劳是在公平问题上造成恶性循环的主要原因。

为了避免职工产生不公平的感觉，企业往往会采取各种手段，在企业中造成一种公平合理的气氛，使职工产生一种主观上的公平感。如有的企业采用保密工资的办法，使职工相互不了解彼此的收支比率，以免职工互相比较而产生不公平感。

(五)X 理论和 Y 理论

美国麻省理工学院教授道格拉斯·麦格雷格于 1957 年首先提出 X 理论和 Y 理论。他围绕"人的本性"来论述人类行为规律及其对管理的影响。

麦格雷格所提出的 X 理论的主要观点如下：人的本性是懒惰的，只要可能就会逃避工作；对大多数人来说必须进行强制监督、指挥和管理，才能使他们付出足够的努力去完成给定的工作目标；大多数人只满足平平稳稳地完成工作，而不愿意做有压力的创造性的工作。

Y 理论有以下观点：人并非生来就是懒惰的，要求工作是人的本能；在正常情况下人愿意承担责任，人们都热衷于发挥自己的才能和创造性，人追求满足个体的需要与组织需要没有矛盾，只要管理得当，人们就会把个人的目标与组织目标统一起来。

对比 X 理论和 Y 理论，可以发现，它们的差别在于对人的看法不同，因此采用的管理方法也不同。X 理论强调外因和客观因素，把人放在被动的位置上进行严密的控制，认为只有管理严格才能有效益。Y 理论强调内因和主观因素，注意发挥人的主观能动性。因此，应该针对不同的情况，选择 X 理论或 Y 理论。对非技术或技术性不强的单位，采用 X 理论比较合适；对科学研究、工程技术或文化教育部门，采用 Y 理论效果会更好。

三、激励的类型

1. 物质激励与精神激励

物质激励与精神激励是通过物质和精神鼓励来调动人们积极性的两种激励类型。物质激励能够满足人们的生理需求。它的出发点是关心员工的切身利益，不断满足人们日益增长的物质文化生活的需要。精神激励能够满足人们的心理需求。这两种不同的激励方式是相互补充、相辅相成的。因为精神激励需要借助一定的物质载体;而物质激励也需包含一定的思想内容。两种形式相结合,有事半功倍之效。

2. 正激励与负激励

正激励是对符合社会需要和组织目标的行为进行表彰和奖赏,以保持和巩固这种行为,达到调动积极性的目的。负激励是对不符合社会需要和组织目标的行为进行批评和惩罚,使之减弱和消退,即抑制这种行为。这两种激励的强化作用,一方面可以使人的积极行为和良好表现及时得到承认、支持和鼓励,另一方面使人的不良行为受到批评、谴责和禁止。

3. 内激励和外激励

内激励是通过启发诱导的方式,激发人的主动精神,使他们的工作热情建立在高度自觉的基础上,充分发挥内在潜力。外激励是运用环境条件来制约人们的动机,以此来强化或削弱某种行为,进而提高积极性。内激励带有自觉性的特征,外激励则有某种程度的强迫性。在工作中,将两者结合起来使用,可以从不同角度加强激励效果。

四、激励的方法

(一)物质激励的方法

1. 工资管理

工资管理的目标是多方面的,包括:吸引和留住优秀员工;鼓励员工积极提高工作技能和工作效率;控制运营成本。工资从具体形式上可以分为计时工资、计件工资、奖金、津贴、补贴等。

工资管理的主要工作包括工资计划、工资制度管理、工资额度管理等。工资计划就是在考虑各种因素的实态和动向的基础上,对工资管理的各项活动进行具体的计划和组织;工资制度管理主要是选择适合企业情况的工资制度,工资制度是依照法律和国家政策规定的有关工资结构、工资水平、工资标准、工资关系、定级、升级、工资支付等项办法的总称;工资额度管理包括工资总额管理和个别工资额度管理。

2. 福利管理

福利是员工的间接报酬,一般包括健康保险、带薪假期或退休金等形式。这些奖励作为企业成员福利的一部分,奖给职工个人或者员工小组。福利管理是指选择福利项目、确定福利标准、制定各种福利发放明细表等福利方面的管理工作。

福利管理有利于企业获得社会声望,增强员工的信任感和依恋感,适当缩小薪酬差距。对员工,福利保险一经确定不大会取消,较工资奖金更恒定、更可靠,可为员工退休生活及不可预测事件提供保障。

3. 职工持股计划

职工持股计划是一种使职工成为本企业的股票拥有者的职工受益机制。主要内容是:企业成立一个专门的职工持股信托基金会,基金会由企业全面担保,贷款认购企业的股票,企业每年按工资总额的一定比例向职工持股信托基金会投入资金,以偿还贷款。随着贷款的偿还,基金会根据职工相应的工资水平或劳动贡献大小,把股票分配到每个职工的"职工持股计划账户"上。职工必须在一定时间后(离开企业或退休)才可将股票出售变现。

4. 股票期权

股票期权(Stock Option)是企业员工长期激励机制的主要方式。所谓股票期权,是指企业给予员工的一种权利，员工可以凭此权利在一定时间内以一定价格购买该企业一定数量的股票。这个价格叫做“行权价”（Exercise Price），也叫执行价，购买的过程就叫做“行权”。在行权以前，股票期权持有人没有任何的现金收益；行权以后，个人收益为行权价与行权日市场价之间的差价。

实施股票期权计划有五个关键要素：股票期权的受益人、赠与时机、有效期、行权价和数量。股票期权受益人主要是公司高级管理人员，但在西方的很多企业，例如，百事可乐、思科以及大量的中小型公司，现在已经扩大到公司全体职工。

（二）精神激励的方法

1. 信任激励法

信任是加速人体自信力爆发的催化剂，自信比努力更重要。信任激励是一种基本激励方式，人与人之间的相互理解和信任是一种强大的精神力量，它有助于人与人之间的和谐发展，有助于企业团队精神凝聚力的形成。

历史上，刘备“三顾茅庐”，力邀诸葛亮出山显示出一个“诚”字；魏征从谏如流，得益于唐太宗的一个“信”字，这些都充分体现了对人才的充分信任。只有在信任基础上的放手使用，才能最大限度地发挥出人才的主观能动性和创造性。

2. 知识激励法

随着知识经济的发展，世界经济的发展日趋信息化、数字化和网络化，但现在企业中员工队伍里存在的知识结构不合理和知识老化现象日益突出。这就要求企业管理者一方面在实践中不断丰富和积累知识，另一方面要不断地加强学习，以保持企业正常发展。

3. 情感激励法

情感是影响人们行为最直接的因素之一，任何人都有渴望各种情感的需求，在企业中，如何切实培养人们的生活能力和合作精神，增强员工对企业的归属感，是当代企业管理者必须重点考虑的问题以及必修的课题。

4. 目标激励法

所谓目标激励法，就是确定适当的目标，诱发人的动机和行为，达到调动人的积极性的目的。目标作为一种诱引，具有引发、导向和激励的作用。一个人只有不断受启发而不断追求更高的目标，才能启动其奋发向上的内在动力。目标是组织对个体的一种心理引力。制定合理的目标和善于推动完成目标会让属下员工士气大振。

5. 荣誉激励法

从动机来看，人人都具有自我肯定和争取荣誉的需要。对于一些工作表现比较突出、具有代表性的先进人物，除了给予物质奖励外，给予一定的精神奖励也是必要的，因为这可以体现出对人的尊重。在荣誉激励中还要注重对集体的鼓励，以培养大家的集体荣誉感和团队精神，树立好榜样，因为榜样的力量是无穷的。

美国的 IBM 公司有一个“百分之百俱乐部”，当员工完成年度任务时，就可被批准成为“百分之百俱乐部”的会员，他和他的家人就有机会被邀参加隆重的集会。结果，员工都将获得“百分之百俱乐部”会员资格作为第一目标，以获得那份荣誉。这一激励措施有效地利用了员工对荣誉的需求，取得了良好的激励效果。

6. 兴趣激励

这是一种用人的方法。运用这种方法，一是要了解员工的兴趣所在；二是要针对其兴趣给予机会。“做自己喜欢的事”几乎是所有人的理想，用好这种方法，可以极大地激发员工的内在动力。

7. 参与激励

这种方法的核心是使员工有主人翁感，树立主人翁精神，让员工参与企业的决策过程，如班组民主化管理、合理化建议制度、“一日厂长”制等。

相关链接

“一日厂长”制

韩国精密机械株式会社实行了一项独特的管理制度，即让职工轮流当厂长管理厂务。一日厂长和真正的厂长一样，拥有处理公务的权力。当一日厂长对工人有批评意见时，要详细记录在工作日记上，并让各部门的员工收阅。各部门、各车间的主管，得依据批评意见随时核正自己的工作。这个工厂实行“一日厂长”制后，大部分职工都当过厂长，工厂的向心力增强，工厂管理成效显著。实行“一日厂长”制的第一年该厂就节约生产成本300多万美元。

五、激励机制

相关链接

激励机制为企业管理难题之首

《世界经理人文摘》于2002年面向中国的职业经理人、企业家和管理专家进行了一次调查，调查的题目是“中国企业的十大管理难题”。

其中，排在前三位的难题是：

第一，怎样有利地建立企业的绩效考评体系。

第二，怎样有效地激励和留住人才。

第三，怎样制定合理的员工薪酬体系。

解决之道：

世界著名的经理人韦尔奇给出的答案是：要搞好一家企业，关键是要给20%表现优秀的员工不断地加薪，而不断地淘汰企业里表现较差的10%的员工。只要企业的最高决策层能做到这一点，企业肯定就能办好。

上述三个难题都跟企业的人力资源管理有关，都属于企业激励机制方面的问题。因此，如何建立有效的激励机制，已经成为当前困扰企业的最大问题。

1. 激励机制是企业人力资源管理的核心

企业应当尽快适应时代的发展，建立适合自己企业发展特点的激励机制。因此，激励机制的关键是科学的薪酬管理方式如何与绩效挂钩。激励是人力资源管理的重要内容，也是企业发展最关键的因素，不同的激励手段，会产生不同的激励效果。企业实行激励机制的最根本目的是正确诱导员工的工作动机，让他们在实现组织目标的同时实现自身的价值，增强归属感，从而使他们的积极性和创造性继续保持和发扬下去。可见，激励机制运用的效果在一定程度上影响企业发展的兴衰。

2. 激励机制需要领导人带领完善和创新

从企业的发展史来讲，激励机制一直是不断地完善和创新的。从最早的计件工资到现在对高级管理层的股票期权，以及 MBO 管理者收购。这些激励方式实质上都属于有效激励的范畴。激励机制的完善主要靠领导人的气魄和决心。

相关链接

联想的“罚站”

联想公司刚创业的时候，工作人员懒散，管理较松懈。老总柳传志下定决心要改变这种状况，于是就颁布了一个制度，谁开会迟到，不仅要罚款还要罚站 5 分钟。罚款大家并不在乎，但是罚站还是挺丢面子的。这个制度的实行很严格，连高层领导——副总裁、总裁这一级别的都被罚站过，甚至柳传志本人也被罚站过。正是企业领导人这种下决心要把事情干好的气魄，把联想的管理搞上去了。有记者在采访柳传志的时候问道：“联想的核心竞争力是什么？”柳传志回答说：“我们联想的核心竞争力就是我们科学的管理体系。”

本章小结

全球经济一体化的时代，竞争范围迅速扩大，竞争程度空前加剧。事实证明，经济竞争归根结底是人才的竞争，是人力资源综合素质的竞争，竞争的胜利者将是那些占据人力资源优势的地区、国家和企业。本章就是有针对性地阐述人力资源管理的基本观念、工作任务、激励理论等基本知识和基本原理，使得学生能够理解现代人力资源管理的思想观念和理论，在一定程度上掌握一些操作性方法，以便于在将来的社会工作中，能够将现代人力资源管理思想和观念转化为管理工作的实际运作。

复习思考题

一、选择题

1. 现代人力资源管理与传统人事管理的本质区别是（　　）。

A. 前者注重制度加激励管理，后者注重制度管理

B. 前者注重制度管理，后者注重制度加激励管理

C. 前者注重制度管理，后者注重激励管理

D. 前者被称为“大棒管理”，后者被称为“胡萝卜加大棒管理”

2. 相对于内部招聘而言，外部招聘具有的优势是（　　）。

A. 准备性高　　　　B. 员工容易适应工作

C. 激励员工积极工作　　　　D. 有利于吸收新观点

3. 360°考核的维度不包括(　　)。

A. 直接上级考核　　B. 同级考核　　C. 下级考核

D. 间接上级考核　　E. 顾客考核

4. 就某一个职务或职位面对面地询问任职者、主管、专家等人对工作的意见和看法，属于工作分析中所采用的(　　)。

A. 问卷法　　B. 关键事件法　　C. 访谈法　　D. 观察法

5. 工作分析的结果包括两个方面的内容，其中之一是(　　)。

A. 工作设计　　B. 工作评估　　C. 工作条件分析　　D. 工作说明书

6. 绩效管理的最终目的在于(　　)。

A. 奖金的发放　　B. 员工的培训

C. 员工业绩的提高和发展　　D. 员工的晋升

7. 下列招聘过程的步骤排列正确的是(　　)。

①甄选　②初试　③复试　④录用决策　⑤录用

A. ②①③④⑤　　B. ①②③④⑤　　C. ①②④③⑤　　D. ②①③⑤④

二、简答题

1. 人力资源的特点是什么?

2. 人力资源管理包括哪些工作任务?

3. 人力资源规划的主要内容是什么?

4. 激励理论包括哪些内容? 激励的方法有哪些?

实践与实训

一、实训目的

1. 培养人员招聘工作的能力；

2. 训练应聘的能力与心理素质。

二、实训项目

角色扮演：模拟招聘面试

三、实训内容与要求

1. 角色扮演的情景设定：根据模拟公司的工作计划建立组织结构，各模拟公司组织招聘各部门负责人(班级统一制定编制或职数。根据该班人数，每个公司拟招聘 3 人)；各模拟公司招聘由总经理主持，公司成员均为招聘组成员；每名学生可向不超过 3 家公司(不含本公司)应聘；各公司根据每个应聘者的表现决定是否聘任；招聘程序按课程讲授内容进行，同学们先在课下进行精心准备，在课上完成角色扮演。

2. 各公司要制订招聘计划，包括招聘目的、招聘岗位、任用条件、招聘程序，特别是聘用的决定办法。

3. 每个人要写出应聘提纲或应聘讲演稿。一定要体现出应聘竞争优势。

4. 课下以公司为单位,组织招聘活动;全班6个公司分为两大组,第一节课前三家公司招聘,后三家公司的成员应聘;第二节进行轮换;聘任由招聘公司成员集体投票决定(将票交由教师保管,在两轮聘任结束后,按得票多少决定并公布)。

四、实训考核

1. 各公司提供的招聘计划书;
2. 每个人提供的应聘提纲或讲演稿;
3. 评估各公司招聘的组织状况的好坏,并以前来应聘者的人数为重要衡量指标;
4. 评价每个人的表现,特别是受到其他公司聘任的频次;
5. 由教师做出统计与综合评估。

案例分析

员工的离职

冯倩以优异的成绩毕业于一所名牌大学。毕业后,她就职于一家市场调研公司。一天,他的上司老张委派她负责一个重要的研究项目。老张预计这个研究项目大概需要5个月才能完成。他暗暗观察着这个年轻人的工作进展,心想:如果她把这项工作干好,那么,项目完成后就提拔她。

转眼3个月过去了,冯倩敲开老张的办公室,沉默了一下,然后说道:"张先生,非常感谢您给我这样一个工作机会,但是,这3个月来,我一直处于不确定的迷雾中,这给了我很大的压力。我曾经尝试过与您沟通,但您除了坐在自己的办公室里,就是和大老板们开会,总共也没有和我们讲过几句话。那天我发了一个电子邮件给您,向您讲了一些工作上的事情,可是很长时间都没有得到您的答复。虽然我可以尽量克服工作上的困难,但是对于很多事情,我是多么想早一点知道解决办法和您的看法。我想,我没法完成这个项目……我本来打算在这里长期工作下去,现在我不得不改变主意。我已经接受了凯瑟琳公司的一份工作。我会用两个星期的时间交接工作,从11月1日开始我将到新公司上班。对不起。"

老张惊呆了,他怎么也无法相信他最看好的员工要走了。

思考与讨论:

1. 你认为冯倩离职的根本原因是什么?
2. 如果你是老张,应如何改善你的绩效管理工作?为什么?

第七章　企业财务管理

知识目标

1. 掌握财务与财务管理的概念，理解财务管理的内容，了解财务管理的原则和任务；
2. 掌握企业筹集资金的基本渠道与方式；
3. 掌握流动资金与固定资金的概念，了解资金运用的管理要点；
4. 掌握成本与利润的构成，了解利润分配的程序；
5. 理解企业效益分析与评价的基本指标体系。

能力目标

1. 能对企业资金运动做简单分析；
2. 能够对企业绩效进行简单评价。

财务管理是现代企业管理的重要组成部分。它是市场济条件下企业最基本的管理活动，市场经济越发展，财务管理越重要。特别是在现代市场经济中，竞争日趋激烈，财务管理已成为企业生存和发展的重要环节，也是提高经济效益的重要途径。

开章案例

"秦池"为何昙花一现

一、背景资料

1996 年 11 月 8 日下午，中央电视台传来一个令全国震惊的新闻：名不见经传的秦池酒厂以 3.2 亿元人民币的"天价"，买下了中央电视台黄金时段广告，从而成为令人炫目的连任两届"标王"。1995 年该厂曾以 6666 万元人民币夺得"标王"。

秦池酒厂是山东省临朐县的一家生产"秦池"白酒的企业。1995 年临朐县人口 88.7 万，人均收入低于山东省平均水平。1995 年，秦池酒厂厂长赴京参加第一届"标王"竞标，以 6666 万元的价格夺得中央电视台黄金时段广告"标王"后，引起轰动效应，秦池酒厂一夜成名，秦池白酒也身价倍增。中标后的一个多月时间里，秦池就签订了销售合同 4 亿元；头两个月秦池销售收入就达 2.18 亿元，实现利税 6800 万元，相当于秦池酒厂建厂以来前 55 年的总和。至 1995 年 6 月底，订货已排到了年底。1996 年秦池酒厂的销售由 1995 年的 7500 万元一跃到 9.5 亿元。事实证明，巨额广告投入确实带来了"惊天动地"的效果。对此，时任厂长十分满意。

然而，新华社1998年6月25日报道："秦池目前生产、经营陷入困境，今年亏损已成定局……"

二、仔细推敲，昙花一现为哪般？

秦池为什么在这么短的时间就风光不再而陷入困境？近年有关学者从多个方面将秦池作为典型案例做了多角度的分析。那么，我们能否从财务管理的角度对此进行剖析呢？

从现代企业理财的角度看，"秦池"在企业理财的运作上以下几个方面值得认真推敲：

（一）巨额广告支出使经营杠杆作用程度加大，给企业带来更大的经营风险

利润的基本公式一般为：

利润＝销售量×（单价－单位变动成本）－固定成本总额

由利润的基本公式可以看出，产品单价由市场竞争决定，单位变动成本和固定成本总额在一定的生产能力范围内固定不变。因此，这三个要素基本属于常数性质，公式中唯一的变量实际上只有产品销售量。由此可见，企业利润的高低在很大程度上取决于产品销售量的大小。而产品销售量的大小，又在一定程度上取决于产品的市场份额。在同类产品很多而又难分上下的情况下，树立企业产品的品牌是争取市场份额的较好途径，甚至是唯一有效的捷径。在某种特定的情况下，品牌、市场份额和利润三者之间的关系可以表现为：品牌＝市场份额＝利润。因而在中国"泰斗"级的媒介——中央电视台展开角逐，奋力夺得"标王"，在"好酒也怕巷子深"的白热化竞争环境下，不能不说是树立产品品牌从而提高企业产品市场份额的较佳方案。问题是做广告、树品牌必须具备两个条件：一流的品牌必须以一流的质量作为保证；做广告是一条不归路，必须有长时间承受巨额广告支出的能力。否则，企业的市场份额会很容易"随风飘走"。我们知道，巨额广告支出作为一项固定性期间费用，它本身不受企业产品销售量变动的影响，但巨额广告支出将改变企业原有的成本结构，使固定成本在产品成本中的比例增大，由此使企业的经营杠杆作用程度也随之增大。经营杠杆对企业的作用是双方面的：当销售量增加时，企业的利润因经营杠杆的正面作用而大幅度提高；而当销售量减少时，企业的利润也将因经营杠杆的负面作用而大幅度下降。由此可见，"标王"不仅增加了企业的巨额广告负担，更重要的是它加大了企业经营杠杆的作用程度，从而也加大了企业的经营风险。只要企业产品市场稍有风吹草动，就会使企业的经营陷入困境。

事实也正是如此。秦池以6666万元的价格第一次夺得广告"标王"后，广告的轰动效应使秦池酒厂一夜成名，"秦池"的品牌地位基本确立，市场份额也相应增加。1996年秦池酒厂销售量的大幅度增加使经营杠杆产生积极（正面）作用，企业利润也以更大幅度增加。但这种局面并没有维持多久，1997年秦池能否可持续发展已经成为十分突出的问题。其原因在于：(1)4万余家白酒生产企业使白酒的生产量远大于销售量（约有50%的产量过剩）；同时洋酒的进入使白酒在酒业消费中的比例下降。到1997年，白酒销量"滑坡"的势头更加严重。秦池的市场份额面临着严峻的考验。(2)一流的品牌没有一流的产品质量作为保证。1996年12月《××参考报》4篇关于秦池沿川藏公路两侧收购散酒勾兑"秦池"的报道，不仅使秦池陷入巨大的媒体危机之中，而且使刚树立的"秦池"形象遭受了损害，因而在一定程度上影响了其市场份额。(3)1997年3.2亿元的巨额广告费用对秦池来说是一个巨大的包袱。它一方面使秦池的现金流动产生困难，另一方面大大地放大了企业利润对销售量的依赖程度。只有稳定的市场份额，才能确保企业的可持续发展。1997 年和 1998 年的市场竞争和秦池自身的问题使其市场份额产生了波动。正是波动不定的市场份额使秦池陷入了严重而难以自拔的经营风险之中。1997 年秦池在中央电视台播出的广告时间折算成货币为应付 1.5 亿元左右，而秦池的实际支付额仅为 4800 万元。

（二）资产结构的失衡，导致盈利能力与流动能力矛盾恶化

企业理财原理告诉人们，企业资产的盈利性与流动性之间存在着矛盾。企业流动资产具有变现能力强、流动性高但盈利能力低的特点；而企业的固定资产等长期性资产属于盈利性资产，可以为企业带来利润，但变现能力低、流动性差。由此，要求企业在盈利性与流动性之间加以权衡，并根据企业自身的特点，作出相应的选择，以保证企业盈利性与流动性的适度平衡，从而确保企业的健康稳定发展。

秦池成名之前作为一个县级企业，其总资产规模和生产能力有限。面对“标王”之后滚滚而来的订单，它不可能弃之不管，但仅凭其现有生产能力又难以应付。其出路只有两条：

(1)加大资金投入力度，对现有厂房设备进行更新改造或扩建新的厂房设备，以此提高企业生产能力，但这种做法受两个因素制约：①资金制约。巨额广告投入已使企业现金流动能力受到较大影响，企业扩大生产能力所需大量资金的来源更成问题。企业只有依靠银行贷款解决这一问题，而贷款将使企业的资产负债比例提高，还贷压力加大。同时，生产规模的扩大，也会使企业总资产中固定资产的比例提高，而流动资产比例下降，由此将使企业的流动能力和变现能力受到影响，企业资产结构失去平衡。②生产周期的制约。即使企业完全有能力扩大生产规模、提高生产能力，但无论是厂房设备的购建，还是白酒的酿造，都需要一定的周期，因而难以在较短的时间内立即满足眼前的客户需求。

(2)面对上述两个因素的制约，秦池要在短时间内满足客户订单需求，其另一条可能的出路是与周边地区的白酒企业横向联合或收购其他企业的白酒进行勾兑。但无论是横向联合还是勾兑，两者都很难保证产品的质量。如果产品质量出现问题，不仅会影响其品牌和市场份额，而且还会影响其销售产品的资金回笼。因而，其品牌和市场份额的维持更需要一流的质量作保证。

上述两条出路使当时的秦池酒厂陷入了提高企业盈利能力和维持一定现金流动能力相互矛盾的进退两难的境地，但面对客户订单它必须作出选择。不管秦池最后选择了哪条路，其结果都将使企业的经营风险不断加大。

（三）财务资源的有限性制约企业的持续发展

按照企业理财的基本原理，企业的持续发展需要有持续的财务资源的支持。其基本前提是：①资产结构与资本结构的有机协调；②现金流动上形成良性的“造血”功能机制。即生产经营活动所产生的现金流入量与现金流出量在时间、数量和速度上保持有机协调。秦池一方面在扩大生产规模、提高生产能力，从而提高固定资产等长期性资产比例的同时，使流动资产在总资产中的比例相应下降，由此降低了企业的流动能力和变现能力。另一方面，巨额广告支出和固定资产上的投资所需的资金要求企业通过银行贷款解决，按当时的银行政策，此类贷款往往为短期贷款，这就造成了银行的短期贷款被用于资金回收速度比较慢、周期较长的长期性资产上，由此使企业资产结构与资本结构在时间和数量上形成较大的不协调性，并因此而形成了“短贷长投”的资金缺口压力。在这种情况下，如果企业有比较健全的造血功能机制——良好的经营活动现金流动机制，这种资金缺口通过健全的现金预算安排

和合理的资金调度可以部分化解其压力。但只要稍有不慎就有可能使企业资金的周转发生困难，从而使企业陷入难以自拔的财务困境。而此时秦池所面临的现实问题是：在流动资产相对不足从而使企业现金流动能力产生困难的同时，年内到期的巨额银行短期贷款又要求偿还，从而陷入了“到期债务要偿还而企业又无偿还能力”的财务困境。

思考题：

该案例给了我们什么样的启示和教训？

第一节　企业财务管理概述

一、财务与财务管理

1. 企业财务的概念

企业财务是指企业在生产经营过程中的财务活动及其与有关各方发生的财务关系。包括以下两个方面：

(1)企业财务活动：又称企业理财活动，是企业为了生产经营需要而进行的资金筹集、资金运用和资金分配以及日常资产管理等活动。企业资金从货币资金形态开始，顺序通过供应、生产、销售三个阶段，分别表现为货币资金、生产储备资金、在产品资金、产成品资金等各种不同形态，然后又回到货币资金的运动。

(2)企业财务关系：即企业财务活动中，与有关各方面发生一定的经济关系，如企业与投资者、企业与债权人、企业与债务人、企业与税务机关、企业与被投资单位、企业内部各部门之间以及企业与员工之间的经济关系。但从实质考察，它体现了人与人之间的关系。

2. 财务管理

财务管理是组织企业财务活动，处理企业财务关系的经济管理工作。具体来说，财务管理是以价值形式对企业的生产经营活动进行综合管理，它利用资金、成本费用、收入利润等价值形式来反映企业经济活动中的劳动占用量、劳动消耗量和劳动成果，进而反映出企业经济效益的好坏。

企业的目标是生存、发展与获利，其中生存是基础，发展是关键，获利是根本保证，即企业要做到三点：①以收抵支，按时还债；②现金流入大于现金流出；③合理筹资和投资，并有效地使用资金实现增值，创造财富。

有关财务管理目标存在两种观点：

(1)利润最大化。强调资本的有效利用，这种财务管理目标存在着不足：第一，没有考虑到获得利润的时间，是当年最大化还是更长时间最大化？管理者可以限制研发提高当年利润，但对公司长期发展不利。仅以此目标进行财务决策不够精确。第二，它忽略了企业决策中所面临的复杂问题，包括不确定性和资金的时间价值。不确定性与风险相联系，即投资者对于额外的风险会要求更高的预期收益，这一点与财务决策密切相关。而且，不同时点上等额的资金价值是不一样的，越早时点的资金价值越大。

(2)股东财富最大化。它包含了所有影响财务决策的因素，包括资金时间价值、股东投入机会成本、报酬与不确定性所带来的风险的匹配，认为企业的价值在于它能给股东带来未来的报酬，包括获得股利和出售股权的溢价收入等。因此，股东财富最大化或企业价值最大化是财务管理的目标。我们的讨论皆建立在这个基础之上。

二、财务管理的内容

企业财务管理是以企业资金运动为对象，利用货币形式对企业经营活动实行的一项综合性管理工作。它既要管理各种财务活动，又要处理企业与投资者之间，企业与其他企业之间，企业与国家税务、金融、审计、物价、工商行政管理部门之间以及企业内部的各种财务关系，是现代企业管理中极其重要的组成部分。其运动过程如图 7-1 所示。

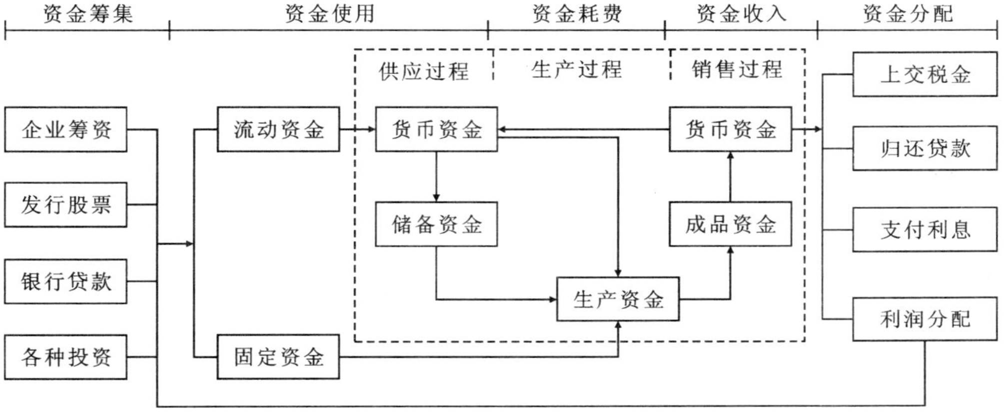

图 7-1　企业资金运动示意图

1. 资金筹集

从资金的运动形态来看，企业理财的第一步就是筹集资金，企业可以通过多种渠道筹集资金，形成自有资金和企业负债。企业从投资者、债权人那里筹集来的资金，可以是货币资金形态，也可以是实物、无形资产形态。

2. 资金投入和使用

企业筹集来的资金要合理地投放到生产经营活动的各个方面，通过购买、建造等过程，形成各种生产资料，货币资金转化为固定资产和流动资产等。

3. 资金收入和分配

企业通过销售过程把生产经营的产品销售出去，按照商品的价值取得销售收入，实现产品的价值，不仅可以补偿产品成本，而且可以实现企业的利润。税后利润分别用于弥补亏损、职工福利、扩大投资等方面。

4. 成本费用管理

企业通过对生产经营过程中发生的成本费用进行预测、计划、控制、核算、分析与考核，并采取降低成本费用等措施，以保证企业生产经营活动的最终成果，即目标利润的实现。

三、财务管理的原则和任务

在市场经济条件下，企业面临着日益广泛的资金运动和复杂的财务关系，这就需要企业财务管理人员正确地、科学地加以组织和处理。财务管理原则就是组织调节资金运动和协调处理财务关系的基本准则。在企业财务管理工作中应遵循以下原则：

1. 资本金保全原则

资本金保全原则是指企业要确保投资者投入企业资本金的完整,确保所有者的权益。企业资本金是企业进行生产经营活动的本钱,是所有者权益的基本部分。企业的经营者可以自主使用投资者依法投资的任何财产,有责任使这些财产在生产经营中充分得到利用,实现其保值和增值。投资者在生产经营期间,除在相应条件和程序下依法转让资本金外,一般不得抽回投资。

2. 价值最大化原则

企业财务管理的目标是使资产所有者的财富最大化。在企业财务管理中价值最大化原则应贯彻到财务管理工作的各个环节中。

在筹资决策阶段,要根据这一原则,对各种筹资渠道进行分析、比较,选择资金成本最低、风险最小的筹资方案。

在进行投资决策时,也要贯彻这一原则,在长期投资和短期投资之间进行选择。短期投资有利于提高企业的变现能力和偿债能力,能减少风险;长期投资会给企业带来高于短期投资的回报,但风险较大。通过对不同投资项目进行可行性研究,选择一个收益最大的方案。

3. 风险与所得均衡原则

在市场经济条件下,企业的生产经营活动具有不确定性,企业的生产量、销售量都将随着市场需求的变化而变化。因此,企业生产经营的风险是不可避免的,其资金的筹措、运用和分配的风险也是客观存在的,所以财务管理人员应意识到风险,并通过科学的方法预测各种生产经营活动及资金筹集运用和分配方案风险的大小。风险越大,其预期收益越高;风险越小,其预期收益越低,要做到风险与收益的平衡。

4. 资金合理配置原则

资金的合理配置是由于资源的有限性和企业追求价值最大化所决定的。在企业财务管理中贯彻这一原则体现在:在筹集资金时,要考虑资产负债的比例(负债总额比全部资产总额),做到既能举债经营,提高资金利润率,又要防止举债过多,加大企业财务风险;在运用资金时,要考虑资产结构,即各类资产在全部资产总额中所占的比重,防止出现某类资产占用过多,而另一类资产却占用不足的情况。企业要把有限的资金用在刀刃上,并经常考核其资金配置结构的合理性和有效性。

5. 成本-效益原则

企业在生产经营过程中,为了取得收入,必然会发生相应的成本费用。如筹资会发生资金成本;生产产品会有直接材料、直接人工、制造费用的支出;销售商品会有商品购进成本和经营费用支出;从事生产经营管理工作,会发生管理费用,等等。在收入一定的情况下,成本费用越多,企业利润越少。因此,降低成本费用是企业提高经济效益、增加利润的有效途径。但是,企业的收入随着成本的增大而增大,随着成本的减少而减少,此时按成本-效益原则,在充分考核成本的基础上,如收入的增量大于成本的增量,则提高企业的效益;反之则使企业的效益下降。

企业财务管理的基本任务是:做好各项财务收支的计划、控制、核算、分析和考核工作,依法合理筹集资金,有效利用企业各项资产,努力提高经济效益。

第二节　企业筹资管理

一、企业资金筹集的原则与方式

企业资金的筹集是资金循环周转的起点，也是企业财务管理的首要问题。它是指企业根据生产经营、对外投资和调整资金结构的需要，通过筹资渠道和资金市场，运用筹资方式，经济有效地筹措资金的过程。在企业整个资金筹集过程中，首先，要预测、衡量企业各项资金的需要量。然后，要确定相应的筹资渠道和方式。

(一)资金筹集的原则

在运作资金筹集的过程中，要坚持如下原则：

1. 满足需要原则

筹资要在正确预测和科学规划的基础上进行，要以满足生产经营需要为最首要的原则。

(1)筹资的数额要能保证生产经营的需要。

(2)筹资的期限要与生产经营或建设周期相吻合。

(3)筹资时间配比要及时，使资金的投放与运用同生产经营的具体需要紧密衔接。

2. 低成本原则

筹资管理的重要内容就是在筹资的过程中要进行筹资成本与效益的比较分析，选择低成本、高效益的筹资渠道与筹资方式，最大限度地降低资金的使用成本和筹资过程中的费用。

3. 合法性原则

在企业筹资的过程中，应树立法律意识，坚持按国家政策法规办事，采取合法手段，通过合法渠道，取得合法资金，投入合法用途。

4. 稳定性原则

筹资是企业的一项重大而经常性的财务管理工作，必须坚持稳定性原则，主要体现在：

(1)所筹集的资金的稳定性，即尽可能取得期限较长的借款。

(2)筹资方式的稳定性，即要选择股票、债券等方式，并且，不要频繁变更筹资方式。

(3)要同提供资金的金融机构建立长期稳定的业务合作关系。

(二)资金筹集的方式

1. 吸收投资者直接投资

吸收投资者直接投资是指企业以协议等形式吸收国家、其他企业、个人和外商等直接投入资金形成企业资金的一种筹资方式。它是非股份制企业筹措自有资本的一种基本方式。

2. 发行股票

它是股份公司筹集资金的基本方式。股票是股份公司筹措自有资本而发行的有价证券，是持股人拥有公司股份的凭证，它代表持股人在公司中拥有的所有权。股票持有人即为公司的股东，公司股东作为出资人按投入公司的资本额享有所有者的资产收益，有参与公司重大决策和选择管理者的权利，并以其所持股份为限对公司承担责任。

3. 发行债券

发行债券是企业筹资借入资本的重要方式。公司发行债券通常是为了对大型投资项目一次性地筹集资金。债券是债务人为筹集借入资本而发行的，约定在一定期限内向债权人还本付息的有价证券。我国非公司企业发行的债券称为企业债券，股份公司发行的债券称为公司债券。

4. 金融机构贷款（长期借款）

金融机构贷款（长期借款）是指企业向银行等金融机构以及向其他单位借入的、期限在一年以上的各种借款。主要用于小额的固定资产投资和流动资产的长期占用。取得长期借款是各类企业筹集长期资金所使用的必不可少的方式。长期借款有政策性银行贷款、商业性银行贷款、保险公司贷款、押抵贷款、信用贷款等。

5. 租赁资产

租赁资产是指在出租人被给予一定报酬的条件下，在契约或合同规定的期限内，将财产租让给承租人使用。出租人主要是租赁公司，承租人主要是企业。现代租赁已成为企业的一种筹资方式。租赁的种类很多，我国目前主要有营业租赁或融资租赁两种。前者又称经营租赁，它是典型的租赁形式，通常是短期租赁。后者又称财务租赁，通常是一种长期租赁，可解决企业对资产的长期需要，也称为资本租赁。融资租赁是现代租赁的主要形式。

6. 商业信用

商业信用是指在商品交易中，由于预收货款或延期付款所形成的企业之间的借贷关系，即在商品交换中，由于商品和货币在时间和空间上的分离而形成的企业之间的直接信用行为。企业利用商业信用筹集资金的主要形式有：赊购商品、预收货款、商业汇票等。

7. 票据贴现

票据贴现是指企业将持有的未到期商业汇票交付银行兑取现金的借贷行为。它产生于商业信用，在贴现时又转化为银行信用。企业利用票据贴现可达到提前使用资金的目的，但企业资金总量并不会增加。企业利用票据贴现所支付的代价是交付银行的贴现利息，贴现利息由银行在办理贴现时扣除。

二、短期资金和长期资金筹集管理

企业资金按占用期限的长短，可以分为短期资金和长期资金。

（一）短期资金的筹集管理

短期资金是指占用时间在一年以内的一个营业周期内的资金。

1. 短期资金筹集的特点

短期资金的筹集具有如下特点：

(1)筹资速度快，手续简便；

(2)所受限制相对较少，一般情况下不会受到法律或约束性条款的限制；

(3)短期资金成本较低，利息负担较轻，筹资费用较少；

(4)短期筹资的风险高于长期筹资的风险。

2. 短期筹资的方式

(1)短期银行借款。短期银行借款是企业短期资金的重要来源之一。尤其是在市场经济发展程度不高，商业信用和其他短期筹资方式尚未充分发展的阶段，短期银行借款更是企业不可缺少的短期资金来源。

短期银行借款的成本包括以下内容：银行贷款利息；银行手续费；抵押贷款时抵押的评

估、确认等费用。银行利率的高低视申请贷款企业的财务状况及信誉等级而定。

(2)商业信用。商业信用是指商品交易中延期付款或交货而形成的借贷关系，是企业之间的一种直接信用行为。商业信用是企业经常使用的一种筹资方式。商业信用最原始、最典型、最主要的方式是应收账款，此外，还有应付票据和商业承兑汇票等。

商业信用的成本主要是因企业放弃现金折扣而产生的机会成本。

(3)应计费用。应计费用又称应付费用，是企业在生产经营过程中发生的应付未付费用，主要包括应付职工薪酬、应付税金和其他应付费用。应计费用和应收账款一样，是企业在生产经营过程中自然形成的短期资金来源。企业利用应计费用筹集的资金是没有成本的，是非常典型的无成本资金，因此，企业应尽可能地利用这种筹集方式，但前提是不影响企业信誉和形象，而且不能违法。

除上述短期筹资方式外，还有应收账款的代理、出售分期收款合同等方式。

(二)长期资金的筹集管理

长期资金是资金占用时间在一年以上的资金。长期资金按其来源可分为外部来源资金和内部积累资金，按其性质可分为所有者权益和长期负债。

企业筹集长期资金的方式主要有：

(1)接受国家投资；

(2)所有者共同出资募集资本金；

(3)发行股票；

(4)发行企业债券；

(5)长期借款；

(6)企业自身积累；

(7)融资租赁；

(8)其他长期负债。

第三节　资金运作管理

企业资金从占用形态上看，可以分为流动资金和固定资金两种基本形态。为了使企业的资金发挥最大的效力，应针对流动资金和固定资金各自的特点实施有效的管理。

一、流动资金管理

1. 流动资金的概念

流动资金是流动资产的货币表现，又称营运资金。具体地说，流动资金就是垫支在材料、能源、备品备件和低值易耗品，并准备用于支付工资和其他费用方面的资金。

2. 流动资金的形态

流动资金在周转中表现为储备资金、生产资金、成品资金、货币资金、结算资金等占用形态。它的价值周转是一次全部地进行的，经过一个生产周期就完成一次循环。资金的瞬间占用与周而复始的循环相结合是流动资金的主要特点。

流动资金各种占用形态的具体项目如图 7-2 所示。

- 工业企业流动资金
  - 生产领域流动资金
    - 储备资金
      - 原料及主要材料
      - 辅助材料
      - 燃料
      - 修理用备件
      - 包装物
      - 低值易耗品
    - 生产资金
      - 在产品
      - 自制半成品
      - 待摊费用
    - 成品资金
      - 产成品
      - 外购商品
  - 流动领域流动资金
    - 结算资金
      - 发出商品
      - 应收销货款
      - 其他应收款
    - 货币资金
      - 银行存款
      - 库存现金

图 7-2　流动资金的占用形态

3. 流动资金的管理

流动资金管理的基本任务就是保证生产经营所需资金得到正常供给，并在此基础上减少资金占用，加速资金周转。其主要内容有：

(1)货币资金管理。货币资金包括库存现金和银行存款，控制流动资金首先要从控制货币资金开始。货币资金管理的目的是：要求有效地保证企业能够随时有资金可以利用，并从闲置的资金中得到最大的利息收入。货币资金管理的内容主要有以下几个方面：

①编制现金预算或现金收支计划，以便合理地估计未来的现金需求；

②对日常的现金收支进行控制，力求加速收款，延缓付款；

③用特定的方法确定理想的现金余额。当企业实际现金余额与理想现金余额不一致时，采用短期融资策略或采用归还借款和投资于有价证券等策略达到理想状况。

(2)应收账款管理。应收账款是指企业因销售产品、材料和供应劳务等，应向购货单位收取的账款。随着市场经济的发展，商业信用的推行，企业应收账款的数额明显增多，因而应收账款已成为流动资金管理中一个日益重要的问题。

企业进行应收账款管理的基本目标是在充分发挥应收账款增加销售、减少存货功能的基础上，降低应收账款投资的成本，使提供商业信用、扩大销售所增加的收益大于有关的各项费用。

(3)存货管理。存货是指企业在生产经营过程中为销售或者耗用而储备的物资。存货管理的目的是以最低的存货成本提供维持企业生产经营所需的物资。

加强存货管理：一要建立、健全存货的检验、收发、领退、保管的清查盘点制度，保证存货的安全完整；二要合理确定存货量，节约使用资金；三要提高存货的利用效果，加速存货周转。

二、固定资产管理

1. 固定资产的概念

固定资金是固定资产的货币表现。固定资产是指使用期限超过一年，单位价值在规定标准以上，并在使用过程中保持原有物质形态的资产。它包括机器设备、厂房建筑物、运输工具等。

2. 固定资产的分类

(1)按固定资产的经济用途分，可分为生产用固定资产和非生产用固定资产；

(2)按使用情况分，可分为使用中固定资产、未使用固定资产和不需用固定资产；

(3)按所属关系分，可分为企业自有固定资产和租入固定资产。

3. 固定资产管理

第一，应根据企业生产任务、经营规模、生产经营发展方向，正确测定固定资产需要量，合理配置固定资产。

第二，正确计提折旧，及时补偿固定资产损耗价值。固定资产的损耗包括有形损耗和无形损耗两种类型。有形损耗提取的折旧是在物质寿命期限内的直线折旧，其特点是折旧时间长(大约为物质寿命)，在折旧年限内平均计提。无形损耗是由于劳动生产率提高或技术进步，固定资产由更先进、更便宜的设备所取代而引起的价值磨损，提取的折旧是在技术寿命期限内的快速折旧。

第三，做好固定资产投资(包括基本建设投资和更新改造投资)预测与决策，提高投资效益。与流动资产相比，固定资产具有投资数量大、投资回收期长、投资影响大等特点。为了获得固定资产投资的最佳经济效果，要在投资项目落实之前，论证投资项目技术上的可行性、先进性和经济上的合理性、效益性，通过比较，选择最佳方案。

第四，加强固定资产综合管理，提高固定资产的利用效果。在进行固定资产价值核算的同时，还要进行固定资产的实物管理。企业财务部门应与固定资产管理部门和使用部门相配合，严密组织固定资产的收发、保管工作，正确、及时、全面地反映各项固定资产的增减变化，定期进行实物清查，以保证固定资产完整无缺；加强固定资产的维护、修理工作，使之处于良好的技术状态并在使用中充分发挥作用，从而提高固定资产的利用效果。

此外，无形资产也是企业的一项重要经济资源。所谓无形资产是指企业长期使用的、具有一定价值，但不具有实物形态的资产。它一般包括专利权、商标权、著作权、非专利技术、土地使用权、商誉等。

第四节 成本和利润管理

一、成本管理

1. 成本的概念

产品成本是指企业在一定时期内为生产和销售一定的产品而发生的全部费用的总和。从财务管理与分析的角度讲，产品成本也是企业在一定时期内为生产和销售一定的产品所发生的资金耗费量。企业生产经营中发生的全部费用可分为制造成本和期间费用两大类。广义的产品成本包括制造成本和期间费用，狭义的产品成本则是指制造成本。

2. 成本的构成

(1)产品制造成本。制造成本是工业企业生产过程中实际消耗的直接材料、直接工资、其他直接支出和制造费用。它包括以下几个方面：

①直接材料。它包括企业生产经营过程中实际消耗的原材料、辅助材料、备品配件、外购半成品、燃料、动力、包装物以及其他直接材料等。

②直接工资。它包括企业直接从事产品生产人员的工资、奖金、津贴和补贴等。

③其他直接支出。它是指直接从事产品生产人员的福利费等。

④制造费用。它是企业在生产车间范围内为生产产品和提供劳务而发生的各项间接费用，包括车间管理人员工资、折旧费、修理费、办公费、水电费、物资消耗、劳动保护费、季节性及修理期间的停工损失等。

直接费用直接计入制造成本，间接费用则需要按一定的标准分配计入制造成本。

(2)期间费用。期间费用是企业为组织生产经营活动发生的、不能直接归属于某种产品的费用，包括管理费用、财务费用和销售费用。

①管理费用。是指企业行政管理部门为组织和管理生产经营活动而发生的各项费用，包括工资和福利费、工会经费、职工教育经费、劳动保险费、待业保险费、研究开发费、业务招待费、房产税、土地使用税、技术转让费、技术开发费、无形资产摊销、坏账损失等。

②财务费用。是指企业为筹集资金而发生的各项费用，包括利息支出、汇兑净损失、金融机构手续费以及为筹资发生的其他费用。

③销售费用。是指企业在销售产品、自制半成品和提供劳务等过程中发生的各项费用以及专设销售机构的各项经费，包括应由企业负担的运输费、装卸费、包装费、保险费、展览费、广告费、咨询服务费用、销售部门人员工资、职工福利费和其他经费等。

期间费用直接计入当期损益，从当期收入中抵消。

3. 成本管理的具体内容

成本管理就是对企业的成本费用进行预测、计划、控制、核算、分析与考核，并采取措施降低成本费用等管理工作。

成本预测是成本管理的起点。成本预测就是通过对企业成本的形成进行事先的估计和预测，并与国内外、行业内外、企业内外进行对比分析，从而确定出企业的成本目标、成本降低目标以及相关的保证条件。成本预测既是成本控制的目标，又是成本分析与考核的依据。

成本控制是从技术、生产、经营各个角度对产品成本的形成过程，采用一定的标准进行经常的监督，发现问题，及时采取措施，对产品成本进行全面管理，以达到降低成本、求得最佳经济效益的目的。首先，对材料成本进行控制，应严格执行材料消耗定额，实行限额领料制度，降低采购成本，并做好修旧利废工作。其次，对工资成本进行控制，应充分利用工时，控制工作时间，提高劳动生产率。再次，对制造费用进行控制，应编制弹性预算，采取费用包干、归口负责的方法。最后，对期间费用进行控制，企业应根据《企业财务通则》和行业财务制度的要求，正确确定费用开支范围以及各项目的开支标准，对实际支出和耗费的各项费用进行计量、监督和限制，使其数额与预定的经营目标相一致。

成本分析应根据成本核算资料及其他有关资料，全面分析了解成本费用的变动情况，系统研究影响成本费用升降的各种因素及其形成原因，挖掘企业内部潜力，寻找降低成本费用的途径。

相关链接

百安居的花钱艺术

对企业来说，成本决定效益。然而对于零售行业来说，成本意味着生存还是死亡。当今的零售行业，在利润微薄的同时还要快速扩张，如果不实行良好的成本控制，就很难在市场上立足。位列世界500强企业的大型家装超市百安居将节俭原则贯穿到企业发展的战略中，成为成本控制的典范之一。

如果有人梦想享受大公司的高级办公环境而到百安居去工作的话，现实会给他当头一棒。与明亮宽敞的卖场相比，百安居办公区显得非常寒碜。华北区的百安居总部就借居在北京四季青桥百安居一楼卖场偏僻的西南角。华北区总经理办公室可以用简陋形容：一张能容6人的会议桌，毫无档次可言的普通灰白色文件柜。没有老板桌，总经理坐的椅子甚至连扶手都没有。总经理手中的签字笔只要1.5元，由行政部门按不高于公司的指导价统一采购。“既然都能写字，为什么要用贵的呢?”百安居员工回答道。这就是百安居的节俭原则：企业的所有支出，都是建立在可以给客户提供更多价值的基础之上。换句话说，企业所有的投入都应该为客户服务，以提供给客户更多的让渡价值为本。

节约还体现在人力成本控制中。百安居对人事的成本控制，控制的是总量，特别是员工数量，而对员工的个人收入不加限制。百安居北京金四季店2万多平方米的卖场，只有230多名员工，平均100平方米配置1名。顾客所看到的店员由三部分人组成：固定员工、供应商派过来的促销员、配送和收银中的部分小时工，临时工占员工总数的20%～30%，目前主要只在部分配送和收银工作中使用。

正是这种节约的意识，使百安居的营运费用占销售额的百分比远低于同行。以百安居北京金四季店为例，京城另一家营业面积同样为2万平方米的建材超市，销售额只有金四季的1/2，营运费用却比金四季店多出一倍。

成本控制需要高科技的数据系统的支持。百安居的人力成本控制正是在价值分析坐标下计算出来的。价值分析就是从客户的角度评估企业的所有支出。“百安居的数据库不会让客户多花一分冤枉钱”，一位相关负责人说。

据了解，百安居收集全球范围内的经营活动数据，并据此形成各种费用在不同情况下的不同标准。其包括核心城市、二类城市，单层店、二层店等不同参考体系。在已有的控制体系中，当标准同实际实施情况比较时，任何有助于降低成本的差异都能够被用来作为及时更正的依据。

好的标准更需要好的操作规范。对直接的、显性的成本项目，“每一项费用都有年度预算和月度计划，财务预算是一项制度，每一笔支出都要有据可依，执行情况会与考核挂钩。”百安居中国区的一位负责人说。

“员工工资、电费、电工安全鞋、推车修理费、神秘顾客购物……”5月份的营运报表上记录着137类费用单项。其中，可控费用84项，不可控费用53项。尽管单店日销售额曾突破千万元，但有的营运单月费用仍被细化到不及100元。每个月、每个季度、每一年都会由财务汇总后发到管理者的手中，超支和异常的数据会用红色特别标识，管理者会对报告中的红色部分相当留意，在会议中，相关部门需要对超支的部分作出解释。

此外，一套成型的操作流程和控制手册在百安居被使用，将节俭费用用制度固化下来。该手册从电能、水、印刷用品、劳保用品、电话、办公用品、设备和商店易耗品八个方面提出控制成本的方法。比如将节约用电规定到了以分钟为单位，用电时间控制点从7:00到23:30，依据营业、配送、春夏秋冬季和当地的日照情况划分为18个时间段，相隔最长的7个小时，相隔最短的仅有两分钟。

节俭成为百安居的一种企业组织行为，其甚至已植入到员工的文化血脉中。“我们希望所有员工不要混淆‘抠门’与‘成本控制’的关系，‘要花该花的钱，少花甚至不花不该花的钱’，我们要讲究花钱的效益。”百安居《营运控制手册》如是说。

二、利润管理

利润是企业在一定时期内生产经营活动的最终财务成果，是企业生产经营活动的效率和效益的最终体现。企业的利润主要是指利润总额和净利润。

1. 利润总额的构成

企业的利润总额包括营业利润、投资净收益、补贴收入和营业外收支净额四大部分。其计算公式为：

利润总额＝营业利润＋投资净收益＋补贴收入＋营业外收入－营业外支出

其中　　营业利润＝产品销售利润＋其他业务利润－管理费用－财务费用

产品销售利润＝产品销售净收入－产品销售成本－产品销售费用－产品销售税金及附加

产品销售利润：是工业企业的主营业务利润，受产品销售收入、产品销售成本、产品销售税金及附加、产品销售费用制约。

其他业务利润：是指企业从事基本生产经营活动以外的其他经营活动所取得的利润。在工业企业中，它包括材料出售、固定资产出租、包装物出租、外购商品销售、无形资产转让、提供非工业性劳务等取得的利润。由其他销售收入扣除其他销售成本、其他销售税金及附加后形成。

投资净收益：是指企业对外投资取得的收益减去对外投资损失后的余额。

补贴收入：是指企业收到的各种补贴收入，包括国家拨入的亏损补贴、减免增值税转入等。

营业外收入：即固定资产盘盈净收入、出售固定资产净收益、对方违约的罚款收入、教育费附加返还款，以及因债权人原因确实无法支付的应付款项等。

营业外支出：包括固定资产盘亏、报废、毁损和出售的净损失，非季节性的非大修理期间的停工损失，非常损失，公益救济性捐赠，赔偿金，违约金等。

2. 净利润的形成

净利润又称税后利润，是指企业缴纳所得税后形成的利润，是企业进行利润分配的依据。其计算公式为：

净利润＝利润总额－应交所得税

3. 利润分配

企业实现的利润总额，要在国家、企业所有者和企业法人之间分配，形成国家的所得税收入、分给投资者的利润和企业的留用利润(包括盈余公积金、公益金和未分配利润)等不同项目。企业税后利润的分配顺序为：

(1)用于抵补被没收财产损失，支付各项税收的滞纳金和罚款。

(2)弥补以前年度亏损。

(3)按税后利润扣除前两项后的10%提取法定盈余公积金。

(4)提取公益金。

(5)投资者分配利润。以前年度未分配利润可以并入本年度分配。

第五节　企业经济效益分析与评价

一、经济效益的内涵

经济效益就是经济活动中产出与投入之间的比例关系。换句话说，经济效益就是要以尽量少的劳动消耗和资源占用，取得尽量多的符合社会需要的有用成果。

(1)劳动消耗：包括物化劳动消耗和活劳动消耗。物化劳动消耗是指经济活动中实际消耗的燃料、原材料、机器设备的磨损等。活劳动消耗是指在劳动力使用过程中，脑力劳动和体力劳动消耗的总和。

(2)资源占用：是指生产过程中所占用的各种人力、物力、财力等各种资源，主要是物化劳动的占用，如使用的房屋、机器设备以及为保证劳动正常进行所需要的其他劳动条件和必要的物资储备。资源占用还包括占用的人力、占用的土地和自然资源等。

(3)有用成果：在物质生产部门，表现为符合社会需求的各种产品和劳务。

经济效益的一般概念，可以用简单的公式表示如下：

$$经济效益=\frac{有用成果}{劳动消耗+资源占用}$$

二、企业经济效益评价的标准

评价企业经济效益的标准有质和量的规定性。所谓质的规定性，是指企业生产的产品要适销对路，满足社会需要。所谓量的规定性，有以下五种评价标准：

(1)企业现实指标与上一年同期实际水平相比较；

(2)与本企业历史最高水平相比较；

(3)与同行业的平均水平相比较；

(4)与同行业的先进水平相比较；

(5)与国际同行业先进水平相比较。

上述五种评价标准由低到高一共五个档次，在实际工作中应结合起来进行评价。

三、企业经济效益的评价指标

企业经济效益的评价指标有三类，即生产经营成果指标、消耗及消耗效果指标、资金占用及占用效果指标。每一类指标又包括若干具体的绝对指标与相对指标。

(1)生产经营成果指标。包括资产报酬率、所有者权益报酬率、销售利润率、销售收入及其增长率、税前利润及其增长率、税金及其增长率、人均销售收入及其增长率、人均税前利润及其增长率、人均税金及其增长率等。

(2)消耗及消耗效果指标。包括销售利润率、成本利润率、单位产品成本、单位产品人工成本率、单位产品材料成本率、单位产品费用成本率等。

(3)资金占用及占用效果指标。包括总资产周转率、固定资产周转率、流动资产周转率、资产报酬率、存货周转率等。

四、企业经济效益综合分析

分析企业经济效益可以从企业收益性、流动性、安全性、成长性及生产性五个方面进行。

1. 收益性比率

收益性指标主要是反映企业的获利状况和获利能力的指标，它也是一个全面反映与评价企业经营状况的综合性指标。其主要指标有以下几个：

(1)销售利润率。它是用来衡量企业销售收入的收益水平的。其计算公式为：

$$销售利润率=\frac{利润总额}{销售净收入}\times 100\%$$

(2)资产报酬率。又称资产收益率或投资报酬率，它是指企业运用全部资产的收益率，它反映企业对所有经济资源的运用效率。其计算公式为：

$$资产报酬率=\frac{净利润}{资产总额}\times 100\%$$

在市场经济比较发达、各行业间竞争比较充分的情况下，各行业的资产报酬率将趋于一致。如果某些企业的资产报酬率偏低，说明该企业的资产利用效率较低，经营管理存在问题，应调整经营方针，加强经营管理。

(3)所有者权益报酬率。简称权益报酬率，该指标用来反映企业每投入一元资本所赚取的净收益。其计算公式为：

$$所有者权益报酬率=\frac{净利润}{所有者权益}\times 100\%$$

(4)毛利率。它是企业的毛利与净销售收入的比率，其计算公式为：

$$毛利率=\frac{毛利}{净销售收入}\times 100\%$$

式中：毛利是企业净销售收入与销售成本的差额，毛利率越大，说明在净销售收入中销售成本所占比重越小，企业通过销售获取利润的能力越强。

(5)净利润率。也称销售利润率或销售净利率，是净利润与净销售收入的比率，其计算公式为：

$$净利润率=\frac{净利润}{净销售收入}\times 100\%$$

净利润率表明企业每一元销售收入可实现的净利润是多少。净利润率越高，说明企业的获利能力越强。

(6)成本费用利润率。它是企业利润总额与成本费用总额的比率。其计算公式为：

$$成本费用利润率=\frac{利润总额}{成本费用总额}\times 100\%$$

成本费用是企业为了取得利润而付出的代价。成本费用利润率越高，说明企业为获取收益而付出的代价越小，企业的获利能力越强。因此，通过这个比率不仅可以评价企业获利能力的高低，也可以评价企业对成本费用的控制能力和经营管理水平。

（7）每股利润。也称每股收益，主要是针对普通股股东而言的。每股利润是指股份公司发行在外的普通股每股所取得的利润，它可以反映股份公司获利能力的大小，其计算公式为：

$$普通股每股利润=\frac{净利润-优先股股利}{发行在外的普通股股数}$$

（8）每股股利。又称每股股息，是指普通股每股获得的现金股利。其计算公式为：

$$每股股利=\frac{支付普通股的现金股利}{发行在外的普通股股数}$$

（9）股利发放率。它是每股股利与每股利润的比率。它表明股份公司在净收益中有多少用于股利的分派。其计算公式为：

$$股利发放率=\frac{每股股利}{每股利润}\times 100\%$$

（10）股利报酬率。它是普通股每股股利与每股市价的比率。它可以反映股票投资在股利方面所获得的报酬。其计算公式为：

$$股利报酬率=\frac{每股股利}{每股市价}\times 100\%$$

（11）市盈率。又称价格盈余率或价格与收益比率，是指普通股每股市价与每股利润的比率。其计算公式为：

$$市盈率=\frac{每股市价}{每股利润}\times 100\%$$

市盈率是反映股份公司获利情况的一个重要财务比率，无论是企业管理当局，还是投资者对此比率都十分关心。

2. 流动性比率

分析企业流动性指标的目的在于观察企业在一定时期内的资金周转状况，是对企业资金活动的效率分析，为此要计算出各种资产的周转率或周转期，分别讨论其运用效率。这是企业资金的动态分析，其主要指标如表7-1所示：

表7-1 企业流动性指标

流动性比率	计算公式
①存货周转率	$\frac{销货成本}{平均存货}$
②应收账款周转率	$\frac{赊销收入净额}{应收账款平均额}$
③流动资产周转率	$\frac{销售收入}{流动资产平均余额}$

续表 7-1

流动性比率	计算公式
④固定资产周转率	$\frac{\text{销售收入}}{\text{固定资产净值}}$
⑤总资产周转率	$\frac{\text{销售收入}}{\text{资产总额}}$

3. 安全性比率

安全性指的是企业经营的安全程度，或者说是资金调度的安全性。分析企业安全性指标的目的在于观察企业在一定时期内的偿债能力状况。企业收益性好，安全性也高，但在有的情况下，收益性高，资金调度却不顺利。其主要指标如表 7-2 所示：

表 7-2　企业安全性指标

安全性比率	计算公式
①流动比率	$\frac{\text{流动资产}}{\text{流动负债}}$
②速动比率	$\frac{\text{速动资产}}{\text{流动负债}}$
③负债比率	$\frac{\text{负债总额}}{\text{资产总额}}$
④权益乘数	$\frac{\text{资产总额}}{\text{股东权益}}$
⑤负债与股东权益比率	$\frac{\text{负债总额}}{\text{股东权益}}$
⑥利润保障倍数	$\frac{\text{税前利润}+\text{利息费用}}{\text{利息费用}}$

4. 成长性比率

分析企业成长性指标的目的在于观察企业在一定时期内经营能力发展的状况。一个企业即使收益性高，但如果成长性不好，也不能对其做出很高的评价。成长性分析就是从量和质的角度评价企业的发展情况及将来的发展趋势。其指标是将前期指标作分母，本期指标作分子，求得增长率。具体指标如表 7-3 所示：

表 7-3　企业成长性指标

成长性比率	计算公式
①销售收入增长率	$\frac{\text{本期销售收入}}{\text{前期销售收入}}$
②税前利润增长率	$\frac{\text{本期税前利润}}{\text{前期税前利润}}$
③固定资产增长率	$\frac{\text{本期固定资产}}{\text{前期固定资产}}$
④人员增长率	$\frac{\text{本期员工人数}}{\text{前期员工人数}}$
⑤产品成本降低率	$\frac{\text{本期单位产品成本}}{\text{前期单位产品成本}}$

5. 生产性比率

分析企业生产性指标的目的在于要查明企业在一定时期内的人均生产经营能力、生产经营水平和生产成果的分配问题。其主要指标如表 7-4 所示：

表 7-4　企业生产性指标

生产性比率	计算公式
①人均销售收入	$\frac{销售收入}{平均员工人数}$
②人均净利润	$\frac{净利润}{平均员工人数}$
③人均资产总额	$\frac{资产总额}{平均员工人数}$
④人均工资	$\frac{工资总额}{平均员工人数}$

相关链接

提高企业经济效益的主要途径

“收入一成本＝利润”，这是个不变的定律。在收入不变的情况下，降低成本可以使利润增加；在收入增加的情况下，降低成本可使利润更快增长；在收入下降的情况下，降低成本可抑制利润的下降。最佳的获利途径是以尽可能少的投入，获得尽可能多的产出。具体来说，企业要提高经济效益，一要提高产品质量，树立良好的信誉和形象。二要优化产业结构，开发适销对路的产品和服务。三要提高组织化程度，注重营销策略和手段的创新。四要积极推进科技创新，依靠科技进步，采用先进技术。五要采用现代管理方法，提高企业经营管理水平。六要适度扩大经营规模，向规模、品牌要效益。

本章小结

企业财务是指企业在生产经营过程中的财务活动及其与有关各方发生的财务关系，包括企业财务活动和财务关系。财务管理是组织企业财务活动、处理企业财务关系的经济管理工作。有关财务管理目标存在两种观点：利润最大化和股东财富最大化。财务管理的内容主要包括资金筹集管理、资金运作管理和资金回收与分配管理。

资金筹集的原则有满足需要原则、低成本原则、合法性原则和稳定性原则。资金筹集的方式包括吸收投资者直接投资、发行股票、发行债券、金融机构贷款（长期借款）、租赁资产、商业信用和票据贴现。企业短期资金和长期资金的特点和管理方式都不同。

企业资金从占用形态上看，可以分为流动资金和固定资金两种基本形态。为了使企业的资金发挥最大的效力，应针对流动资金和固定资金各自的特点实施有效管理。

产品成本是指企业在一定时期内为生产和销售一定的产品而发生的全部费用的总和。利润是企业在一定时期内生产经营活动的最终财务成果，是企业生产经营活动的效率和效益的最终体现。

经济效益就是经济活动中产出与投入之间的比例关系。企业经济效益评价的指标有：生产经营成果指标，包括资产报酬率、所有者权益报酬率、销售利润率、销售收入及其增长率、税前利润及其增长率、税金及其增长率、人均销售收入及其增长率、人均税前利润及其增长率、人均税金及其增长率。消耗及消耗效果指标，包括销售利润率、成本利润率、单位产品成本、单位产品人工成本率、单位产品材料成本率、单位产品费用成本率等。资金占用及占用效果指标，包括总资产周转率、固定资产周转率、流动资产周转率、资产报酬率、存货周转率等。

复习思考题

一、选择题

1. 资金来源从大类上可以分为所有者权益和负债两大类，包括(　　)。

A. 资本金　　B. 基本金　　C. 资本公积金　　D. 留存收益

E. 企业负债

2. 发展经济就要办企业，办企业就要有(　　)。

A. 生产资金　　B. 储备资金　　C. 资本金　　D. 产品资金

3. 企业社会集资的主要方式有(　　)。

A. 企业内部积累　　B. 发行股票、债券　　C. 融资租赁　　D. 国内联营

E. 商业信用

4. 以下项目中，属于流动资产的有(　　)。

A. 应收款项　　B. 短期投资　　C. 预付款项　　D. 长期投资

E. 存货　　F. 货币资金

5. 某工业企业本期主营业务利润为100万元，其他业务利润为10万元，管理费用为15万元，投资收益为30万元，所得税为30万元。假定不考虑其他因素，该企业本期营业利润为(　　)万元。

A. 65　　B. 95　　C. 100　　D. 110

二、简答题

1. 什么是财务管理？从资金运动角度来看，财务管理的内容有哪些？

2. 在企业财务管理工作中应遵循什么原则？

3. 简述企业财务管理的作用及基本任务。

4. 企业为什么要加强固定资产的管理？

5. 什么是经济效益？经济效益的评价指标有哪些？

实践与实训

一、实训目的

通过本部分实践，使学生进一步把握企业筹资的渠道和方式，各种筹资方式的优缺点，企业筹资过程中的影响因素及如何控制筹资的成本和风险。通过筹资方案的制订，也能提高学生分析问题、解决问题的能力，独立思考能力，实际操作能力及成员间的相互合作能力。

二、实训项目

1. 企业筹资渠道和方式。
2. 各种筹资方式的优缺点。

三、实训内容与要求

1. 划分实训小组；
2. 各小组针对一个可行的投资额为5000万元的项目，提出可能的筹资方式；
3. 分工调查每组筹资方式的实现环境、资金成本、风险大小、取得的难易程度、取得的速度、不同来源性质资金对企业控制权的影响、各种筹资方式可能遇到的法律问题；
4. 根据上述调查，写出企业筹资计划书；
5. 课堂讨论，针对不同的计划书，由各小组代表进行论证，全班展开各个方案优劣的比较；
6. 教师对计划书进行评阅。

案例分析

雷曼兄弟公司破产对企业财务管理目标选择的启示

2008年9月15日，拥有158年悠久历史的美国第四大投资银行——雷曼兄弟(Lehman Brothers)公司正式申请依据以重建为前提的《美国联邦破产法》第十一章所规定的程序——破产，即所谓的破产保护。雷曼兄弟公司，作为曾经在美国金融界中叱咤风云的巨人，在此次爆发的金融危机中也无奈破产，这不仅与美国过度的金融创新和乏力的金融监管等外部环境有关，也与雷曼兄弟公司本身的财务管理目标有着某种内在的联系。

一、股东财富最大化：雷曼兄弟财务管理目标的现实选择

雷曼兄弟公司正式成立于1850年，在成立初期，公司主要从事利润比较丰厚的棉花等商品的贸易，公司性质为家族企业，且规模相对较小，其财务管理目标自然是利润最大化。在雷曼兄弟公司从经营干洗、兼营小件寄存的小店逐渐转型为金融投资公司的同时，公司的性质也从一个地道的家族企业逐渐成长为在美国乃至世界都声名显赫的上市公司。由于公司性质的变化，其财务管理目标也随之由利润最大化转变为股东财富最大化。其原因至少

有:(1)美国是一个市场经济比较成熟的国家,建立了完善的市场经济制度和资本市场体系,因此,以股东财富最大化为财务管理目标能够获得更好的企业外部环境支持;(2)与利润最大化的财务管理目标相比,股东财富最大化考虑了不确定性、时间价值和股东资金的成本,无疑更为科学和合理;(3)与企业价值最大化的财务管理目标相比,股东财富最大化可以直接通过资本市场股价来确定,比较容易量化,操作上显得更为便捷。因此,从某种意义上讲,股东财富最大化是雷曼兄弟公司财务管理目标的现实选择。

二、雷曼兄弟破产的内在原因:股东财富最大化

股东财富最大化是通过财务上的合理经营,为股东带来最多的财富。当雷曼兄弟公司选择股东财富最大化为其财务管理目标之后,公司迅速从一个名不见经传的小店发展成闻名于世界的华尔街金融巨头,但同时,由于股东财富最大化的财务管理目标利益主体单一(仅强调了股东的利益)、适用范围狭窄(仅适用于上市公司)、目标导向错位(仅关注现实的股价)等原因,雷曼兄弟最终无法在此次百年一遇的金融危机中幸免于难。股东财富最大化对于雷曼兄弟公司来说,颇有"成也萧何,败也萧何"的意味。

1. 股东财富最大化过度追求利润而忽视经营风险控制是雷曼兄弟破产的直接原因

在利润最大化的财务管理目标的指引之下,雷曼兄弟公司开始转型经营美国当时最有利可图的大宗商品期货交易,其后,公司又开始涉足股票承销、证券交易、金融投资等业务。1899—1906 年的 7 年间,雷曼兄弟公司从一个金融"门外汉"成长为纽约当时最有影响力的股票承销商之一。其每一次业务转型都是资本追逐利润的结果,然而,由于公司在过度追求利润的同时忽视了对经营风险的控制,从而最终为其破产埋下了伏笔。雷曼兄弟公司破产的原因,从表面上看是美国过度的金融创新和乏力的金融监管所导致的全球性的金融危机,但从实质上看,则是由于公司一味地追求股东财富最大化,而忽视了对经营风险进行有效控制的结果。对合成 CDO(担保债务凭证)和 CDS(信用违约互换)市场的深度参与,而忽视了 CDS 市场相当于 4 倍美国 GDP 的巨大风险,是雷曼兄弟轰然倒塌的直接原因。

2. 股东财富最大化过多关注股价而使其偏离了经营重心是雷曼兄弟破产的推进剂

股东财富最大化观点认为,股东是企业的所有者,其创办企业的目的是扩大财富,因此企业的发展理所当然应该追求股东财富最大化。在股份制经济条件下,股东财富由其所拥有的股票数量和股票市场价格两方面决定,而在股票数量一定的前提下,股东财富最大化就表现为股票价格最高化,即当股票价格达到最高时,股东财富达到最大。为了使本公司的股票在一个比较高的价位上运行,雷曼兄弟公司自 2000 年始连续 7 年将公司税后利润的 92%用于购买自己的股票,此举虽然对抬高公司的股价有所帮助,但同时也减少了公司的现金持有量,降低了其应对风险的能力。另外,将税后利润的 92%全部用于购买自己公司而不是其他公司的股票,无疑是选择了"把鸡蛋放在同一个篮子里"的投资决策,不利于分散公司的投资风险;过多关注公司股价短期的涨和跌,也必将使公司在实务经营上的精力投入不足,经营重心发生偏移,使股价失去高位运行的经济基础。因此,因股东财富最大化过多关注股价而使公司偏离了经营重心是雷曼兄弟公司破产的推进剂。

3. 股东财富最大化仅强调股东的利益而忽视其他利益相关者的利益是雷曼兄弟破产的内在原因

雷曼兄弟自 1984 年上市以来,公司的所有权和经营权实现了分离,所有者与经营者之间形成委托代理关系。同时，在公司中形成了股东阶层(所有者)与职业经理阶层(经营者)。股东委托职业经理人代为经营企业，其财务管理目标是达到股东财富最大化，并通过会计报表获取相关信息，了解受托者的受托责任履行情况以及理财目标的实现程度。上市之后的雷曼兄弟公司，实现了14年连续盈利的卓著经营业绩和10年间高达1103%的股东回报率。然而，现代企业是多种契约关系的集合体，不仅包括股东，还包括债权人、经理层、职工、顾客、政府等利益主体。股东财富最大化片面强调了股东利益的至上性，而忽视了其他利益相关者的利益，导致雷曼兄弟公司内部各利益主体的矛盾冲突频繁爆发，公司员工的积极性不高，虽然其员工持股比例高达37%，但主人翁意识淡薄。另外，雷曼兄弟公司选择股东财富最大化，导致公司过多关注股东利益，而忽视了一些公司应该承担的社会责任，加剧了其与社会之间的矛盾，也是雷曼兄弟破产的原因之一。

4. 股东财富最大化仅适用于上市公司是雷曼兄弟破产的又一原因

为了提高集团公司的整体竞争力，1993年，雷曼兄弟公司进行了战略重组，改革了管理体制。和中国大多企业上市一样，雷曼兄弟的母公司(美国运通公司)为了支持其上市，将有盈利能力的优质资产剥离后注入到上市公司，而将大量不良资产甚至可以说是包袱留给了集团公司，在业务上实行核心业务和非核心业务分开，上市公司和非上市公司分立运行。这种上市方式注定了其上市之后无论是在内部公司治理，还是外部市场运作，都无法彻底地与集团公司保持独立。因此，在考核和评价其业绩时，必须站在整个集团公司的高度，而不能仅从上市公司这一个子公司甚至是子公司的子公司的角度来分析和评价其财务状况和经营成果。由于只有上市公司才有股价，因此股东财富最大化的财务管理目标只适用于上市公司，而集团公司中的母公司及其他子公司并没有上市，因而，股东财富最大化财务管理目标也无法引导整个集团公司进行正确的财务决策，还可能导致集团公司中非上市公司的财务管理目标缺失、财务管理活动混乱等事件。因此，股东财富最大化仅适用于上市公司是雷曼兄弟破产的又一原因。

思考与讨论：

1. 从案例介绍的情况看，你能否推断雷曼兄弟公司破产的根本原因？
2. 此案例给你什么启示？

第八章 企业物流管理

知识目标

1. 掌握物流、物流管理、供应链、供应链管理、配送及配送中心的概念及其分类；
2. 了解物流概念的形成与发展过程，配送中心的分类，仓储的概念和功能；
3. 掌握供应链的设计与管理、配送管理。

能力目标

1. 对不同种类的物品合理选择仓储和配送方式；
2. 结合供应链管理的实施，能对我国的供应链实施情况进行分析并提出方案；
3. 掌握供应链及配送管理的程序。

随着社会经济的发展，物流的作用越来越明显，新的经济形势对企业物流提出了更高的要求，现代物流向着信息化、一体化的方向发展。通过本章的学习，可以对与企业物流管理相关的知识有一个总体的认识框架。

开章案例

7-11 便利店的配送体系

在美国电影新片《火拼时速Ⅱ》(Rush HourⅡ)中，唠叨鬼詹姆斯·卡特有一个绰号叫7-11，意思是他能从早上7点钟起床，一刻不停地唠叨到晚上11点钟睡觉。其实7-11这个名字来自于遍布全球的便利名店7-11，名字的来源是这家便利店在建立初期的营业时间是从早上7点到晚上11点，后来这家便利店改成了一星期七天全天候营业，但原来的店名却沿用了下来。

这家70多年前发源于美国的商店是全球最大的便利连锁店，在全球20多个国家拥有2.1万家左右的连锁店。到2002年1月底，光在中国台湾地区就有2690家7-11店，在美国有5756家，在泰国有1521家，在日本的7-11便利店是最多的，有8478家。

一家成功的便利店背后一定有一个高效的物流配送系统，7-11从一开始采用的就是在特定区域高密度集中开店的策略，在物流管理上也采用集中的物流配送方案，这一方案每年大概能为7-11节约相当于商品原价10%的费用。

7-11的物流管理模式先后经历了三个阶段三种方式的变革。起初，7-11没有自己的配送中心，它的货物配送依靠批发商来完成。以日本的7-11为例，早期日本7-11的供应商都有自己特定的批发商，而且每个批发商一般都只代理一家生产商，这个批发商就是联系7-11和其供应商间的纽带，也是7-11和供应商间传递货物、信息和资金的通道。供应商把自己的产品交给批发商以后，对产品的销售就不再过问，所有的配送和销售都会由批发商来完成。对于7-11而言，批发商就相当于自己的配送中心，它所要做的就是把供应商生产的产品迅速有效地运送到7-11手中。为了自身的发展，批发商需要最大限度地扩大自己的经营，尽力向更多的便利店送货，并且要对整个配送和订货系统作出规划，以满足7-11的需要。

渐渐地，这种分散化的由各个批发商分别送货的方式无法满足规模日渐扩大的7-11便利店的需要，7-11开始和批发商及合作生产商构建统一的集约化的配送和进货系统。在这种系统之下，7-11改变了以往由多家批发商分别向各个便利点送货的方式，改由一家在一定区域内的特定批发商统一管理该区域内的同类供应商，然后向7-11统一配货，这种方式称为集约化配送。集约化配送有效地降低了批发商的数量，减少了配送环节，为7-11节省了物流费用。

特定批发商(又称为窗口批发商)提醒了7-11，何不自己建一个配送中心？与其让别人掌控自己的经脉，不如自己把自己的脉。7-11的物流共同配送系统就这样浮出水面，共同配送中心代替了特定批发商，分别在不同的区域统一集货、统一配送。配送中心有一个电脑网络配送系统，分别与供应商及7-11店铺相连。为了保证不断货，配送中心一般会根据以往的经验保留4天左右的库存，同时，配送中心的电脑系统每天都会定期收到各个店铺发来的库存报告和要货报告，配送中心把这些报告进行集中分析，最后形成一张张向不同供应商发出的定单，由电脑网络传给供应商，而供应商则会在预定时间之内向配送中心派送货物。7-11配送中心在收到所有货物后，对各个店铺所需要的货物分别打包，等待发送。第二天一早，派送车就会从配送中心鱼贯而出，择路向自己区域内的店铺送货。整个配送过程就这样每天循环往复，使7-11连锁店能持续顺利运行。

思考题：

1. 7-11连锁店取得成功的原因有哪些？
2. 通过以上案例我们可得到哪些启示？

第一节 物流管理概述

一、物流概述

物流概念的正式形成经历了漫长的时间，物流的概念最早出现于20世纪初的美国。随着经济全球化的迅速发展，高新技术的不断涌现，物流已被赋予更新、更深的内涵和全新的诠释，其形式与内涵在不断地丰富和完善，推动着传统物流向现代物流转变。

(一)物流概念的形成

1. 物流概念形成的过程

1901年，美国政府报告《农产品流通产业委员会报告》中第一次论述了对农产品流通产生影响的各种因素和费用，从而揭开人们对物流活动认识的序幕。1905年，美国的《军队和军输品运输》一书中提到了“Logistics”(后勤)的概念。1915 年,美国市场学者阿奇·萧在《市场流通中的若干问题》一书中提出了“Physical Distribution”的概念。1933 年,行业团体美国市场营销协会(AMA)给物流(Physical Distribution,PD)如下定义:物流是销售活动中所伴随的物质资料从产地到消费地的种种企业活动,包括服务过程。

从 20 世纪 50 年代中期开始到 20 世纪 80 年代中期,Physical Distribution 概念继续在美国得到发展和完善。1956 年 10 月下旬到 11 月末,日本派出“流通技术专门考察团”到美国,首次接触“物流”这一概念并于 1964 年开始使用。20 世纪 70 年代,日本已成为世界上物流最发达的国家之一。1981 年,日本的《物流手册》表述物流是物质资料从供给者向需要者的物理性移动,是创造时间性、场所性价值的经济活动。从物流的范畴来看,包括包装、装卸、保管、库存管理、流通加工、运输、配送等诸种活动。面对物流的发展,为了提高物流效率,日本又提出新的物流概念。1997 年,日本物流系统协会专务理事稻束原树在《这就是“Logistics”》中给物流作如下定义:“Logistics”是对于原材料、半成品和成品的有效率的流动进行规划、实施和管理的思路,它同时协调供应、生产和销售各个部门的个别利益,最终达到满足顾客的要求。

2. 我国物流概念的发展

我国主要通过两条途径从国外引入物流概念:一条是 20 世纪 80 年代初随着“市场营销理论”的引入而从欧美传入 Physical Distribution,这两个单词直译为“实体分配”、“分销物流”;另一条途径是从欧美传入日本,日本人将 Physical Distribution 译为“物流”,20 世纪 80 年代初,我国从日本直接引入“物流”这一概念。

2001 年 4 月 17 日批准颁布的《中华人民共和国国家标准物流术语》(GB/T 18354—2001)中对物流的定义为:“物流(Logistics)是物品从供应地向接收地的实体流动过程。根据实际需要,将运输、储存、装卸、搬运、包装、流通加工、配送、信息处理等基本功能实施有机的结合。”

(二)现代物流的发展

从 20 世纪 50 年代至今,物流管理有了很大的发展。物流科学就是以物的动态流转过程为主要的研究对象,揭示了物流活动(运输、存储、包装、装卸搬运、配送、流通加工、物流信息)之间存在相互关联、相互制约的内在联系。由于物流管理起源于美国,其物流管理的理论与实践最为先进,所以以美国为例,现代物流的发展过程可以分为三个阶段。

1. 运输管理阶段

第二次世界大战后到 20 世纪 70 年代,物流以实物配送理论与实践的发展为主要特征。1962 年,美国著名管理学家彼得·德鲁克提出物流是“一块经济的黑大陆”,是企业重要的利润源泉,对物流理论的发展起到了极大的推动作用。1963 年,美国物流管理协会的成立,标志着物流已成为一门独立学科。在这个阶段,物流管理并未真正出现,有的只是运输管理、仓储管理、库存管理,主要针对企业的配送部分,只是在既定数量的产品生产出来后,被动地去迎合客户的需求,将产品运送到客户指定的地点,在运输领域去实现资源最优等。

2. 物流管理阶段

20 世纪 70—80 年代末,物流管理的范围扩展,涉及运输、需求预测、采购、生产计划、存货管理、配送与客户服务等方面,以系统化管理企业的运作,达到整体效益的最大化。当时企业界与学术界越来越认识到把物料管理与实物配送结合起来可以大大提高物流效率。如

图 8-1 所示，物流管理的关键是系统管理从原材料、在制品到制成品的整个流程，以保证在最低的存货条件下，物料畅通地买进、运入、加工、运出并交付到客户手中。在这个阶段，运输自由化后，企业可以系统地分析物流过程、降低物流成本和改进服务。跨国企业采用新的物流管理技术，改进物流系统。先进管理技术与理念的产生及应用，微型计算机的商业化及相关信息技术的发展，为物流的一体化管理提供了物质基础和技术手段。

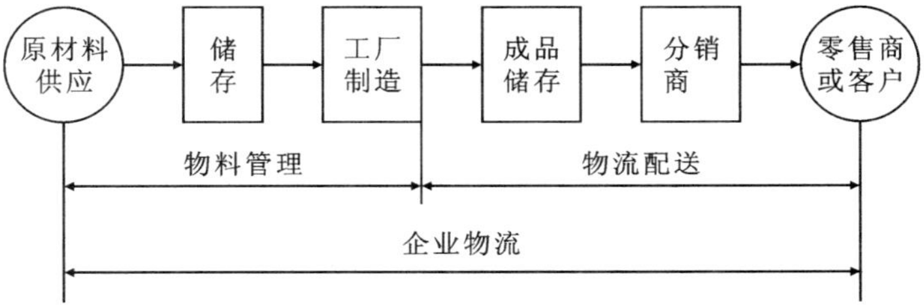

图 8-1　物流管理阶段

3. 供应链管理阶段

从 20 世纪 80 年代后期至今，随着全球一体化的进程，企业分工越来越细，进入以供应链管理为主的阶段。供应链管理是指从初始供应一直到最终用户，向客户提供增值的产品、服务和信息的商务过程的一体化管理，是超越企业边界的管理，覆盖从原材料的供应商到制造商、经销商、零售商、顾客的整个过程(见图 8-2)。例如，美国的福特汽车厂，一辆车上的几千个零部件可能产自十几个不同的国家，有几百个不同的供应商。这样一种生产模式已远远超出一个企业的管理范围，必须与各级供应商、分销商建立紧密的合作伙伴关系，共享信息、精确配合，才能保证整个流程的畅通。通过供应链的整体效率与市场竞争力，实现供应链上合作伙伴双赢的模式。

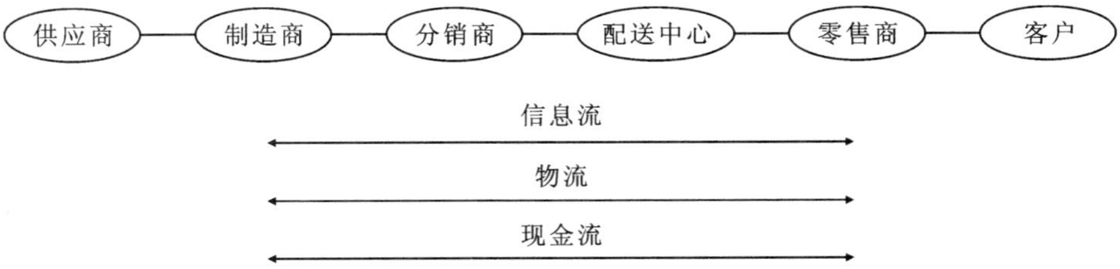

图 8-2　供应链管理阶段

(三)物流的作用

物流是国民经济发展的动脉，是连接国民经济结构的纽带。物流技术的发展是决定生产规模和产业结构变化的重要因素。合理的物流是企业进行生产的前提，可以实现商品价值和使用价值，在提高企业效益的同时也提高社会效益。物流可以最大限度地满足社会和劳动者的多样化需要。物流可以节约大量的物质消耗，消除不合理的运输，减少库存，加速周转。

(四)物流的功能

物流系统是由物流服务需求方、物流服务提供方及其他相关机构形成的一个包含所需物流运作要素的整体网络。物流的功能包含以下几部分：

1. 运输功能

运输是物流的核心业务之一，也是物流系统的一个重要功能。物品凡是在发生流动的过程中，都离不开运输。选择何种运输手段对于物流效率具有十分重要的意义，设计运输系统时，必须权衡运输系统要求的运输服务和运输成本，考虑以下各方面的问题：运费、时间的准确性、频度、能力、货物的安全性、适用性、伸缩性、网络性和信息等。

2. 仓储功能

仓储是物流活动的一项主要业务。仓储功能包括对进入物流系统的货物进行堆存、管理、保管、保养、维护等一系列活动。对仓储系统进行设计时，应从保管效率逐渐变为重视顺利地进行发货和配送作业。根据使用目的可建成配送中心(流通中心)型仓库、存储中心型仓库、物流中心型仓库。

3. 装卸功能

装卸搬运是随运输和保管产生的不可缺少的物流活动，是对运输、保管、包装、流通加工等物流活动进行衔接的中间环节，主要采用集装箱和托盘，使用设备有吊车、叉车、传送带和各种台车等。在装卸搬运过程中，要合理选择、使用装卸搬运方式、装卸搬运机械设备，尽可能减少装卸搬运次数，来降低物流费用，以取得较好的经济效益。

4. 包装功能

在整个物流过程中，需要对大多数商品进行不同方式、不同程度的包装。包装分工业包装和商业包装两种。对包装功能进行设计时，应考虑包装标准化、系列化；节约包装材料；降低包装费用；提高包装质量；方便顾客使用。因此，包装的功能体现在保护商品、单位化、便利化和商品广告等几个方面。

5. 配送功能

配送是现代物流的一个最重要的特征。配送是近距离、小批量、品类比较复杂，从批发企业或物流中心、配送中心到零售商店和用户的配送服务。设计配送系统时，应根据其配送区域、服务对象和物流量的大小，采取配送中心集中库存、共同配货的形式，用户或服务对象可以依靠准时配送，实现零库存或只保持少量的保险储备，减少物流成本的投入。

6. 流通加工功能

流通加工是一项重要的增值服务，也是现代物流发展的一个重要趋势。物品从生产领域向消费领域流动的过程中，为了促进产品销售、维护产品质量和实现物流效率化，可对物品进行加工处理，使物品发生物理或化学性变化，如大包装改为小包装，大件物品改为小件物品等。流通加工的内容有装袋、定量化小包装、拴牌子、贴标签、配货、挑选、混装、刷标记等。

7. 物流信息功能

现代物流是需要依靠信息技术来保证物流体系正常运作的。物流信息支持着物流的各项业务活动。物流系统的信息功能必须建立在计算机网络技术和国际通用的 EDI 信息技术基础之上，高效地实现物流活动一系列环节的准确对接。该功能在物流系统中处于不可或缺的重要地位。其作用主要是：可以缩短从接受订货到发货的时间；使库存适量化；提高搬运作业效率；提高运输效率；使接受订货和发出订货更为省力；提高订单处理的精度；防止发货、配送出现差错；调整需求和供给；提供信息咨询等。

(五)物流的分类

1. 按照物流系统的性质分类

(1)宏观物流。宏观物流的主要研究内容是物流总体构成、物流与社会的关系及在社会中的地位、物流与经济发展的关系、社会物流系统和国际物流系统的建立和运作等。宏观物流研究的特点是综观性和全局性，从总体看物流而不是从物流的某一个构成环节来看物流。在常见的物流活动中属于宏观物流的有国内物流、国际物流。

(2)微观物流。微观物流可包含消费者、生产者企业所从事的实际的、具体的物流活动；一个局部、一个环节的具体物流活动；在一个小地域空间发生的具体的物流活动；针对某一种具体产品所进行的物流活动等。微观物流的特点是具体性和局部性。常见的微观物流有企业物流、生产物流、供应物流、销售物流、回收物流、废弃物物流等。由此可见，微观物流的研究领域十分广阔。

2. 按照物流活动的空间范围分类

(1)国际物流。它是指国与国之间、洲际之间开展的物流活动。其包括多国之间或多洲之间开展的物流活动。国际物流是现代物流系统发展快、规模大的物流领域，是伴随着国际间经济交往、贸易活动和其他国际交流所发生的。这种物流是国际贸易的一个必然组成部分，各国之间的相互贸易最终通过国际物流来实现。

(2)国内物流。它是指在一个国家内发生的物流活动，物流活动的空间范围局限在一个国家领陆、领空、领海内。它所制订的各项计划、法规、政策应该是为其自身的整体利益服务的。国内物流就其地理概念而言，较国际物流的范围小。

(3)区域物流。它可按行政区域、经济圈和所处地理位置划分。相对于国际物流而言，区域物流与国内物流处于同一法律、规章、制度之下，处于基本相同的科技水平和装备水平之中。按行政区域可划分为西南地区、西北地区等；按经济圈可划分为沿海经济贸易区、边境贸易区等。区域物流所形成的物流系统，对于提高该地区企业活动的效率，降低物流成本，以及保障当地居民的生活福利，稳定物价等具有很大的作用。

3. 按照物流活动的业务性质分类

(1)生产物流(Production Logistics)。是指从原材料购入，制成半成品，经过加工变成成品，然后运送到成品库的实体流动过程。

(2)供应物流(Supply Logistics)。是指供应商为生产企业提供原材料、零部件或其他物品时，物品在提供者与需求者之间的实体流动。这种物流活动对企业生产的正常、高效运行起着重要作用。

(3)销售物流(Distribution Logistics)。是指企业为追求经营利益，将产品所有权转移的物流活动，物品在供需方之间的实体流动是经过采购、运输、储存、装卸搬运、加工或包装、挑选、配送、销售，到达顾客手中的。

(4)回收物流(Returned Logistics)。是指不合格物品的返修、退货及伴随货物运输或搬运中的包装容器、装卸工具及其他可再用的旧杂物等，经过回收、分类、再加工、使用的流动过程。例如，作为包装容器的纸箱和塑料筐等。上述对物资的回收和再加工过程形成了回收物流，但回收物资品种繁多，变化较大，且流通的渠道也不规则，因此，对回收物流的管理和控制难度较大。

(5)废弃物物流(Waste Material Logistics)。是对企业排放的无用物以及生活消费品中的废弃物进行收集、分类、处理等的物流活动。如开采矿山时产生的土石、炼钢生产中的钢渣、工业废水以及其他各种无机垃圾等。

对回收、废弃物品处理不当，会影响环境，造成极大浪费。

二、物流管理

物流管理的形成，被公认为是在第二次世界大战之中，美国出于军事上的考虑对军用物资实行的管理活动。他们运用系统分析和应用数学等方法对输送、储存等活动进行有效的控制，获得了较为理想的结果。自此以后，物流管理很快被应用到产业界，像对待生产一样，物流管理者对物流采取了一系列管理手段，使物流管理呈现出新的水平。

20 世纪 60 年代后，物流管理得到了进一步的发展，美国经营学家彼·特拉卡认为，物流管理是“降低成本的最后边界”。1965 年以后，日本在提高物流技术的同时，将物流管理进一步综合化、系统化，使其物流管理水平一跃至世界的领先地位。

（一）物流管理的概念

物流管理（Logistics Management）是为了以最低的物流成本达到客户所满意的服务水平，在社会再生产过程中，根据物质资料实体流动的规律，应用管理的基本原理和科学方法，对物流活动进行计划、组织、指挥、协调、控制和监督，使各项物流活动实现最佳的协调与配合，以降低物流成本，提高物流效率和经济效益。物流管理是对物流的计划—实施—评价反复进行的过程。物流管理专业性强，既重视效率又重视效果，力求在客户满意的同时，企业整体效益最优。

物流管理按管理进行的顺序可以划分为三个阶段，即计划阶段、实施阶段和评价阶段。

计划阶段要确定物流目标，分析研究在物流目标实现的过程中可能发生的不利因素，并确定对策，实现物流目标的人力、物力、财力的具体措施。实施阶段是对物流活动的组织、检查、调节。在评价阶段，人们对物流实施后的结果与原计划的物流目标进行对照、分析、检查和纠偏，可以是专门性评价、综合性评价，也可以是纵向评价和横向评价。

（二）物流管理的内容

1. 物流活动诸要素的管理内容

从物流活动要素的角度出发，物流管理主要包括运输管理、储存管理、装卸搬运管理、包装管理、流通加工管理、配送管理、物流信息管理等。

2. 物流系统诸要素的管理内容

根据物流系统诸要素的组成，物流管理的内容包括人、物、财、设备、方法、信息等。

3. 物流活动中具体业务的管理内容

（1）物流成本管理。物流成本管理是对物流活动过程中发生的所有成本进行预测计划、决策分析、核算、控制、评价与优化的过程，是利用对物流成本的管理达到降低物流成本的目的。影响物流成本的主要因素有进货路线及方向的选择、运输工具的选择、存货控制、货物保管制度、产品废品率、管理成本开支的大小、资金利用率等。物流成本管理的策略主要有控制、压缩物流成本，设定合理的库存量、适宜的包装和科学的装卸、维护保养措施等。

（2）物流质量管理。物流质量管理，就是依据物流系统运动的客观规律，为了满足顾客的物流服务需要，通过制定科学合理的基本标准，运用经济办法实施计划、组织、协调、控制的活动过程，具有管理对象全面、管理范围全面、参加人员全面三个特点。组织可通过建立差错预防体系，做好物流质量管理的信息工作等方法进行管理。

（3）物流信息管理。物流信息管理是指应用现代信息技术和手段完成物流过程中信息的采集、处理、存储、传输和交换，实现物流信息的电子化、数字化和网络化。可利用这一管理手段，来提高服务水平，增强企业的竞争力，使企业在市场竞争中得到发展。

（三）物流管理的目标

1. 快速反应

快速反应是指企业及时满足顾客的服务需求的能力。信息技术的不断发展和物流业竞争的不断加剧，要求企业对用户的需求作出快速响应。

2. 最小变异

变异是破坏物流系统的突发事件，产生于任何领域的物流作业。企业在充分发挥信息技术的前提下，应采取积极的物流控制手段把风险控制在最低限度以提高物流管理的效率。

3. 最低库存

保持最低库存是把库存减少到与顾客服务目标相一致的最低水平，以实现物流总成本最低。“零库存”成为企业物流的理想目标。

4. 提高物流质量

物流管理的目标是不断提高物流质量。全面质量管理要求企业物流无论是对产品质量，还是对服务质量，都要做得更好。

三、我国物流管理的现状

我国的现代物流经过数十年的发展，已经迎来了物流的“春天”。由于政策环境与经济环境的改善，为物流业的发展建立了良好的发展空间，物流业的发展形势也越来越好。

（一）我国物流的发展现状

1. 物流基础设施规模迅速扩大

铁路在国家交通建设中占有重要地位。到 2010 年，全国铁路营业里程达到 9 万千米以上，时速 200 千米和 300 千米以上的客运专线、城际铁路里程达到 7000 千米，各大区域之间大能力通道网络基本形成，基本实现铁路信息化。运输服务质量明显提升，人性化和个性化服务得到推行，社会满意度大幅度提升。铁路现代物流充分发展，能够满足国民经济和社会的发展需要，基本实现现代化。

公路建设成效显著。2009 年，我国公路通车总里程为 345 万千米，其中四级及等外公路有 274 万千米。到 2010 年，我国等级公路通车总里程约增加 58 万千米，增长 21%。其中高速公路总里程约增加 2 万千米，增长 44%，公路货运量和客运量明显增加。

截至 2007 年年底，我国内河航道的通航总里程已经达到 13.3 万千米，位居世界第一。航道维护总里程达到 9.9 万千米，全国设置航标的数量达到 3.5 万座。

航空运输和管道运力不断增强。许多建成和在建的交通枢纽、物流园区及地方现代物流园区的建设，都在加快进行。

2. 物流市场潜力巨大

中国汽车工业的快速发展和结构调整，将大大增加对现代物流服务的需求。为适应现代化大生产的要求，家电企业正在建设现代物流系统。连锁超市的发展，促进了配送中心的建设。为了提高效率，降低成本，药品、食品工业等利润高的行业也建立了物流输送系统规划。在生产发展的同时，物流系统的现代化将成为企业竞争最重要的领域之一。

3. 物流技术装备水平迅速提高

由于近年来我国企业生产规模与水平的不断提高，外国企业广泛进入中国市场，提供了高性能的技术装备;中国企业的产品也不断出现新品种,质量也不断提高。如近年来华为公司、海尔公司以及许多烟草公司的高水平物流系统的建成,对企业的持续发展起到了很好的保证作用。邮政、机场、连锁商业等配送中心和分拣设施的建设也有效地保证了该系统的高效率运行。物流技术装备水平的提高为我国物流的现代化提供了良好的物质基础和技术支持。

4. 我国物流发展中存在的问题

我国的物流业发展与发达国家相比仍存在一些问题:物流系统效率低;物流成本高;服务水平和效率等都比较低。此外,我国物流系统各环节的衔接较差,运转效率不高,反映为在货物的在途时间、储存时间、基础设施劳动生产率等方面均有较大的改善和提高的余地。物流基础设施的配套性、兼容性差,物流技术装备水平低。标准化建设滞后,主要原因是缺乏有关的标准及规章制度,同时在推行标准方面也缺乏必要的力度。

相关链接

我国物流发展现状

以货运汽车的生产率水平为例,美国营运汽车的单车吨年产量约为66万吨千米,而我国的这一指标仅为3万吨千米左右。我国铁路货车、公路货车、内河航运速度慢;原材料、半成品及产成品的在库周转时间平均在3～6个月左右。我国许多商品的总成本中,物流费用已占到20%～40%,每年因包装造成的损失约150亿元,因装卸、运输造成的损失约500亿元,因保管不善造成的损失在30亿元上下,公路货运空驶率多年来保持在50%左右;铁路因能力不足,使相当数量的商品失去了销售机会或无法保证企业给客户提供满意的服务;水运因运输组织方式不能适应市场需求变化,使许多产品失去了低价运输的途径。

(二)我国企业物流管理的发展现状

随着信息技术的发展,全球化和网络化的实现,具有稳定空间和组织界限的企业结构开始改变。在这种环境下,我国企业物流管理的发展现状如下:

1. 第三方物流管理

随着全球化经济的发展,企业为了增加竞争力,要大力发展核心业务,企业分工趋于专门化,这将促进第三方物流企业的发展。目前,我国第三方物流的市场潜力很大。第三方物流的发展将有利于物流的专业化、规模化、合理化,从而提高物流系统的效率和降低物流成本。加强第三方物流自身管理需对合同、能力、设备、安全、信息等进行必要的管理。第三方物流管理的途径是:通过鼓励合资、合作、兼并等整合措施,扩大现有第三方物流企业的经营规模;通过建立现代物流行业规范,促使小于规模经济的物流企业转型;通过修订和完善各种法规和政府行为,打破现有各种市场条块分割的制约,促进第三方物流企业跨地区、跨行业发展;以提高服务质量、降低物流成本为核心,推动物流企业的管理和技术创新。

相关链接

第三方物流行业的相关市场调查

随着市场竞争的不断深化和升级，当代企业建立竞争优势的关键已由节约原材料的第一级别和提高劳动生产率的第二级别，转向建立高效的外包物流系统的第三级别。第三方物流企业的经营效益直接同货主企业的物流效率、物流服务水平以及物流系统效果紧密联系，是"物流联盟"，不是一方多盈利，另一方就少盈利的传统交易方式，而是为客户节约的物流成本越多，所获得的利润率就越高。第三方物流将有限的资源集中于某些业务，使规模经济得以实现。规模经济同时催生信息化要求，应用第三方物流管理软件，运用信息化技术提高运输质量和运输效率，提高客户服务能力，从而提高核心竞争力，是很多第三方物流企业应对市场竞争的必然选择。近年来我国物流业在保持较快发展的同时，很多制约因素还未有效解决，形势较为严峻。2010 年 1—10 月，我国社会物流总额超过 100 万亿元。1—8 月的企业货运量由 2009 年同期的下降 1.5%转为增长 27.1%，其主营业务收入由下降 18.4%转为增长 41%，利润额由下降 17%转为增长 44.8%，物流企业均实现盈利且盈利水平提高。

目前，在欧美等发达国家，第三方物流业一般处于产品生命周期的成长期。而在我国，根据 2010 年的不完全统计，国内大约有 2.1 万家已注册第三方物流企业，其中 90%是小型私营企业，市场竞争非常无序，市场占领速度以及整合速度受限，尚处于初期阶段。物流企业兼并重组形式多样，步伐加快。中国外运长航集团合并重组，中国邮政集团完成了速递和物流两大专业总部的整合。中小型物流企业探索新型联盟模式。通过物流资源要素整合，物流企业的集中度进一步提高。2010 年，中国物流企业 50 强的主营业务收入同比增长 14%。同时，物流企业更向专业化方向发展。中远物流侧重于供应链的高增值及与海运业和跨国运输相关的物流服务。中储物流以仓储资源为基础，形成现货市场、动产监管、大宗贸易、加工配送、货运代理等有机结合的综合物流业务模式。近年来，国际物流企业不断加大在华投资和网络扩张速度，目前，我国已经成为众多国际物流企业的重要海外市场，在华国际物流企业的数量日益增多。各国际物流企业加紧并购具有网络规模的物流企业，利用各种形式（合资/并购，特别是与大型民营物流企业）在华提供的服务项目日益丰富。目前，跨国物流企业在航空货运领域已形成战略优势。国际快递方面的战略优势已初步形成。

2. 绿色物流管理

绿色物流（Environmental Logistics）是指在物流过程中抑制物流对环境造成危害的同时，实现对物流环境的净化，使物流资源得到最充分的利用。从物流作业环节来看，包括绿色运输、绿色包装、绿色流通加工等。从物流管理过程来看，主要是从环境保护和节约资源的目标出发，改进物流体系，既要考虑正向物流环节的绿色化，又要考虑供应链上的逆向物流体系的绿色化。绿色物流管理是将现代物流活动作为系统整体加以管理和运行。

绿色物流管理作为一种新的物流管理方式，代表了未来物流管理发展的方向和趋势。绿色物流管理将更有利于有效利用资源和维护地球环境，将是从生产到废弃全过程效率化的、信息流与物质流循环化的物流管理，Internet 等信息技术将成为绿色物流管理的得力工具,将是融现代管理和现代科技为一体的物流管理。

企业作为绿色物流管理的主要实施者,应该积极发挥其在环境保护方面的作用,从而形成一种自律型的绿色物流管理体系。企业可制订输配送计划,合理配置配送中心,降低资源消耗和货损量,实施都市内共同配送;提高主干线输送的效率,从自用型货车向营业型货车转换;加快物流的标准化;选择合理的运行方式,以缩短配送时间;进行物流中心集约化建设,以减少物流浪费。通过输送方式的转换消减总行车量;使用绿色通道,减少车辆的排污量;提高保养技术,加强管理,降低环境污染;减少或不用有害的包装材料;装卸过程中加强管理,减少损坏和污染环境;树立企业的绿色形象;建立绿色零售专柜或公司,以回归自然的装饰为标志,对零售柜台进行绿色包装,以吸引消费者。

相关链接

北京“黄标车”向“绿标车”的转换

为兑现北京奥运“绿色奥运”的承诺,北京市开始对作为环境杀手的“黄标车”实施限行管理。由此,给物流企业带来市场阵痛。“黄标”换“绿标”绝非一个标志的转变,而是物流产业升级的一个无声号角,是粗放物流向绿色物流转变的号角。它号召物流企业积极淘汰落后产能,积极运用现代物流技术和手段,走可持续发展之路。

2001 年 7 月,北京申奥时对空气质量作出过庄严的承诺,每天对二氧化硫、一氧化碳、二氧化氮和可吸入颗粒物四项指标进行监测。据了解,北京当时有 30 多万辆年限长、超标排放严重的“黄标车”。而绿标车是指尾气排放达到欧洲Ⅰ号或Ⅱ号标准的车辆,由环保部门发给绿色环保标志。2008 年 6 月 20 日,北京市政府发布奥运期间外省市车辆进京交通管制措施,2008 年 7 月 1 日 0 时至 9 月 20 日 24 时,持有黄色环保标志及悬挂试验车号牌的车辆,禁止在北京市行政区域内道路行驶。同时,禁止外省市进京货运机动车、拖拉机等车辆在北京市行政区域内道路行驶。在北京货运市场,从事物流服务的“黄标车”有着相当大的数量。奥运会期间的限行政策,让这些物流公司纷纷考虑应对的方法。奥运会“黄标车”禁行政策的出台,对于那些不关心车辆环保性能的货运公司的老板们,无疑将是一次深刻的大考验——绿色物流时代来了。对于物流企业,积极应对气候变化所带来的挑战是履行企业社会责任、实现可持续发展目标的根本思路。许多国际物流企业也开始在节能减排上加大力度,例如,DHL 计划把“DHL 绿色快递”服务推广到亚太的 17 个国家和地区。在这项增值服务中,DHL 将计算每票快件在整个投递过程中所产生的碳排放量,并通过相关碳管理项目,如汽车替代燃料技术、太阳能电池板和重新造林等再投资来削减和抵消全球快件运输中的碳排放。从认识到实践,虽然还需要一段时间,但从奥运会开始,“绿标车”的理念就此深深扎根。

3. 供应链下的物流管理

供应链下的物流管理就是在供应链上的企业,去除局部管理的思想,物流企业通过合同等方式与链上的其他企业建立并形成长期稳定的战略伙伴关系,利用系统的观念和方法对物流系统进行整合,以达到整个供应链物流系统的最优,从而降低物流成本,获取供应链的竞争优势。供应链管理体系下的物流管理主要对库存、订购、配销、仓储等进行有效管理。

第二节　仓储管理

一、仓储管理概述

在物流系统中，仓储和运输是并列的两大功能要素，被称为物流的两大支柱。仓储作为一种普遍存在的社会经济现象，可以创造产品的时间价值，获得更高的效用，是社会物质再生产的必要条件之一。

（一）仓储概述

1. 仓储的概念与作用

仓储是指以保管活动为中心，从仓库接收商品入库开始，到按需要把商品全部完好地发送出去的全部过程。仓储可以完好地保证货物的使用价值和价值，可以在物流中心进行必要的加工活动，具有服务性。

仓储是物流活动的必要环节，可以保证生产和流通正常进行。仓储是保持物品原有使用价值的重要手段，通过仓储可以降低物资的损害程度，发挥物品的最大效用。仓储能够降低物流成本。通过合理化的仓储可以加速资金周转，节约流通费用，降低物流成本，开拓第三利润源泉。当然，仓储也有消极的一面。仓储经常存在冲减物流系统效益、恶化物流系统运行的趋势，如固定费用、变动费用支出较大，可能会发生陈旧变质数量增多及使用价值降低等现象。

2. 仓储的分类

（1）按仓储的集中程度可将仓储分为集中仓储、分散仓储、零库存。集中仓储是将一定数量的货品集中于一个场所之中的仓储活动。集中仓储是一种大规模储存的方式，可以产生“规模效益”，有利于采用自动化设施，有利于先进科学技术的应用。集中仓储的单位仓储费用较低，经济效益较好。分散仓储是较小规模的储存方式，常常和生产企业、消费者、流通企业相结合。分散仓储一般与需求联系密切，距离需求地近，但库存量少，保证供应的能力一般较弱。零库存是指某一领域不再保有库存，以无库存（或很低库存）作为生产或供应保障的一种仓储方式。零库存是企业库存管理的理想目标。

（2）按仓储位置可将仓储分为仓库仓储，车间仓储，港口、站台、货场仓储。仓库仓储是商品储存于各种类型的仓库中，如自用仓库、公共仓库、第三方仓库等。车间仓储是一种非正式仓储方式，是生产过程中的暂存形式。港口、站台、货场仓储是物流活动中衔接点的仓储方式，是一种附属性的仓储。

3. 仓储的功能

仓储已成为社会生产和消费领域中物资集散的中心环节，其功能已远远超出了单纯的储存和保管功能。仓储的主要功能如下：

（1）保管加工功能。这是仓储的最基本功能。随着社会生产的专业化和规模化发展，所需的材料及半成品越来越多，需要经过仓储手段进行储存，以保证生产过程能够连续进行。应针对每一种库存物的自然属性，结合环境条件和社会因素，采取有效措施，维护库存物的使用价值，提高流通的效益。并根据存货人或客户的要求对所存储的物品进行适当的加工，如对商品的保护加工：保鲜、保质、包装等，对物品的深加工，使物品保值增值。

(2)调节供需功能。仓储是维持供求关系的“蓄水池”,能起到缓冲供需矛盾,保证生产、流通的顺利进行,维持市场稳定,保证社会生产生活顺利进行的作用。在现代化大生产条件下,专业化程度不断提高,市场竞争异常激烈,越来越需要经过不同形式的储存来调节供需关系。

(3)监督信息功能。仓储出现在社会再生产过程的各个领域和环节。它要拒绝上一个过程的不合格品进入下一个环节,进行适时监督。仓储被认为是市场信息的“传感器”,通过仓储活动能够提供比较可靠的商品供求信息。根据仓储信息,生产者可以调整生产计划、流通者可以调整库存计划、消费者可以决定购买计划。

(二)仓储管理

1. 仓储管理的含义及其发展过程

仓储管理是指对仓库和仓库中存储的物资进行管理。保证质量、注重效率、确保安全、讲求经济是仓储管理的基本原则。我国的仓储管理经历了三个阶段。

(1)简单仓储管理。是指出现在初期的仓储管理,当时的生产力水平低,库存物资的品种和数量少,仓库结构简单,设备简陋,仓库管理人员的工作相对简单,主要负责物资入库的计量及看管好库存物资使之不受损失。

(2)复杂仓储管理。随着社会存储产品数量、品种、规格的逐渐增多,社会分工的细化,仓储的职能发生了转变,仓库不再只是单纯的存储和保管物资的场所,还增添了产品分类、挑选、整理、加工、包装等活动。由于存储商品的复杂化和仓储职能的多样化,仓储建筑结构的变化及技术设备的变化就成为了可能。机械进入仓库,并逐步代替手工作业,仓储活动向复杂化方向发展。这种仓储管理称为复杂仓储管理。

(3)现代化仓储管理。信息技术的高速发展和网络的普及,给仓储业带来了一系列的重大变化。仓储活动中,可以使用电子计算机进行控制,增设光电感应系统,利用“自动分拣系统”进行商品分类整理,让机器人进入仓库等。现代化仓库的出现,要求仓储工作人员更加专业化。目前,许多先进的国际仓储中心,已经不是原来意义上的仓储中心了,而变成了一个经济范围巨大的商品配送服务中心,并发展成为现代化的仓储管理中心。

2. 仓储管理的内容

(1)仓库的选址与建筑问题。仓库的选址与建筑问题是批发商首先需要考虑的问题。其主要内容包括,仓库选址的原则、仓库建筑面积的确定、库内运输道路与作业的布置等。

(2)仓库机械作业的选择与配置。仓库机械作业的选择与配置对整个仓库的运行效率有着直接的影响。其主要内容包括,如何根据仓库作业的特点和所储存物资的种类以及其理化特性,选择机械装备以及应配备的数量;如何对这些机械进行管理等。

(3)仓库的库存管理问题。库存管理是仓库管理的重中之重。批发商应根据企业需求状况,存储合理数量的货物,既要保证不能因储存过少而造成销售中断,又不能因存储过多而占用大量的流动资金。

(4)仓库的业务管理问题。仓库的业务管理问题主要包括如何组织货物入库前的验收、如何存放入库物资,如何对在库物资进行保管保养、发放出库等。

3. 仓储管理的作用

良好的仓储管理不仅能保证企业获得及时、准确、质量完好的货物供应,而且有利于企业通过占有较少的流动资金,降低产品成本,从而提高企业的综合竞争实力。库存管理的首要目标是为了保证企业获得稳定的商品供应，但这不是库存管理的唯一目标。众所周知，如果库存商品过多，不仅会造成商品积压，还会大大增加保管费用，更糟糕的是还会占用大量的流动资金。资金是一种稀缺资源，它可以投资于其他方面产生利润，可以存入银行产生利息。但是当流动资金以库存的形式存在时，它既不产生利润，也不产生利息。从这个角度来说，积压商品，实际上是积压资金。所以，一般认为，企业库存资金占资金总额比重的大小，固然与企业性质或行业特点有关，但很大程度上也取决于企业的仓库管理水平。因此，现代企业必须抓好仓储管理工作。

4. 仓储管理的要求

不同的行业对仓储管理的要求不同。仓储管理人员应不断提高其业务水平，从而满足仓储管理的整体要求。生产企业仓储管理的要求是对供货严格把关，建立库位编码系统，实现物品储存可视化，合理储存保管，符合先进先出的要求。物流企业仓储管理的要求是对客户要求能作出快速反应，及时满足用户要求；仓库配备先进的物流软件、硬件设施；满足客户的个性化需求，提供增值服务，合理控制库存。流通企业仓储管理的要求是搞好物品接运，准确、及时发货；对库存分区，物资分类，专仓专储；适当地包装加工，保证物品的质量和数量。

5. 仓储管理的作业流程

仓储技术作业过程指以保管活动为中心，从仓库接收商品入库开始，到按需要把商品全部完好地发送出去的全部过程，主要由入库、保管、出库三个阶段组成，按其作业顺序，还可以细分为接运、检验、整理入库、在库保管、在库养护、拣出与集中、装车、发运 8 个作业环节（见图 8-3）。

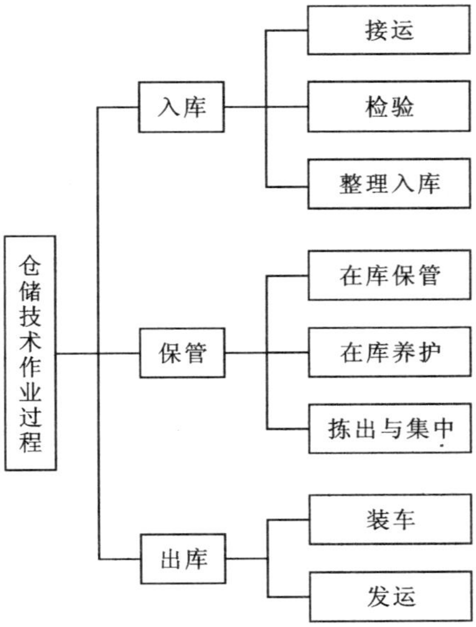

图 8-3　仓储作业过程

二、商品入库管理

商品入库管理是仓储管理的第一步，标志着仓储工作的正式开始。入库业务的工作内容主要包括商品入库前的准备、接运、货物验收、商品入库等环节。

1. 商品入库阶段作业

(1)接运。接运是仓库同货物供给者或承运者发生经济联系的活动,有到货和提货两种方式。接运时,应防止运输过程中或运输前已损坏和差错的货物进入仓库,保质保量将货物安全运抵仓库,为验收和入库打下基础。接运分为到车站、码头提货,到货主单位提取货物,托运单位送货到库接货,铁路专用线到货接运等方式。货物到库后,仓库收货人员要检查货物入库凭证,然后根据入库凭证开列的收货单位和货物名称与送交的货物内容和标记进行核对。

(2)验收。验收是货物入库前,仓库按照一定的程序和手续,对到库物品进行数量、质量状态的检查,验证是否符合订货合同规定的过程。验收有查明到货数量与质量状态,监督供货单位的产品质量和承运部门的服务质量等作用。验收工作要求准确、及时,主要有准备、核对资料凭证、实物检验、填制记录等步骤。

(3)入库。入库首先是交接手续,流程为接收物品—接收文件—签署单证。其次为登账,主要内容有物品名称、规格、数量、件数、累计数或结存数、存货人或提货人、批次、金额,注明货位号或运输工具、接(发)货经办人。再次为立卡,物品入库或上架后,将物品名称、规格、数量或出入状态等内容填在料卡上。最后是建档。

2. 商品在库阶段作业

(1)堆码。堆码是利用库位空间,根据货垛的形状、底面积大小、商品保管养护的需要、负载重量等要求,预先铺好垫垛物的作业。垫垛就是在商品堆垛前,不轻易地改变存储的位置,避免造成覆盖和拥挤。货物要进行规划和统一编号,货位编号赋予商品一定规律的代表性符号,符号可以由字母、数字或特殊标记等构成。它有仓库内储存场所的编号、库房编号、货位编号三种方法。

(2)养护。由于仓库的类型、规模、经营范围、用途各不相同,各种仓储商品的性质、养护方法也迥然不同,因而分区分类储存的方法也有多种,需统筹兼顾,科学规划。商品的分类是指为满足某种目的和需要,根据商品的特征、特性,选择适当的分类标志,将商品划分为不同类别和组别的过程。

(3)盘点。盘点包含检查商品的账面数量与实存数量是否相符、检查商品的收发情况、检查商品的维护情况、检查各种商品有无超储积压情况、检查安全设施及安全情况等内容。盘点方法有账面盘点法和实地盘点法。应将每一种物品分别设立“存货账卡”,然后将每一种物品的出入库数量及有关信息记录在账面上,逐笔汇总出账面库存结余数。实际操作中,就是去库内清点数量,再依物品单价计算出实际库存金额。

三、商品出库管理

商品出库作业是仓库按照货主的调拨,通过出库凭证、发货凭证等进行核对凭证、备料、点交、发放等一系列作业业务管理活动的总称。

1. 商品出库的要求与方式

商品出库要做到“三不、三核、五检查”。“三不”即未接单据不登账,未经审单不备货,未经复核不出库;“三核”即在发货时,要核实凭证、核对账卡、核对实物;“五检查”即对单据和实物要进行品名检查、规格检查、包装检查、件数检查、重量检查。商品出库的方式主要包括送货、自提、过户、取样、转仓。

2. 出库业务程序

商品出库程序应该遵循“先进先出，推陈出新”的原则进行，主要包括以下程序：

(1)内部：领料人填写领料单—主管签字—凭单领料—核对品名、规格、数量并发料。

(2)外部：商务代表填写库单—用户确认—收银—出库单送到装机处—装机人员领料—仓库发料—装机人员核对规格、数量并签字。

(3)退货流程：商务代表填红字出库单—收银—装配—核对货单办理退库手续—货物归还原位。

3. 常见的出库问题

(1)出库凭证(提货单)上的问题；

(2)货数与实存数不符；

(3)串发货和错发货；

(4)包装破漏；

(5)漏记和错记账。

第三节　配送管理

“配送”这一概念最早使用于日本，是英文“Delivery”的意译，是送货的意思。配送作为物流的基本功能之一，已显示出强大的生命力和广阔的前景。物流配送涉及从供应链的制造商到终端客户的运输和储存活动。

一、配送概述

(一)配送的概念和特点

1. 配送的概念

我国从 20 世纪 80 年代初开始使用“配送”这一概念。2001 年，我国国家标准《物流术语》将配送作如下界定：在经济合理的区域范围内，根据用户的要求，对物品进行拣选、加工、包装、组配等作业，并按时送达指定地点的物流活动。

2. 配送的特点

(1)特殊性。配送是一种高水平的送货形式，大部分配送是“中转”型送货，是短距离少量货物的移动，企业把货物最后交给顾客，是地区内部货物的移动，是支线的、末端的运输，是面向用户的一种送达服务。配送由多种物流作业活动共同构成，是以“配”为重点的物流活动组合体，是备货、储存、分拣、组配、配载、包装、装卸等物流作业活动在小范围内的整合，也是完成配送业务的重要保证。

(2)合理性。配送过程中，应完全按用户要求进行配送，以合理方式满足用户需求，在经济利益方面体现共同受益的原则，以达到配送方与需求方共赢。合理的配送是实现企业物流战略的重要组成部分，是提升企业核心竞争力的重要手段。

(二)配送的分类和业务流程

1. 配送的分类

从配送组织者的角度来进行划分，可将配送分为以下几种：

(1)配送中心配送。配送中心配送是配送的主体形式。组织者是专职从事配送的配送中心,专业性强,有固定的配送关系,一般实行计划配送。需配送的商品通常有一定的库存量。设施及工艺流程是根据配送需要专门设计的,有配套的大规模实施配送的设施,所以配送能力强、配送距离较远、配送品种多、配送数量大,可以承担企业主要物资的配送及实行补充性配送等。配送中心配送覆盖面较宽,是一种大规模的配送形式,但存在灵活机动性差、投资较高等局限性。

(2)商店配送。商店配送是配送的辅助与补充形式。商业零售网点经营品种较齐全,主要承担日常零售业务,有时根据客户的要求进行小量、零星商品的配送。所配送的商品种类繁多,客户需用量不大,有些商品只是偶尔需要,很难与大配送中心建立计划配送关系。商业网点配送主要有兼营配送和专营配送两种形式。商店在进行一般销售的同时兼营配送职能。这种形式在一定条件下可取得更多的销售额。当商店位置条件不好,不适于零售销售,而又有某方面经营优势及渠道优势时,可采取这种专营配送方式。

(3)生产企业配送。这种配送的组织者是生产企业,在运作时,直接由本企业进行配送,这样就避免了物流中转,具有一定优势。这种配送形式主要在地方性较强的产品生产企业中或某些不适于中转的化工产品及地方建材中应用较多。

(4)仓库配送。仓库配送是我国目前使用较广泛的配送业务形式。一般以仓库为节点进行配送,可以将仓库完全改造成配送中心或在保留仓库原功能的前提下增加部分配送职能,是一种不需大量投资就能开展中等规模业务的配送形式。由于不是专门按配送中心的要求设计和建立,所以存在仓库配送规模较小、配送的专业化较差等缺点。

2. 业务流程

(1)当存货量合理时,商品配送的一般业务流程如图 8-4 所示:

供应商 → 接受订单 → 集货 → 拣货 → 配货 → 送货 → 客户

图 8-4　存货量合理时商品配送的一般业务流程

(2)当存货量过低时,商品配送的一般业务流程如下:

供应商 → 接受订单 → 拣货 → 补货 → 集货 → 储存 → 拣货 → 配货 → 送货 → 客户

图 8-5　存货量过低时商品配送的一般业务流程

(三)配送的意义

物流配送是社会化大生产分工协作发展的必然产物,是实现物流合理化的重要途径。首先,配送可以将多用户的需要集中在一起进行一次发货,简化手续,解决了成本过高等问题;配送方便用户,提高了末端物流的效益。其次,配送对库存管理影响巨大。随着配送网络化的发展,企业的"零库存"经营将可以实现。配送中高科技手段的使用,可以保证合理调度商品采购、库存、物流和销售管理。

(四)配送合理化措施

在物流配送中,通过配送方式和路线的优化,企业能够实施低库存,合理安排配送的人力、物力。

1. 优化配送方式

可以采用专业设备、设施及操作程序,推行一定程度的专业化配送;通过流通加工和配送的有机结合,实行加工配送。配送企业与客户建立稳定、密切的协作关系,配送企业既是客户的供应代理人,又是客户的商品储存的据点,甚至可以成为其产品代销人。这种双向配送方式，使运力得以充分利用，也使配送企业功能有更大限度的发挥。

2. 优化配送路线

配送路线是指送货车辆向各用户送货时所经过的路线。配送路线是否合理直接影响到配送的速度、企业成本和效益，因此，优化配送路线是企业经营中非常重要的一项工作。

配送过程中，在保证用户需求时间的前提下，主要考虑企业当前及长远利益、距离、成本、运力等，以最近的路程、最低的配送成本，准时、高效率地实行配送。

3. 优化配送系统软件

计算机技术在物流领域应用广泛，需要采用智能化管理模式。比如，优化配送车辆计划与调度软件，在交通管制允许通行的时间中，合理安排区域与路线；优化配送分拣、补货系统软件，满足客户对货物品种、规格、数量的多样化要求。

二、配送中心的功能

（一）配送中心的概念

配送中心是组织配送性销售或供应，专门从事实物配送工作的物流节点。配送中心是在仓库的基础上发展而来的。日本《市场用语词典》解释配送中心是一种物流节点，不是以储藏仓库的单一形式出现，而是发挥配送职能的流通仓库，也称作基地、据点或流通中心。

我国国家标准《物流术语》作如下定义：配送中心是从事配送业务的物流场所或组织。它应符合下列要求：为特定用户服务，配送功能齐备，信息网络完善，辐射范围小，以配送为主、储存为辅，多品种，小批量等。

（二）配送中心的类型

1. 按照配送中心的功能分

（1）供应配送中心。充当供应商角色的配送中心，为生产和销售提供配送服务。它的全部进出货都是社会化配送，社会化程度高。

（2）专业配送中心。一是配送对象、配送技术属于某一专业范畴，综合该专业的多种物资进行配送，多数制造业的销售配送中心属于此类。比如日本丰田汽车上乡工厂，建有以自动化仓库为主体的配送中心，按照现代化、自动化设计建立，保管由该厂生产的汽车维修配件，并按订货要求发送给各用户。二是以配送为专业化职能，基本不从事经营的服务型配送中心，是以第三方物流企业为主体的配送中心，现代化程度较高。

2. 按照配送中心的配送范围分

（1）城市配送中心。主要以城市作为配送范围的配送中心。这类配送中心一般采用汽车运输，运距短、反应能力强，从事多品种、多用户、小批量的配送优势明显。这种配送中心往往和零售经营相结合，我国已建的"北京食品配送中心"属于这种类型。

（2）区域配送中心。区域配送中心指有较强的辐射能力和库存能力，向周边范围的配送据点或用户进行配货的大型配送中心。这种配送中心的配送规模较大、批量大。常常配送给下一级的城市配送中心，也配送给营业所、商店、批发商和企业用户，有时也从事零星的配送，但不是主体形式。这种类型的配送中心在国外十分普遍，像日本阪神配送中心就属于这种类型。

3. 按照配送中心的作用分

（1）储存型配送中心。有很强储存功能的配送中心，一般来讲，在买方市场下，企业成品销售需要有较大的库存支持，其配送中心可能有较强的储存功能；在卖方市场下，企业原材料、零部件供应需要有较大的库存支持，这种供应配送中心也有较强的储存功能。大范围配送的配送中心，需要有较大库存，也可能是储存型配送中心。我国目前拟建的配送中心，都采用集中库存形式，库存量较大，多为储存型。瑞士 GIBA-GEIGY 公司的配送中心拥有世界上规模居于前列的储存库，可储存 4 万个托盘；美国赫马克配送中心拥有一个有 163000 个货位的储存区，可见其存储能力之大。

(2)流通型配送中心。基本上没有长期储存功能，仅以暂存或随进随出方式进行配货、送货的配送中心。这种配送中心的典型方式是，大量货物整进并按一定批量零出，采用大型分货机，进货时直接进入分货机传送带，分送到各用户货位或直接分送到配送汽车上，货物在配送中心里仅做少许停滞。前面介绍的阪神配送中心，中心内只能暂存物品，大量储存则依靠一个大型补给仓库。

(3)加工型配送中心。许多资料都指出了配送中心的加工职能，但是加工配送中心的实例目前还不多。我国上海市和其他城市已开展的配煤配送，在配送点中进行了配煤加工，上海六家船厂联建的船板处理配送中心，原物资部北京剪板厂都属于这一类型的配送中心。

(三)配送中心的主要功能

配送中心集成了物流活动所有的功能，可以看做物流活动的缩影。其主要功能有：

(1)备货功能。主要包括筹集货源、订货、购货、集货、进货及有关的质检、结算、交接等，是配送的准备工作或基础工作。配送中心的优势之一，就是集中用户的需求进行一定规模的备货。备货是决定配送成败的初期工作，成本高会降低配送效益。配送中心可以按照用户所需配送货物的要求，向众多的生产企业购进大量品种、规格齐全的货物。

(2)仓储功能。为了保证配送活动能正常开展，配送中心必须保证一定数量的货物储备。货物储备一般可分为两类，一类的储备结构比较完善，储备数量大，在配送中心附近单独设库解决，可以有计划地确定周转储备及保险储备结构及数量。另一类是暂存，是在具体执行配送时，在理货场地所做的少量储存准备或为了调节配送节奏的暂存，这部分暂存不会影响储存总效益，数量上控制不严。

(3)分拣功能。分拣功能是配送中心的重要功能之一。强大的分拣能力是配送中心实现按客户需求组织送货的基础。由于用户群复杂，为满足不同客户的需求，进行有效配送活动，配送中心应采取适当方式按照用户订单，将相同或不同的货物进行分拣、拣选、配齐，集中堆放于指定配货场所，以备运送。

(4)流通加工功能。为了提高客户满意度，维护商品质量和提高物流效率，在物品从生产领域向消费领域流动的过程中，配送中心要按照不同要求，对货物进行分割、分装、配装、清洗等加工活动。

(5)配送功能。将配齐的货物按用户的要求送达收货人。由于配送用户多，要做到配送运输与路线的有效搭配，将货物圆满送达，并处理相关手续与结算。

三、配送中心的作业管理

(一)配送中心的作业流程

根据配送中心的特性、经营实力、规模以及客户要求的不同，配送中心的作业项目和作业流程也不完全相同。

1．综合配送中心的一般流程

综合配送中心需要较大的仓储场所和设备，主要用于中小件杂货的配送。其流程如图 8-6所示：

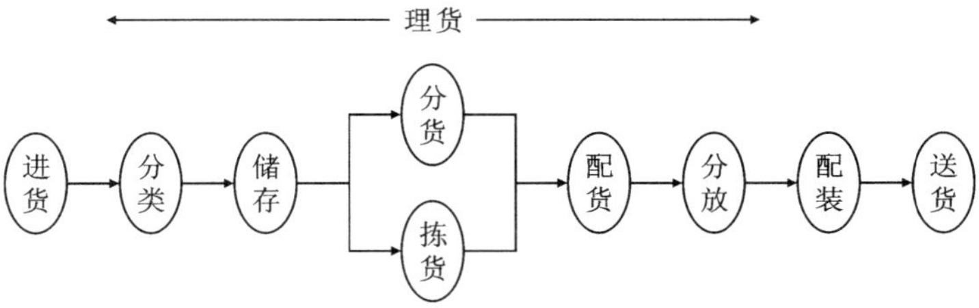

图 8-6 综合配送的一般流程

2．流通型配送中心的流程

配送中心无大量储存，只有满足一时配送之需的备货暂存。暂存地点设在配货场地中，在配送中心不单设储存区。采用这种流程的配送中心以配送为专职职能，将大面积储存移至中心之外。其流程如图 8-7 所示：

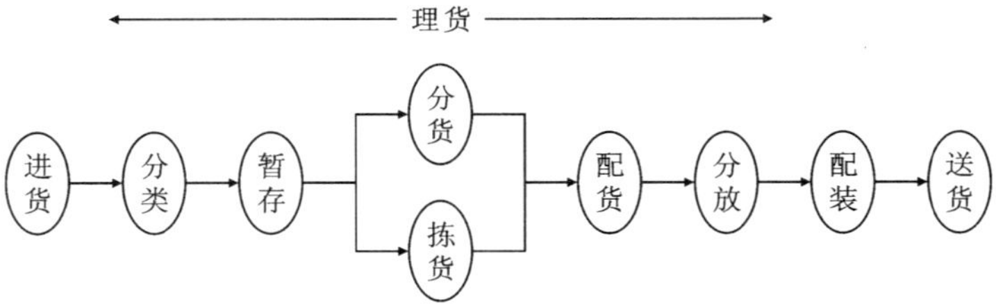

图 8-7 流通型配送流程

3．加工配送型配送中心的流程

配送中心进货后根据用户的要求将其进行适当的加工，而后配送给不同的用户。其流程如图 8-8 所示：

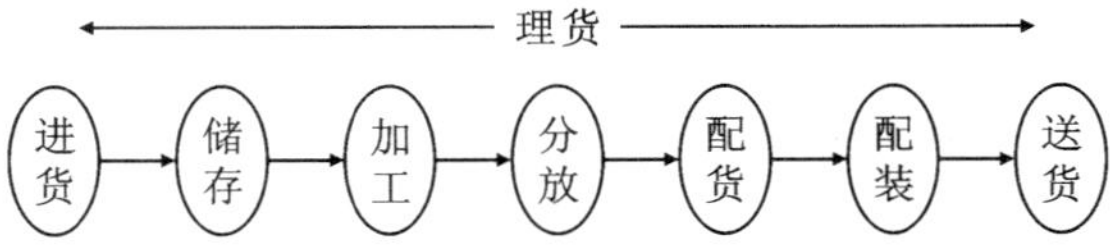

图 8-8 加工配送型配送流程

4．批发型配送中心的流程

这种方式是通过配送中心把批量大、品种少的产品转换成小批量的发货方式，流程主要包括进货、储存、加工、装货或包装和送货环节。其流程如图 8-9 所示：

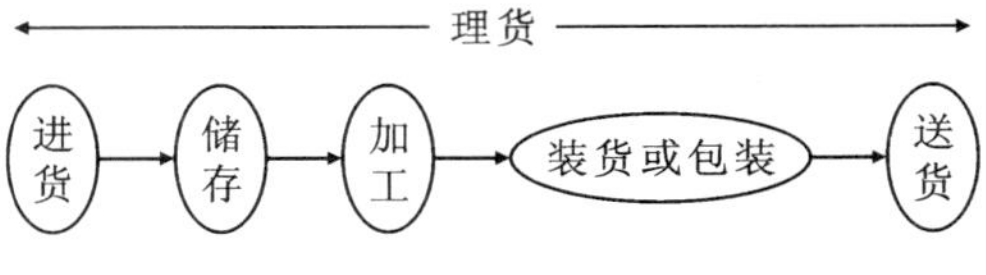

图 8-9 批发型配送流程

(二)配送中心的作业功能

配送中心的作业功能主要包括进货、配货、送货、物品分拣和加工、仓储、信息处理等。

1．进货

进货是指将货物卸下、检查验收入库的过程。验收时要做到对商品的质量、数量、规格、型号等严格按照订单要求进行准确及时的核对。

2. 配货

配货是指将配送中心存入的多种类产品，按多个用户的多种订货要求取出，并分放在指定货位，完成各用户配送之前的货物准备工作的一系列活动。配货管理要做到准确、快速、及时、全面。

3. 送货

送货是配送中心将物品送到客户手中的物流活动。它主要包括制订送货计划，选择配送路线，配装和调度车辆等工作。

4. 物品分拣和加工

物品分拣是利用各种分拣技术、设备和方法，按照不同的用户和配送路线要求对物品进行分类加工的过程，如分装、包装、精装、贴标签、深加工等。

5. 仓储

仓储是要配置高层货架仓库，实现储存立体化，以节约空间，减少人工劳动量，提高仓库利用效率。

6. 信息处理

配送中心为保证服务水平和满足用户需求，需要对用户信息、用户反馈、订单资料、单据处理、存货查询、售后服务等信息利用信息技术进行整理、分类处理以备存档查用。

第四节　供应链管理

现代商业环境给企业带来了巨大的竞争压力，不单是销售产品，还要为客户和消费者提供满意的服务。要在国内和国际市场上赢得更多客户，企业必须能快速、灵活地响应客户需求。面对多变的供应链环境，20 世纪 90 年代以来，供应链管理(Supply Chain Management，SCM)已成为在国内外受到广泛重视的热点问题。

供应链管理的研究最早是从物流管理开始的，起初人们把库存控制、物资供应、物资分销等供应链管理的局部性研究作为重点，例如，分销需求计划(Distribution Requirement Planning，DRP)的研究就是其典型。供应链管理覆盖了从供应商的供应商到客户的客户的全部过程，其主要内容包括外购、制造分销、库存管理、运输、仓储、客户服务等。

随着经济的全球化、信息化和网络化的发展，供应链管理得到了普遍的应用。

一、供应链管理概述

(一)供应链

1. 供应链的概念

我国国家标准《物流术语》(GB/T 18354—2006)中对供应链作了如下定义：“供应链，即生产及流通过程中涉及将产品或服务提供给最终用户活动的上游与下游企业所形成的网链结构。”从上述定义中，可以知道：系统中的每个企业都需要上游企业供应原材料或货品，同时也不断地向下游企业供应自己的产品，形成了递阶式供应的链式体系。如食品制造企业上游是原材料来源，下游是批发商和零售商，最终到达消费者。在这个网链中，每个贸易伙伴既是其客户的供应商，又是其供应商的客户。他们既向其上游的贸易伙伴订购产品，又向其下游的贸易伙伴供应产品。这个供应链体系中的所有企业都具有相互依存的密切关系。

2. 供应链的特征

(1)复杂性。首先，供应链是一个网链结构，由围绕核心企业的供应商和用户组成。这些供应商与用户都是供应链的一个个节点。节点企业需要动态地更新，所以供应链结构模式比一般单个企业的结构模式更为复杂。其次，供应链的形成、存在、重构，都是基于一定的市场需求而发生，并且在供应链的运作过程中，用户的需求是供应链中信息流、产品流、服务流、资金流运作的驱动源。这些都体现了供应链的复杂性。

(2)增值性。供应链的构成是建立在价值链概念基础上的。企业的经营过程是价值创造和增值的过程。从原材料的供应开始，通过链中各种企业的生产过程直到最终用户，物料逐渐向市场移动，在移动过程中，技术含量和附加值不断增加，用户服务需求也会得到更高的满足。所以，物流供应链具有典型的增值性。

(3)交叉性。节点企业可以是这个供应链的成员，同时又是另一个供应链的成员，众多的供应链形成交叉结构，增加了协调管理的难度。

(4)竞争性。处于同一供应链中的企业，如果在损害供应链其他成员利益的基础上降低成本或提高利润，从而将成本最终转嫁给消费者，不仅会削弱供应链系统的竞争力，而且也会损害自己。所以，现在真正的市场竞争是供应链与供应链之间的竞争。

因此，必须协调系统中各个企业的关系，降低整个供应链的成本，改善物流管理模式，寻求整体效益最佳。只有增强整个供应链的竞争力，供应链系统中的每个企业才会受益。

(二)供应链管理

1. 供应链管理的概念与内容

(1)供应链管理的概念。供应链管理是对供应链中的物流、商流、信息流、价值流和资金流进行计划、组织、协调和控制的过程，目的在于把产品从供应商及时有效地运送给制造商与最终客户，将物流配送、库存管理、订单处理等资讯进行整合。其功能在于降低库存、保持产品有效期、降低物流成本以及提高服务品质。

(2)供应链管理的内容。供应链管理主要涉及生产计划(Schedule Plan)、供应(Supply)、物流(Logistics)、需求(Demand)四方面的内容。具体如下：

①寻求一系列的方法监控供应链，使它能够有效、低成本地为顾客递送高质量和高价值的产品或服务，以满足客户对产品或服务的需求。这是供应链管理的策略性部分。

②选择提供货品和服务的供应商，和供应商建立一套定价、配送、付款流程、监控方法来进行管理。

③安排生产、测试、打包和准备送货所需的活动，包括质量水平、产品产量和工人的生产效率等方面的测量。

④调整用户的订单收据信息、建立仓库的网络信息、派递送人员提货并送货到顾客手中、建立货品计价系统、接收付款。

⑤接收客户退回的次品和多余产品，并随时为客户提供维修等服务。

2. 供应链管理的对象

供应链管理的对象主要是物流、资金流、信息流。

首先是物流。物流是供应链的主流。原材料沿着供应链从最初的供应商流动到不同的生产商、装配商，完成整个制造过程，又从生产商流到批发商、零售商，最后到达顾客手中，最终实现其价值。

其次是资金流。它是供应链上各个企业之间的款项结算，还包括供应链上各个企业之间如何通过资金的互相渗透来结成更加紧密的供应链的问题。

最后是信息流。信息流是连接供应链中物流和资金流的桥梁。与原料从最初供应商流动到最终消费者不同，市场信息一般沿反方向流动。上下游节点企业共享包含需求情况的信息时可以避免企业库存，这就体现了供应链管理的重要意义。例如，现在某些大型跨国制造公司利用计算机信息网络设置了与零部件企业共享的关于生产计划和生产实际的数据库，供应商可以不用等待买方的订货通知而自己随时扫描数据库提供的信息，由此判断什么时候需要送什么样的零部件，保证按时送货。由于从该数据库还可以了解到买方以后的生产计划，零部件供应商还可以在此基础上制订自己的生产计划。这种信息的共享使买方的工厂和零部件供应商与买方如同在一个公司，二者的库存费用和管理费用都可大为降低。在物流从供应链的上游到下游的流动过程中，用户需求、产品规格、供应链中各个环节的生产能力、绩效、所遇到的困难和出现的偏差等信息，均应沿反向反馈到供应链的上游环节。此外，信息流是双向流动的。供应链上的每一企业，不仅需要知道其下游客户的需求，也需要知道其上游供应商的供应能力。因此，供应链上的企业需要共同分享有关的信息。在有些情况下，有关组织变化(如新的组织结构、新的人员、新的组织功能等)的信息也应予以充分交流，以使供应链上各个环节之间的相互联系保持高效性。

3. 供应链管理的特征

(1)以市场与客户为导向。供应链管理根据市场需求的扩大，提供完整的产品组合；根据市场需求的多样化，缩短从生产到消费的周期；根据市场需求的不确定性，缩短供给市场与需求市场的距离；以最小的成本为客户提供最大的价值和最好(个性化、多样化、及时性)的服务。

(2)贸易伙伴密切合作。供应链管理在上下游企业之间建立相互合作、信息共享的合作关系，本着共享利益，共担风险的双赢方针来协调彼此的行动。通过贸易伙伴间的密切合作，来提高整个供应链运作的速度、效益、附加值，为整个供应链上的所有贸易伙伴带来经济效益。

(3)应用信息技术。物流作业系统与控制系统运用信息技术(如标识 ID 代码、条码技术、POS 扫描及电子数据交换 EDI 等)能提高各物流活动效率，实现快速、敏捷、灵活的管理目标。

相关链接

实施供应链模式的收效

供应链管理模式的实施确实能够给企业带来很大的效益。根据 Mercer 管理顾问公司的报告，有近一半接受调查的公司经理将供应链管理作为公司的十项大事之首。调查还发现，供应链管理能够提高投资回报率、缩短订单履行时间及降低成本。Kearney 咨询公司指出，对于一个利润率仅为 3%～4%的企业而言，哪怕只降低 5%的供应链耗费，也足以使企业的利润翻番。

(三)供应链管理性能评价

检验和评价供应链的性能是供应链管理中的一项重要内容。性能评价的关键指标有:速度、柔性、质量、成本、服务和库存水平。

(1)速度是指原材料、零部件、最终产品、各种信息经过供应链的快慢程度。它反映了供应链的运作效率。在一个拥有高速度的供应链中,每一环节都能迅速行动,快速完成,从而使产出时间缩短,库存水平降低,提高生产效率,降低产品成本,缩短物流系统的运转周期,提高物流系统的整体效率。

(2)柔性是指响应新的市场需求或变化的能力,包括设计柔性和生产柔性。设计柔性是企业设计新产品和改进现有产品的能力。生产柔性是企业快速改变产品品种进行组合生产的能力。

(3)质量是指设计、出售、生产、交付产品、售后服务和传递信息的优良程度。它用来检验信息、产品、零件等与预期的要求符合的程度,包括外形、适用性、功能、可靠性、一致性和精度等。

(4)成本是指供应链中变换为单位产品的费用。供应链中物料的流动是一个价值增值的过程,其中的单位产品的价值增值量是它的生产率的量度。

(5)服务是指包括在规定的交货期内的产品交付率、未及时交付时的处理方式、售后服务态度等用户服务质量。用户满意是供应链管理的最终目的。用户满意度通常就是以用户服务质量来检验的。

(6)库存水平包括原材料库存、生产过程中的中间产品库存和最终产品库存。库存还包括供应链中不同层次、不同地点间的仓储和配送中心、库存消耗成本等。企业库存过高会提高管理费用,库存过低不能保证及时供货,合理的库存水平是衡量供应链管理的一个重要指标。

供应链必须在速度、柔性、质量、成本、服务和库存水平六个方面都设计得完善、合理,才能为供应链的各个成员企业带来经济效益,为顾客提供优质的产品与服务,体现供应链管理的整体效益。

相关链接

美的的零库存运动

目前美的空调成品的年库存周转率大约是接近10次,而美的的短期目标是将成品空调的库存周转率再提高1.5～2次。目前美的空调成品的年库存周转率不仅远低于戴尔等电脑厂商,也低于年周转率大于10次的韩国厂商,因此美的高层对挖掘周转率潜力寄予厚望。

(四)供应链管理与物流管理的区别与联系

供应链管理源于物流管理,却又超越了物流管理。二者既有联系又有区别。

1. 供应链管理与物流管理的区别

(1)从概念看。物流管理指对货物由供应者向需求者物理性移动过程的管理,包括包装、搬运、保管、库存管理、流通加工、运输、配送等活动领域。物流管理是对物流的计划、实施、评价反复进行管理。供应链管理是利用计算机网络技术全面规划供应链中的商流、物流、信息流、资金流等，并进行计划、组织、协调与控制，所以不仅对物流过程进行管理，而且要进行生产计划和控制，对生产过程进行全面管理。因此，供应链管理的内容更加完善和广泛。

(2)从企业间关系看。物流管理中的物流企业之间只是简单的业务合作关系，而供应链管理的节点企业之间是一种战略协作伙伴关系，形成一个极具竞争性的战略联盟。

(3)从管理内容看。物流管理的内容包括物流活动诸要素管理、物流系统诸要素管理、物流活动具体业务管理，不能随意无原则扩大。供应链管理的内容包括供应管理、运营管理、物流管理三部分。

(4)从管理过程看。供应链管理涉及从原材料采购到产品交付给最终用户的整个物流增值过程，物流管理涉及企业之间的价值流过程，是企业之间的衔接管理活动。

2. 供应链管理与物流管理的联系

供应链管理与物流管理又存在联系：两者管理目标一致，都是为客户服务；物流管理是供应链管理范畴中的一部分，为供应链管理提供服务。

二、供应链合作伙伴关系管理

面对国内、国际两个市场，物流活动已延伸到全球经济的每个角落。产业链上下游企业需要形成长期稳定的战略伙伴关系，利用系统的观念和方法进行物流整合，获取供应链的竞争优势，以达到整个供应链系统的最优，这就需要对供应链合作伙伴关系管理的问题进行研究。

(一)供应链合作伙伴关系管理的特点

1. 整体性强

传统物流管理缺乏系统性、全局性。例如，对于企业的库存情况，由于企业相互之间很少有沟通和合作，经常会出现库存不断增加，但当市场需求量增大时又无法满足的现象，因而企业库存成本很高，企业间往往因为物流系统管理不善而错失市场机遇。在供应链合作伙伴关系管理体系下，各方相互之间是战略合作关系，具有利益一致性，各方的信息交流不受时间和空间的限制，信息的流量增加，信息的传递方式网络化，节点企业可以了解供应链上的各种信息，进而提高了信息共享的程度，避免了信息的失真现象。

2. 快速反应能力高

传统物流管理中，其信息传递在企业间是逐级进行的，信息偏差会沿着传递方向逐级变大，信息失真现象经常出现，许多企业因为没有共享的信息系统而无法及时应变，导致不能快速将商品供应给客户。供应链合作伙伴关系管理以 Internet 作为技术支撑，其链上的企业能及时获得并处理信息，通过消除不增加价值的程序和时间，使供应链的物流系统进一步降低成本，为实现其快速、精细性运作提供了基础性保障，极大地提高服务质量和客户满意度。

3. 协调性强

传统物流管理中，企业间的协调性差，往往把短期利益作为目标，失去信任和合作基础。供应链合作伙伴关系管理中，协调性是其主要特点。能够使供应链协调运作的前提条件是无缝链接的供应链物流系统。没有物流系统的无缝链接，采购或运送的货物超期未到，不能及时满足客户需求，就会造成企业成本增加，使供应链的增值性和合作性大打折扣。

4. 满意度高

传统物流管理中，由于敏捷性和协调性差，物流服务满意度不高。在供应链合作伙伴关系管理体系下，企业能够迅速把握顾客的现有和潜在（一般和特殊）需求以及需求量，使企业的供应活动能够根据市场需求变化而变化，企业能比竞争对手更快、更经济地将商品（或服务）供应给顾客，极大地提高了服务质量和顾客满意度。

（二）供应链合作伙伴关系管理策略

供应链管理是一个复杂的系统，要求物流管理不断采用现代物流管理新理念提高效率，涉及众多目标不同的企业，因此实施供应链管理必须实现企业之间的信息共享和企业之间的协作。为此企业可以采取以下策略：

1. 应用现代信息技术，优化信息流程

供应链管理体系下的物流管理要采集、分析、处理和及时更新大量数据信息。这就要求各节点企业在物流管理中应用现代信息技术。计算机信息系统的优势在于其自动化操作和处理大量数据的能力，使信息流通速度加快，同时减少失误。

(1)条码技术。是将数据编码成可以用光学方式阅读的符号，经过印刷技术生成机读的符号，最终又能为扫描器和解码器识别。条码技术广泛应用于 POS 系统、库存系统、分拣系统等。条码技术登录快速、节省人力和管理成本，提高了物流作业效率，可做到精确控制储运的指派与货物的拣取，并可收集实时数据，达到实时控制，实现各行业的自动化管理。

(2)电子数据交换（EDI）技术。国际标准化组织（ISO）对电子数据交换技术作如下描述：将贸易或行政事务处理按照一个公认的标准变成结构化的事务处理或信息数据格式，从计算机到计算机的电子传输。EDI 包含计算机应用、通信网络和数据标准化，它是用电子技术来描述两个组织间传输信息的能力。使用 EDI 可以减少或消除纸面文件，降低与书面交易有关的成本。

(3)动态跟踪技术。动态跟踪技术有全球卫星定位系统（GPS）和地理信息系统（GIS）两种。GPS 具有定位精确度高、可提供三维坐标、操作方便的特点。GIS 具有获取、存储、检索、操作、分析和显示地球空间数据的功能。在物流领域应用时，GPS 可以对汽车自定位，跟踪调度。GIS 可以通过车辆路线模型，解决起点单一、终点复杂的货物运输中的车辆调配、确定车辆路线等问题。

(4)电子商务（Electronic Commerce，EC）技术。电子商务主要是通过计算机网络技术的应用，以电子交易为手段来完成金融、物资、服务和信息价值的交换，快速而有效地从事各种商务活动的最新科学方法。电子商务技术的发展使物流进一步提速，大大提高了物流管理的效率。

2. 配送中心网络建设合理

产品能否通过供应链快速到达目的地，这取决于物流配送中心网络的健全程度。一般情况下，健全的配送中心网络在强大的物流高科技技术（自动分拣机、自动化立体仓库、信息处理技术等）的支撑下，能保质保量地完成配送任务。

3. 利用第三方物流

第三方物流是由供需方以外的物流企业提供物流服务的业务模式。利用第三方物流企业服务，可以简化配送环节，提高专业化程度，使效率更高。通过物流业务的外包，企业能够集中精力发展核心业务，提高自身的竞争力，提高整个供应链管理体系的运作效率。

4. 相互协作的双赢理念

传统的企业运营中，企业和各供应商没有协调一致的计划，各搞一套。供应商和经销商不是合作的战略伙伴关系，往往从短期利益出发，得不到经销商的信任与合作。而在供应链管理的模式下，链上的企业除了自身的利益外，还应去追求整体的竞争力和盈利能力。因为最终客户选择一件产品，整条供应链上所有成员都受益，否则整条供应链上成员的利益都会受损。所以要建立相互协作的双赢理念。

总之，供应链管理体系运作是一个价值增值过程，而有效地管理好物流过程，对于提高供应链的价值增值水平，有着举足轻重的作用。

相关链接

戴尔：供应链管理实现“零库存”

论及戴尔的成功之道，该公司分管物流配送的副总裁迪克·亨特一语道破天机：“我们只保存可供5天生产的存货，而我们的竞争对手则保存30天、45天，甚至90天的存货。”亨特在分析戴尔成功原因的时候说：“戴尔总支出的74%用在材料配件购买方面，如果我们能在物流配送方面降低0.1%，就等于我们的生产效率提高了10%。”物流配送对企业的影响之大由此可见一斑。

戴尔的核心能力在于能管理好整条供应链，让新产品在最短时间交到客户手上。和这件事无关的，都会交出来给供应链上的伙伴。戴尔的供应链管理可以归纳为：

1. 减少供货商并将他们集中

将订单集中，以就近供货原则交给200家供货商中的50家，接到订单后，再通知供货商送零件来，从而使戴尔从进料到组装完出货只要4小时。

2. 强化供应链上的信息流通速度和透明度

戴尔强化供应链上的信息流通速度和透明度，它的供货商必须很清楚戴尔未来的出货计划，以免出现库存过多自己赔本、库存不够被戴尔撤换的情况。

3. 在研发上，戴尔选择降低研发和设计比重，放大伙伴价值的做法

比如戴尔把笔记本的研发和设计工作交给中国台湾的代工伙伴广达承揽，自己则专心去争取订单。

4. 在发动价格战争时，供应商也需要扮演极具效率的后勤支持角色

借助供应链的威力，戴尔可以实现顾客下单到出货存货周转天数4天、每人每小时的生产效率提升160%、订单处理效率提高50%，以及订单错误率降低50%的竞争力。

本章小结

本章首先对物流、物流发展过程、物流管理的理论等进行介绍。物流管理专业性强，可以分为计划阶段、实施阶段和评价阶段三个阶段。从物流活动要素的角度出发，物流管理包括运输管理、储存管理、装卸搬运管理、包装管理、流通加工管理、配送管理、物流信息管理

等。根据物流系统诸要素的组成，物流管理包括人、物、财、设备、方法、信息等。物流活动中具体业务的管理内容有物流成本管理、物流质量管理、物流信息管理。

其次对仓储的概念、作用及服务性进行了介绍，指出仓储是物流活动的必要环节，是保持物品原有使用价值的重要手段。通过仓储可以降低物资的损害程度，发挥物品的最大效用。仓储能够降低物流成本。

再次对配送管理、配送中心及其备货功能、仓储功能、分拣功能、流通加工功能、配送功能等功能作了详细介绍。

最后是介绍了供应链，即生产及流通过程中涉及将产品或服务提供给最终用户活动的上游与下游企业所形成的网链结构。供应链管理主要涉及供应、生产计划、物流、需求四方面的内容。供应链管理源于物流管理，却又超越了物流管理。二者既有联系又有区别。

复习思考题

一、选择题

1. 现代物流的发展经历了(　　)三个阶段。

A. 运输管理　　B. 物流管理　　C. 物流发展　　D. 供应链管理

2. 供应链管理主要涉及的领域为(　　)。

A. 供应　　B. 生产计划　　C. 物流　　D. 需求

E. 财务

3. 供应链管理的目标在于(　　)。

A. 提高用户服务水平

B. 提高设施设备的利用程度

C. 降低总的交易成本

D. 寻求提高用户服务水平和降低总交易成本的平衡

E. 提高工作效率

4. 下列选项中不是配送的功能要素的是(　　)。

A. 送货　　B. 包装　　C. 分拣　　D. 配货

5. (　　)是物流的主要功能。

A. 仓储或运输　　B. 搬运　　C. 流通加工　　D. 包装

6. 按配送中心的功能，可将配送中心分为(　　)。

A. 城市配送中心　　B. 供应配送中心　　C. 共同配送中心　　D. 外包

7. 供应链是一个(　　)系统，它包括不同环节之间持续不断的信息流、产品流和资金流。

A. 动态　　B. 固定　　C. 独立　　D. 复杂

8. 在进行配送中心的选址时必须考虑的因素有(　　)。

A. 配送中心的功能　B. 配送距离　　C. 配送时间　　D. 配送成本

二、简答题

1. 现代物流有哪些特征？
2. 物流管理的内容有哪些？
3. 仓储管理的功能有哪些？
4. 配送中心有哪些种类？
5. 如何理解供应链及供应链管理？

实践与实训

一、实训目的

让学生了解配送中心建立的步骤及方法。

二、实训项目

模拟某公司建设配送中心。

三、实训内容与要求

1. 每班分成数个小组(3～6 人/组)，每组选定一位实习组长，由组长安排具体工作。
2. 各小组利用业余时间讨论，设计实训计划。
3. 了解配送中心建设的步骤，确定建设配送中心的基本目标。
4. 确定配送中心的功能，包括配送中心配送的商品类别，以及各类商品的配送频率。
5. 了解配送中心内部的主要设施区域，课堂讨论各小组方案，教师点评。

案例分析

"沃尔玛"的经验与启示

从国际经验看，商品流通对生产的指导和促进作用越来越大。不论是何种经济和社会制度的国家，没有现代化的大流通，就不可能有现代化的大生产。我国建立市场经济的过程中，应该把商品流通摆在更加重要的位置上，加快我国现代商业的发展。

美国沃尔玛公司是世界上最大的商业零售企业，1999 年其全球销售总额达到 1650 亿美元，在世界 500 强中排名第二，仅次于美国通用汽车公司。2000 年，沃尔玛公司的销售总额达到 1913 亿美元，超过了通用汽车公司。

一家属于传统产业的零售企业，能够在销售收入上超过"制造业之王"的汽车工业，超过一些大银行、保险公司等金融机构，超过引领"新经济"的信息企业，其中的经验值得认真研究。经过初步考察，我们认为主要有以下几点：

一、发展连锁经营，用新的经营组织形式改造传统商业

20 世纪中期以后，现代连锁经营在发达国家取得普遍成功。连锁经营和超级市场，被

称为是“现代流通革命”的两大标志。1950 年,沃尔玛公司的创始人山姆·沃顿在美国阿肯色州班顿威尔镇开办了店名为“5～10 美分”的廉价商店,当时只是当地一家名不见经传的小企业。1962 年,沃尔玛公司开办了第一家连锁商店,1970 年建立起第一家配送中心,走上了快速发展之路。截至 2001 年 4 月 15 日,该公司在国内外共有 4249 家连锁店,分为折扣商店、购物广场、山姆会员店、家居商店四种形式,全部由该公司控股,实行直营连锁。

公司总部实行扁平结构的管理体制,下设四个事业部,分别管理着购物广场(含折扣店)、山姆会员店、国际业务和物流业务。两个商店管理事业部,通过事业部总裁、区域总裁、区域经理、店铺经理四个层次,直接对店铺的选址、开办、进货、库存、销售、财务、促销、培训、广告、公关等各项事务进行管理。店铺销售的所有商品,除了部分生鲜食品考虑到保鲜的要求,由店铺在附近自行采购外,全部要由事业部的采购部门统一采购,物流部门统一配送。这种连锁经营的模式,使得沃尔玛公司具有强大的市场竞争能力。

第一,沃尔玛公司与生产企业直接挂钩,大量集中采购、配送,既减少了中间环节,又降低了进货成本。因此沃尔玛购物广场销售的商品,比其他商店的同类商品一般要便宜 10%左右。

第二,供应商把商品送到配送中心后,公司的检验部门运用多种技术手段,对商品质量进行严格检验。防止假冒伪劣商品进入商店,影响整个公司声誉。

第三,沃尔玛公司的商店管理部门通过对市场形势进行不间断的分析研究,及时提出适宜的经营模式和销售策略,从而使得整个公司的经营管理始终保持较高水平,在竞争中处于有利地位。

第四,沃尔玛公司除了通过订货的方式向生产企业反馈市场和消费信息以外,还不断开发公司自有品牌。这种做法不仅直接指导生产者调整产品结构,改进产品质量,而且由于自有品牌的市场独占性,也使得沃尔玛公司获得了较其他商品更高的利润。

二、推进现代物流配送,用高新技术改造传统商业

物流配送是实行连锁经营不可缺少的重要组成部分。

不发展物流配送,就谈不上真正的连锁经营。物流配送的水平,在一定程度上体现和决定着整个连锁企业的经营水平。1970 年,沃尔玛公司在其总部所在地建立了第一个配送中心。目前,该公司已建立 62 个配送中心,为全球 4000 多个店铺提供配送服务。沃尔玛公司共有六种形式的配送中心:一是上述的配送中心,也称作“干货”配送中心。二是食品配送中心,包括不易变质的饮料等食品,以及易变质的生鲜食品等,需要有专门的冷藏仓储和运输设施,直接送货到店。三是山姆会员店配送中心,它批零结合,有 1/3 的会员是小零售商。四是服装配送中心,不直接送货到店,而是分送到其他配送中心。五是 104 家进口商店配送中心,为整个公司服务,主要作用是大量进口以降低进价,再根据要货情况送往其他配送中心。六是退货配送中心,接收店铺因各种原因退回的商品,其中一部分退给供应商,一部分送往折扣商店,一部分就地处理,其收益主要来自出售包装箱的收入和供应商支付的手续费。为了满足美国国内 3000 多个连锁店的配送需要,沃尔玛公司每年的运输总量达到 77.5 亿箱,总行程 6.5 亿千米。合理调度如此规模的商品采购、库存、物流和销售管理,离不开高科技的手段。沃尔玛公司为此专门建立了世界第一流的电脑管理系统、卫星定位系统和电视调度系统。公司总部的计算机控制中心是一座外貌似体育馆的庞然大物,全球

4000 多个店铺的销售、订货、库存情况,可以随时调出查阅。公司同休斯公司合作,发射了专用卫星,用于全球店铺的信息传送与运输车辆的定位及联络。公司 5500 辆运输卡车全部装备了卫星定位系统,每辆车在什么位置,装载什么货物,目的地是什么地方,总部一目了然,可以合理安排运量和路程,最大限度地发挥运输潜力,避免浪费,降低成本,提高效率。

思考与讨论:

讨论沃尔玛的物流配送模式。

第九章 企业生产与技术管理

知识目标

1. 了解生产管理的内容与特征，技术管理的基本概念；
2. 识别生产作业控制过程，理解现代生产管理方式；
3. 掌握生产计划与生产作业计划，技术与产品创新。

能力目标

能运用所学知识编制生产计划。

在市场经济体制下，企业的生产活动是按照预定的经营计划和经营目标，充分利用人力、物力和财力，从产品品种、数量、质量、成本和交货期等方面，生产出符合市场需求和用户满意的产品的过程，生产管理就是对这一过程的各项管理工作的总称。随着现代企业的进一步国际化和市场化，企业越来越重视创新，创新是现代企业持续发展的动力和源泉，企业创新管理对企业的发展有极其重要的意义。

开章案例

技术改造改出实效

近几年来，山东汶上如意天容公司着力在开源节流上下工夫，在保证正常生产的同时，注意对各种能源的综合节约利用。

如意天容公司新工业园一车间自 2009 年 9 月份全面启动生产以来，每月用电费用高达近 400 万元。天容公司设备存在的问题是：细纱吸落棉风机和空调风机用电量较大。细纱、络筒车间辅助加湿设备长期达不到生产需要，给车间产量和质量造成严重影响。为节约能源与开支，保证生产需要，确保产品质量，公司对空调风机、车间辅助加湿设备和细纱吸落棉风机进行了改造。改造后取得了较好的节能效果，并弥补了原设备存在的缺陷。

1. 空调风机的改造

天容公司原空调风机为 10 叶风机，且每套空调装机功率相当大，风机总功率在 231 kW，耗能较大。公司技术人员及时了解市场信息，采用新近研发的新型 8 叶低阻力风机对老机进行改造。改造后，风机送风量不变，每套空调室节电率均在 20%左右。改造中需要注意的是风叶角度的调节和风叶的动平衡。

2. 辅助加湿系统的改造

天容公司原细纱、络筒车间加湿主要使用离心泵以水喷淋加湿，这种方法既浪费水资源，又浪费电能，且在春、秋、冬三季加湿困难。为提高企业经济效益，实现节能，公司在细纱、络筒区加装辅助加湿系统，利用高压喷雾泵、不锈钢喷嘴进行加湿。加装加湿系统后，细纱车间相对湿度由原来的42%左右提高到现在的55%左右，络筒工序相对湿度由原来的58%左右提高到现在的70%左右，完全可满足生产调节需要，解决了原用空调无法达到加湿效果的问题。自加装加湿系统后，原细纱、后纺车间6套空调室10台水泵全部停掉，两套加湿器总功率才8 kW，可节约138 kW，按80%效率计算，每天可节约用电2500千瓦时，节约电费1800元，全年春、秋、冬三季单水泵可节电48.6万元。需要注意的是，车间回风在回用时需达到清洁效果。

3. 细纱吸落棉风机的改造

细纱机是纺纱企业使用最多的设备，耗能较大。公司引进市场新近研发的新型全封闭1.1 kW风机对老机进行了改造。用电测试数据对比结果表明：原2.2 kW吸落棉风机每小时平均用电1.97度，而1.1 kW吸落棉风机每小时平均用电为1.13度，节电率为42.6%。改造后，420锭细纱机在不影响正常生产的情况下可节电42%左右。目前公司70台细纱机已完成改造，每台实测数据均达到要求，并对生产、操作方面无影响。2010年6月份，公司节电41013度，节约费用294700元。改造中需要注意：风机安装时要做好密封工作；保持风机排风顺畅，避免憋压。

由于节能工作突出，2010年7月首批山东省设备管理成果发布会上，天容公司获节能一等奖。

（资料来源：中国纺织报，2010-10-27。）

思考题：

1. 该公司进行改造的重点是什么？
2. 该公司在改造过程中应用了哪些新技术？

第一节　企业生产管理

一、生产管理概述

（一）生产管理的概念与特征

1. 生产管理的概念

生产管理是对企业生产活动的计划、组织、领导、控制和创新，是同产品制造密切相关的各项管理工作的总称。

由于企业生产活动的范围不同，生产管理有广义和狭义之分。狭义的生产管理是指以实现产品产量和进度为目标的管理，它的着眼点主要在生产系统内部。广义的生产管理是对全部生产系统的管理，它除了包括狭义的生产管理的内容以外，还包括企业生产方向和规模确定、工厂布置、质量管理、成本管理、生产安全、环境保护等。这里所指的是广义的生产管理。面对激烈的市场竞争，生产管理必须实现确保交货期，缩短生产周期，减少在制品库存，提高生产效率，降低成本，确保高质量的产品。

2. 生产管理的特征

随着科技的不断进步和市场环境的变化，现代企业管理也不断改进，它具有以下3个新特征：

(1)以系统论、信息论和控制论为基础，广泛运用数学方法、电子计算机和现代管理方法。

(2)生产系统的柔性提高，适应多品种、小批量生产的要求。

(3)广泛运用电子计算机集成制造系统，实现生产经营一体化。

(二)生产管理的内容

随着企业生产规模的扩大，产品形式的多样化，生产管理的内容也在不断地扩展，从管理职能角度来分析，可将生产管理的内容分为以下四个方面：

1. 确定合理的生产组织形式

确定合理的生产组织形式的主要内容有以下几个方面：

(1)对企业的生产过程要从时间和空间等角度来分析。

(2)研究工厂布置问题，对生产线的设置进行分析和确定，以适应生产的客观要求，保证生产的正常进行。

(3)从时间、动作角度对生产线的设置进行研究，制定合理、科学的劳动定额，从而使生产过程省力、高效。

(4)适应市场经济的需要，对市场需求要有灵敏的嗅觉和快速的应变能力，建立一个良好的生产管理机制，促进生产发展。

2. 制订科学的生产计划

制订科学的生产计划包括以下内容：

(1)认真进行调查研究，分析市场需要和社会需求，搞好生产预测，体现生产围绕市场及经营决策的意识和思想。

(2)根据生产预测结果，结合企业实际情况，认真编制综合生产计划、主生产计划、生产作业计划。

3. 实施准确的生产运作系统运转活动

生产运作系统的运转活动主要包括实施生产作业计划、生产控制和生产现场管理。

4. 提供良好的生产系统维护工作

生产系统的维护主要是积极推行和改进生产方式。生产管理的内容随着生产形式的不同而不同，同时也在不断地变化，科技的迅速发展赋予了其新的内容。

(三)生产管理的指导原则

提高生产管理能力最有效的途径就是按原则办事，现代企业的生产管理必须遵循以下原则：

1. 经济效益原则

所谓经济效益原则，就是用最少的劳动消耗和资金占用，生产出尽可能多的适销对路的产品。现代企业在生产管理中要贯彻经济效益原则，也就是说企业要在实现生产管理的目标上，做到数量最多、质量最好、交货及时准确、成本最低等。要达到这一要求，企业必须在满足各自不同要求的前提下，力争达到综合经济效益的最优化，而不能仅追求某一方面的高水平。

2. 科学管理的原则

所谓科学管理，是指企业在生产过程中必须运用符合现代工业生产要求的管理制度和管理方法进行科学生产。对于现代企业来说，实行科学管理必须建立统一的生产指挥系统，进行计划、组织、控制，保证生产过程正常进行；必须建立和贯彻各项规章制度，建立和实行各种标准，加强信息管理等；必须加强职工培训，不断增加他们的科学技术知识和科学管理知识，同时要教育他们树立适应生产和科学管理要求的工作作风。

3. 以销定产的原则

所谓以销定产，是指企业必须根据销售的要求来安排生产。随着信息化技术的高速发展及产品同质化趋势的日趋明显，这条原则对现代企业尤为重要，如果企业不坚持此项原则，就会出现被淘汰的危险。因此，现代企业必须加强对生产管理人员的教育，使其树立正确的经营观念，掌握先进的生产技能，从而确保企业生产经营的顺利进行。

4. 均衡生产的原则

均衡生产是指生产产品或完成某些工作，在相等时间内，在数量上基本相等或稳定递增。均衡生产是有节奏、按比例地生产。组织均衡生产是科学管理的要求。因为均衡生产有利于保证设备和人力的均衡负荷，提高设备利用率和工时利用率；有利于建立正常的生产秩序和管理秩序，保证产品产量和安全生产；有利于节约物资消耗，减少在制品占用，加速资金周转，降低产品成本。总之，组织均衡生产能够取得比较好的经济效益。

二、生产过程组织

（一）生产过程的构成

企业的生产过程是指从生产技术准备开始直到产品制造出来为止的过程。生产过程包括劳动过程和自然过程。劳动过程是利用劳动工具作用于劳动对象，使之成为有价值的产品的过程。自然过程是借助于自然力，改变加工对象物理或化学性能的过程，如化工产品的化合作用、铸件的自然冷却等。

企业的生产过程一般包括以下几个方面：

1. 生产技术准备过程

生产技术准备过程是指基本生产开始前的各项技术准备工作，包括产品设计、工艺设计、工艺准备设计、材料与工时定额的制定、劳动组织等。

2. 基本生产过程

基本生产过程是指直接为完成企业的基本产品所进行的生产活动，即主要的生产加工过程或转移过程，包括毛坯准备，零部件加工（切削等）、处理和表面处理、组装、总装和调试等。

3. 辅助生产过程

辅助生产过程是指为保证基本生产过程的正常进行所必需的各种辅助性生产活动，包括设备维修、动力供应、工艺装备制造等。

4. 生产服务过程

生产服务过程是指为基本生产和辅助生产服务的各种服务活动，包括原材料、工具、半成品的供应、保管与运输、试验与理化检验等。

这些过程在整个生产过程中，构成了图 9-1 的关系。

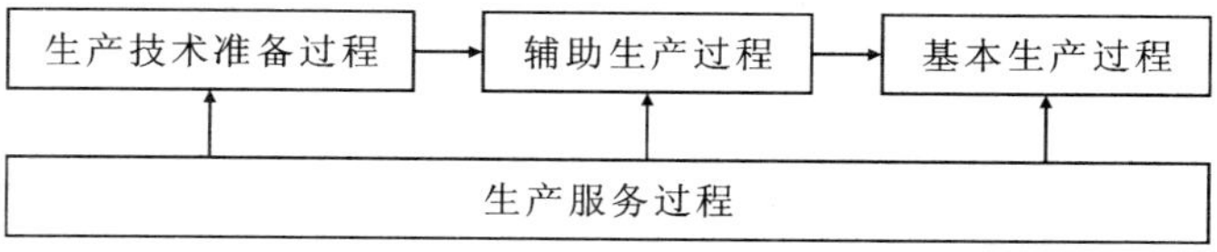

图 9-1　生产过程关系图

（二）生产过程组织的基本内容

生产过程组织是指为提高生产效率，缩短生产周期，对生产过程的各个组成部分从时间和空间上进行合理安排，使它们能够相互衔接、密切配合的设计与组织工作的系统。

生产过程组织包括空间组织和时间组织两项基本内容。

1. 生产过程的空间组织

生产过程的空间组织是指在一定的空间内，合理地设置企业内部各基本生产单位，如车间、工段、班组等，使生产活动能高效、顺利地进行。生产过程的空间组织有以下两种典型的形式：

(1)工艺专业化形式。工艺专业化又称为工艺原则，即按照生产过程中各个工艺阶段的工艺特点来设置生产单位。在这种生产单位内，集中了同种类型的生产设备和同工种的工人，可完成各种产品同一工艺阶段的生产，即加工对象是多样的，但工艺方法是同类的，每一生产单位只完成产品生产过程中的部分工艺阶段和部分工序的加工任务，如机械制造业中的铸造车间、机加工车间、热处理车间及车间中的车工段、铣工段等，都是工艺专业化生产单位。

(2)对象专业化形式。对象专业化又称为对象原则，就是按照产品（零件、部件）的不同来设置生产单位。在对象专业化生产单位里，集中了不同类型的机器设备和不同工种的工人，对同类产品进行不同的工艺加工，能独立完成一种或几种产品（零件、部件）的全部或部分的工艺过程，而不用跨越其他的生产单位。如汽车制造厂中的发动机车间、底盘车间，机床厂中的齿轮车间等。

2. 生产过程的时间组织

生产过程的时间组织是研究产品生产过程各环节在时间上的衔接和结合的方式。生产过程各环节之间的时间衔接越紧密，就越能缩短生产周期，从而提高生产效率，降低生产成本。

产品生产过程各环节在时间上的衔接程度，主要表现在劳动对象在生产过程中的移动方式。劳动对象的移动方式，与一次投入生产的劳动数量有关。单个工件投入生产时，工件只能依次地经过各道工序，不可能同时在不同的工序上进行加工。当一次投产的工件有两个或两个以上时，工序间就有不同的移动方式。一批工件在工序间存在着顺序移动、平行移动、平行顺序移动三种方式。

(1)顺序移动方式。顺序移动方式指一批零件在前一道工序全部加工完毕后，整批转移到下一道工序进行加工的移动方式。其特点是：一道工序在工作，其他工序都在等待。其横道图如图 9-2 所示。

这时，加工对象的加工周期的计算公式为：

$$T_{顺} = n\sum_{i=1}^{m} t_i$$

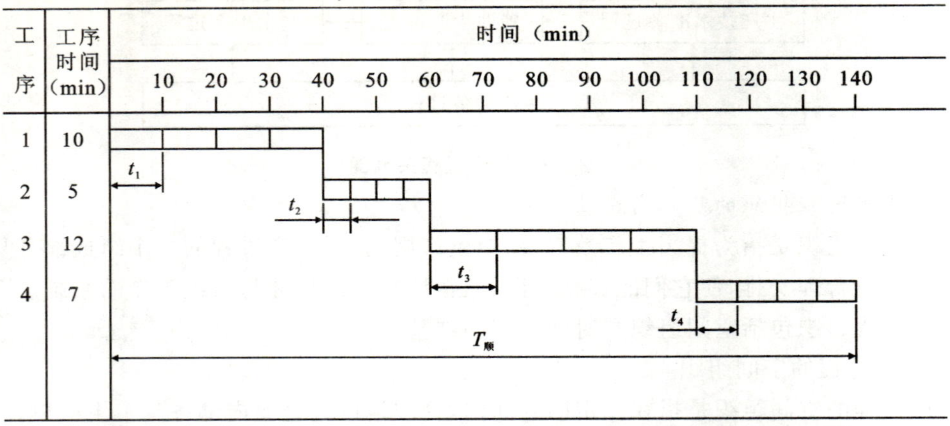

图 9-2　一批零件顺序移动方式横道图

式中　$T_{顺}$——顺序移动方式的加工周期；

n——批量；

m——工序数；

t_i——第 i 道工序的单件加工时间。

采取顺序移动方式，零件运输次数少，设备的加工不间断，组织管理工作简单；但生产过程的平行性差，加工对象等待时间长，因而其加工周期长，资金周转速度缓慢。这种移动方式比较适合于加工对象的批量不大，单件加工工时较短，加工对象的重量和价值都很小的情况。

(2)平行移动方式。平行移动方式指一批零件中的每个零件在每道工序完毕以后，立即转移到后道工序加工的移动方式。其特点是：一批零件同时在不同工序上平行加工，缩短了生产周期。其横道图如图 9-3所示。

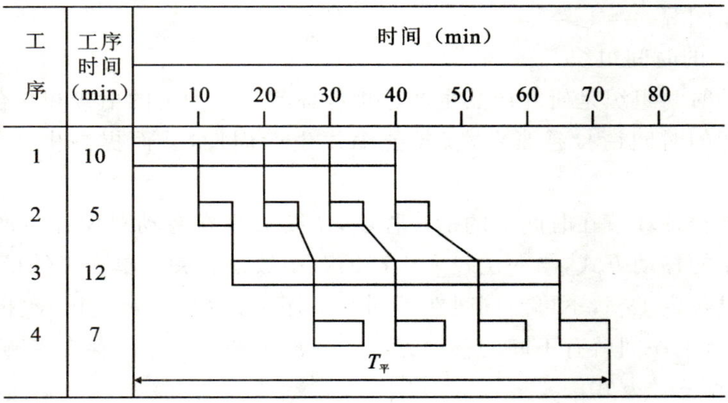

图 9-3　一批零件平行移动方式横道图

这时，该批零件的加工周期的计算公式为：

$$T_{平} = \sum_{i=1}^{m} t_i + (n-1)t_{最长}$$

式中　$T_{平}$——平行移动方式的加工周期；

$t_{最长}$——所有工序中单件工时定额最长者。

采取平行移动方式，由于各工序间的加工是平行进行的，所以加工零件的等待时间短，加工周期短，资金的周转速度快。但是，由于运输次数多，运输工作量大，部分工序的部分设备在加工时有间歇，且间歇时间分散，不易利用。这种移动方式适用于加工零件单件工时较长，批量较大，零件的重量和价值均较大的情况。企业如果出现交货期比较紧，需要赶工时，这种移动方式还是很奏效的。

（3）平行顺序移动方式。平行顺序移动吸收了上述两种移动方式的优点，避开了其短处，但组织和计划工作比较复杂。平行顺序移动的特点是：当一批制件在前道工序上尚未全部加工完毕时，就将已加工的部分制件转到下道工序进行加工，并使下道工序能够连续地、全部地加工完该批制件。为了达到这一要求，要按下面的规则运送零件：当前一道工序的时间少于后道工序的时间时，前一道工序完成后的零件立即转送至下道工序；当前道工序时间多于后道工序时间时，则要等待前一道工序完成的零件数足以保证后道工序连续加工时，才将完工的零件转送后道工序。这样就可将人力及设备的零散时间集中使用。其横道图如图 9-4所示。

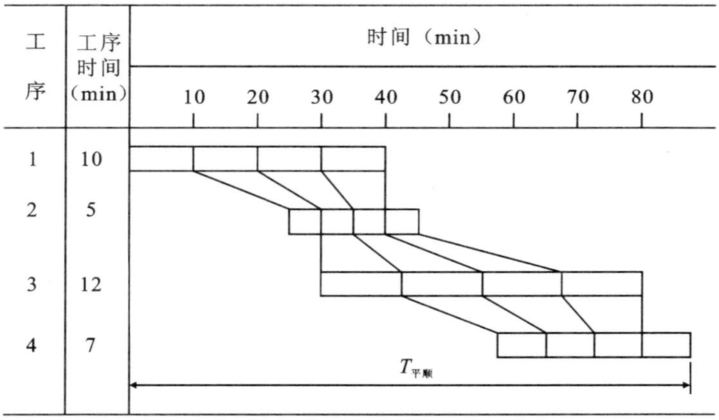

图 9-4　一批零件平行顺序移动方式横道图

这时，加工对象的加工周期的计算公式为：

$$T_{平顺}=n\sum_{i=1}^{m}t_i-(n-1)\sum_{i=1}^{m-1}t_{相邻短}$$

式中　$T_{平顺}$——平行顺序移动方式的加工周期；

$t_{相邻短}$——相邻两道工序中单件工时较短者。

（三）生产过程组织的形式

在企业中，任何生产过程的组织形式都是生产过程的空间组织与时间组织的结合。企业必须根据其生产目的和条件，将生产过程空间组织与时间组织有机地结合，采用适合自己生产特点的生产组织形式。下面介绍几种高效的生产组织形式。

1. 流水线和自动化流水线

流水线（又称为流水作业）是指劳动对象按照一定的工艺过程，一件接一件地、顺序地通过各个工作地，并按照统一的生产速度和路线，完成工序作业的生产过程组织形式。它将对象专业化的空间组织方式和平行移动的时间组织方式有机结合，是一种先进的生产组织形式。流水线具有如下特点：

(1)专业性。流水线上各个工作地的专业化程度很高,即流水线上固定地生产一种或几种制品,固定地完成一道或几道工序。

(2)连续性。流水线上的制品在各工序之间需用平行或平行顺序移动,最大限度地减少制品的延误时间。

(3)节奏性。流水线生产必须按统一节拍或节奏进行。所谓节拍,是指流水线上连续出产两件制品的时间间隔。

(4)封闭性。生产工艺过程是封闭的,各工作地按照制品的加工顺序排列,制品在流水线上作单向顺序移动,完成工艺过程的全部或大部分加工。

(5)比例性。流水线上各工序之间的生产能力相对平衡,尽量保证生产过程的比例性和平行性。

自动化流水线是流水线的高级形式,它依靠自动化机械体系实现产品的加工过程,是一种高度连续的、完全自动化的生产组织。同一般流水线相比,自动化流水线减少了工人需要量,消除了繁重的体力劳动,生产效率更高,产品质量更容易保证。但自动化流水线投资较大,维修和管理要求较高。

2. 成组技术与成组加工单元

成组技术的基本思想是:用大批量的生产技术和专业化方法组织多品种生产,提高多品种小批量的生产效率。成组技术以零部件的相似性(主要指零件的材质结构、工艺等方面)和零件类型分布的稳定性、规律性为基础,对其进行分类、归并成组并组织生产。在成组技术应用中,出现了一具多用的成组夹具,一组成组夹具一般可用于几种甚至几十种零件的加工。成组技术根本改变了传统的生产组织方法,它不以单一产品为生产对象,而是以"零件组"为对象编制成组工艺过程和成组作业计划。

成组加工单元,就是使用成组技术,以"组"为对象,按照对象专业化布局方式,在一个生产单元内配备不同类型的加工设备,完成一组或几组零件的全部工艺的组织。采用成组加工单元,加工顺序可在组内灵活安排,多品种小批量生产可获得接近于大量流水生产的效率和效益。目前,成组技术主要应用于机械制造、电子、兵器等领域。它还可应用于具有相似性的领域,如产品设计和制造、生产管理等。

3. 柔性制造单元

柔性制造单元,即以数控机床或数控加工中心为主体,依靠有效的成组作业计划,利用机器人和自动运输小车实现工件和刀具的传递、装卸及加工过程的全部自动化和一体化的生产组织。它是成组加工系统实现加工合理化的高级形式。它具有机床利用率高、加工制造与研制周期缩短、在制品及零件库存量低的优点。柔性制造单元与自动化立体仓库、自动装卸站、自动牵引车等结合,由中央计算机控制进行自动加工,就形成柔性制造系统。柔性制造单元与计算机辅助设计等功能的结合,成为计算机一体化制造系统。

三、生产计划与生产作业计划

(一)生产计划

生产计划又称生产大纲,它是根据销售计划所确定的销售量,在充分利用生产能力和综合平衡的基础上,对企业所生产的产品品种、数量、质量和生产进度等方面所作的统筹安排,是企业生产管理的依据。

1. 生产计划的层次

为了对企业的供、产、销进行合理的计划和有效的控制，生产计划需要对涉及从宏观到微观的各个工作层面进行全面统筹。一般来说，企业的生产计划可以分为长期、中期和短期三个层次。

(1)长期计划。长期计划又称为战略计划，反映企业的基本目标和组织方针，制订企业的产品战略、生产战略、综合投资战略、销售和市场份额增长战略等。长期计划主要是制订产品计划、市场计划和生产计划大纲，一般 5 年或更长时间制订一次，每年需要进行滚动修改。

(2)中期计划。中期计划的主要任务是制订主生产计划和确定物料及生产能力需求计划，一般为年度计划。主生产计划要根据顾客的订单和可得到的物料及可动用的生产能力来测算需求之间的平衡情况。需求计划是为执行计划供应物料资源，并对执行计划进行必要的调整。执行计划包括资金控制、库存控制、采购控制和生产活动控制。

(3)短期计划。短期计划也称生产作业计划。企业为了便于组织执行生产计划，还要进一步编制生产作业计划。生产作业计划把企业的全年生产任务具体分配到各车间、工段、班组乃至每个工作地和工厂，规定他们在月、旬、周、日乃至轮班和小时内的具体生产任务，从而保证按规定的品种、质量、数量、期限和成本完成生产任务。

2. 生产计划指标体系

生产计划的主要指标有产品品种、产品质量、产品产量与产值，它们各有不同的经济内容和作用，从不同的侧面反映了企业计划期内生产活动的要求。

(1)产品品种指标。产品品种指标是指企业在计划期内规定生产的产品名和品种数。例如，不同型号的汽车，纺织企业中不同规格的纱或布等，它不仅反映企业对社会需求的满足能力，而且还反映企业的专业化水平、生产管理水平。产品品种的确定在综合生产计划中占有十分重要的地位，处于首要位置。

(2)产品质量指标。产品质量指标是指企业在计划期内生产的产品应达到的质量标准。质量标准有国际标准、国家标准、行业标准、企业标准及合同规定的技术要求等。质量指标可以分为两大类：一类是反映产品本身质量的指标，如产品的技术性能、使用寿命、等级率(优秀品率、一等品率)等；另一类是反映产品生产过程工作质量的指标，如合格品率、废品率、返修率等。产品质量指标反映企业的生产技术水平和管理水平。

(3)产品产量指标。产品产量指标是企业在计划期内应当生产的可供销售的工业产品的实物数量和工业性劳务的数量。产品产量指标通常采用实物单位或假定实物单位来计量。例如，机床用“台”表示；钢铁用“吨”表示；电动机用“台/千瓦”表示等。产品产量指标是表示企业生产成果的一个重要指标，它是国家进行物资平衡工作的依据，也是企业进行供、产、销平衡和编制生产作业计划，组织日常生产的重要依据。

(4)产值指标。为了计算不同品种的产品数量，需要运用综合反映企业生产成果的价值指标，即产值指标。企业的产值指标有商品产值、总产值、净产值三种形式。

①商品产值。商品产值是指企业在计划期内应当出产的可供销售的产品和工业性劳务的价值，它一般按现行价格计算。在计算商品产值时，工业性劳务的价值和订货者自备材料的价值不应该包括在内。商品产值是反映企业生产成果的重要指标，它表明企业在计划期内向社会提供的商品总量。

②总产值。总产值是用货币表现的企业在计划期内应完成的工作总量，一般按不变价格计算。总产值指标反映了一定时期内企业生产总的规模和水平，是计算企业生产发展速度及劳动生产率指标的重要依据。总产值中除包括商品产值外，还包括在制品、半成品、自制工具、模型的期末、期初结存量差额的价值，以及订货者来料的价值。

③净产值。净产值表明企业在计划期内新创造的价值。一般可采用生产法与分配法按现行价格计算工业净产值。

上述各项生产计划指标是互相联系的统一体，产品的品种、质量、产量指标占主导地位，是计算产值指标的基础。产值指标是各种产品产量的货币表现，能够综合反映企业的生产成果。编制生产计划时，一定要先安排产品的品种、质量、产量指标，然后再确定产值指标。

3. 生产计划的编制步骤

编制生产计划的主要步骤，主要有以下几个方面：

(1)调查研究，收集资料。编制生产计划的主要依据是：企业长远发展规划，长期经济协议；国内外市场的经济技术情报及市场预测资料；计划期内产品销售量，上期合同执行情况及成品库存量；上期计划的完成情况；组织技术措施计划与执行情况；计划生产能力与产品工时定额；产品试制、物资供应、设备检修、劳动力调配等方面的资料等。通过资料的收集，明确企业面临的内外部环境，掌握生产的有利条件和不利因素，衡量企业生产满足社会化需求的程度。

(2)统筹安排，初步提出生产计划指标。为更好地满足社会需要和提高生产的经济效益，统筹安排全年的生产任务，需初步提出生产计划，其主要内容包括：产量指标的优选和确定；产品生产进度的合理安排；各个产品品种的合理搭配生产；将企业的生产指标分解为各个分厂、车间的生产指标。这些工作要互相联系，同时进行。

(3)综合平衡，确定生产计划指标。将初步提出的生产计划指标同各方面的条件进行平衡，使生产任务得到落实。综合平衡的内容主要包括：生产任务与生产能力之间的平衡，测算企业设备、生产面积对生产任务的保证程度；生产任务与劳动力之间的平衡，测算劳动力的工种、数量，以检查劳动生产率水平与生产任务的保证程度；生产任务与物资供应之间的平衡，测算主要原材料、动力、工具、外协件对生产任务的保证程度及生产任务同材料消耗水平的适应程度；生产任务与生产技术准备的平衡，测算产品试制、工艺准备、设备维修、技术措施与生产任务的适应和衔接程度；生产任务与资金占用的平衡，测算流动资金对生产任务的保证程度和合理性；生产指标之间的平衡。通过综合平衡，做到统筹安排，确定生产计划。

(4)编制正式生产计划。正式生产计划是在计划草案和综合平衡确定了计划指标的基础上编制的。内容包括：修正并最终确定生产计划指标；安排产品出产进度，分配各车间的生产任务；编制生产协作计划等。这些内容以落实生产计划指标为核心，通过计划指标的衔接把它们联系起来，形成一个完整的计划体系，审批后贯彻执行。

(二)生产作业计划

1. 生产作业计划的概念

生产作业计划是生产计划的具体执行计划，是企业组织日常生产调度活动的依据。它是把企业全年的生产任务具体地分配到各车间、工段、班组以至每个工作地和工人，规定他们在月、旬、周、日以至轮班和小时内的具体生产任务，从而保证按品种、质量、数量、期限和成本完成企业的生产任务。与生产计划相比，生产作业计划具有计划期短、计划内容具体、计划单位小三个特点。

2. 生产作业计划工作的主要内容

(1)编制企业各层次的生产作业计划。

(2)编制生产准备计划。

(3)设备和生产面积的负荷率核算和平衡。

(4)制定或修改期量标准。

(5)日常生产派工。

(6)通过生产调度和生产作业统计,检查和控制生产任务计划进度完成情况。

3. 期量标准

期量标准也称为作业标准,是指在一定的生产技术及组织条件下,对劳动对象在生产期限和生产数量方面所规定的标准数据。不同生产类型的企业,有不同的期量标准,如表 9-1 所示。

表 9-1　不同生产类型的期量标准

生产类型	期量标准
大量生产	节拍、流水线工作指示图表、在制品定额
成批生产	批量、生产间隔期、生产周期、在制品定额、提前期、交接期
单件小批	生产周期、提前期

对于需求稳定且均匀、周期性重复生产的产品,常用的期量标准制定方法如下:

(1)批量与生产间隔期。批量是指同种产品一次投入或出产的数量。生产间隔期又称生产重复期,是指前后两批产品投入或出产的时间间隔。

批量与生产间隔有密切关系。其关系式是:

$$Q=RT_{ig}$$

式中　Q——批量;

T_{ig}——生产间隔期;

R——平均日需求量。

从上式可知,计划产量和计划工作日确定后,平均日产量是一个常量。批量和生产间隔期两个变量呈正比关系。

批量的大小,或生产间隔期的长短,对企业经济效益的影响很大。就批量而言,增大批量,设备调整次数减少,调整费用也减少,有利于提高设备利用率和劳动生产率;但增大批量,生产周期延长,在制品数量增加,资金占用多,周转慢。反之,又会出现与上述相反的结果。因此需要确定最合理的批量。同理,对生产间隔期也存在一个合理确定的问题。

确定批量和生产间隔期的主要方法有三种:最小批量法、经济批量法和以期定量法。

①最小批量法。最小批量法是确定批量最低下限的方法,即批量不能超过最低界限,否则设备调整次数和调整费用将会增大,甚至到不合理的严重程度。为充分利用设备,需要规定批量的最低界限。最小批量的计算公式是:

$$Q_{\min}=\frac{t_k}{K_R\cdot t_p}$$

式中　$Q_{\min}$——最小批量;

t_k——设备调整时间;

t_p——工序单件加工时间;

K_R——设备调整允许损失系数。

这里的 K_R 由企业根据实际情况确定,如设备负荷的紧张程度、工件的价值、工件的生产类型等。表 9-2 是一般情况下的 K_R 的参考值。

表 9-2　K_R 的参考值

工件价值	生产类型		
	大批	中批	小批
低	0.02	0.03	0.05
中	0.03	0.05	0.08
高	0.05	0.08	0.10～0.15

上述公式是按单工序计算的。一个零件有多道工序,则按使用设备(负荷紧张的设备)的那道工序计算,最小批量适用于对关键设备和贵重仪器的批量决策。

②经济批量法。经济批量法是根据费用最省原则确定合理批量的方法。概括地说,与批量有关的总费用包括设备调整费和存货保管费两种,这两种费用互为消长关系,即批量大,设备调整费用小,但存货保管费用大;反之,批量小,存货保管费小,但设备调整费大。两者的关系和总费用如图 9-5 所示。

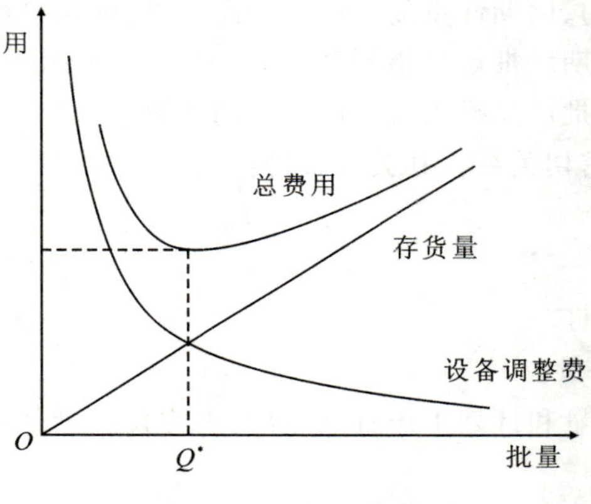

图 9-5　批量与费用的关系

从图 9-5 可以看出,总费用线存在最小值点,过此点与横轴的垂线正好通过两曲线交点,Q^* 就是总费用的经济批量。

现假定年计划产量为 N,每次设备调整费用为 A,单位产品成本为 C,存货保管费率为 i,则经济批量 Q^* 的计算公式为:

$$Q^* = \sqrt{\frac{2NA}{Ci}}$$

按 Q^* 这个经济批量编制生产作业计划,就可使企业年总费用最小。当然,用最小批量或经济批量计算出批量后,一般还要进行适当修正,主要应与车间或班组的生产任务量成整数倍关系,或者与其生产面积、工具耐磨时间相适应。批量确定后,就可求出生产间隔期。

③以期定量法。以期定量法是先确定生产间隔期,然后根据批量等于生产间隔期与平

均日产量之积的公式计算确定批量的方法。

生产间隔期的确定要考虑众多因素。一般而言,产品(零部件、毛坯)价值大、体积大、生产周期长、工艺技术复杂,生产间隔期就可定得短些;反之,就可定长些。

为了管理上的方便,生产间隔期的确定通常取周或旬工作天数的倍数比。如 1 天、2 天、4 天、8 天(旬)、24 天(月)、2 月、季、半年或 1 天、3 天、6 天(周)、12 天(半月)、24 天(月)、2 月、季、半年。与此相应的生产批量就与月需求量成倍比关系,例如,某工件的年需求量 $N=7200$ 件,则与之相应的生产批量如表 9-3 所示。

表 9-3 生产间隔期与相应的生产批量

生产间隔期	1 天	2 天	4 天	8 天	24 天	2 月	1 季	半年	全年
生产批量	25	50	100	200	600	1200	1800	3600	7200
生产间隔期	1 天	3 天	6 天	12 天	24 天	2 月	1 季	半年	全年
生产批量	25	75	150	300	600	1200	1800	3600	7200

以期定量法简便易行,比较适合中小批量生产企业或生产条件不够稳定的企业。但其明显的缺点是缺乏定量分析,在经济方面考虑较少。

(2)生产周期。生产周期是指一种产品从投料开始,直至产品产出为止所经历的全部日历时间。生产周期的长短,固然取决于设备及工艺等技术物质条件,但计划和组织管理工作的完善,也确能有效缩短生产周期。缩短生产周期,对于提高劳动生产率,加速流动资金周转,降低生产成本,保证按期交货,都具有重大作用。在制定生产周期标准时,必须考虑尽可能缩短周期。

(3)生产提前期。生产提前期是确定产品生产过程各工艺阶段的投入、产出日期,保证各工艺阶段互相衔接和保证合同交货期的重要依据,是成批生产作业计划重要的期量标准之一。

4. 生产作业计划的编制方法

编制生产作业计划首先要明确编制计划的要求和分工,需要哪些资料,资料由哪个单位提供,利用什么方法编制。然后根据企业的生产计划编制分车间的及车间内部各工段、组以及个人的作业计划。分车间的作业计划解决车间与车间之间生产数量和衔接等平衡问题。若车间之间没有依次提供半成品关系,可以把生产任务分到车间,若有相互提供半成品关系,则应根据生产类型及车间组织形式采取下列方法进行安排。

(1)在制品定额法。在制品定额是指在必要的时间、地点和具体的生产技术与生产组织条件下,为保证有节奏地均衡生产所必需的在制品数量。保持一定数量的在制品,是生产正常进行的客观需要。但是如果在制品过多,会占用过多的厂房面积和影响资金周转。因此,在制品定额必须控制在一个合理的限额内。在成批生产条件下,车间在制品定额制定的公式为:

$$\text{车间在制品定额}=\text{生产周期}/\text{生产间隔期}\times\text{批量}$$

或

$$\text{车间在制品定额}=\text{生产周期}\times\text{平均日产量}$$

中间仓库半成品定额的制定一般分为成批入库、每日领取与成批入库、分批领取两种情形,其计算公式分别为:

中间仓库半成品定额=(前车间期初第一批产品标准入库日期/前车间生产周期)×前

车间批量＋保险储备量

中间仓库半成品定额＝(前车间计划期最后一批产品入库标准日期到期末天数/后车间领用间隔期)×后车间批量＋保险储备量

在制品定额法是一种利用预先制定的在制品定额来协调和规定产品投入量和产出量任务的方法。这种方法适用于生产稳定的大量大批生产企业。在大量大批生产条件下，只要前车间能够保证车间之间库存在制品的一定库存量，就可使后续车间的生产均衡进行。因此，可用在制品定额作为编制生产作业计划的标准。其计算是按工艺过程的反顺序进行的：

某车间出产量＝后续车间投入量＋本车间外销量＋中间仓库库存定额－期初中间仓库预计结存量

某车间投入量＝本车间出产量＋本车间计划允许的废品量＋本车间在制品定额－期初本车间制品预算存量

大量大批生产的月份进度计划可由车间编制，厂部只编装配进度计划。对于关键件和当月短线件则由厂部编专项计划。

(2)提前期法。提前期法又称累计编号法，它是将提前期转换为提前量，用以保持产品在生产数量上衔接的一种方法。这种方法适用于成批轮番生产企业。在这类企业中，各车间同一时期在生产不同品种的产品，这就需要解决品种、数量、时间三者的衔接问题，比大量生产只需要解决数量衔接问题要复杂得多。所以不能用在制品定额法来规定此类企业车间的生产任务。

提前期法的关键是采用累计编号，即依据成品的先后顺序为每件产品编号。年初出产的第一件产品或某产品出产的第一件，其号码为1；然后依次按自然数列编号。编号有这样的规律：越接近产品完成阶段的生产车间，其产品编号越小；越处在生产开始阶段的生产车间，其产品编号越大。采用提前期法规定生产任务的具体步骤如下：

首先，计算产品在各车间计划期末应达到的累计生产和投入号数。计算公式如下：

某车间出产累计号数＝成品车间出产累计号数＋该车间出产提前期×成品车间平均日产量

其次，计算各车间的计划出产量和投入量。计算公式为：

某车间投入累计号数＝成品车间出产累计号数＋该车间投入提前期×成品车间平均日产量

最后，车间如果是严格按批量进行生产的话，应将计算出的车间出产量和投入量任务进行修正，使其与批量相等或成为批量的整倍数。

(3)生产周期法。生产周期法就是以生产周期为依据，制定各车间投入、产出任务的一种方法。

生产周期法适用于根据订货合同组织生产的单件生产类型企业。这类生产企业的产品品种繁多，数量很少，甚至是单件生产，又属于不定期生产或一次性生产，所以不能用在制品定额法和提前期法来规定车间生产任务。生产周期法正好能保证产品按合同期交货，且使产品在各车间出产和投入的时间能够衔接起来。其编制方法是制定产品生产周期进度表，累计若干个订货单，按交货期要求反工艺顺序做一次综合安排，或订货随到随安排。

5. 生产作业控制

生产作业控制是指在生产作业计划执行过程中，对有关产品(或零部件)的数量和生产进度进行控制。生产作业控制是实现生产作业计划的保证。它一般要确定生产作业控制标准,把执行结果与标准进行比较,以采取措施纠正偏差。

(1)生产调度。生产调度是对企业的生产过程进行直接控制和调节。生产调度的任务就是在企业日常生产活动中,按照生产计划的要求,对企业的生产进行有效的指挥、监督和控制,及时、动态地处理生产中出现的问题。

(2)生产进度控制。生产进度控制是指从原材料投入生产到入库为止的全过程的控制,包括投入进度控制、出产进度控制和工序进度控制等。

①投入进度控制是指控制产品(零部件)开始投入的日期、数量和品种,使其符合生产作业计划的要求,同时也包括原材料、零部件投入提前期,以及设备、劳动力、技术组织措施、项目投入使用日期的控制。搞好投入进度控制,可以避免造成计划外生产和产品积压现象,保持在制品正常流转,保证产品(零部件)投入的均衡性和成套性。

②出产进度控制是指控制产品(零部件)的出产日期、生产提前期、产出量、产出均衡性和成套性等。搞好出产进度控制是保证按时、按量、均衡、成套完成计划任务的有效手段。

③工序进度控制是对产品(零部件)在生产过程中经过的每道加工工序的进度所进行的控制,主要用于单件生产、成批生产中加工周期长、工序多的产品(零部件)。工序一般采用工票和加工路线单进行控制。

(3)在制品占用量控制。在制品占用量控制是对生产过程各个环节的在制品实物和账目进行控制。进行在制品占用量控制,不仅对实现生产作业计划有重要作用,而且对减少在制品积压、节约流动资产、提高企业效益也有重要的作用,在制品占用量控制主要包括:控制参加车间内各工序之间在制品的流转和跨车间协作工序在制品的流转,对在制品的流转加强控制。

此外,还可以采用看板管理法控制在制品占用量。采取“看板方式”生产与一般生产的一个显著区别是,它不是前道工序向后道工序送货,而是由后道工序在需要的时候向前道工序领取需要的零部件,前道工序只生产后道工序取走的那部分零部件,严格控制零部件的生产和储备。

工序看板运作应遵守以下规则:后道工序向前道工序领取零件,必须带有看板;前道工序只生产后道工序领取的数量,超过看板规定数量的零件不生产;不合格品不能挂看板,不能交给后道工序;从前道工序取走零件,应及时取下看板;不见看板不取货,不见看板不生产,不见看板不运输。看板作业的取货指令、运送指令、生产指令,对生产进度起着严格的控制作用。

四、现代生产管理方式和管理模式简介

随着市场的不断变化和信息技术的迅速发展,企业为了获得竞争优势,不断地改进生产管理的思想和技术,创造了很多先进的、高效的新型生产方式,其中有一定代表性的是精益生产、敏捷制造和计算机集成制造系统。

(一)精益生产

精益生产(Lean Production,LP)是美国麻省理工学院国际汽车计划组织的数位专家对日本丰田的准时(Just in Time,JIT)生产方式的赞誉之称。精,即少而精,不投入多余的生产要素,只在适当的时间生产必要数量的市场急需产品;益,即所有经营活动都要有益有效,

具有经济性。精益生产是当前工业界最佳的一种生产组织体系和方式。

精益生产方式是日本人丰田英二和大野耐一在日本丰田汽车公司首创的，因此又称丰田生产方式。精益生产方式是指运用多种现代管理方法和手段，以社会需求为依据，以充分发挥人的作用为根本，有效配置和合理使用企业资源，最大限度地为企业谋求经济效益的一种新型生产方式。

1. 精益生产方式的特点

(1)排除各种浪费，降低成本。在多品种小批量生产条件下，规模效益不再显著，因此必须寻找另外的降低成本的方法。精益生产方式认为，通过排除生产过程中的各种浪费，就可以降低成本，这些浪费主要有7种：过量生产的浪费；工件、人员、设备等待的浪费；搬运的浪费；库存的浪费；无效动作的浪费；作业安排上的浪费；不合格品的浪费。精益生产方式开发了许多具体方法来排除这些浪费。

(2)JIT式的生产。精益生产方式有一句名言："只在必要的时候，按必要的量，生产必要的产品"。这就是JIT本来的含义。精益生产方式认为，只能生产市场所需要数量的产品，而不能为了追求产值或提高设备利用率而盲目增加生产。为此，精益生产方式创造了包括看板在内的一系列方法。

(3)"零库存"生产。精益生产方式认为，在上述的诸种浪费中，库存是一种最大的浪费，因为它除了带来各种库存成本以外，还会掩盖生产经营过程中的多种问题。精益生产方式开发了多种方法来降低库存，无穷地向"零库存"逼近。有数据表明，精益生产方式下的在制品库存数量只是大量生产方式下的1/10。

(4)弹性配置作业人数。生产系统中对人员的配置历来都是"定员制"，即按岗定员，人员配置不随生产数量的变化而变化。但精益生产方式认为市场需求变了，生产量就要相应地增减，人员也应该相应地增减，以免造成浪费。精益生产方式采用独特的U形设计布置、标准作业和培养"多面手"调节作业人数。

(5)质量控制。精益生产方式下，生产出来的产品质量很高。这种方式的主要特点是：将质量控制融入每一道工序，产品每经过一道工序就把一次关；如果在生产过程中发现了质量问题，每一个工人都有权停止生产线；全员参与质量管理。

(6)持续改进的管理理念。精益生产方式总是把现有的生产方式、管理方式看做是改进的对象，不断地追求进一步降低成本、降低库存、完善质量、使缺陷为零、使产品多样化等目标。从理论上来说，这样的极限目标是不可能实现的，但正是这种无穷逼近的不懈追求，带来了产品质量和生产率的不断提高。

2. 精益生产的体系结构

精益生产依据较为独特的生产组织方式，取得了良好的效果。这不仅是因为它的管理手段比大批量生产方式或其他生产方式优越，而且在于它依托所处的经济、技术和人文环境。如果把精益生产体系看做一幢大厦，大厦的基础就是计算机网络支持下的小组化工作方式和并行工作方式。在此基础上的三根支柱为：准时生产JIT、成组技术GT和全面质量管理TQC，如图9-6所示。其中，三大支柱的功能分别为：

(1)准时生产和零库存：是缩短生产周期、加快资金周转和降低生产成本的主要方法。

(2)成组技术：是实现多品种、小批量、低成本、高柔性，按顾客订单组织生产的技术基础。

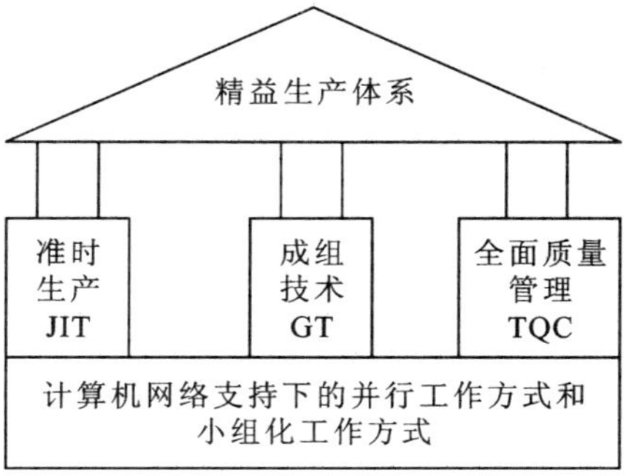

图 9-6　精益生产的体系结构

(3)全面质量管理:是保证产品质量、树立企业形象和达到零缺陷目标的主要措施。

3. 精益生产方式的优点

采用精益生产方式的日本企业以及其他国家的一些企业,与采用大量生产方式的企业相比,其生产经营的效果有很大差别。根据美国大学研究小组的调查研究,精益生产在以下方面有明显优势:

(1)人力资源利用优势。采用精益生产方式,无论在产品开发、生产系统还是企业的其他部门,全员劳动生产率是大量生产方式下的两倍。

(2)新产品开发周期短。例如,采用精益生产方式的企业开发一辆全新的车只需 4 年左右,而大量生产方式的企业则需要 6～7 年。

(3)生产过程中的在制品库存极少。采用精益生产方式的企业的在制品库存量只有大量生产企业的 1/10。

(4)工厂占用空间少。采用精益生产,同样规模工厂的生产面积只有大量生产方式工厂的 1/2,投资也只有 1/2。

(5)成品库存低。由于是准时化生产,严格按需要投产,成品库存是大量生产方式库存水平的 1/4。

(6)产品质量高。采用精益生产方式生产的产品质量可较大量生产方式生产的产品质量提高 3 倍。

(二)敏捷制造

1. 敏捷制造的内涵

20 世纪 90 年代,信息技术突飞猛进,信息化的浪潮汹涌而来,许多国家制订了提高自己国家在未来世界中的竞争地位、培养竞争优势的先进的制造计划。在这一浪潮中,美国走在了世界的前列,给美国制造业改变生产方式提供了强有力的支持,美国想凭借这一优势重造在制造领域的领先地位。在这种背景下,一种面向新世纪的新型生产方式——敏捷制造(Agile Manufacturing)的设想诞生了。

敏捷制造是在具有创新精神的组织和管理结构、先进制造技术(以信息技术和柔性智能技术为主导)、有技术有知识的管理人员三大类资源支柱支撑下得以实施的,也就是将柔性生产技术、有技术有知识的劳动力与能够促进企业内部和企业之间合作的灵活管理集中在一起,通过所建立的共同基础结构,对迅速改变的市场需求和市场进度作出快速响应。敏捷制造比起其他制造方式具有更灵敏、更快捷的反应能力。

2. 敏捷制造的特征

敏捷制造的目标是企业能够快速响应市场的变化，根据市场需求，能够在最短时间内开发制造出满足市场需求的高质量的产品。敏捷制造企业具有如下特点：

(1)高度柔性。柔性主要指制造柔性和组织管理柔性。制造柔性主要是指企业能够针对市场的需求迅速转产，转产后能够实现多品种、变批量产品的快速制造。组织管理柔性主要是指企业淡化金字塔形的管理模式，强调扁平式管理，使权力下放，项目组具有一定的决策能力，充分发挥每个人的主观能动性，随时发现问题，随时解决问题。

(2)先进的技术系统。敏捷制造企业应具有领先的技术手段和掌握这些技术的人员，还应具有可快速重组的、柔性的但并不强调完全自动化的加工设备，以及一套行之有效的质量保证体系，使设计制造出来的产品达到社会用户都满意的程度。

(3)高素质人员。敏捷制造的一个显著特征就是以其迅速反应能力来参与激烈的市场竞争，这不仅是无思想的计算机所不能担负的工作，而且也不是思想僵化、被动接受指令的职工或一般模式中偏重于技术的工程师们所能应付得了的，它需要具有“创造性思维”的、全面发展的敏捷型劳动者才能够胜任。

拥有高素质劳动力的企业，与拥有普通劳动力的企业相比，高素质劳动力能够充分发挥主动性和创造性，积极有效地掌握信息和新技术；高素质劳动力得到授权后，能自己组织和管理项目，在各个层次上作出适当的决策；高素质劳动力具有协作精神，在动态联盟中能与各种人员保持良好的合作关系。

(4)用户的参与。传统的制造过程是收集用户的需求，由制造者进行设计，或者由制造者预测市场需求，再将“自以为是”的产品推向市场。在这种模式下，用户是被动地接受产品。否则，就要定做，不仅花费高，所需时间也长。在敏捷制造模式下，用户参与产品的设计过程，根据自己的喜好提出设计要求，而且整个设计制造过程对用户都是透明的，甚至连销售服务方面都有用户的参与。

3. 敏捷制造的应用

敏捷制造的基本思想和方法可以应用于绝大多数类型的行业和企业，并以制造加工工业最为典型。敏捷制造的应用将在世界范围内，尤其是发达国家逐步实施。从敏捷制造的发展与应用情况来看，它不是凭空产生的，是工业企业适应经济全球化和先进制造技术及其相关技术发展的必然产物，已有非常深厚的实践基础。世界主要国家的航空航天企业都已在不同的阶段或层次上按照敏捷制造的理念和思路开展应用。敏捷制造中的诸多支柱(CIMS、并行工程等)和保障条件(如 CAD/CAM 等)随着大多数企业自身的发展和改造将逐步得以推进和实施，可以说，敏捷制造的实施从硬件上并非另起一套，而是从理念上和企业系统集成上更上一层，其实施和推进将与已有的 CAD/CAM 改造、并行工程甚至 CIMS 逐步融为一体，因而，其可行性是显而易见的。

综上所述，随着研究和实践的不断深入，敏捷制造的应用前景十分广阔。

(三)计算机集成制造系统

当前，我国的计算机集成制造系统已经改变为“现代集成制造(Contemporary Integrated Manufacturing)与现代集成制造系统(Contemporary Integrated Manufacturing System)”。它已在广度与深度上拓展了原 CIM/CIMS 的内涵。其中，“现代”的含义是计算机化、信息化、智能化。“集成”有更广泛的内容，它包括信息集成、过程集成及企业间集成三个阶段的集成优化，企业活动中三要素及三流的集成优化，计算机集成制造系统有关技术的集成优化及各类人员的集成优化等。计算机集成制造系统不仅仅把技术系统和经营生产系统集成在一起，而且把人（人的思想、理念及智能）也集成在一起，使整个企业的工作流程、物流和信息流都保持通畅和相互有机联系，所以计算机集成制造系统是人、经营和技术三者集成的产物。

1. 计算机集成制造系统的含义

计算机集成制造系统（Computer Integrated Manufacturing System，CIMS）是随着计算机辅助设计与制造的发展而产生的。它是在信息技术自动化技术与制造的基础上，通过计算机技术把分散在产品设计制造过程中的各种孤立的自动化子系统有机地集成起来，形成适用于多品种、小批量生产，实现整体效益的集成化和智能化制造系统。

2. 计算机集成制造系统的功能结构

从功能上看，计算机集成制造系统包括了一个制造企业的设计、制造、经营管理三种主要功能，要使这三者集成起来，还需要一个支撑环境，即分布式数据库和计算机网络以及指导集成运行的系统技术，包括管理信息分系统、工程设计自动化分系统、制造自动化或柔性制造分系统和质量保证分系统四个功能分系统，以及计算机通信网络分系统和数据库分系统两个支撑分系统。如图 9-7 所示。

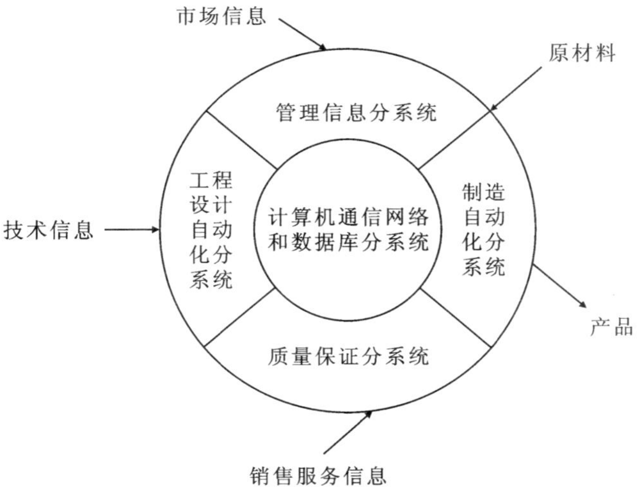

图 9-7　计算机集成制造系统的体系构成

第二节　企业技术管理

一、技术管理概述

技术通常指根据生产实践经验和自然科学原理总结发展起来的各种工艺操作方法与技能。现代企业技术管理就是依据科学技术工作规律，对企业的科学研究和全部技术活动进行的计划、协调、控制和激励等方面的管理工作。

企业技术管理是整个企业管理系统的一个子系统，是对企业的技术开发、产品开发、技术改造、技术合作以及技术转让等进行计划、组织、指挥、协调和控制等一系列管理活动的总称。企业技术管理的目的，是按照科学技术工作的规律性，建立科学的工作程序，有计划、合理地利用企业的技术力量和资源，把最新的科技成果尽快地转化为现实的生产力，以推动企业技术进步和经济效益的实现。

企业技术管理系统的建立，是根据技术管理的基本理论，以促进企业技术进步为目的，对企业的技术开发、产品开发、技术改造、技术合作和技术转让等工作进行分析和评价，提出改善方案并指导实施的一种智力服务活动。

通过技术管理系统的建立，能够对技术管理的成效进行评价，帮助企业分析技术管理不善的原因，制订改进措施，提高企业技术管理水平，促进企业进步，增强企业的竞争能力。

二、技术创新

100 多年前，马克思提出了科技是生产力的观点，1978 年，邓小平进一步提出了“科技是第一生产力”的论断，这表明科学技术已经变成了一种企业变革的力量，一种经营创新的力量。

技术创新是国际社会通用的一种经济学概念，其基本含义是指将一种新产品、新工艺、新服务引入到市场的过程。技术创新可以是建立在一个新的科学发现的基础之上，采用新工序、新工艺或对各种要素的新组合，如变电站的四遥技术、管理中的信息化和输配电线路故障的测报系统等的革新。技术创新也可以是企业以获利为目的进行创造性地经营某种商品的新方法，或者是进行创造性的改造、综合。如日本人通过吸收外来的原有技术加以日本式的改造或新综合，结果成为一个具有竞争力的新技术，并通过这种技术或产品迅速占领市场。

（一）技术创新的概念

1. 技术创新的内涵

现在一般对技术创新的最简单、最直观的表述是：“技术创新是科技新成果（包括概念、发现、发明和其他成果）转变成一种新的或改进的能够带来经济收益的新技术或新工艺。”

技术创新是创新的核心内容，也是众多企业关注的核心。技术创新是企业家的特殊工具，企业家可以利用这一工具来开发新的市场。如图 9-8 所示。

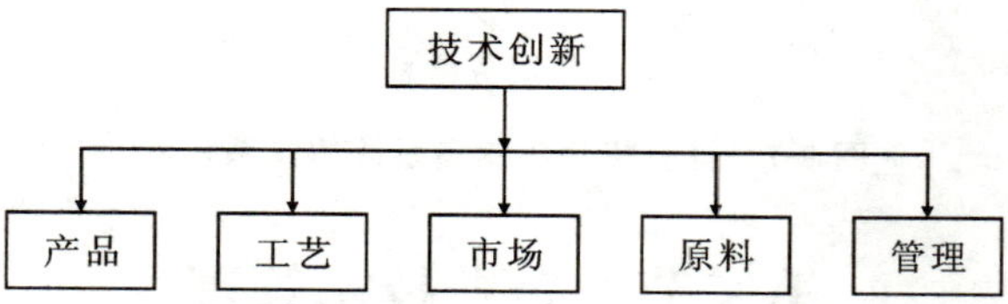

图 9-8　技术创新衍生出的其他创新

2. 技术创新的基本特点

很多人将技术创新单纯地理解为技术发明或创造，这是不准确的。这两者表面意思接近，但在英文中，“创新”（Innovation）和“创造”（Creation）在字面上看差别也很明显。理解技术创新概念，需注意以下特点：

（1）具有创造性；

（2）具有新颖性；

(3)运用科学方法；

(4)产生新的知识或创造新的应用；

(5)能够为企业带来经济效益。

技术创新的主要特征在于体现技术与经济的结合，它异于科学上的发明与发现，突出强调新技术的首次商业性应用。

相关链接

中国高铁创最高时速

2010年12月3日，由中国南车青岛四方机车车辆公司研制的“和谐号”CRH380A新一代高速动车组，从山东枣庄出发，进行京沪高铁枣庄至蚌埠段综合试验，列车时速达到486千米，这已经接近喷气式飞机的巡航速度！这是中国对世界作出的杰出贡献。

3. 技术创新的过程

企业技术创新的过程可分为四个基本阶段，即：技术创新概念的产生和形成；先进技术的获得(自己开发，或引进，或引进加开发)；技术实施(工程化)；实现商业化(获得经济效益)。电力企业从发电、输电到配电，大量新技术的开发、引进并应用到各个发、供电领域都涵盖有以上四个过程和步骤。但是，只有各级领导重视组织人力和资金的投入，并有目的、有计划地组织实施，技术创新才能出成果、出效益。

4. 技术创新管理的要素

从国内外技术创新成功和失败的经验来看，以下因素是非常重要的：

(1)资金。资金是从事技术创新活动的必备条件和保障，企业常常因为资金缺乏而不能实施创新项目。可以从以下几个方面采取对策：

第一，统筹规划，进行战略性安排。企业常出现这样的情况，在产品畅销、资金充裕的时候忙于扩充而忽视创新，当产品滞销必须创新时又面临资金压力。这种临渴掘井式的经营方式必然会给创新带来资金问题，只有未雨绸缪，统筹规划，才能为技术创新提供资金支持。

第二，制度保障，多方筹措。技术创新常被当作是“软任务”，资金不易保证。为此要制定资金分配规则，保障技术创新的资金供给。当创新项目较大、较多时，还要通过多种筹资方式，争取资金，合理运筹，保证创新项目的运行。

第三，循序渐进，滚动发展。对于中小企业来说，经济实力较弱，技术创新可以从小的项目做起，积累资金和经验后，再扩大规模。

(2)队伍。人才是从事技术创新的主体，其中学术带头人的作用尤为明显，队伍的建设是技术创新的一项基本建设。队伍建设的目的是形成技术创新能力。

(3)组织。技术创新活动不同于企业常规的经营活动，它有较大的不确定性，一般不能按照计划路线进行，因而对创新组织灵活性和应变能力的要求很高，尤其需要企业各部门的配合。企业高层管理者需要做好部门的协调工作。

(4)决策。技术创新是关系企业全局的活动，又是充满风险的行为，因而它对决策者提出了很高的要求。企业家处于技术创新的核心地位，他必须从企业总体和长远发展考虑，对创新进行全盘性的安排，支持创新活动，克服创新障碍，把握技术和市场时机，尽量减少风险。

(5)机制。技术创新是创造性活动,必须依靠科技人员、管理者和广大员工的才智和努力,如何激发他们的热情和能动性,是创新效率持久的关键。企业要从体制、制度、精神、物质等方面构建激励创新的能力,营造创新的优良环境。

(二)产品创新与工艺创新

1. 产品创新

产品创新是市场竞争的必然结果,是企业巩固自己市场领先地位的必然选择。产品创新不是消极地满足市场的需要和适应市场的变化,而是主动地开发、创造出新产品,制造顾客新的需求,开拓、创造新的市场,这样就能使自己赢得更多的顾客,永远走在市场的前列。

产品创新的关键在于确立产品的创新意识。索尼公司创始人盛田昭夫认为:"企业的本能就是要使自己的产品过时、变旧。如果我们自己不这样做,我们的竞争对手就会迫使我们的产品成为过时的东西。"产品创新应着眼于开发具有特定销售目标的产品,以给目标顾客带去更多功能、更大价值的满足感。

要不断保持产品创新,就必须保持产品开发速度的领先。在知识经济时代,企业的最佳策略之一就是要抢在别人前面淘汰自己的产品。成功企业的经验证明,谁能领先在市场上推出新产品,及时地更新换代,谁就能在相当长的时间里成为市场领先者。世界发达国家特别注重进行产品的更新换代。比如,日本已经成为产品技术吸收转化最快的国家。该国计划用 20 年时间淘汰约 10%的传统产品,20 世纪的产品有 70%已经被淘汰。据世界经济论坛基金会的一项报告反映:"日本已取代美国成为世界上竞争力最强的国家,原因是其对未来适应力强,生产和技术革新快。"

2. 工艺创新

工艺创新,又称过程创新,是指产品生产技术的重大变革,它包括新工艺、新设备及新的管理和组织方法。根据创新活动的目的及中心内容,工艺创新可分为以下类型:

(1)围绕提高产品质量等级品率的工艺创新。产品质量等级品率是表征质量水平和技术规格符合度的指标。为提高产品质量等级品率,企业必须在工艺技术、工艺管理和工艺纪律三个方面协调创新,忽视其中任一方面,都可能使产品质量和优等品产值率无法得到保证。

(2)围绕减少质量损失率的工艺创新。质量损失率是一定时期内企业内部和企业外部质量损失成本之和占同期工业总产值的比重,是表征质量经济性的指标。为降低废品、减少损失,企业工艺要在设计、工艺技术等软件方面和材料、设备等硬件方面进行协调配套创新。

(3)围绕提高工业产品销售率的工艺创新。工业产品销售率是一定时期内销售产值与同期现价工业产值之比,它反映产品质量适应市场需要的程度。通过工艺创新,企业既能生产独具魅力的物化产品,又能提供优质的服务产品,就能吸引顾客、拓展市场、扩大销售。

(4)围绕提高新产品产值率的工艺创新。产品产值率是一定时期内新产品产值与同期工业产品产值之比,它反映新产品在企业产品中的构成情况,体现企业技术进步状况和工艺综合性水平。现代企业的生产往往需要由多种学科、多种技术综合成的工艺技术,尤其是技术密集型创新产品,需要机电、光、化学、微电子、计算机、控制及检测等技术工艺,特别需要计算机集成制造系统技术,实现对产品寿命周期信息流、物质流与决策流的有效控制与协调,以适应竞争市场对生产和管理过程提出的高质量、灵活响应和低成本的要求。

(5)围绕节约资源、降低成本的工艺创新。传统自然资源日益匮乏,通过改进原有工艺,科学、合理、综合、高效地利用现有资源,或是采用新工艺、开发利用新的资源,可以使企业节约能源,降低物耗能耗,降低产品成本。

(6)围绕有益于环境的工艺创新。低污染或无污染成为社会、政府和人民对企业生产及其产品的越来越突出的要求,通过工艺创新,企业可以减少生产过程的污染,提供无污染的产品。

3. 产品创新与工艺创新

产品创新和工艺创新都是为了提高企业的社会经济效益,但二者途径不同,方式也不一样。产品创新侧重于活动的结果,而工艺创新侧重于活动的过程;产品创新的成果主要体现在物质形态的产品上,而工艺创新的成果既可以渗透于劳动者、劳动资料和劳动对象之中,还可以渗透在各种生产力要素的结合方式上;产品创新的生产者主要是为用户提供新产品,而工艺创新的生产者也是创新的使用者。

三、技术引进

1. 技术引进的概念

技术引进是指一个国家或地区的企业、研究单位、机构通过一定方式从本国或其他国家、地区的企业、研究单位、机构获得先进适用的技术的行为。

技术引进是一个特定的概念:

(1)技术引进是一种跨国行为。

(2)技术引进与设备进口有着原则区别。人们常将“技术”广义化,把技术分为软件技术和硬件技术。软件技术就是前面提到的技术知识、经验和技艺,属纯技术;硬件技术是指机器设备之类的物化技术。只从国外购入机器设备而不买入软件技术,一般称之为设备进口。若只从国外购入软件技术或与此同时又附带购进一些设备,这种行为才能称为技术引进。

(3)技术引进的目的是为了提高引进国或企业的制造能力、技术水平和管理水平。要达到目的,只有引进软件技术,通过自我消化吸收,才能做到。

2. 引进技术的内容

引进技术的内容主要有以下几个方面:

(1)从国外引进工艺、制造技术,包括产品设计、工艺流程、材料配方、制造图纸、工艺检测方法和维修保养等技术知识和资料,以及聘请专家指导、委托培训人员等技术服务。

(2)引进技术的同时,进口必要的成套设备、关键设备、检测手段等。

(3)通过引进先进的经营管理方法,充分发挥所引进技术的作用,做到引进技术知识和引进经营管理知识并举。

(4)通过广泛的技术交流、合作以及学术交流活动、技术展览等,引进国外的新学术思想和科学技术知识。

(5)引进人才。技术引进的远期目标是从根本上消除本国、本单位与国外、其他企业在技术方面的差距,提高本国、本单位的技术水平;近期的目标则是从生产需要出发,填补技术空白。

国际经验表明,技术引进可以使引进方迅速取得成熟的先进技术成果,不必重复别人已做过的科学研究和试制工作。它是世界各国互相促进经济技术发展必不可少的重要途径。

3. 技术引进与自主创新

我国正处在加速工业化和产业技术升级的重要阶段，一方面我们要进一步加大引进国外先进技术的力度，推动结构调整与优化；另一方面，我们又必须把提高自主创新能力放在更加突出的位置，以此作为推进经济结构调整的中心环节，加快建设中国特色社会主义的创新体系。这是当前发展中我们面临的双重选择。改革开放以来，我们走上了一条通过引进国外先进技术加快产业结构调整和经济发展的捷径，我国引进先进国外技术装备，推动了国内产业结构的调整优化，提高了我国经济增长的质量。当前，我国经济进入一个新的成长阶段，产业结构面临整体升级的任务。毫无疑问，我们仍然要更加扩大开放，有效利用国内、国外两种资源和两个市场，特别是大量利用全球技术资源，促进产业结构优化升级。现在经济全球化促使技术资源的全球配置的空间进一步扩大，为我们利用国际技术资源提供了难得的条件，我们应充分利用好这一机会，在更深层次上引进技术，利用巨大的国内市场优势，扬弃“以市场换技术战略”，推行“以竞争换技术战略”，着眼于互利双赢、竞争合作，进一步加强国际间的技术交流与合作。

相关链接

“用工荒”倒逼中国部分企业加快技术革新步伐

对于依靠“人口红利”发展起来的中国部分劳动密集型企业而言，持续的“用工荒”正在形成倒逼机制，让企业主除了提高待遇增加对员工的吸引力外，不得不重视科技投入、转变发展方式，通过技术和设备革新降低对劳动力的依赖。作为全球最大的玩具制造商之一，拥有5家制造企业的广东镇泰集团已经从最初的一家25人港资小企业成长为拥有3万名员工的巨型企业。劳动力短缺和成本上涨成为这家企业必须面对的最严峻挑战之一。

四、技术改造

技术改造是指企业为了提高经济效益、提高产品质量、增加花色品种、促进产品升级换代、扩大出口、降低成本、节约能耗、加强资源综合利用和三废治理、劳保安全等目的，采用先进的、适用的新技术、新工艺、新设备、新材料等对现有设施、生产工艺条件进行的改造。

1. 技术改造的作用

技术改造是我国工业发展的基本经验。实践证明，用先进、实用技术改造传统产业，不仅具有投资少、工期短、见效快等特点，而且不需要再铺新摊子，能有效避免重复建设，同时还有利于优化产业结构，改变增长方式，提高企业的效益和竞争力。由全国人大财经委与教科文卫委组成的技术改造和科技创新专题调研组，对辽宁、陕西、湖北、上海三省一市的技术改造和科技创新情况进行的调研表明，技术改造和科技创新在落实中央“保增长、调结构、促改革、惠民生”等一系列重大决策部署中发挥了积极作用。

引进和消化国外的先进技术，对加速我国的经济发展是十分有利的。但关键技术特别是核心技术是永远都买不来的，只有自主创新，掌握自主知识产权，才能在激烈的国际竞争中牢牢把握自己的命运。

2. 技术改造的原则

(1)坚持以技术进步为前提,以扩大再生产为主的原则。

(2)从实际出发,采用既适合企业实际情况,又能带来良好经济效益的技术方案。

(3)在提高经济效益的前提下,实行技术改造,扩大生产能力。

(4)资金节约原则。针对企业的薄弱环节改造,把有限的资金用在最急需的地方。

(5)全员参与原则。调动各方面的积极性,参与到企业的技术改造当中。

相关链接

黔西南州加强技术改造,增强工业发展后劲

黔西南州近年来围绕调整产业、产品结构,转变经济发展方式的主线,大力扶持支柱产业、特色产业和骨干企业,2006—2010年,全州共完成技术改造资金112.6亿元,建成项目近200项,重点培育了一批优强产业和新的经济增长点,增强了工业经济发展后劲。

黔西南州以重大项目为抓手,推动企业实施技术改造的步伐。2006年以来,全州先后有30个项目纳入省重点技改项目跟踪调度体系,确保了重大项目的顺利实施。此外,该州针对企业在项目建设中遇到的土地、环评、融资等困难,加强与土地、环保、金融等部门衔接沟通,主动为项目实施创造便利条件。通过协调服务,贵州兴化“1815”工程、贵州宜化“2030”工程、老江底电站技改项目、贵州荣盛水泥集团日产2000吨熟料水泥生产线等30多个重大技改投资项目得以顺利实施,大部分项目如今已建成投产,形成了一批新的经济增长点。

本章小结

企业在加强经营决策的同时,必须切实做好企业生产过程的合理安排,生产计划的科学制订与控制等各项工作,这是确保企业目标得以实现的重要保证。企业技术管理的任务主要是推动科学技术进步,不断提高企业的劳动生产率和经济效益。要从正确贯彻执行国家的技术政策,建立良好的生产技术秩序,提高企业的技术水平,保证安全生产,广泛开展科研活动,努力开发新产品等多方面做好技术管理工作。

复习思考题

一、选择题

1. 现代企业提高生产管理能力最有效的途径就是按原则办事,下列哪项不是现代企业的生产管理必须遵循的原则?(　　)

A. 经济效益原则　B. 科学管理原则　C. 以产定销原则　D. 均衡生产原则

2. 执行计划包括资金控制、库存控制、采购控制和生产活动控制,它属于(　　)。

A. 战略计划　B. 长期计划　C. 中期计划　D. 短期计划

3. 产品的技术性能、使用寿命、等级率(优秀品率、一等品率)反映了(　　)。

A. 产品品种指标　　B. 产品质量指标

C. 产品产量指标　　D. 产值指标

4. 不同生产类型的企业有不同的期量标准，生产周期和提前期是哪种生产类型的标准？(　　)

A. 大量生产　　B. 成批生产

C. 单件小批　　D. 以上三者都包括

5. 经济批量法是根据费用最省原则确定合理批量的方法，与批量有关的总费用包括设备调整费和存货保管费两种，这两种费用的关系是(　　)。

A. 正比　　B. 反比　　C. 同比　　D. 无关系

6. 根据订货合同组织生产的单件生产类型企业，特别适用于下列哪种方法进行安排？(　　)

A. 在制品定额法　　B. 提前期法　　C. 累计编号法　　D. 生产周期法

7. 下列哪种现代生产管理方法是由日本丰田汽车公司首创的，因此又称丰田生产方式？(　　)

A. 精益生产　　B. 敏捷制造

C. 计算机集成制造系统　　D. 现代集成制造

8. 技术创新管理的要素包括(　　)。

A. 资金　　B. 队伍　　C. 组织　　D. 决策

二、简答题

1. 如何理解生产管理的内容？
2. 如何合理地编制生产计划？
3. 如何理解生产作业计划的期量标准？
4. 在生产作业控制中，应采取哪些具体的措施？
5. 简述技术创新的概念及其特点。
6. 如何理解技术引进和自主创新？

实践与实训

一、实训目的

1. 熟练掌握生产计划的指标；
2. 分析生产计划的层次，按照生产计划的编制步骤，正确编制生产计划。

二、实训项目

各小组利用业余时间调查某个企业的计划(长期计划、中期计划、短期计划均可)，收集相关资料。

三、实训内容与要求

1. 每班分成数个小组(6～8人/组)，每组选定一名组长；
2. 各小组进行讨论，初步分析，综合平衡，最终确定生产计划的指标；
3. 编制正式的生产计划；
4. 课堂讨论各小组生产计划，教师点评。

案例分析

春兰靠产品创新走向世界

春兰空调继1994年率先通过ISO 9001国际标准认证后，又相继获得了美国BSI、中国香港品质保证局HKQAA认证。1998年，春兰牌系列空调又通过了德国CE认证。继1995年春兰集团荣获由国家统计局颁发的“中国空调之王”称号后，1998年又荣获“中国空调第一品牌”称号。1998年，CL125春兰豹摩托车在国家质量监督局的质量抽查中，名列摩托车行业第一，并通过了欧洲TUV品质认证。春兰品牌已冲出国门走向世界。春兰产品创新的做法主要有：

1. 注入科技投入

春兰集团的管理层在创业之初就认识到，要创造名牌产品就必须加大科技投入，加快科技进步，不断提高科技水平和管理水平。

早在1987年，春兰就提出了超越日本三菱“双子星”空调的目标，并随后全面实施“科技兴企、创国际一流名优品牌”的宏伟战略。为此，春兰集团每年都投入巨额资金用于高科技开发。春兰集团职工的工资总额只占成本的0.5%，但科技开发投入却占10%左右。

1984年，春兰集团投资7000万元建成了国家星火计划的CIMS中心，并相继建立了一个国家级测试中心、一个国内一流的金属加工中心。1997年，春兰建成了中国企业界第8家博士后工作站。投资13亿元建立的春兰研究院成为中国最大的企业研究院，该院负责研究春兰5～10年以后的新产品，跟踪世界同行最先进的41项高科技项目。

2. 重视产品的设计

春兰人认为，要使春兰产品在消费者心目中扎根，首先是产品设计要紧跟时代潮流，让产品闪耀高科技光芒。春兰的产品设计是立足于追求整个产品族的高科技，而不单纯是某个产品的高科技。根据这个指导思想，春兰先后设计出了一批高科技产品，如变频空调、智能空调、清新空调、静音空调、全自动洗衣机、电子保健冰箱等，都保持了国内外领先地位，在市场中激起了强烈反响。

思考与讨论：

1. 春兰产品创新的主要做法有哪些？
2. 创新在企业中发挥的主要作用有哪些？

第十章 企业信息管理

知识目标

1. 了解我国企业管理信息化的发展历程及变化趋势;
2. 理解掌握管理信息系统的具体应用;
3. 掌握企业管理信息化的概念、作用及其特点;
4. 掌握管理信息系统的结构类型。

能力目标

1. 能准确辨认管理信息和管理信息系统的内在区别与联系;
2. 熟悉管理信息系统的发展应用;
3. 能用所学知识分析企业信息化过程中存在的问题。

信息是一种资源,在竞争激烈的环境里,管理人员必须把这种有价值的资源加以利用。在全球化的经营环境下,无论是国际企业还是中国企业,无论是大企业还是小企业,都可以充分利用信息技术来扩大经营的地域范围、推出新的产品和服务、重新设计工作流程,甚至彻底改变企业经营的方式。当今时代的两个显著特点就是世界经济一体化和以计算机为代表的信息技术的快速发展。一个组织要在激烈的竞争中保持优势和不断发展,必须对迅速变化的环境灵敏地作出有效的反应。管理信息系统的应用能够提供这种有效的决策支持。

开章案例

看海尔集团如何打开世界之窗

在海尔的厂房内,每个人和每件事都在遵守着"交通规则",有板有眼地进行着生产。这里没有"交警",只有一间一个人操作的中央总控制室。

走进海尔的厂房,感受最深的是这里比较冷清——只有几个工人在悠闲地做着事。不过这个"冷清"可不是你通常所想的"冷清",只是不像其他企业的厂房有那么多人在忙碌地做事。

海尔很早就认识到了信息化竞争的重要性,于 1996 年 10 月建立了海尔网站和计算机网络,接通了市场和生产的所有环节。海尔各部门对客户的反应速度从 36 天降低到 10 天,对订单的处理时间从 7 天降低到 1 天,100%的供应商从网上接采购订单,80%的货款从网上支付。在此之前,海尔各产品线一直是分散采购,整个采购网络相对薄弱。实现计算机网络统一采购后,海尔的供应商网络不断优化,竞争力较弱的供应商 80%以上遭到淘汰,供应商数量也从最初的2330余家一度降至2002年的700余家(随着企业规模的不断扩大,现在海尔的供应商数量保持在1000家左右)。现在,国际化供应商占到海尔供应商总数的70%左右,其中包括了85家世界500强供应商。计算机网络带来的好处归结为一个字就是:快——对市场的掌握快了,对客户的反应快了,物流快了,资金周转快了。有资料显示,1999年国有企业的平均流动资金周转天数在300天以上,海尔的周转速度是70天,1块钱顶4块钱用。

从2002年开始,海尔一直咬定条形码,如今已经做到了人码、物码、订单码三码合一。每一台海尔产品从生产线上下线的时候都经过扫描,如果这台产品在市场上出现问题,维修工可以在到顾客家维修的时候用随身携带的扫描枪直接扫描条码,产品的问题可以即刻反馈到厂里,并落实到人。

在完善条形码基础的同时,海尔又通过RFID标签获取数据,显著提高了供应链管理的水平。一旦芯片技术发展到成本显著降低、存储容量足够大的时候,海尔还期望在家电产品中嵌入芯片标签——既记录制造过程中的数据,还可以记录顾客和电器保修的有关信息。

思考题:

海尔是如何进行企业信息管理的?

第一节　管理信息概述

企业之间的竞争在很大程度上是一种信息竞争。企业不仅要适应市场,而且要创造市场。在企业管理已由一般管理发展到战略管理,而战略管理又从企业形象识别战略发展到顾客满意战略的今天,企业管理的信息化必须适应顾客消费观念的变化,了解顾客的需求及其满意程度,只有这样,才能真正提高企业的竞争力。所以,搞好企业管理信息化,不仅仅是买电脑、购设备、建系统、搞网络的问题,更重要的是要通过管理信息化吃透市场信息,包括需求、供给、价格、市场环境、政府政策、竞争对手等多种信息,在激烈的竞争特别是全球性竞争中作出正确、灵活的反应。

一、信息概述

(一)信息的概念

在人类早期,人们对于信息的认识比较模糊,对信息的含义也没有明确的定义。随着科学技术的发展,信息科学对人类社会的发展产生了深刻的影响,而信息的概念在不同的领域也有了不同的解释。

信息论的创始人申农说:"信息是用以消除不确定性的东西。"

从哲学意义上来看,信息是自然界、人类社会和人类思维活动中普遍存在的一切物质和事物的属性。

我国信息论专家钟义信教授在《信息科学原理》一书中将信息描述为:事物的运动状态和状态变化的方式。

综上所述,能表达某种含义的信号、语言、文字和图形都可以概括为信息。信息是经过加工后的数据,它反映了客观世界的资源和知识,在传播过程中,可以影响接收者的行为,并最终影响接收者的意识和决策。

我们可以从三个方面来理解信息的含义:一是信息反映了客观事物的状态以及客观事实;二是信息必须被接收者理解并作出决策,才具有价值;三是信息是一种经过加工处理的数据。

从以上介绍可以看出,信息是指导人们展开实践的依据,是人们对资源的一种认知和理解,也是人们对客观世界的认识与概括。

(二)信息的特征

信息是企业管理中一项十分重要的资源,而它能否正确使用,往往和它自身的特点有关。信息主要有以下几个特点:

1. 信息的客观性

信息反映的是客观事物的运动方式,不以人的意志为转移。反映客观存在的信息,才是真实有价值的信息,才能被人们所接收,并对以后的行动有指导意义。

2. 信息的共享性

信息通过信息源的传播,可以有多个接收者,被多个接收者利用,可以增加交流的内容。这就极大限度地扩展了信息,让信息得到了更为广泛的利用,对它本身却没有丝毫的影响。因此可以说,信息只能共享,而不能交换。

3. 信息的时效性

信息的价值和作用与时间有着直接的联系,信息有一定的时限,超过了这个限度,信息就失去或削弱了被利用的价值。一般来说,信息的内容越新,传递得越快,信息的价值就越大。

4. 信息的转化性

从某种意义上讲,信息是可以转化的。在一定的条件下,它可以转化为价值,可以被人们有效地利用。因此,管理者要善于转换信息,去实现信息的价值。

二、企业信息化的概念和特征

随着全球经济一体化的加速,世界经济的发展正在走向信息化时代。信息化已成为企业获取竞争优势的必然选择。它是以改善企业管理为目的,为企业增进管理效率和提高管理水平奠定了坚实的经济基础,是企业管理创新和提高竞争力的前提。因此,在今后较长的历史时期内,企业现代化首先要实现企业信息化,信息化已经成为企业现代化的主要衡量指标之一。

(一)企业信息化的概念

企业信息化是指企业广泛利用现代化的信息处理技术,通过信息资源的开发和信息技术的有效利用来提高企业的生产能力与经营管理水平,充分开发和利用企业内部或外部的相关资源以及与企业生产经营活动有关的各种信息,及时把握机会,作出决策,增进运行效率,从而提高企业竞争力水平和经济效益的过程。

企业信息化包括两个部分,即企业业务信息化与企业管理信息化。企业管理服务于企业业务,企业业务的进展则取决于企业管理的好坏。尽管企业管理信息化同企业业务信息化一样,也取决于企业的性质、类型、规模,但不同企业的管理除其特殊性外还有其一般性,有共同规律可循。企业管理信息化同企业业务信息化相比,在不同企业之间有更多的共性和相同的发展趋势。

通过对企业信息化概念的理解，可以看出企业信息化是一个概括的称谓，它主要具有以下内涵：

(1)企业信息化的目标：增强企业的核心竞争力。

(2)企业信息化的手段：即计算机网络技术。

(3)企业信息化的功能：可以进行信息的收集、传输、加工、存储、更新和维护。

(二)企业信息化的特征

企业信息化是一个动态发展的过程，信息化技术更加优于工业化技术，不仅表现在它的应用范围上，而且也体现在它的渗透力中。概括来说，信息化技术比工业化技术应用得更加广泛，渗透力也更强，它既可用于第二产业的工业，又能有效地用于第一产业的农业，特别是对于第三产业——服务业，更能起到一种改进企业行为、提高企业竞争力的作用，它可以同时渗透到每个产业和企业的所有环节，而且还能结合信息资源的开发利用，极大地改善管理者的战略决策，使企业获得更大的成功，获取最大的效益。具体地讲，企业信息化主要有以下特征：

1. 企业信息化的本质特征

企业信息化的本质与基础是企业核心业务、主导流程与人的信息化，任何企业都拥有其独特的主营业务，即核心业务，其运作过程就是企业的主导流程，它们是企业信息化改造的重点对象。因此，企业信息化要求企业各级员工不仅要在心理上更要在行动中积极投入到信息化建设的进程中，而且更要使员工成为信息化的主导力量，加快企业信息化的发展。

2. 企业信息化的形态特征

企业信息化的形态特征主要体现在企业生产、管理和经营三个层面上，它要求企业在产品设计、工艺制作、零件加工、事务处理以及供应链管理与辅助决策等领域广泛开展计算机应用，在企业的生产与发展中，基本实现设计自动化、生产自动化、办公自动化等企业运行的全面自动化，加快企业自动化程度的进程，增强企业的应变能力。

3. 企业信息化的过程特征

根据我国的实际情况，企业管理信息化一般都先从会计核算电算化开始，在会计核算电算化的基础上，完成财务管理电算化，然后将信息化的范围扩展到采购、销售、库存和人事管理，再运用计算机实现财务管理与这些管理在数据上的一体化处理，使企业管理的效率大大提高，最后再将信息化扩大到生产管理。从企业信息化的发展过程不难看出，企业信息化经历了从初级、中级到高级的发展过程，对计算机的应用程度逐步提升，因此，它具有连续不断可持续发展的特征。

4. 企业信息化的阶段特征

企业管理信息化是一个动态变化、持续发展的过程，它没有终点，而且将随着管理理念、信息技术和网络技术的发展而发展，随着企业的发展而发展，可以说，企业信息化是一个螺旋式上升的过程。成功的企业管理信息化模式都是从局部到全局、从内部到外部、从战术层次到战略层次全面渗透的一个纵深发展的过程。因此，企业信息化在实施过程中应该是全方位的，企业应该根据自身的特点，分层次、分阶段地推进企业信息化，提高信息技术的利用率，所以，从这一点上可以分析出，企业信息化的建设不可能是一次性的，它具有分阶段连续不断的特征。

三、企业信息化的内容

从20世纪80年代开始，随着计算机硬件和软件技术的发展，特别是计算机和通信网络技术的日趋融合，企业信息化内容发生了巨大的变化，信息技术在企业中的应用不再局限于企业活动的某些环节，而是逐步地渗透到企业活动的各个领域中，极大地改变了企业的生产、流通和组织管理方式，推动了企业物流、资金流和信息流的相互融合。企业信息管理通过企业信息管理系统把企业的各个环节集成起来，共享信息和资源。它用先进的管理思想改造传统的管理模式，对企业进行管理重组和管理革命，在先进管理模式的信息技术支持下，逐步实现信息流、物流和资金流的“三流同步”。在信息化过程中，实现企业的发展目标。

1. 生产过程的自动化和信息化

企业信息化的一个关键环节就是生产过程的自动化和信息化，它通过对库存、财务、设备、人员等方面的管理，对企业的发展实现有效的控制。通过自动化工具不仅可以代替人的体力劳动，而且还能够代替人的脑力劳动。随着企业所掌握信息量的增加，企业的信息管理将逐步趋于生产的自动化，而自动化和信息化的关键就是要提高企业的信息处理能力和员工创新能力，并使两者相互结合起来，增强企业的竞争力。

2. 企业内部管理的信息化

对于企业而言，企业内部管理的信息化是企业信息化中应用最为广泛的一个领域，涉及企业管理的方方面面。企业要发展，就要改变其传统的管理模式，实行扁平化管理和网络化管理，实现面向客户的集成化管理目标。通过对企业内部网实行有机的连接，使企业内部各种类型的信息系统有效地组织起来，利用信息资源，实现企业管理的高效率。

3. 企业客户关系管理的信息化

客户关系管理信息化主要就是利用信息技术来收集、处理和分析客户的信息，以便更好地满足客户的要求。客户关系管理的信息化，要求通过电子商务技术的发展为企业整合内外部的信息系统，从而提供给客户最满意的信息和服务，为企业的发展创造一个良好的经济环境，提升企业的核心竞争力和企业生产效率。

第二节　管理信息系统

一、管理信息系统产生的背景

一个组织要在激烈的竞争中保持优势和不断发展，必须对迅速变化的环境灵敏地作出有效的反应。管理信息系统的应用能够提供这种有效的决策支持。管理信息系统是为了适应现代化管理的需要，在管理科学、系统科学、信息科学和计算机科学等学科的基础上形成的一门科学，它研究管理系统中信息处理和决策的整个过程，并探讨计算机的实现方法。

过去，各行各业往往都有不少管理人员和行政首脑孤立地看待数据处理和计算机。这使得数据处理(DP)人员和信息服务(IS)人员不愿使用容易被用户(即使用计算机的人员)理解的语言同用户进行交流。管理人员对这种交流缺乏兴趣，这样就延缓了计算机系统的开发，从而在许多其他方面产生了冗余劳动的现象。

妥善处理用户同信息服务人员之间的关系，可以加强双方的互相配合。为了建立和维护一个高质量的信息系统，各方都必须尊重对方的意愿。系统质量的优劣是直接与用户同信息服务人员之间互相配合的好坏成正比的。那些不愿意掌握有关计算机和信息资源管理知识的用户管理人员，必将成为落伍者。过去，用户管理人员在很大程度上是依靠信息服务人员来开发和实现信息系统的。现在，这些用户管理人员更多地参与到了信息系统的开发，这种趋势早在 20 世纪 70 年代中期就开始了，而且，自那以后不断地发展，现在已进入了信息服务人员同用户合作的时代。

最近几年，人们逐渐认识到：信息是一种资源，必须把这种有价值的资源加以利用，不使其白白浪费掉。在竞争激烈的环境里，管理人员和行政首脑必须有效地利用信息，不然就难以立于不败之地。过去，管理人员仅仅把计算机看成是省钱的工具，而现在，计算机被看成是创造利润的工具。面对越来越多的信息资源和越来越复杂的企业内外部环境，企业有必要建立高效、实用的管理信息系统，为企业管理决策和控制提供保障，这是实现管理现代化的必然趋势。

二、管理信息系统的概念

管理信息系统（MIS）是 1961 年在美国由 J. D. Gdllagher 首先提出的，并确定其为以计算机为主体、以信息处理为中心的综合性系统。随着通信技术、网络技术、数据库技术以及软件工程方法等技术的飞速发展，管理信息系统成为计算机技术的重要应用领域。

到了 20 世纪 90 年代，有的学者提出了信息系统的定义：支持组织中决策和控制而进行信息收集、处理、存储和分配的相关联部件的一个集合。从这个定义中可以很明显地看出，这里所说的信息系统其实就是现在的管理信息系统。

管理信息系统在我国最早出现于 20 世纪 70 年代末 80 年代初，登载于《中国企业管理百科全书》上，具体定义为：一个由人、计算机等组成的能进行信息的收集、传递、加工、维护和使用的系统。管理信息系统能实测企业的各种运行情况；利用过去的数据预测未来；从企业全局出发辅助企业进行决策；利用信息控制企业的行为；帮助企业实现其规划目标。

通过以上对管理信息系统的描述，可以给管理信息系统下一个完整的定义：管理信息系统是一个以人为主导，利用计算机硬件、软件、网络通信设备以及其他办公设备，进行信息的收集、传输、加工、储存、更新和维护，以提高企业效益为目的，为企业高层决策、中层控制和基层运作提供信息服务的人机系统。

管理信息系统不仅仅是一个技术系统，而且是把人包括在内的人机系统，因而它是一个管理系统，是一个社会系统。管理信息系统是为管理服务的，它的开发和建立可以使企业摆脱落后的管理方式，是实现管理现代化的有效途径。可以说，管理信息系统在管理现代化中起着举足重轻的作用。它不仅是实现管理现代化的有效途径，同时，也促进了企业管理走向现代化的进程。

三、管理信息系统的分类

管理信息系统已经深入到管理活动的各个层次和社会生活的各个领域。根据管理信息系统的功能适用性来进行分类，可分为：

1. 企业管理信息系统

企业管理信息系统面向企业，主要进行的是管理信息的加工处理。企业的管理活动非常复杂，而且所处的环境变化很快，因此，企业的管理信息系统涉及范围很广泛，人、财、物、产、供、销及技术、管理等应有尽有。由于因特网的发展，目前企业管理信息系统出现了电子商务的发展趋势。

2. 事务型管理信息系统

事务型管理信息系统面向事业单位，主要是进行日常事务的处理。事务处理系统存在于组织的各个基层业务职能中，是组织中最基本的业务活动。如企业中的库存管理系统、财务处理系统、人事档案管理系统等；学校的学籍注册与管理系统、课程安排系统；银行的储蓄业务处理系统。

3. 专业型管理信息系统

专业型管理信息系统指从事特定行业或在特定领域的管理信息系统，如人口管理信息系统、材料管理信息系统、科技人才管理信息系统、房地产管理信息系统等。专业型管理信息系统具有专业性强、信息处理相对专业等特点，规模一般较大。

4. 决策支持的智能化管理信息系统

决策支持的智能化管理信息系统是面向组织的管理控制层和战略决策层，从决策分析的角度出发，运用各种数学模型和方法对信息进行深入分析，挖掘信息的内在规律和特征，以易于理解和使用的多媒体方式提供给决策者。

四、管理信息系统的结构

管理信息系统的结构是指管理信息系统中各个组成部分所构成的框架，是所有部分之间相互关系的总和。管理信息系统的结构主要有概念结构、层次结构、功能结构和软件结构。

1. 管理信息系统的概念结构

从管理信息系统的概念上看，它的系统结构由四部分组成，即信息源、信息处理器、信息使用者和信息管理者。信息源是管理信息系统的数据来源，它是信息的产生地。信息处理器负责信息的传输、加工、存储，为各类管理人员即信息用户提供信息服务。信息使用者是信息的用户，信息管理者负责系统的设计、实现、运行和管理。管理信息系统的基本构成如图 10-1 所示。

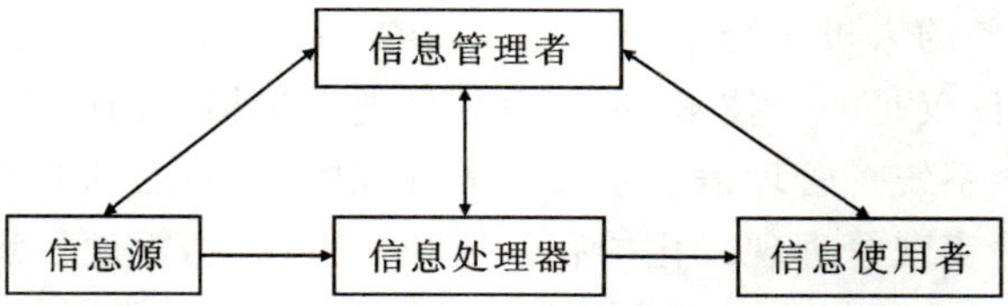

图 10-1 管理信息系统的基本构成

2. 管理信息系统的层次结构

当管理信息系统的规模较大时，企业内部必然会出现层次结构。在实际应用中，一般根据处理信息的内容和决策的层次把企业管理活动分为三个不同的层次，即战略计划层、管理控制层和运行控制层。不同的管理层次需要不同的服务信息，一般来说，下层系统的业务量比较大，上层系统的处理量相对小一些，所以形成了一个金字塔式的结构。如图 10-2 所示。

(1)战略决策层管理信息系统。战略决策层的管理活动涉及的是企业的总体目标和长

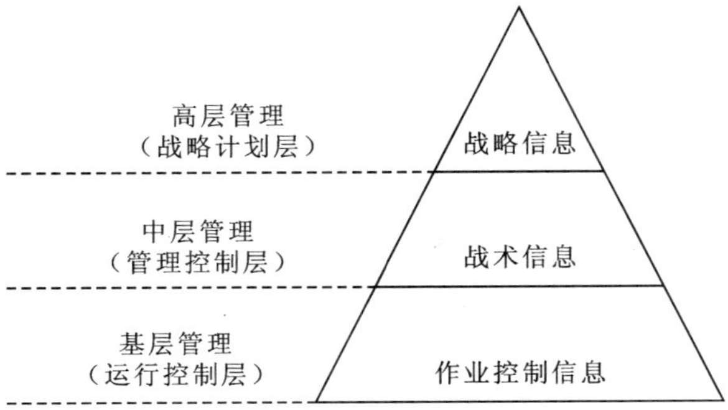

10-2　管理信息系统的金字塔

远发展规划，因此，为决策管理活动服务的信息系统，需要比较广泛的数据和信息来源，除内部信息外，还要有相当数量的外部信息，如当今社会的政治形势、经济发展趋势和国家政策等。此外，战略级的管理信息系统所提供的信息必须是高度概括性和综合性的，如企业当前的经营能力与对市场的需求预测，以及对竞争对手的实力分析等。这些信息可以为企业制订战略发展计划提供有价值的参考。

（2）战术决策层管理信息系统。战术决策层的管理活动（管理控制活动）属于企业的中层管理。这个层次的活动包括各个部门工作计划的制订、各项计划的实施和完成情况的评价等。因此，管理控制层的管理信息系统主要是面向各个部门的负责人，为他们提供信息服务。

（3）作业处理层管理信息系统。作业处理层的管理活动属于企业的基层管理。它是为有效利用现有资源和设备所展开的活动。由于这一层的管理活动比较稳定，因此它可以按照预先设计好的程序和规划进行相应的信息处理。这一级的管理信息系统一般有三种处理方式：事务处理、报告处理和查询处理。

3. 管理信息系统的功能结构

从信息技术的角度来看，管理信息系统的功能包括信息的输入、处理和输出等。因此，在开发信息系统时必须考虑这些具体功能的实现。管理信息系统从使用者的角度看，它总是有一个目标，具有多种功能，各种功能之间又有各种信息联系，共同构成一个有机结合的整体，形成一个整体的功能结构。

4. 管理信息系统的软件结构

（1）销售市场子系统。它包含销售和推销以及售后服务的全部活动，在管理控制方面，涉及总的成果与市场计划的比较，它所用的信息有顾客、竞争者和竞争产品等。在战略计划方面包含新市场的开拓和新市场的战略，它使用的信息有客户分析、竞争者分析、客户调查等信息，以及收入预测、产品预测、技术预测等信息。

（2）生产管理子系统。生产管理子系统中，典型的事务处理是生产指令、装配单、成品单、废品单和工时单等的处理。作业控制要求将实际进度和计划比较，找出薄弱环节。管理控制方面包括进行总调度，单位成本和单位工时消耗的计划比较。战略计划要考虑加工方法和自动化的方法。

（3）物资供应子系统。它包括采购、收货、库存管理和发放等管理活动。事务处理主要包括库存水平报告、库存缺货报告、库存积压报告等。管理控制包括计划库存与实际库存水平的比较，采购成本、库存缺货分析，库存周转率分析等。战略计划包括新的物资供应战略，对供应商的新政策以及新技术信息、分配方案等。

(4)人力资源管理子系统。包括人员的雇用、培训、考核、工资和解聘等。事务处理主要包括有关雇用需求、工作岗位责任、培训计划、职员基本情况、工资变化、工作小时和终止聘用的文件及说明。作业控制要完成聘用、培训、终止聘用、工资调整和发放津贴等。管理控制主要包括进行实际情况与计划的比较，产生各种报告和分析结果，说明职员数量、招聘费用、技术构成、培训费用、支付工资和分配是否符合要求的情况。战略计划包括雇用战略和方案评价、职工培训方式、就业制度及聘用留用人员的分析等。

(5)财务会计子系统。财务的职责是在尽可能低的成本下，保证企业的资金运转。会计的主要工作则是进行财务数据的分类、汇总；编制财务报表；制定预算和成本数据的分类和分析。与财务会计有关的事务处理包括处理赊账申请、销售单据、支票、收款凭证、付款凭证、日记账、分类账等。财会的作业控制包括每日差错报告和例外报告，处理延迟记录及未处理的业务报告等。财会的管理控制包括预算和成本数据的比较分析。财会的战略计划关心的是财务的长远计划、减少税收影响的长期政策以及成本会计和预算系统的计划等。

(6)信息管理子系统。该系统的作用是保证其他功能必要的信息资源和服务。事务处理有工作请求、收集数据、校正或变更数据和程序的请求、软硬件情况的报告以及规划和设计建议等。作业控制包括日常任务调度、统计差错率和设备故障信息等。管理控制包括计划和实际的比较，如设备费用、程序员情况、项目的进度和计划的比较等。战略计划包括整个信息系统总体计划、硬件和软件的总体结构、功能组织是分散还是集中等。

(7)高层管理子系统。高层管理子系统是为组织高层领导服务的。该系统的事务处理活动主要是信息查询、决策咨询、处理文件、向组织其他部门发送指令等。作业控制内容包括会议安排计划、控制文件、联系记录等。管理控制要求各功能子系统执行计划的当前综合报告情况。战略计划要求广泛的、综合的外部信息和内部信息。这里可能包括特别数据检索和分析，以及决策支持系统，它所需要的外部信息可能包括竞争者信息、区域经济指数、顾客喜好、提供的服务质量等。

第三节　企业信息沟通

沟通就是通常所说的信息交流，即将某一信息或意思传递给客体或对象，以期使客体作出反应效果的过程，表现为组织与组织之间、人与人之间的信息交流，它在管理工作的各个方面已得到了广泛的应用。

一、沟通的目的和作用

从广义上讲，在管理组织中，沟通的目的是促进变革，即按有利于组织发展的方向左右组织的行动。由于组织规模的大小和社会环境的变化，不同类型组织和不同规模组织的沟通的着重点也有所不同。规模较小的组织，沟通的重点在于外部。由于社会的发展，大型组织的出现，使其管理者不仅注意同社会环境的沟通，而且把相当大的注意力放在组织内的沟通联络上。对组织内部来说，沟通是使组织成员团结一致、共同努力达到组织目标的重要手段。如果没有沟通，一个组织的活动也就无法进行，既不可能实现互相协调合作，也不可能作出必要而及时的协调和变革。因此，沟通对于协调组织的内部、外部以及各个部门、各个人之间的关系，从而有效地完成组织目标，有着重要的意义。通过有效的信息沟通，可以使组织内部的分工合作更为协调一致，保证整个组织体系统一指挥、统一行动，实现高效率的管理，也可以使组织与外部环境做到更好的配合，增强应变的能力，从而保证组织的存在与发展。所以，良好的沟通是组织达到协调状态的重要基础，是组织完成其目标的必要条件。

二、沟通的过程

沟通的过程由三个基本要素组成，即信源、信道和信宿。信源是指信息的发送者；信道是指信息传递的渠道；而信宿则是指信息的接收者。信源之所以发出信息，是因为希望作为接收者的信宿了解某些事。信源发出的信息要在经过编码即成为某种信号或符号，如信函、电话、电报等以后，才能使信息通过信道得以传递。信息达到信宿后，接收者要对信息进行译码，即要懂得、理解所传递过来的信息。信息传递的目的，是发送者要看到接收者采取发送者所希望的正确行为，如果这个目的达不到，则说明信息不灵，发生了故障。为了核查和纠正可能产生的某些偏差，就要借助于反馈，即接收者把所传到或所理解的信息再反馈到发送者那里，以供发送者查核。发送者据此再发出信息，以肯定原有的信息传递成功或指出已发生的某些偏差并加以纠正。如此往复而引起发送者、接收者之间的一系列信息交流即为沟通。

信息的传递是以语言为主要代表形式来展开的。在相互沟通中，存在着文件、会议、电话、电子邮件、面谈等多种具体形式。此过程中不仅存在信息的交流，也包括情绪、思想、态度、观点的交流。发送者和接收者对信息的理解和接收程度，受到专业水平、知识水平、工作经验以及所处环境等多方面因素的影响，对同一个信息会有不同的看法，从而造成传递上的失真和编码、译码上的失误，因此，有必要深入地了解和研究信息传递沟通中的复杂性。

三、沟通的类型

沟通的形式多种多样，按照不同的标准，可以将沟通划分为不同的类别。

（一）按照层次划分

1. 自我沟通

自我沟通也称为内向沟通，是指管理者独自承担信息发送者和接收者的角色，自行编码、自行译码、自行传递和反馈信息。自我沟通很重要，因为如果不了解信息是如何进行内向沟通的，也就无法理解人际沟通的进行。

2. 人际沟通

人际沟通是指两个或两个以上的人相互之间的信息沟通。这种沟通对于要求若干个人了解同一个信息时特别重要。人际沟通的重点在于沟通双方应具有相互了解、理解的基础。这对人际沟通的成功与否影响极大。

3. 组织沟通

组织沟通主要是指在组织内部的信息交流、联系和传递的过程。良好的组织沟通是疏通组织内、外部的渠道，协调组织内成员及组织与组织之间的关系，促使整个组织统一认识、增进了解、协调行动，也促使组织和外部环境配合适应，从而完成组织目标的最重要条件之一。组织沟通以内部沟通和人际沟通为基础，它显得更为复杂，作用也更为显著。

（二）按照组织系统划分

1. 正式沟通

正式沟通是指在组织系统内，依照组织明文规定的原则进行的信息传递与交流。例如，组织与组织之间的公函来往、组织内部的文件传达、召开会议、上下级之间的定期情报交流等。它包括四种形式，即由上而下的沟通、由下而上的沟通、横向沟通和斜向沟通。

2. 非正式沟通

非正式沟通是指不按照正规的组织程序、隶属关系、等级系列所进行的信息传递和交流。由于其不必按必须遵守的程序而在信息传播中带有较强的随意性。因此，通过非正式沟通渠道来传播信息，传播速度快，传播范围广，但因为它并不附有正式沟通具有的责任感，从而使信息失真的可能性大大增加。非正式沟通有四种形式，即单线式沟通、流言式沟通、偶然式沟通和集束式沟通。

（三）按照信息传递媒介不同划分

1. 书面沟通

书面沟通是指以文字为媒体的信息传递和交流。它主要包括报告、信件、文件、书面合同等。以书面形式沟通的信息往往显得比较严肃和正式。其优点表现为：记录在案、文字为据；可以使许多人同时了解信息，提高了信息的传递速度和扩大了信息的传递范围；便于反复阅读、理解。

2. 口头沟通

口头沟通是指以语言为媒体的信息传递和交流。它主要包括交谈、讲座、讨论会、电话等。其优点是用途广泛，交流迅速，并可立即得到对方的反馈，从而促进相互理解，澄清疑问。

（四）按照功能划分

1. 工具式沟通

工具式沟通是指发送者将信息、知识、想法、要求传达给接收者，其目的是影响和改变接收者的行为，最终达到组织的目标。

2. 感情式沟通

感情式沟通是指沟通双方表达情感，获得对方精神上的同情和谅解，最终改善相互间的人际关系。

（五）按照是否进行反馈划分

1. 单向沟通

单向沟通是指没有反馈的信息传递。

2. 双向沟通

双向沟通是指有反馈的信息传递，是发送者和接收者相互之间进行信息交流的沟通。

四、有效沟通的障碍

在沟通过程中，由于存在外界干扰以及其他种种原因，信息往往会被丢失或曲解，使得信息的传递不能发挥正常的作用，出现沟通障碍。

（一）个人因素

因个人因素形成的沟通障碍包括两个方面：一是有选择的接受；二是沟通技巧的差异。

1. 有选择地接受

有选择地接受即人们拒绝或片面地接受与他们期望不相同的信息。研究表明，人们往往想听或想看他们感情上有所准备的东西，或他们想听到或想看到的东西，甚至愿意接受中听、拒绝不中听的信息，从而形成沟通障碍。

2. 沟通技巧的差异

除了人们接受能力有所差异外，许多人运用沟通的技巧也很不相同。例如，有的人不能用语言进行完美的表述，但却能够用文字清晰而简洁地写出来；另一些人口头表达能力很强，但不善于听取意见；还有一些人阅读较慢，并且理解起来比较困难。所有这些问题都妨碍有效沟通的进行。

(二)人际因素

人际因素主要包括沟通双方的相互信任、信息来源的可靠程度和发送者与接受者之间的相似程度。

1. 沟通双方的相互信任

沟通是指发送者与接收者之间“发”与“收”的过程。信息传递不是单方，而是双方的事情，因此，沟通双方的诚意和相互信任是至关重要的。上下级间的猜疑只会增加抵触情绪，减少坦诚交谈的机会，也就不可能进行有效的沟通。例如，当下级怀疑某些信息会给他带来损害时，他在与上级沟通时常常会对这些信息做一些有利于自己的加工。许多研究表明，很多管理者会不自觉地主观认为他们听到的信息是有偏见的，为了防止“偏听偏信”，需随之根据自己的想象对“偏见”进行“纠偏”。

2. 信息来源的可靠程度

信息来源的可靠程度由下列因素所决定：①诚实；②能力；③热情；④客观。有时，信息来源可能并不同时具有这四个因素，但只要信息接收者认为发送者具备这些条件即可。可以说信息来源的可靠性实际上是由接收者主观决定的。例如，当面对来源不同的同一问题的信息时，职员最可能相信他们认为最诚实、最有能力、最客观的那个来源的信息。信息来源可靠对组织中个人和团体行为的影响很大。就个人而言，雇员对上级是否满意很大程度上取决于他对上级可靠性的评价；就团体而言，可靠性较大的工作单位或部门能较公开、准确和经常地与其他部门进行沟通，他们的工作成就也相应地较为出色。

3. 发送者与接收者之间的相似程度

沟通的准确性与沟通双方间的相似性有着直接的关系。沟通双方的特征(如性别、年龄、智力、种族、社会地位、兴趣、价值观、能力等)的相似性影响了沟通的难易程度和坦率性。沟通一方如果认为对方与自己很相近，那么他将比较容易接受对方的意见，并且达成共识；相反，如果沟通一方视对方为异己，那么信息的传递将很难进行下去。例如，年龄差距或“代沟”在沟通中就是一个常见的障碍问题。

(三)结构因素

结构因素主要包括地位差别、信息传递链、团体规模和空间约束四个方面。

1. 地位差别

一个人在组织中的地位很大程度上取决于他的职位。研究表明，地位的高低对沟通的方向和频率有很大的影响。例如，人们一般愿意与地位较高的人沟通，地位较高的人则更愿意相互沟通；地位悬殊越大，信息趋向于从地位高的流向地位低的，在谈话中，地位高的人常常居于沟通的中心地位；地位低的人常常通过尊敬、赞扬和同意来获得地位高的人的赏识。因而，地位是沟通中的一个重要障碍。地位低的人一般非常愿意与地位高的人进行沟通。其原因有二：一是这种接触是获得同事承认和尊重的一种方法；二是与对自己未来有重大影响的上级交往可以增加成功的机会。这种因素对组织的发展十分不利。

2. 信息传递链

一般说来，信息通过的等级越多，它到达目的地的时间也越长，信息失真率则越高。这种信息连续地从一个等级到另一个等级所发生的变化，称为信息传递链现象。例如，研究表明，企业董事会的决定通过5个等级后，信息损失平均达80%。其中，副总裁这一级的保真率为60%，部门主管为56%，工厂经理为40%，工厂为30%，职工为20%。

3. 团体规模

当工作团体规模较大时，人与人之间的沟通相应地变得较为困难。这一方面是由于可能的沟通渠道的增长大大超过人数的增长。例如，5个人的团体，需有10条渠道，10人需45条渠道，20人需190条渠道（计算公式为$n(n-1)/2$）。另一方面则是由于随着团体规模的扩大，沟通的形式将非常复杂，从而增加了进行有效沟通的难度，形成一定的障碍。

4. 空间约束

在企业组织中，工作常常要求工人只能在某一特定的地点进行操作。这种空间约束的影响往往在工人单独于某位置工作或在数台机器之间往返运动时尤为突出。空间约束不仅不利于工人间的交往，而且也限制了他们的沟通。一般说来，两人间的距离越短，他们交往的频率也越高。一个工程师愿意与同办公室的人讨论问题，而不会去找楼下的人。

（四）技术因素

技术因素主要包括语言、非语言暗示、媒介的有效性和信息过量等方面。

1. 语言

大多数沟通的准确性依赖于沟通者赋予字和词的含义。由于语言只是个符号系统，本身并没有任何意思，它仅仅是为我们描述和表达个人观点的符号或标签。每个人表述的内容常常是由他独特的经历、个人需要、社会背景等决定的。因此，语言和文字极少对发送者和接收者双方都具有相同的含义，更不用说许许多多的不同的接收者。语言的不准确性不仅仅表现为符号，它还能挑起各种各样的感情，这些感情可能会进一步歪曲信息的含义。

2. 非语言暗示

当人们进行交谈时，常常伴随着一系列有含义的动作。这些动作包括身体姿势、头的偏向、手势、面部表情、移动、触摸和眼神。这些无言的信号强化了所表述的含义。例如，沟通者双方的眼神交流，可能会表明相互感兴趣、喜爱、参与或者攻击。面部表情包括露出惊讶、恐惧、兴奋、悲伤、愤怒或憎恨等情绪。身体的动作也能传递渴望、愤恨和松弛等感情。研究表明，在面对面的沟通中，仅有7%的内容通过语言文字表达，另外93%的内容通过语调（38%）和面部表情（55%）表达。由此可见，语言和非语言暗示共同构成了全部信息。然而，人们往往偏重于书面文字的沟通，而忽略了面对面的交往。在不多的面对面交谈中，也低估了非语言暗示的作用。

3. 媒介的有效性

在现实管理活动中，管理者十分关心各种不同沟通工具的效率。一般说来，各种不同的沟通形式各有所长，选择何种沟通工具，在很大程度上取决于信息的种类和目的，以及外界环境因素和沟通双方的具体情况等。

4. 信息过量

由于社会经济的发展，人类生活在一个信息爆炸的年代。管理者面临着“信息过量”的问题。研究表明，管理者只能利用他们所获得信息的1‰～1%进行决策。信息过量不仅使管理者没有时间去处理，而且也使他们难以向同事提供有效的、必要的信息，沟通也随之变得困难重重。

五、有效沟通的途径

在管理活动中，沟通存在上述各种障碍，如何克服沟通中的障碍，增强有效沟通的程度，对管理工作具有重要意义。

（一）明确沟通的重要性，正确对待沟通

管理者都十分重视决策、计划、组织、领导和控制等管理工作，对沟通常有疏忽，认为信息的上传下达有了组织系统就可以了，对非正式沟通中的“小道消息”常常采取压制的态度等。上述现象都表明沟通没有得到应有的重视，重新确立沟通的地位是管理者刻不容缓的工作。

（二）创造一种相互信任、有利沟通的小环境

管理者不仅要获得下级的信任，而且要得到上级和同僚们的信任。他们必须明白：信任不是人为的或天上掉下来的，而是诚心诚意争取来的。

（三）缩短信息传递链，拓宽沟通渠道，保证信息的畅通无阻和完整性

信息传递链过长，减慢了流通速度，易造成信息失真。减少组织机构重叠，是管理者的重要工作。此外，在利用正式沟通渠道的同时，可开辟高层管理者甚至低层管理者的非正式的直接渠道，以便于信息的传递。

（四）建立特别委员会，定期加强上下级沟通

特别委员会由管理人员与第一线的职员组成，定期相互讨论各种问题。通常每年碰头2～6次，并且会前有正式的会议议题，会后公布讨论结果。会中如有问题不能解决，可上报高级管理人员。

（五）成立非管理工作组

当组织出现重大问题时，管理者可以授命成立工作组。该工作组由一部分管理人员和一部分职员参加，利用一定的时间，调查问题，并向最高主管部门汇报。最高管理阶层也定期公布他们的报告，就某些重大问题或“热点”问题在组织范围内进行沟通。

（六）加强平行沟通，促进横向交流

一般说来，组织内部的沟通以与命令链相符的垂直交流居多，部门间、环节间的横向交流较少，平行沟通却能加强横向的合作。具体来讲，就是定期举行由各部门负责人参加的工作会议，允许他们相互汇报本部门的工作、提出对其他部门的要求等，以便强化横向合作。

相关链接

自上而下的沟通

从杰克·韦尔奇决定再造克劳顿村时，杰克·韦尔奇就把CEO为员工上课看做一种绝佳的沟通方式。20年间，在克劳顿村举行的这种培训，共有280次，他只错过了一次，而当时他正在做心脏搭桥手术。杰克·韦尔奇在任期间，几乎每个月都要去克劳顿村1～2次。21年的时间里，他得以与GE的18000名经理进行了直接面对面的沟通。杰克·韦尔奇不喜欢发表演讲，而更愿意公开、广泛地与员工进行交流。与参加培训的员工交流之前，杰克习惯于提前将一份手写的便笺交给学员，上面写着准备讨论的一些问题。杰克·韦尔奇便笺上可能写的问题有：

"你遇到的最大挫折是什么……我能否给你提供帮助？"

"你希望看到GE在哪些方面发生变化？"

"如果你被任命为GE的CEO，你将做些什么？……"

在初级班上，杰克会先让班上的学员做自我介绍，而他尽量多了解一些他们的个人信息。之后，杰克会倾听学员对GE的各种看法，对什么地方不满意，以及若他们处在CEO的位置上会怎样改变这些情况。

第四节　信息系统在企业管理中的应用

管理信息系统是随着计算机技术、人工智能、通信网络技术以及多媒体技术的发展而迅速发展起来的。今天的管理信息系统不仅广泛地应用了信息技术，还在内容与作用上与现代管理相结合，在广度上有了很大的拓展。它不仅对管理，还对组织的各方面产生了影响，而且在内容和形式上也在不断地创新。随着环境的变迁与信息技术的发展，管理信息系统发生了很大的变化，特别是近十几年来，它还与相关的科学技术相结合，发展出了用于企业管理领域的新型系统，因此，它被认为是一种新型的管理制度与管理模式。

一、决策支持系统(DSS)

管理信息系统(MIS)使信息获得了系统的开发和利用，将企业的管理水平提高到一个新的层次。决策支持系统可以说是管理信息系统的高层决策部分，它解决了组织中的一些结构化问题，但对半结构化、非结构化问题则无法解决。决策支持系统(Decision Support System，DSS)产生于20世纪70年代。

1. 决策支持系统的产生与发展

20世纪六七十年代是管理信息系统蓬勃发展的时期。然而，随着管理信息系统在管理领域发挥越来越强大的作用，人们却发现它不能像期望中的那样为企业带来巨大的效益，而它的局限性也日趋明显。于是，人们意识到，如果要进一步发挥管理信息系统在管理中的作用，就必须要支持管理决策工作，这是决策支持系统产生和发展的内在动力。20世纪70年代末，决策支持系统开始形成，它由模型库、数据库及人机交互系统三部分组成。它利用计算机强大的信息处理能力和人的灵活判断能力，来解决半结构化和非结构化的决策问题。

2. 决策支持系统的概念

决策支持系统是以管理科学、运筹学、控制论、行为科学为基础，以现代信息技术和人工智能技术为手段的，针对半结构化和非结构化问题，通过人机交互的方式辅助决策者制订决策的信息系统。决策支持系统发展的主要理论基础有：管理科学和运筹学、信息经济学、行为科学、信息论、计算机技术、人工智能。

决策支持系统作为管理信息系统的一个发展方向，正在向决策支持中心（Decision Support Center，DSC）、战略决策支持系统（Strategic Decision Support Systems，SDSS）、管理支持系统（Management Support Systems，MSS）、I3DSS（Intelligent，Interactive and Integrated DSS）、协作支持系统（Collaborative Support Systems，CSS）等多方面发展。决策支持系统是管理信息系统高级阶段的一种形式。可以单独作为有别于管理信息系统的系统而存在，因而被认为是管理信息系统的一种发展。

3. 决策支持系统的结构模式及基本功能

决策支持系统有两种主要的结构模式，一种是基于数据和模型的 DDM 模式；另一种是基于知识和问题求解的 LKP 模式。

（1）DDM 模式：DDM 模式认为，决策支持系统由三部分构成，即数据库和数据库管理系统、模型库和模型库管理系统，以及对话生成管理系统。

①数据库系统（DB 和 DBMS）。该系统用于存储和管理决策者所需的数据。数据库和数据库管理系统是开发决策支持系统的重要课题和重要构成部分，是建立决策支持系统的先决条件。

②模型库系统（MB 和 DGMS）。它为决策者提供充分的分析问题的能力。正是由于模型的引入，才推动管理信息系统演变为决策支持系统。模型库系统是决策支持系统软件系统的核心。

③对话生成管理系统。决策支持系统的许多功能是通过对话生成管理系统由用户与系统之间相互作用衍生出来的。

（2）LKP 模式：LKP 模式把决策支持系统划分为三部分，即语言系统、知识系统和问题处理系统。其构成如图 10-3 所示：

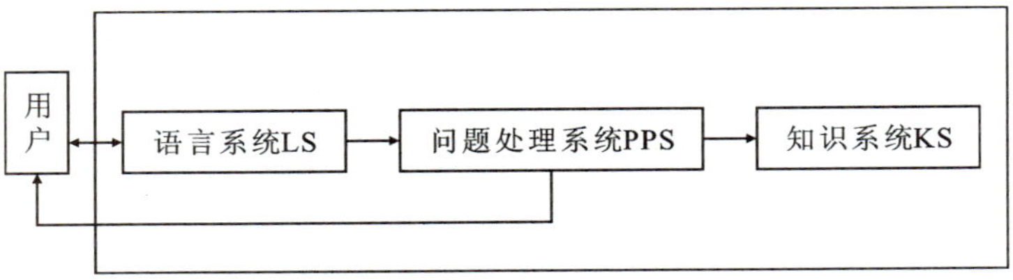

图 10-3 LKP 模式

二、制造资源计划（MRPⅡ）

1. MRPⅡ的产生和发展

20 世纪 60 年代，制造业为了打破“发出订单，然后催办”的计划管理方式，设置了安全库存量，为需求与提前期提供缓冲。20 世纪 70 年代，企业的管理者们已经清楚地认识到，真正的需要是有效的订单交货日期，产生了对物料清单的管理与利用，形成了物料需求计划

(Material Requirements Planning,MRP)。

MRP 系统是建立在两个假设的基础上的:

假设 1:生产计划是可行的,即有足够的设备、人力和资金来保证生产计划的实现。

假设 2:物料采购计划是可行的,即有足够的供货能力和运输能力来保证物料供应。

为了既能适应主生产计划的改变,又能适应现场情况的变化,出现了闭环式 MRP,它的出现加强了各子系统之间的联系。企业在制订主生产计划时,能够同时进行产能分析,如果可行就实行物料需求计划,如果不可行就要反馈回去,重新修订主生产计划。同样,在执行物料计划和执行车间计划时若出现问题,也要反馈回去,并修改主生产计划或物料计划。

20 世纪 80 年代,企业的管理者们又认识到制造业要有一个集成的计划,以解决阻碍生产的各种问题,而不是以库存来弥补,或缓冲时间去补偿的方法来解决问题,要以生产与库存控制的集成方法来解决问题,于是 MRPⅡ即制造资源计划产生了。

2. MRPⅡ的系统原理与结构

物料需求计划的基本原理是:根据产品生产的特性和物料转化为产品的过程,组织生产制造所需的资源,实现按照需要准时进行生产,即将产品的全部零件及部件按日历时间编制出生产交货计划,使各零件及部件的交货日期恰好同产品部件装配及总装配所需求的日期相匹配,零件、部件的供货数量也恰好与装配数量协调。

MRPⅡ的基本原理是确定制造的目标,以及制造的资源、协调能力需求与可用能力的差距,把企业作为一个有机整体,从整体最优的角度出发,通过运用科学方法对企业的各种制造资源和产、供、销、财各个环节进行有效的计划、组织和控制,使它们协调发展,并充分地发挥作用。

三、企业资源计划(ERP)

1. 企业资源计划的产生

经济全球化使得企业竞争的范围扩大了,这就要求企业在各个方面加强管理,并要求企业有更高的信息化集成。美国加特纳咨询公司(Gartner Group Inc.)根据市场的新要求在 1993 年首先提出了企业资源计划(Enterprise Resource Planning,ERP)的概念。随着科学技术的进步及其不断向生产与库存控制方面的渗透,解决合理库存与生产控制问题所需要处理的大量信息和企业资源管理的复杂化,要求信息处理的效率更高,同时也要求对企业的整体资源进行集成管理。信息全球化趋势的发展要求企业之间加强信息交流和信息共享,因此,信息管理扩大到了整个供应链的管理。随着人们认识的不断深入,企业资源计划覆盖了整个供应链的信息集成,并且不断被赋予更多的内涵,已经能够体现精益生产、敏捷制造、同步工程、全面质量管理、准时生产、约束理论等诸多内容。

2. 企业资源计划的概念

随着全球经济一体化的加速,企业与外部环境的关系越来越密切,于是,新的管理思想和新的应用软件就产生了。

SAP 公司对企业资源计划的定义提出了革命性的"管理+IT"的概念,那就是:企业资源计划不只是一个软件系统,而是一个集组织模型、企业规范和信息技术、实施方法为一体的综合管理应用体系。

企业资源计划使得企业的管理核心从"在正确的时间制造和销售正确的产品",转移到了"在最佳的时间和地点,获得企业的最大利润",这种管理方法和手段的应用范围也从制造企业扩展到了其他不同的行业。

简单地说,企业所有的资源包括物流、资金流和信息流。企业资源计划实际上就是对这三种资源的全面集成管理,概括来说,企业资源计划就是利用现代企业的先进管理思想,把客户需求、企业的内部资源及其经营活动融合到一起,按照市场需求为企业提供决策、计划、控制与经营评估的系统化的管理平台。因此,企业资源计划不仅仅是信息系统,更是一种管理理论和管理思想。

四、客户关系管理(CRM)

1. 客户关系管理的产生和发展

20 世纪 80 年代开始的企业资源计划建设实现了生产、库存、财务等业务流程的自动化,但销售服务领域还没有被重视,随着企业产品剩余的加剧,企业的发展逐步从产品价值转向客户需求,客户成为企业的核心资源。留住老客户和赢取新客户成为企业发展的重要问题,于是,客户关系的维护就成为企业发展与经营的重要工作。

2. 客户关系管理的概念和内容

客户关系管理(Customer Relationship Management,CRM)是一个较新的概念,许多公司、研究结构和个人对客户关系管理的理解是不同的,典型的观点如下:

(1)客户关系管理是企业的一种商业策略,它按照客户的情况有效地组织企业资源,支持以客户为中心的经营行为以及实施以客户为中心的业务流程,并以此为手段提高企业的获利能力、收入以及客户满意度。

(2)客户关系管理是为了消除企业在与客户交互活动时的"单干"现象,整合销售、营销和服务业务功能的一个企业经营策略,它需要企业全方位协调一致的行动。

(3)客户关系管理是通过赢得、发展、保持有价值的客户,增加企业收入,优化盈利性,提高客户满意度的商务战略。

(4)客户关系管理是一种旨在健全、改善企业与客户之间关系的新型管理系统,指的是企业利用信息技术,通过有意义的交流来了解并影响客户的行为,以提高客户招揽率、客户保持率、客户忠诚度和客户收益率。

综合上面的客户关系管理的定义可以看出,客户关系管理是一种以客户为中心的经营策略和营销模型,通过对技术的运用,实现销售活动的自动化。企业实施客户关系管理主要有 6 个重要领域:理念、战略、战术、技术、技能、业务过程。其中,理念是客户关系管理成功的关键。

五、供应链管理(SCM)

随着商品市场国际化竞争的加剧,人们注意到了外部环境的变化对管理模式的影响问题,并提出了许多适应竞争环境变化的有效方法。进入 20 世纪 90 年代,形成了产品用户化和交付期多变的环境,而且,越来越多的生产过程由一些独立的生产和供货商组成,形成了一条从供应商到制造商再到分销商的贯穿所有企业的"链"。

供应链是围绕核心企业的,通过对物流、信息流和资金流的控制,从采购原材料到最终产品,由销售网络把产品送到从供应商、制造商、分销商、零售商直到最终用户所连成的一个整体的功能网络。

供应链管理(Supply Chain Management,SCM)是随着供应链的产生而产生的一种管理模式,它指对由供应商、制造商、分销商、零售商和顾客所构成的供应链系统中的物流进行计划、协调、操作、控制和优化的各种活动和过程,其目标是要将顾客所需的正确的产品能够在正确的时间、按照正确的数量、质量和状态,送到正确的地点,并使总成本最小。

随着全球化经济的发展,企业之间的竞争正日趋演变为供应链与供应链之间的角逐。因此,供应链管理的发展成为一种必然趋势。

六、电子商务(EC)

电子商务(Electronic Commerce,EC)作为一种新的经营模式影响着人们的生活方式及企业的日常管理。它是信息系统发展的结果,是多种技术的集合体,包括交换数据(如电子数据交换、电子邮件)、获得数据(共享数据库、电子公告牌)以及自动捕获数据(条形码)等。

美国学者瑞维·卡拉科塔和安德鲁·B. 惠斯顿在他们的专著《电子商务的前沿》中提出:"广义地讲,电子商务是一种现代商业方法。这种方法通过改善产品和服务质量、提高服务传递速度,满足政府组织、厂商和消费者的降低成本的需求。"

电子商务是指采用数字化电子方式进行商务数据交换和开展商务业务活动。它是企业与消费者之间进行的一种网上交易,以及与此相关的企业内部事务联网处理的商业模式。电子商务主要包括利用电子数据交换(EDI)、电子邮件(E-MAIL)、电子资金转账(EFT)及Internet的主要技术在个人间、企业间和国家间进行无纸化的业务信息的交换。

电子商务是信息系统在因特网时代发展的必然结果,它实现了商品交换的高效率、低成本。

相关链接

蓝色尼罗河公司是如何改变珠宝产业的?

蓝色尼罗河公司(bluenile.com)是一家纯粹的、专注于钻石业务的在线电子零售商。作为一家.com公司,它从1999年开始投资于在线钻石销售业务。这家公司为我们提供了一个典型的案例,即电子商务是如何从根本上改变传统业务模式的。

蓝色尼罗河公司采用基本的电子商务模式——击败昂贵的店铺与中介方式,而后通过大幅削价来获得市场份额,在很短时间内便夺取了很高的市场份额。这家新企业是如何挑战"钻石不能进行在线销售"的传统观念的呢?蓝色尼罗河公司的主要做法是,提供比实物店铺中的珠宝专家还多的钻石信息。该网站的特色是用简明清晰的语言进行教育性引导,并对每块钻石都单独提供(可信的)质量分级。顾客可以浏览关于切割、透明度、颜色等钻石等级量表,然后与diamond.com或其他在线商店进行价格比较。最重要的是其30天内可退款的保证。这样它不仅达到了防止假货的作用,更形成对有偿退货商店的一个明显竞争优势。对等级量表的应用能力使钻石变成了日用品。

2003年,蓝色尼罗河公司的销售额达到了1.29亿美元(比2002年增长了79%),净收益达到2700万美元。2004年其销售额突破了1.75亿美元。该公司已经成为全美第八大专业珠宝公司，并于2004年上市。销售1.29亿美元的珠宝在传统零售链上需要有116家店铺和近1000名员工，而蓝色尼罗河公司却只用一个10000平方英尺的仓库和115名员工就实现了同样的销售。公司还绕过了行业的混乱供应链：一般钻石需要经过供应链上的5个或更多中间商才能到达经销商手中，而蓝色尼罗河公司直接与源头供应商打交道。这就是美国仅在2003年就有大约465家小型珠宝店关闭的原因。幸存者都是专注于手工订制的店铺。大的竞争对手企图通过使供应链更顺畅，强调客户服务，甚至也开始在线销售部分产品来挽回败局。就像罗杰·汤普森（新泽西州兰伯特镇的一家小珠宝商）总结的那样，未来已非常明朗。他说："想买订婚钻戒的人，即使只有半个脑袋，也会通过因特网购买。"新郎们用蓝色尼罗河公司的戒指求婚可以节省3000～5000美元。

本章小结

信息作为一种客观的社会存在，是随着人类社会的产生而产生，随着人类社会的发展而发展的。企业信息化只有与企业的经营管理相结合，企业的信息化建设才能最终成功。本章分别从企业信息化的特征和内容、企业管理信息化发展应用与趋势以及管理信息系统的概念、结构、分类、发展历程及应用等几个方面，对企业的信息化进行了详细的论述。信息管理是对人类社会活动和社会实践各种信息的收集、组织、控制和协调，它的发展直接关系到企业的发展，因此，企业只有勇于接受信息技术，才能提升其竞争力。管理信息系统作为一种应用工具，广泛地应用到了工业、农业、交通、运输、文化、教育、卫生及各种社会活动中，显示出其强大的生命力。了解管理信息系统的发展趋势及其应用，理解管理信息系统的结构、功能及对企业的作用，对于企业的发展十分必要。管理信息系统是企业的神经系统，是现代企业发展不可或缺的管理手段和方法。

复习思考题

简答题

1. 企业信息化的内容及特征是什么？
2. 企业信息化发展的必要性体现在哪里？
3. 企业信息化的发展趋势表现在哪里？
4. 管理信息系统是怎么分类的？
5. 管理信息系统的结构是如何划分的？
6. 管理信息系统的发展应用如何体现？

实践与实训

一、实训目的

1. 如何与他人沟通；

2. 如何与他人协作。

二、实训项目

你搭乘私人游艇，漂泊在南太平洋上。由于一场无名火，使得游艇的大部分物资和一些设备被烧毁。现在游艇正慢慢地下沉。由于重要的航海设备已经被烧毁，你的位置并不明确，而且你和全体游客正在狂乱地想把这场火熄灭。依你的判断，你正在最接近的陆地的西南方大约 500 千米的地方。

下面所列的八项物品在这场大火后并没有损坏。除了这些物品外，还有一艇可用的人工橡胶救生筏和几只船桨，足以负载你和游客。其他所有生存者的口袋里，还有一包香烟、几盒火柴和 5 张 1 元的纸币。

为了你的生存，请你将下列八项物品，依其重要性加以排列。在最重要的项目前写上“1”，次要的写上“2”，以此类推，将最不重要的写上“8”。

这八项物品是：六分仪、五加仑桶装的水、蚊帐、太平洋地图、小型电晶体收音机、逐鲨器、一夸脱的波多黎各 Rican 酒、钓鱼用箱包。

三、实训内容与要求

1. 在课下每位同学将上面的各项加以排列之后，把排列结果先交给老师保留。要依照理性的基础，来进行排序。

2. 请老师将同学们分为几组，各组先在课下进行讨论，取得一致意见。这意味着在团体决策之前，这八项物品的每一项排列，必须经过每位团体成员的同意。要达成一致性是相当困难的。因此，并不是每一项物品的排列，都要每位成员完全同意。然而，作为一个团体，至少要做到大致上的同意。应避免采用“降低冲突”的技巧，如多数决、平均决或交换条件。

3. 在课上各小组之间进行讨论，然后，由老师组织进行全班“公投”，看哪些小组与个人的结果更接近大家的意见。

四、实训考核

此次实训的主要目标是不论个人还是小组，同学们都能准确迅速地作出决策，对完成效果好的小组和个人进行表扬。主要标准如下：

1. 个人排序迅速准确、上交老师及时。

2. 小组中有适当争论(当需要时，能够提出并坚持自己的观点，不随波逐流)，又迅速达成一致(而非不负责任的苟同)。

3. 有较强的说服他人接受自己观点的能力。

4. 排序结果接近最终意见。

案例分析

联想信息化建设的历程

联想集团能从 1984 年的 11 个人、20 多万元投资的小平房企业发展到今天上万名员工、200 多亿元营业额、分支机构遍布全球的大型企业，是什么推动其不断发展和进步的呢？主要是管理创新以及持续的信息化应用。

联想的信息化建设是从 1991 年开始起步的，持续的信息化应用给联想带来了巨大的经济效益：2000 年仅 ERP 上线的头一个季度，联想的净利润就比 1999 年同期增长了 136%，高于 1999 年净利润的增长幅度近一倍；平均交货时间从 1996 年的 11 天，缩短为 5.7 天；存货周转天数由 35 天降到 19 天；应收账款周转天数由 23 天缩短为 15 天；集团多法人结账由原来的 30 天下降为 6 天，单一法人结账仅仅只需要 1 天。

联想的信息化建设并不是一蹴而就的，是一个循序渐进、从基础到高端的发展过程，其包含如下过程：构建企业的网络基础设施；实现网络办公；建设企业核心的业务管理和应用系统；这里最有代表性的就是 ERP。ERP 针对企业经营的三个直接增值环节设计客户关系管理 CRM、供应链管理 SCM 以及产品生命周期管理 PLM。

联想通过多年的实践，理解到企业信息化的实质是：通过对先进的管理思想的消化，学习参照最佳行业实践，梳理、优化、再造业务流程，并应用 IT 技术，规范、集成、共享信息，从而达到提高效率、降低成本、提升客户和企业运作管理水平的目的。

思考与讨论：

联想的信息化过程给了我们一些什么样的启发？

第十一章 企业质量管理

知识目标

1. 理解质量和质量管理的概念，了解质量管理的发展过程，掌握全面质量管理的内容和PDCA循环法；

2. 掌握七种质量控制方法；

3. 了解ISO 9000质量管理系列标准。

能力目标

1. 能运用所学知识分析某企业如何抓好质量管理；

2. 能结合我国国情分析ISO 9000认证能给企业带来的好处。

在市场经济日益发达的今天，质量对于一个企业的重要性越来越强，产品质量的好坏是企业有没有核心竞争力的体现之一，提高产品质量是保证企业占有市场，从而能够持续经营的重要手段。一个企业要想做大做强，在增强创新能力的基础上，努力提高产品和服务的质量水平是重要的辅助手段。成功的企业无一例外地重视产品和服务的质量。质量改进是当今关系企业生存的重要问题，企业产品质量的重要性愈加突出。因此，注重产品的质量问题，也是当今企业发展必须考虑的问题。许多被市场无情淘汰的企业毋庸置疑都存在产品质量问题。

开章案例

1. 三鹿有毒奶粉事件

2008年6月28日，位于兰州市的解放军第一医院收治了首例患“肾结石”病症的婴幼儿，据家长反映，孩子从出生起就一直食用河北石家庄三鹿集团所产的“三鹿”牌婴幼儿奶粉。7月中旬，甘肃省卫生厅接到医院婴儿泌尿结石病例报告后，随即展开了调查，并报告卫生部。随后短短两个多月，该医院收治的患婴人数迅速扩大到14名。9月11日，除甘肃省外，陕西、宁夏、湖南、湖北、山东、安徽、江西、江苏等地都有类似案例发生。9月15日，甘肃省政府新闻办召开的新闻发布会称，甘谷、临洮两名婴幼儿死亡，确认与三鹿奶粉有关。

卫生部2008年9月21日通报“三鹿”牌婴幼儿配方奶粉事件医疗救治情况时指出，截至2008年9月21日8时，各地报告因食用“三鹿”牌婴幼儿奶粉正在住院接受治疗的婴幼儿共有12892人，其中有较重症状的婴幼儿104人，此前已治愈出院1579人。通报还指出，各地报告因食用“三鹿”牌婴幼儿奶粉接受门诊治疗咨询并已基本康复的婴幼儿累计为39965人。

在所有接受治疗的婴幼儿中，2岁以内的婴幼儿占81.87%，2～3岁的幼儿占17.33%，3岁以上幼儿占0.8%。经流行病学调查，这些接受治疗的婴幼儿基本上与食用“三鹿”牌婴幼儿配方奶粉有关。

经相关部门调查，石家庄三鹿集团股份有限公司生产的“三鹿”牌婴幼儿配方奶粉中含有三聚氰胺。卫生部专家指出，三聚氰胺是一种化工原料，可导致人体泌尿系统产生结石。

婴幼儿奶粉的巨头——三鹿公司，一夜之间成了过街老鼠，人人喊打。三鹿集团前董事长田文华，因“三鹿”牌婴幼儿奶粉被发现含有三聚氰胺导致全国多名婴幼儿患肾结石，涉嫌生产、销售含有三聚氰胺的婴幼儿配方奶粉、液态奶制品，于2008年9月被免职，刑事拘留，后被判生产、销售伪劣产品罪，判处无期徒刑，剥夺政治权利终身，并处罚金人民币2468.7411万元。其他被告人也得到了应有的刑事处罚。

三鹿有毒奶粉事件以生命为代价给我们在食品安全上上了一课。该事件留给我们的问题是：如何加强食品监管和我们的食品安全意识？被严格检验的商品不断涌现出质量黑幕，有很多被贴上了“国家免检产品”的商品，你还敢购买吗？

思考题：

1. 三鹿公司产品的质量主要存在哪几个方面的问题？
2. 对于三鹿奶粉事件，如果你是董事长或总经理，你会怎么做？

2. 一颗小小的瓜子，究竟有多大能量？

洽洽食品股份有限公司是一家专业从事坚果炒货食品生产和销售的企业。2001年创设的洽洽食品凭借着优良的产品品质和对市场的敏锐洞察，很快就成长为行业龙头，在市场上树立了卓著声誉，成功塑造了国内坚果炒货领域一流的“洽洽”品牌。2002年，“洽洽”商标被认定为“中国驰名商标”。在品牌日渐成熟的同时，公司的综合实力也突飞猛进，先后荣获了“中国农产品加工企业50强”、“中国食品工业百强企业”、“中国食品工业质量效益先进企业奖”等称号，并成为一家销售规模超10亿元的企业。

经过多年的市场开拓，洽洽食品目前已经建立了覆盖国内大中型城市的全国性销售网络。公司将全国市场划为21个片区，涵盖了117家办事处、1100家专业经销商。公司还大力推进大型零售商客户资源的拓展工作，与沃尔玛、苏果、麦德龙、乐购四家知名零售商建立了长期稳定的合作关系。公司的营销队伍不管是人员数量还是专业素养在业内都是首屈一指的。出众的渠道掌控能力让洽洽食品可以在新品推出15天即铺货至批发市场，30天铺货至卖场。

公司还准确地把握住坚果炒货类产品作为快速消费品的营销特点，建立起业内先进的销售管理系统(DCMS)，实现了客户订单自助在线提交，极大地提升了订单处理效率和精度。计划和采购部门按照“以销定产”的原则，基于历史销售数据、系统中订单情况和未来订单预测，滚动安排生产计划和安全库存策略；生产部门拥有业内领先的机械化、自动化和信息化水平，主要产品类别可保证收到客户订单后24～72小时内出货；销售部门通过销售管理系统动态管理客户订单与库存状况，不断降低渠道成本、优化渠道效率。

出众的产品是千锤百炼的结果。洽洽食品从技术发展和工艺创新入手,不吝投入,取得了丰硕成果。公司先后参与制定了国内多个炒货行业标准,率先将坚果炒货的加工方法"变炒为煮",开发并建成了我国首条坚果炒货机械化流水线,创新性地对主要产品大规模使用了纸塑包装。同时,公司还拥有多项专利技术,为今后的进一步提升做好了充分的技术储备。

在产品质量上,洽洽食品建立起以 ISO 9001 和 HACCP 为基础的先进质量管理体系和食品安全管理体系,制定并实施了严密的质量控制措施,形成了供方管理、入厂检测、在线检测、产品出厂检测、市场售中检测的全流程质量监控,切实将严格的质量管理落实到原料采购、产品设计、生产加工、产品销售、售后服务等各个环节。公司在历次的市场抽检中,产品质量均合格并得到了良好评价,被中国食品工业协会授予企业信用等级 AAA 级、企业食品安全信用等级 A 级,荣获了"全国食品安全示范单位"、"全国质量管理先进单位"等称号。

思考题:

1. 请说明洽洽食品公司取得成功的原因。
2. 洽洽食品公司为进一步扩大发展,应采取什么措施?
3. 企业建立质量管理体系有什么意义?

第一节　企业质量管理概述

随着科学技术的发展和市场竞争的加剧,企业管理者们已清醒地认识到:产品的质量是企业的生命,只有高质量的产品和服务才是取信顾客、立足市场的保证。企业要想占领和扩大市场并获得更大利益,必须建立、健全质量管理体系,不断改进产品和服务质量,将"以质量求生存,以质量保效益,以质量促发展"作为企业健康发展的经营之道。

一、质量的概念

国外学术界给质量下的几个主要的定义如下:

(1)世界著名的质量管理专家威廉·爱德华兹·戴明(W. Edwards Deming)认为:"质量是从客户的观点出发加强到产品上的东西。"

(2)世界著名的质量管理专家塔古奇博士(Dr. Genichi Taguchi)将质量定义为:"质量是客户感受到的东西。"

(3)世界著名的质量管理专家朱兰(Joseph M. Juran),从用户的使用角度出发,把质量的定义概括为产品的"适用性"(Fitness for Use)。

(4)美国著名质量管理专家克劳斯比(Philip Crosby),从生产者的角度出发,把质量概括为产品符合规定要求的程度。

(5)世界著名的质量管理专家格鲁科可(J. M. Groocock)指出:质量是指产品所有相关的特性和符合用户所有方面需求的程度,用户需求受到他们愿意接受的价格和交货时间或方式的限制。

国际标准化组织(ISO)对质量的定义为:"质量是一组固有特性满足要求的程度。"

从以上的质量定义中可以看出,质量就其本质来说是一种客观事物具有某种能力的属性。由于客观事物具备了某种能力，才可以满足人们的需要。因此，从广义上讲，质量不仅指产品质量，也可以是某项活动或过程的工序（工程）质量和工作质量，即全面质量。

（1）产品质量是指产品的使用价值，即产品适合一定用途、满足社会一定需要所具备的特征。这些特征表现为产品的外观、手感、色彩等外部特征，也包括结构、材质、物理、化学性能等内在特征。不同的产品，由于适用性的要求不同，因而其质量特性也不尽相同。产品的质量特性包括性能、使用寿命、可靠性、安全性、经济性5个方面。

（2）工序（工程）质量是指工序能够稳定地生产合格产品的能力，通常以工序能力表示。工序质量一般是由操作者、机器设备、原材料、工艺方法、测量、环境6大因素（5M1E）决定的。如果这6大因素配合适当，则能保证产品质量的稳定，反之则会出现不合格产品。

（3）工作质量是指企业为保证和提高产品质量和工序质量，在经营管理和生产技术工作方面所应达到的水平或保证程度。它主要包括经营决策工作质量和现场执行工作质量。它可以通过工作效率、工序质量、产品质量、经济效益等指标反映出来，并可直接用合格品率、返修率、废品率等指标来衡量。

产品质量、工序质量和工作质量是相互联系、相互影响的。其中，工序质量直接影响产品质量，工作质量是工序质量和产品质量的保证和基础，产品质量则是各项工作质量的综合反映。

二、质量管理的概念

质量管理是随着现代化工业生产的发展而逐步形成、发展和完善起来的。质量管理（Quality Management）是指确定质量方针、目标和职责，并通过质量体系中的质量策划、质量控制、质量保证和质量改进来使其实现的所有管理职能的全部活动。

（1）质量方针（Quality Policy）是由组织的最高管理者正式发布的该组织总的质量宗旨和方向。质量方针是企业经营总方针的组成部分，是企业管理者对质量的指导思想和承诺。企业最高管理者应确定质量方针并形成文件。质量方针的基本要求应包括供方的组织目标和顾客的期望和需求，也是供方质量行为的准则。一般包括产品设计质量、同供应厂商的关系、质量活动的要求、售后服务、制造质量、经济效益和质量检验的要求、关于质量管理的教育培训等。

（2）质量目标是指在质量方面所追求的目的。质量目标是以行为科学中的“激励理论”为基础而产生的，但它又借助系统理论向前发展。

（3）质量策划（Quality Planning）是确定质量以及采用质量体系要素的目标和要求的活动。质量策划包括：产品策划、管理和作业策划、编制质量计划和作出质量改进规定。

（4）质量控制（Quality Control）是指为达到质量要求所采取的作业技术和活动。

（5）质量保证（Quality Assurance）指为使人们确信某一产品、过程或服务的质量所必需的全部有计划、有组织的活动，也可以说是为了提供信任表明实体能够满足质量要求，而在质量体系中实施并根据需要进行证实的全部有计划和有系统的活动。

（6）质量改进（Quality Improvement）是为向本组织及其顾客提供增值效益，在整个组织范围内所采取的提高活动和过程的效果与效率的措施。质量改进是消除系统性的问题，对现有的质量水平在控制的基础上加以提高，使质量达到一个新水平、新高度。

质量管理过程如图11-1所示。

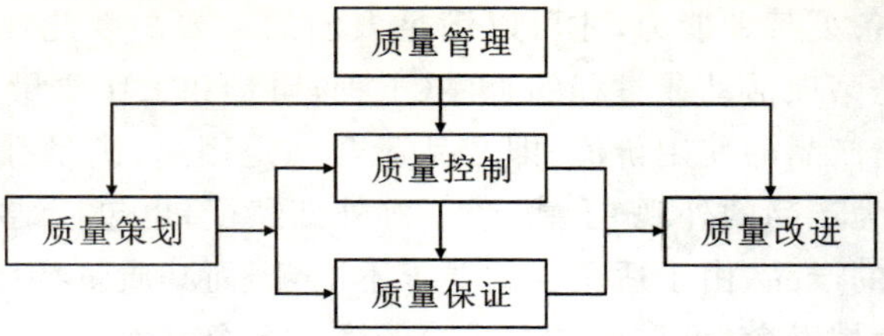

图 11-1 质量管理过程

三、质量管理的发展

质量管理是企业管理的重要组成部分，它始于 20 世纪初，其发展是同科学技术和生产力的发展以及企业管理的发展相联系的，大致经历了以下三个阶段：

第一阶段：质量检验阶段(Quality Inspect，QI)

20 世纪前，产品质量主要依靠操作者本人的技艺水平和经验来保证，属于“操作者的质量管理”。20 世纪初，以泰勒(F. W. Taylor)为代表的科学管理理论的产生，促使产品的质量检验从加工制造中分离出来，并且随着企业生产规模的扩大和产品复杂程度的提高，产品有了技术标准，公差制度日趋完善，各种检验工具和检验技术也随之发展，大多数企业的质量管理由设置的专职检验机构负责。但这种做法只是从成品中挑出废品、次品，以保证出厂产品质量。这实际上是一种“事后检验”，无法在生产过程中起到预防、控制的作用。

第二阶段：统计质量控制阶段(Statistical Quality Control，SQC)

统计质量管理产生于 20 世纪 20 年代。1924 年，美国贝尔研究所的休哈特(W. A. Shewhart)针对质量检验方法缺乏预防性问题，运用数理统计原理提出了经济控制生产过程中产品质量的“6σ”法，绘制出了控制图并建立了一套统计卡片。1929 年，他的同事道奇(H. F. Dodge)和罗米格(H. G. Romig)提出了统计抽样检查原理。但休哈特等人的创见，当时只在少数工厂中得到应用。第二次世界大战中，由于对武器数量和质量的需求和美国政府的强制推行，使“6σ”法和抽样检验的理论和方法得到了进一步的发展和完善；第二次世界大战后美国及其他国家都陆续推行了统计质量管理，并取得了成效。这个阶段质量管理的特点是：应用数理统计方法，找出质量波动的规律性，采取措施控制生产过程，预防废品发生，使质量管理从事后检验变为事前预防。但它仍是“事后把关”的质量管理，无法防止废品的产生。

第三阶段：全面质量管理阶段(Total Quality Management，TQM)

20 世纪 50 年代以来，科学技术和工业生产的发展对质量的要求越来越高。管理理论上出现了“行为科学论”，强调重视人在管理中的作用。且随着“保护消费者利益”运动的兴起，企业竞争的加剧，在管理中出现了“质量控制”、“质量零缺陷”等新内容。上述情况的出现促使全面质量管理的理论逐步形成。20 世纪 60 年代初，美国质量管理专家费根鲍姆(A. V. F. Feigenbaum)博士在他的《全面质量管理》一书中提出了全面质量管理理论，将质量控制扩展到产品寿命循环的全过程，强调全体员工都参与质量控制以满足顾客要求。他把组织管理、数理统计方法以及现代科学技术成果密切结合起来，建立起一套完善的质量管理工作系统，对质量形成的全过程进行管理。这样，既能预防废品产生，又能稳定地提高产品质量。

全面质量管理理论被提出后，相继为各工业发达国家乃至发展中国家所重视和运用，特别是日本，在20世纪60年代以后推行全面质量管理并取得了丰硕的成果，引起世界各国的瞩目。多年来，随着世界经济的发展，全面质量管理在理论和实践上都取得了很大的发展，成为现代企业以质量为核心的提高竞争力和获得更大利益的经营管理体系。

中国自1978年开始推行全面质量管理，并取得了一定成效。

随着生产力和科学技术的发展，质量管理的理论日趋完善，更趋科学性和实用性。各国在运用"质量管理"理论时，都各有所长。随着国际贸易的发展，产品的生产销售已打破国界，不同民族、不同国家有不同的社会历史背景，质量的观点也不一样，这往往会形成国际贸易的障碍或鸿沟，需要在质量上有共同的语言和共同的准则。

相关链接

什么是6σ?

六西格玛(Six Sigma)又称6σ、6Sigma，不能使用大写的$\sum$。西格玛($\sum$，σ)是希腊字母，在统计学中称为标准差，用来表示数据的分散程度。

其含义引申后是指：一般企业的瑕疵率大约是3～4个西格玛，对4西格玛而言，相当于每一百万个机会里，有6210次误差。如果企业不断追求品质改进，达到6西格玛的程度，绩效就几近于完美地达成顾客要求，在一百万个机会里，只找得出3.4个瑕疵。

六西格玛(6σ)概念作为品质管理概念，最早是由摩托罗拉公司的比尔·史密斯于1986年提出的，其目的是设计一个目标，在生产过程中降低产品及流程的缺陷次数，防止产品变异，提升品质。

六西格玛真正流行并发展起来，是在通用电气公司的实践。在杰克·韦尔奇于20世纪90年代总结了全面质量管理的成功经验，提炼了其中的流程管理技巧的精华和最行之有效的方法，成为一种提高企业业绩与竞争力的管理模式。该管理方法在摩托罗拉、通用电气、戴尔、惠普、西门子、索尼、东芝、华硕等众多跨国企业的实践中证明是卓有成效的。为此，国内一些部门和机构在国内大力推行6σ管理工作，引导企业开展6σ管理。

随着实践的经验积累，6σ管理已经从单纯的一个流程优化概念，衍生成为一种管理哲学思想。它不仅仅是一个衡量业务流程能力的标准，更是一套业务流程不断优化的方法。

第二节　全面质量管理

一、全面质量管理概述

1. 全面质量管理的定义

全面质量管理是管理科学、生产技术和商品经济高度发展的产物，它既是一种管理科学哲理，又是实现企业质量目标的科学途径。它是人们通过长期的质量管理实践逐渐形成、发展和完善起来的。全面质量管理(Total Quality Management，TQM)是指一个组织以产品质量为核心，全体员工参与，综合运用现代科学管理技术，建立起一套科学、严密、高效的质量保证体系，控制生产过程中影响质量的因素，以经济地生产和提供满足用户需要的产品和服务的系统管理活动。

2．全面质量管理的特点

现代企业全面质量管理的特点概括起来可归纳为“四全”，所谓“四全”，是指全面的质量管理、全过程的质量管理、全员参加的质量管理和全方法的质量管理。

(1)全面的质量管理。全面质量管理是指不仅要管好产品质量，而且还要管好与产品质量有关的各项工作质量。它要求保证以提高产品质量为中心的各部门人员的工作质量、成本质量、交货期的质量、销售与服务的质量等，即对全面的质量进行管理，形成一个综合性的质量管理工作体系。

(2)全过程的质量管理。产品质量有一个产生、形成和实现的过程。全面质量管理的范围包括产品设计、制造、辅助生产、供应服务、销售直至使用的全过程的质量管理。从原来的只管理生产制造过程扩大到管理市场调查、研制、设计、制造、物资供应、工艺技术、劳动人事、设备工装，以及销售服务等各个环节，即实行全过程的质量管理。

(3)全员参加的质量管理。参加质量管理的人员是企业的全体职工，包括企业的领导人员、技术人员、经营管理人员直至每个工人。产品质量是企业生产经营活动全过程的综合结果，涉及企业的所有部门和全体人员。质量管理应以人为主体，充分发挥人的因素在质量形成过程中的作用，依靠企业全体人员的努力，保证和提高质量。

(4)全方法的质量管理。在质量管理中应综合运用多种管理技术和科学方法，组成多样性的全面的质量管理方法体系。质量管理不是单纯的质量检验，而是要求把质量统计方法与科学的管理方法、先进的科学技术手段等紧密结合，综合运用，查找问题与原因，采取对策，提高和改善产品质量。因为影响产品质量的因素是多方面的，要搞好管理，必须针对不同的影响因素，采用不同的管理手段与方法，才能使产品质量长期稳定地持续提高。

3．全面质量管理的原则

在企业的质量管理工作中，要坚持以下工作原则：

(1)为用户服务。全面质量管理的一切活动都以“为用户服务”作为指导思想，以“为用户提供满意的产品和服务”为目标。在这里，“用户”不仅指本企业产品的用户，而且包括企业生产和工作中的下道工序。下道工序就是用户，下道工序的要求就是前道工序的质量目标，每道工序都为下道工序着想，以用户为中心。这样，各个工作环节之间相互协调，相互促进，切实保证了本环节的工作质量，从而使企业的质量工作得到保证。

(2)以预防为主。全面质量管理认为，好的产品质量是设计、制造出来的，不是检验出来的，必须以预防为主，把管理的重点从产品的事后检验，转变为对质量形成因素进行控制，把不合格产品消灭在它的形成过程中。

(3)坚持不断地改进。企业应持续不断地改进产品或服务的质量和可靠性，确保企业获取对手难以模仿的竞争优势。改进组织中每项工作的质量，质量不仅与最终产品有关，并且还与交货、为客户提供更好的售后服务等都有关系。

(4)用数据说话。全面质量管理强调用数据和事实来分析处理各种问题。通过掌握真实可靠的数据并进行分析、整理，从而掌握质量波动的规律，发现质量问题，采用适当措施进行控制。这就使定性管理变为定量管理，提高了管理的准确性和科学性。

(5)按 PDCA 循环管理。全面质量管理是一个有机整体，要使这个整体能正常运转，就必须遵循一定的标准化程序进行，即按 P（计划）—D（实施）—C（检查）—A（处理）的循环方式进行，质量管理才能取得成效。

二、全面质量管理的内容

全面质量管理过程的全面性，决定了全面质量管理的内容应当包括设计过程、制造过程、辅助过程、使用过程四个过程的质量管理。

1. 设计过程质量管理的内容

设计过程的质量管理是全面质量管理的首要环节。这里所指的设计过程，包括市场调查、产品设计、工艺准备、试制和鉴定等过程，即产品正式投产前的全部技术准备过程。主要工作内容包括通过市场调查研究，根据用户要求、科技情报与企业的经营目标，制定产品质量目标；组织有销售、使用、科研、设计、工艺、制度和质检等多部门参加的审查和验证，确定适合的设计方案；保证技术文件的质量；做好标准化的审查工作；督促遵守设计试制的工作程序等。

2. 制造过程质量管理的内容

制造过程是指对产品直接进行加工的过程。它是产品质量形成的基础，是企业质量管理的基本环节。它的基本任务是保证产品的制造质量，建立一个能够稳定生产合格品和优质品的生产系统。主要工作内容包括组织质量检验工作；组织和促进文明生产；组织质量分析，掌握质量动态；组织工序的质量控制，建立管理点等。

3. 辅助过程质量管理的内容

辅助过程是指为保证制造过程正常进行而提供各种物资技术条件的过程。它包括物资采购供应、动力生产、设备维修、工具制造、仓库保管、运输服务等。主要内容有：做好物资采购供应的质量管理，保证采购质量，严格入库物资的检查验收，按质、按量、按期地提供生产所需要的各种物资（包括原材料、辅助材料、燃料等）；组织好设备维修工作，保持设备良好的技术状态；做好工具制造和供应的质量管理工作等。

4. 使用过程质量管理的内容

使用过程是考验产品实际质量的过程，它是企业内部质量管理的继续，也是全面质量管理的出发点和落脚点。这一过程质量管理的基本任务是提高服务质量（包括售前服务和售后服务），保证产品的实际使用效果，不断促使企业研究和改进产品质量。它主要的工作内容有：开展技术服务工作，处理出厂产品质量问题；调查产品的使用效果和用户要求。

三、PDCA 循环法

1. PDCA 循环的含义

PDCA 循环（PDCA Cycle）是由美国质量管理专家戴明博士提出来的，所以又称为“戴明环”（Deming Cycle），如图 11-2 所示，它是全面质量管理所应遵循的科学程序。全面质量管理活动的全部过程，就是质量计划的制订和组织实现的过程，这个过程就是按照 PDCA 循环，不停顿、周而复始地运转的。PDCA 循环的含义如下：P（Plan）——计划，即策划阶段，是指通过市场调查、用户访问、国家计划指示等，搞清楚用户对产品质量的要求，确定质量政策、质量目标和质量计划等。D（Do）——实施，即实施阶段，这个阶段是实施 P 阶段所规定的内容，如根据质量标准进行产品设计、试制、试验，其中包括计划执行前的人员培训。C

(Check)——检查,即检查阶段,是根据方针、目标和产品要求,对过程和产品进行监视和测量,并报告结果。A(Action)——行动/调整/处理,即行动/调整/处理阶段,主要是根据检查结果,采取相应的措施,以持续改进过程业绩。PDCA循环就是按照这样的顺序进行质量管理,提高产品、服务或工作质量,并且循环不断地进行下去的科学程序。

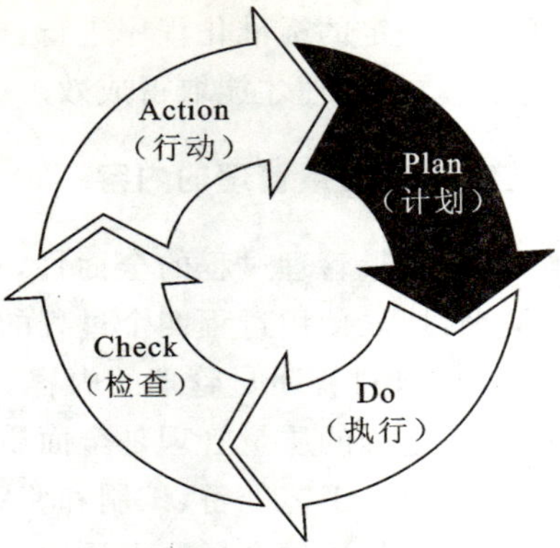

图 11-2 PDCA 循环图

2. PDCA循环的步骤

PDCA循环的工作程序如下:

(1)分析现状,找出存在的质量问题。对于存在的问题,要尽量用数据说话。

(2)诊断分析产生质量问题的各种影响因素。要逐个问题、逐个影响因素地详尽分析。

(3)找出影响质量问题的主要因素。影响质量问题的因素往往是多方面的,应当找出主要的、直接的因素,从主要影响因素入手,解决质量问题。

(4)针对影响质量的主要因素,制订措施,提出改进计划,并预计其效果。措施和活动计划应该具体、明确,一般要包括5W1H等内容。5W1H是指为什么要制订这一措施(Why),预计达到什么目标(What),谁负责执行(Who),在哪里执行这一措施(Where),何时执行和完成(When),如何执行(How)。

以上四个步骤是P阶段的具体化。

(5)按既定的计划执行措施,即D阶段。

(6)检查计划的执行效果。根据改进计划的要求,检查、验证实际执行的结果是否达到了预期的目标,即C阶段。

(7)总结经验。对检查出来的各种问题进行处理,把成功的经验总结成文,制定相应的标准。

(8)把尚未解决的问题,转入下一个循环中去解决。通过检查,对效果还不显著,或者效果还不符合要求的一些措施,以及没有得到解决的质量问题,不要回避,应本着实事求是的态度,把其列为遗留问题,反映到下一个循环中去。

第(7)、(8)两步骤是A阶段的具体化。

以上8个步骤是PDCA四个阶段的具体化。其中,A(处理阶段)是PDCA循环的关键。因为处理阶段就是解决存在的问题、总结经验和吸取教训的阶段。该阶段的重点又在于修订标准,包括技术标准和管理制度。没有标准化和制度化,就不可能使PDCA循环向前转动。如图11-3所示。

3. PDCA循环的特点

PDCA循环作为全面质量管理体系运转的基本方法,可以使我们的思想方法和工作步骤更加条理化、系统化、图像化和科学化。具有以下特点:

(1)大环套小环,小环保大环,互相促进。各级质量管理都有一个PDCA循环,形成一个大环套小环,一环扣一环,小环保大环,互相制约,互为补充的有机整体。如图11-4(a)所示,在PDCA循环中,一般说来,上一级的循环是下一级循环的依据,下一级的循环是上一级循环的落实和具体化。通过PDCA循环,可把质量改进和企业的各项工作有机地联系起

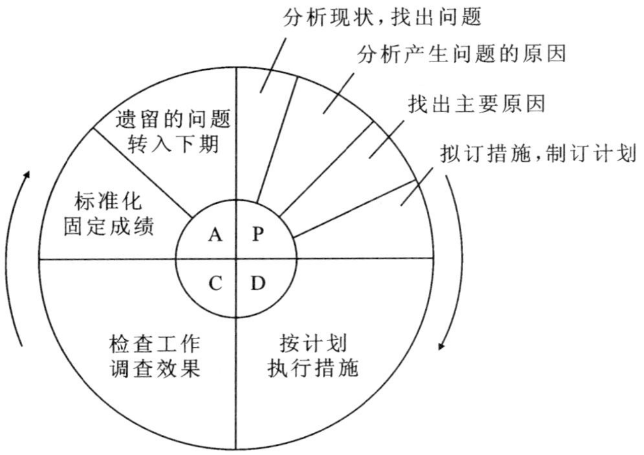

图 11-3　PDCA 循环的步骤

来，彼此协作，互相促进。

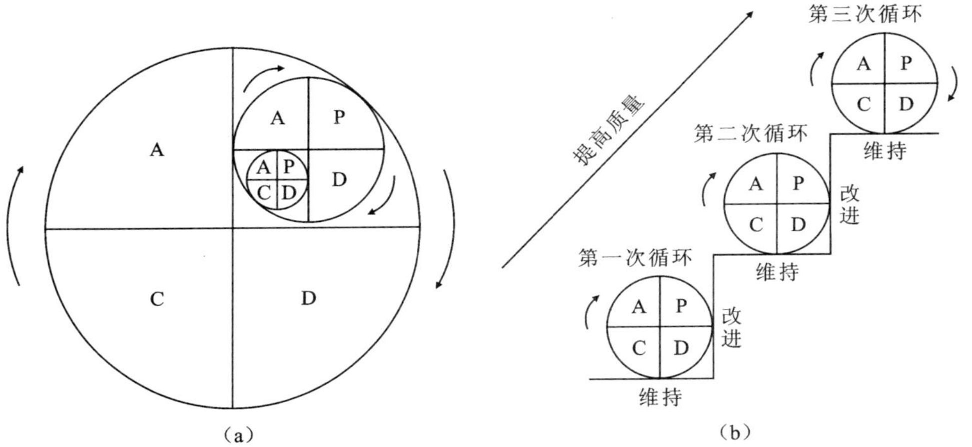

图 11-4　PDCA 循环示意图

(a)大环套小环；(b)爬楼梯

(2)不断循环上升。每个 PDCA 循环，都不是在原地周而复始运转的，而是螺旋式上升的，如同爬楼梯一样，如图 11-4(b)所示，每一次循环都有新的目标和内容，这意味着质量管理每经过一次循环，解决了一批问题，质量水平就有了新的提高。循环往复，永无止境，质量问题不断解决，工作质量、管理水平和产品质量就不断提高。

(3)在 PDCA 循环中，A(处理)阶段是每一次循环的关键。在这一阶段要总结经验，肯定成绩，纠正错误，吸取教训，并使质量管理工作制度化、标准化，使每经过一个工作循环，质量水平就能稳定到一个新的水平上。这样，才能保证循环正确、健康地运转，并通过不断研究解决质量问题的措施，推动产品质量的提高。

第三节　统计质量控制方法

统计质量控制方法，就是将调查或抽样所取得的各种信息加以科学整理，经过计算、图示等方法的加工，运用统计推理的方法，找出其中的规律，用来进行质量设计、寻找质量问题以及分析工艺质量控制等。

一、质量波动的原因与类型

在生产过程中，无论工艺条件多么一致，生产出来的产品的质量特性，绝不可能完全一致，这就是所谓的质量波动。影响产品质量波动的因素主要来自6个方面(简称“5M1E”)：

(1)人(Man)：操作者的质量意识、技术水平、文化素养、训练程度、身体素质和精神状态等。

(2)机器(Machine)：机器设备及工艺装备的先进性、技术性能、工作精度、使用效率和维护保养状况等。

(3)材料(Material)：原材料及辅助材料的化学成分、规格、物理性能和外观质量等。

(4)方法(Method)：生产工艺、操作规程和工作方法等。

(5)测量(Measurement)：测量设备、测量方法和试验手段等。

(6)环境(Environment)：时间，季节，工作场地的温度、湿度、照明、噪声干扰和清洁卫生等。

个体产品质量的千差万别就是这些因素综合作用的结果。除上述因素外，产品质量的波动还受市场、资金、管理、动机、信息等因素的影响。

产品质量特性的波动分为正常波动和异常波动两种。由随机(普通)因素引起的产品质量波动称为正常波动，这种波动处于控制状态。随机因素在生产过程中大量存在，对产品质量经常产生影响，但它造成的质量特性值波动往往比较小。例如，机器的微小振动、原材料的微小差异、刀具的正常磨损、夹具的微小松动及工人操作技术上的细微变化等对质量波动的影响很小，属于允许偏差、允许位移范畴，引起的是正常波动，一般不会因此出现废品，生产过程正常稳定。这些质量波动是无法避免的、客观存在的，在经济上不值得消除。由系统因素引起的产品质量波动称为异常波动，这种波动处于不稳定状态。异常波动在生产过程中发生的概率很小，但对产品质量的影响比较显著。例如，机器设备带故障运转，操作者违反操作规程进行操作，原材料的质量不符合规定的要求，测量工具带系统性误差等情况发生时，如没有及时排除，生产过程则不正常，产品质量数据就会离散过大或与质量标准有较大偏离，表现为异常波动，次品、废品产生。由于这些原因引起的质量波动具有一定的方向性、周期性、倾向性等特点，因此比较容易发现，可以及时预防和处理。

二、常用的统计质量控制方法

生产现场经常使用、易于掌握的7种统计方法，包括统计调查表法、分层法、排列图法、因果分析图法、直方图法、控制图法、散布图法所谓的质量控制七工具。

1. 统计调查表法

统计调查表法又称统计分析表法或检查表法。它是利用专门设计的统计表对质量数据进行收集、整理和粗略分析的一种方法。一般来说，调查表和分层表一起用效果更好。根据不同的调查对象、调查目的、调查范围，可将调查表设计成多种形式。通常有缺陷位置调查表、不合格项目调查表、质量特性值分布调查表和不良品产生原因统计表等。

其应用程序如下：

(1)确立收集数据的具体目的(将要解决的问题)。

(2)识别为达到目的所需要的数据(解决问题)。

(3)确定由谁以及如何分析数据(统计工具)。

(4)编制用于记录数据的表格,并提供记录以下信息的栏目:谁收集的数据;何地、何时、以何种方式收集的数据。

(5)通过收集和记录某些数据来试用表格。

(6)评审并修订表格。

2. 分层法

分层法又叫分类法或分组法。这种方法就是将调查收集的原始数据,根据不同的目的和要求,按某一性质进行分组、整理,从而找出质量问题的症结,采取相应的措施加以解决。在质量管理中,数据分层的标志多种多样,一般可先按时间、操作人员、使用的设备、使用的原材料、操作方法、测量工作、工序等进行分类,然后再进一步细分。分层法常常和其他方法结合起来使用,如分层法与排列图法或直方图法结合使用。

3. 排列图法

排列图法又称主次因素图法或柏拉图法。它是利用排列图寻找影响质量主次因素的一种有效方法。它用双直角坐标系表示,左边的纵坐标表示频数,右边的纵坐标表示频率,分析线表示累积频率,横坐标表示影响质量的各项因素,按影响程度的大小(即出现频数的多少)从左到右排列,通过对排列图的观察分析可以找出影响质量的主要因素,如图 11-5 所示。

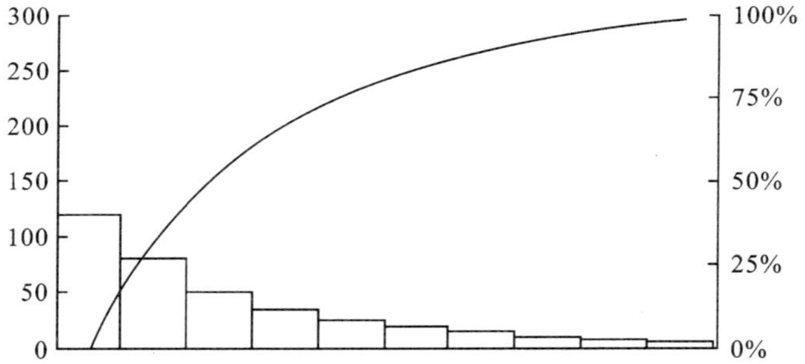

图 11-5 排列图

其应用程序如下:

(1)选择要分析的对象,确定用于分析的度量单位,如次数、成本、不合格品数等。

(2)选择用于数据分析的时间范围。时间的长短可以根据所解决问题的性质选择。

(3)按度量单位值从大到小的顺序把项目从左到右列于横坐标上,度量单位小的项目可归为“其他栏”,列于最右端。

(4)在横坐标的两端各画一纵坐标,左边的纵坐标按度量单位标注,其高度等于所有项目的度量值之和,右边的纵坐标与之等高并按百分比 0~100%标定。再在每一项目上画一长方形,用其高度表示该项目的度量。然后从左向右累加每一项目的度量值,画出累计频数曲线。

(5)根据排列图,确定主要因素、次要因素、一般因素。

累计频率在 0~80%的因素为主要因素,记为 A 类因素,其个数为 1~2 个,最多 3 个;

累计频率在80%～90%的因素为次要因素，记为B类因素；累计频率在90%～100%的因素为一般因素，记为C类因素。

4. 因果分析图法

因果分析图又被称为树枝图或鱼骨图，是用来系统整理分析某个质量问题（结果）与其产生原因之间关系的有效工具。如图11-6所示，它看上去有些像鱼骨，问题或缺陷（即结果）标在鱼头外，在鱼骨上长出鱼刺，上面按出现机会多寡列出产生生产问题的可能原因。该图有助于说明各个原因之间如何相互影响，也能表现出各个可能的原因是如何随时间而依次出现的，这有助于着手解决问题。它是一种透过现象看本质的分析方法。同时，鱼骨图也用在生产中，用来形象地表示生产车间的流程。它包括三种类型：整理问题型鱼骨图（各要素与特性值间是结构构成关系）、原因型鱼骨图（鱼头在右）、对策型鱼骨图（鱼头在左）。

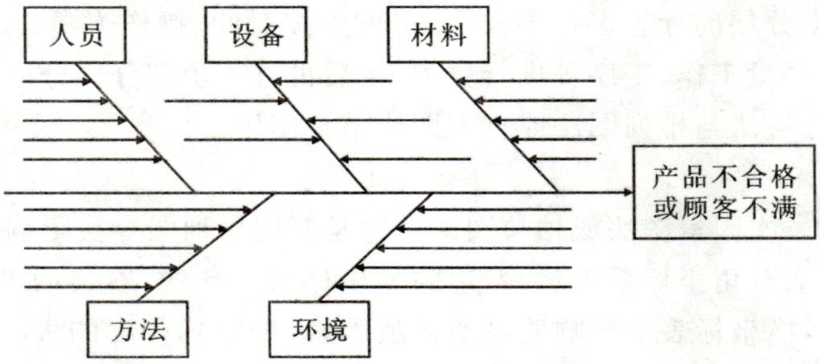

图11-6　鱼骨图

其应用程序如下：

（1）确定要研究分析的质量问题和对象。将问题和对象用肯定的语气写在鱼骨头上的方框中。

（2）寻找主要的可能原因。如环境、能源、人员、材料、方法、机器设备、测量方法过程，以及数据信息系统等方面的原因。

（3）开始画图，把各种类别的原因在鱼骨上标出。

（4）寻找类别原因的下一层次原因，把它们画在相应的主枝上。再寻找相应的下一层次原因，一直发展下去，形成完整的因果图。一个完整的因果图至少应有两层。

（5）识别最高层次原因中少量的（3～5个）可能对结果产生最大影响的原因，针对它们展开进一步工作。

5. 直方图法

直方图又称质量分布图、柱状图，是将收集到的质量数据进行分组整理，从中找出质量运动规律，预测工序质量好坏和估算工序不合格品率的一种常用工具。它是一种统计报告图，由一系列高度不等的纵向条纹或线段表示数据分布的情况。一般用横轴表示数据类型，用纵轴表示分布情况。直方图给出的是测量结果的实际分布图，图形可以表现分布是否正常，即形状是否近似为钟形，如图11-7所示。

其应用程序如下：

（1）集中和记录数据，求出其最大值和最小值。数据的数量应在100个以上，在数量不多的情况下，至少也应在50个以上。

（2）将数据分成若干组，并做好记号。分组的数量在6～20之间较为适宜。

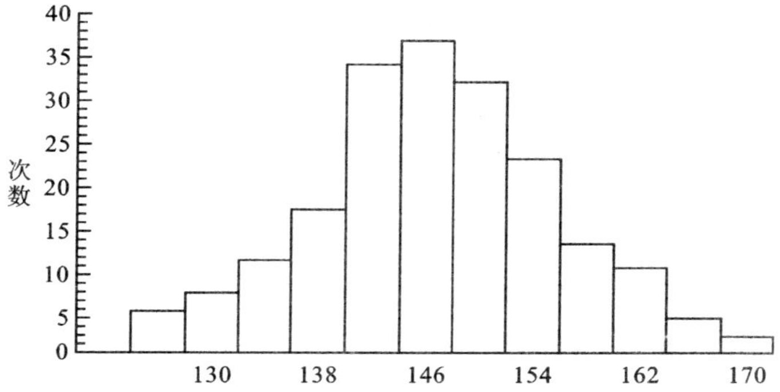

图 11-7　直方图

(3)计算组距的宽度。用组数去除最大值和最小值之差，求出组距的宽度。

(4)计算各组的界限位。各组的界限位可以从第一组开始依次计算，第一组的下界为最小值减去组距的一半，第一组的上界为其下界值加上组距。第二组的下界限值为第一组的上界限值，第二组的下界限值加上组距，就是第二组的上界限位，依此类推。

(5)统计各组数据出现的频数，作频数分布表。

(6)作直方图。以组距为底长，以频数为高，作各组的矩形图。

(7)用直方图来观察和分析生产过程的质量状况，判断生产过程是否处在正常状态。

在正常生产条件下，如果所得到的直方图不是标准形状，或者虽是标准形状，但其分布范围不合理，就要分析其原因，采取相应措施。

凡图形分布有各种不同缺陷的属非正常型的直方图，一般有五种类型：锯齿型、偏向型、孤岛型、双峰型和平顶型。出现非正常型直方图时，表明生产过程或收集数据作图有问题。这就要求进一步分析判断，找出原因，从而采取措施加以纠正。

6. 控制图法

控制图又称为质量管理图或质量评估图。它是找出影响产品质量主要因素的图表工具。控制图显示随时间而变化的测量结果，该图按正态分布，即经典的钟形曲线设计。用控制图很容易看出实际测量值是否落在这种分布的统计界线之内。其用途主要有两个：过程分析，即分析生产过程是否稳定。过程控制，即控制生产过程的质量状态。控制图根据质量数据的类型可分为计量值控制图、计件值控制图和计点值控制图。这些控制图各有各的用途，应根据所控制质量指标的情况和数据性质分别加以选择。控制图如图 11-8 所示。

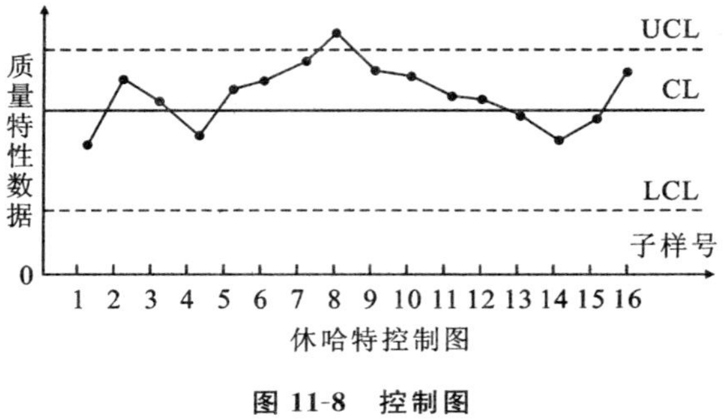

图 11-8　控制图

在直角坐标系中，三条平行于横轴的直线分别为：

中心线(Central Line，CL)——用细实线表示；

上控制界限(Upper Control Limit,UCL)——用虚线表示；

下控制界限(Lower Control Limit,LCL)——用虚线表示。

横轴表示按一定时间间隔抽取样本的次序。

纵轴表示根据样本计算的、表达某种质量特征的统计量的数值,由相继取得的样本算出的结果。

在图上标的一连串的点子,可以用线段连接起来,考察质量特征的性质是计量的还是计数的。若点子全部落在上、下控制界限内,且没有什么异常状况,就可判断生产过程是处于控制状态。否则,就应根据异常情况查明并设法排除。通常,点子越过控制线就是报警的一种方式。

7. 散布图法

散布图又称相关图,是一种简易的相关分析,在质量控制中,它是用来显示一个变量与另一个变量之间关系的一种图形。在质量分析中,对于某些既有关系但又不存在确定函数关系的变量,不能由一个变量的数值精确地求出另一个变量的数值时,通常用散布图将有关的各对数据,用点子描在直角坐标图上,就能分析判断它们之间有无相关关系以及相关的程度。然后运用这种关系,对产品或工序进行有效的控制。例如,要想知道金属线的拉伸强度与线的直径的关系,一般是将线拉伸到断裂,记下使线断裂时所用的力的准确数值,以直径为横轴,以力为纵轴将结果绘成图形,这样就可以看到拉伸强度和线的直径之间的关系。这类信息对产品设计有用。

根据测量的两种数据做出散布图后,可以通过观察其分布的形状和密疏程度,来判断它们关系的密切程度。从图 11-9 中可见,数据的点子近似于一条直线,在这种情况下,可以说金属线的拉伸强度与线的直径近似线性关系,即完全正相关。

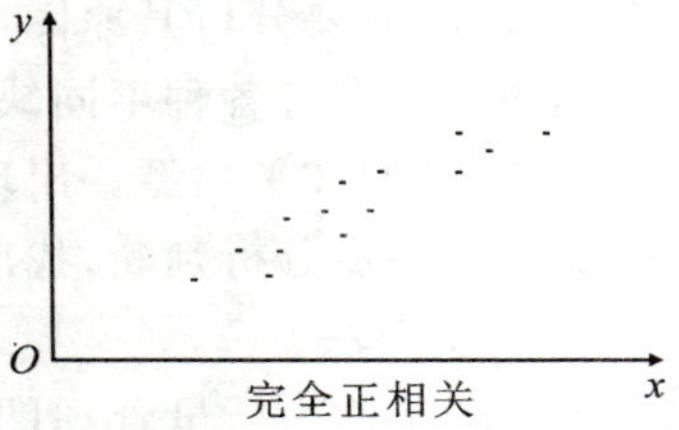

图 11-9　散布图

散布图大致可分为下列情形：

(1)完全正相关；

(2)正相关；

(3)负相关；

(4)完全负相关；

(5)无关。

制作与观察散布图应注意：

(1)应观察是否有异常点或离群点出现,即是否有个别点子脱离总体点子较远。

(2)散布图如果处理不当也会造成假象。

(3)散布图有时要分层处理。

质量控制 7 大工具是解决问题的工具,它们能帮助快速和更有效地识别问题并确定问题的优先次序;协助决策的过程;为持续改进活动提供简单而强大的工具;在整个业务过程中提供沟通问题和解决方案的手段;提供从收集到的数据中提取信息的途径。

第四节 ISO 9000质量管理系列标准

一、ISO的概念

ISO是“国际标准化组织”的简称，其全称是International Organization for Standardization，是由各国标准化团体(ISO成员团体)构成的。ISO是非政府的国际科技组织，是世界上最大的、最具权威的国际标准制定、修订组织。它成立于1947年2月23日。它的前身是1928年成立的“国际标准化协会国际联合会”(简称ISA)。中国既是其发起国，又是首批成员国。

ISO的组织机构包括：ISO全体大会、主要官员、成员团体、通信成员、捐助成员、政策发展委员会、合格评定委员会(CASCO)、消费者政策委员会(COPOLCO)、发展中国家事务委员会(DEVCO)、特别咨询小组、技术管理局、技术委员会(TC)、理事会、中央秘书处等。ISO的最高权力机构是每年一次的“全体大会”，其日常办事机构是中央秘书处，设在瑞士的日内瓦。ISO的宗旨是“在世界范围内促进标准化工作的发展，以利于国际物资交流和互助，并扩大知识、科学、技术和经济方面的合作”。ISO的主要任务是：制定国际标准；协调世界范围内的标准化工作，与其他国际性组织合作，研究有关标准化问题。ISO的作用为：消除非关税贸易壁垒，促进国际贸易往来，推动世界经济发展；消除技术障碍，增进国际间的技术交流；传播先进理念，引领世界潮流。

二、质量管理系列标准的产生和发展

世界上最早的质量保证标准是在20世纪50年代末出现的。第二次世界大战期间，武器的需求量急剧膨胀，美国国防部面临扩大武器生产量，同时又要保证质量的现实问题。于是，美国国防部在1959年发布了MIL-Q-9858A《质量大纲要求》，成为世界上第一个质量保证标准。而后，又制定和发布了一系列生产武器和评定承包商的质量保证标准。在美国军工生产中的成功经验很快被其他工业发达国家的军工部门所采用，并逐步推广到民用工业，在西方各国蓬勃发展起来。随着上述品质保证活动的迅速发展，各国的认证机构在进行产品品质认证的时候，逐渐增加了对企业的品质保证体系进行审核的内容，进一步推动了品质保证活动的发展。到了20世纪70年代后期，英国的一家认证机构——英国标准协会(British Standards Institution，BSI)首先开展了单独的品质保证体系的认证业务，使品质保证活动由第二方审核发展到第三方认证，受到了各方面的欢迎，更加推动了品质保证活动的迅速发展。通过实践，BSI认为，这种品质保证体系的认证适应面广，灵活性大，有向国际社会推广的价值。于是，在1979年向ISO提交了一项建议。

由于各国标准的不一致，给国际贸易带来了障碍。为了统一各国质量管理活动，同时建立提供产品的组织的质量管理体系，国际标准化组织(ISO)根据BSI的建议，于1979年成立了质量管理和质量保证技术委员会(TC176)，负责制定质量管理和质量保证标准。1987年，ISO发布了ISO 9000系列标准。ISO 9000系列标准的发布，不但健全了单独的品质体系认证的制度，而且得到了世界各国和各行业的广泛采用。为了使1987年版的ISO 9000系列标准更加协调和完善，1994年，ISO/TC176对标准进行首次修改，进一步强调满足客户的需求。2000年，ISO/TC176正式发布的2000版ISO 9000族标准，使质量管理体系更加适合组织的需要，更适应组织开展其商业活动的需要。2008年11月15日，ISO/TC176又发布了2008版ISO 9001《质量管理体系要求》国际标准。修订后的标准不仅对原文的变化部分做出了修改，同时结合各国实践，对很多地方作了修正，更清晰、明确地表达了质量管理体系要求增强与ISO 14001:2004的兼容性，特别强调了实施管理体系的有效性。

三、企业实施ISO 9000标准的意义

ISO 9000族标准是世界上许多经济发达国家质量管理实践经验的科学总结，具有通用性和指导性。主要有以下几方面的作用和意义：

(1)有利于提高产品质量，保护消费者利益。现代科技飞速发展，使产品向高科技、多功能、精细化和复杂化发展，消费者难以在技术上对产品加以鉴别。通过体系的有效运行，促进组织持续改进产品和过程，实现产品质量的稳定和提高，无疑是对消费者利益的一种最有效保护。

(2)有利于提高组织的运作能力。标准通过鼓励组织在制定、实施体系时采用过程方法，识别和管理众多相互关联的活动，以及对这些活动进行系统的管理和持续的监督与控制，以生产顾客能接受的产品。体系还提供了持续改进的框架，增加顾客和其他相关方满意的机会。

(3)有利于增进国际贸易，消除技术壁垒。在国际经济技术合作中，ISO 9000族标准被作为相互认可的技术基础，ISO 9000的质量管理体系认证制度也在国际范围中得到互认，并纳入合格评定的程序中。贯彻ISO 9000族标准为国际经济技术合作提供了国际通用的共同语言和准则；取得质量管理体系认证，已成为参与国内和国际贸易，增强竞争能力的有力武器。因此，贯彻ISO 9000族标准对消除技术壁垒和排除贸易障碍，起到了十分积极的作用。

(4)有利于持续改进和满足顾客的需求和期望。顾客的需求和期望是不断变化的，这就促使组织持续地改进产品和过程。而质量管理体系要求恰恰为组织改进其产品和过程提供了一条有效途径。ISO 9000族标准将质量管理体系要求和产品要求区分开来，它不是取代产品要求而是把质量管理体系要求作为对产品要求的补充，有利于组织的持续改进和持续满足顾客的需求和期望。

四、ISO 9000族标准

ISO 9000族标准是指由国际标准化组织质量管理和质量保证技术委员会制定的所有国际标准。

相关链接

ISO国际标准的编号

ISO制定出来的国际标准除了有规范的名称之外，还有编号，编号的格式是：ISO＋标准号＋[杠＋分标准号]＋冒号＋发布年号(方括号中的内容可有可无)。

1. ISO 9000 族标准的组成

国际标准化组织(ISO)正式发布的 ISO 9000 族,共有 21 项标准和 2 个技术报告。根据 ISO/TC176 对 ISO 9000 族标准结构的调整,2000 年后,ISO 9000 族仅有 5 项标准,原有的标准或并入新的标准,或以技术报告的形式发布,或以小册子的形式出版发行,或转入其他技术委员会(TC)。ISO 组织最新颁布了 ISO 9000:2000 系列标准,现在的最新标准为 2008 年执行标准,由四个核心标准和其他支持性的标准和文件组成。

(1)四项核心标准

ISO 9000:2005《质量管理体系——基础和术语》;

ISO 9001:2008《质量管理体系——要求》;

ISO 9004:2000《质量管理体系——业绩改进指南》;

ISO 19011:2002《质量和(或)环境管理体系审核指南》。

(2)其他标准 1 个

ISO 10012《测量控制系统》。

(3)支持性标准和文件

ISO/TR 10006《质量管理——项目管理质量指南》;

ISO/TR 10007《质量管理——技术状态管理指南》;

ISO/TR 10013《质量管理体系文件指南》;

ISO/TR 10014《质量经济性管理指南》;

ISO/TR 10015《质量管理——培训指南》;

ISO/TR 10017《统计技术指南》。

(4)小册子

质量管理原则;

选择和使用指南;

小型企业的应用。

2. ISO 9000(2000 版)族标准的特点

从结构和内容上看,2000 版质量管理体系标准具有以下特点:

(1)通用性。标准可适用于所有产品类别、不同规模和各种类型的组织。

(2)相关性。采用了以过程为基础的质量管理体系模式,强调了过程的联系和相互作用,逻辑性更强,相关性更好。

(3)相容性。强调了质量管理体系是组织其他管理体系的一个组成部分,便于与其他管理体系相容。

(4)适度性。更注重质量管理体系的有效性和持续改进,减少了对形成文件的程序的强制性要求。

(5)协调一致性。将质量管理体系要求和质量管理体系业绩改进指南这两个标准作为协调一致的标准使用。

相关链接

麦当劳的管理方式

世界上最大的快餐集团麦当劳的经营宗旨是“QSCV”。Q——Quality(品质),S——Service(服务),C——Cleanness(清洁),V——Value(物有所值)。意即麦当劳为人们提供品质一流的产品、周到的服务、清洁的就餐环境以及让人们感到在麦当劳就餐是物有所值的。人们不管是在纽约、日本、中国香港或北京光顾麦当劳,都可以吃到同样新鲜美味的食品,享受到同样快捷友善的服务,感受到同样的整齐清洁及物有所值。

3. 推行 ISO 9000 系列标准的好处

一般说来,推行 ISO 9000 系列标准的好处可通过企业内外体现出来:内部可强化管理,提高人员素质;外部可提升企业形象和市场份额。具体内容如下:

(1)强化品质管理,提高企业效益;增强客户信心,扩大市场份额。负责 ISO 9000 品质体系认证的认证机构都是经过国家认可的权威机构,对企业的品质体系的审核是非常严格的。对于企业内部来说,可按照经过严格审核的国际标准化的品质体系进行品质管理,真正达到法治化、科学化的要求,极大地提高工作效率和产品合格率,迅速提高企业的经济效益和社会效益。对于企业外部来说,当顾客得知供方按照国际标准实行管理,拿到了 ISO 9000 品质体系认证证书,并且有认证机构的严格审核和定期监督,就可以确信该企业是能够稳定地提供合格产品或服务的,从而放心地与企业订立供销合同,扩大了企业的市场占有率。可以说,在这两方面都收到了立竿见影的功效。

(2)获得了国际贸易绿卡——“通行证”,消除了国际贸易壁垒。许多国家为了保护自身的利益,设置了种种贸易壁垒,包括关税壁垒和非关税壁垒。其中,非关税壁垒主要是技术壁垒,技术壁垒中,又主要是产品品质认证和 ISO 9000 品质体系认证的壁垒。特别是在“世界贸易组织”内,各成员国之间相互排除了关税壁垒,只能设置技术壁垒,所以,获得认证是消除贸易壁垒的主要途径。我国“入世”以后,失去了区分国内贸易和国际贸易的严格界限,所有贸易都有可能遭遇上述技术壁垒,应该引起企业界的高度重视,及早防范。

(3)节省了第二方审核的精力和费用。在现代贸易实践中,第二方审核早就成为惯例,但其存在很大的弊端:一个组织通常要为许多顾客供货,第二方审核无疑会给组织带来沉重的负担;另一方面,顾客也需支付相当的费用,同时还要考虑派出或雇佣人员的经验和水平问题,否则,花了费用也达不到预期的目的。唯有 ISO 9000 认证可以排除这样的弊端。因为第一方申请了第三方的 ISO 9000 认证并获得了认证证书以后,众多第二方就不必再对第一方进行审核,这样,不管是第一方还是第二方都可以节省很多精力或费用。还有,如果企业在获得了 ISO 9000 认证之后,再申请 UL、CE 等产品品质认证,还可以免除认证机构对企业的质量管理体系进行重复认证的开支。

(4)在产品品质竞争中永远立于不败之地。国际贸易竞争的手段主要是价格竞争和品质竞争。由于低价销售的方法不仅会使利润锐减,如果构成倾销,还会受到贸易制裁,所以,价格竞争的手段越来越不可取。20 世纪 70 年代以来,品质竞争已成为国际贸易竞争的主要手段,不少国家把提高进口商品的品质要求作为“限入奖出”的贸易保护主义的重要措施。

实行 ISO 9000 国际标准化的品质管理，可以稳定地提高产品品质，使企业在产品品质竞争中永远立于不败之地。

(5)有利于国际间的经济合作和技术交流。按照国际间经济合作和技术交流的惯例，合作双方必须在产品(包括服务)品质方面有共同的语言、统一的认识和共守的规范，方能进行合作与交流。ISO 9000 质量管理体系认证正好提供了这样的信任，有利于双方迅速达成协议。

(6)有利于强化企业内部管理，稳定经营运作，减少因员工辞工造成的技术或质量波动。

(7)提高企业形象。为了加强品质管理，适应品质竞争的需要，企业家们纷纷采用 ISO 9000 系列标准在企业内部建立品质管理体系，申请品质体系认证。目前，全世界已有 100 多个国家和地区正在积极推行 ISO 9000 国际标准。

相关链接

中国国家标准

中华人民共和国国家标准，简称国标(Guobiao，GB，按汉语拼音发音)，是包括语编码系统的国家标准码，都由在国际标准化组织(ISO)和国际电工委员会(或称国际电工协会，IEC)代表中华人民共和国的会员机构——国家标准化管理委员会发布。

标准表示方法：强制标准冠以“GB”。推荐标准冠以“GB/T”。如：GB 2312—80，GB/T 148—1997。

中国国家标准编号方法：

GB/T 19001：2000

- 2000：标准发布年号
- 19001：标准顺序号
- T：标准的性质，推荐性标准的汉语拼音缩写
- GB：国家标准的汉语拼音缩写

本章小结

保证和提高产品质量，为社会提供高质量的产品，是现代企业的一项重要任务，也是提高产品竞争力的关键。

本章共四节，分别讲述了企业质量管理、全面质量管理、统计质量控制方法和 ISO 9000 质量管理系列标准。通过学习，明确要搞好企业管理，首先要有质量观，具有质量管理的基础知识；其次要掌握一些质量控制方法，并能用其分析和解决实践中出现的问题；再次要了解质量管理系列标准，由不同国家政府、国际组织和工业协会所作的研究表明，企业的生存、发展和不断进步都要依靠质量保证体系的有效实施。ISO 9000 系列质量体系被世界上 100 多个发达国家和地区所广泛采用，使市场竞争更加激烈，产品和服务质量得到日益提高。事实证明，有效的质量管理是在激烈的市场竞争中取胜的手段之一。

复习思考题

一、单项选择题

1.20 世纪 60 年代以后，开展全面质量管理取得了丰硕的成果，并引起世界各国的瞩目的国家是（　　）。

A. 美国　　B. 日本　　C. 瑞典　　D. 德国

2.ISO 9000 族标准中的《质量管理体系——业绩改进指南》指的是（　　）。

A. ISO 9000　　B. ISO 9001　　C. ISO 9004　　D. ISO 19011

3. 质量管理专家戴明教授提出的“戴明环”的英文缩写是（　　）。

A. PDCA　　B. MRP　　C. MAIC　　D. ERP

4.“一项固有特征满足要求的程度”是以下哪一概念的叙述？（　　）

A. 质量　　B. 质量管理　　C. 质量控制　　D. 质量策划

5.“将质量改进项目从最主要到最次要进行排队的一种图表技术”指的是（　　）。

A. 统计调查表法　　B. 分层法　　C. 因果图法　　D. 排列图法

6. 控制图在生产工序中的主要作用是（　　）。

A. 发现异常情况　　B. 发现不合格

C. 分析质量原因　　D. 找出影响质量的主要原因

7. 首先提出“事先控制，预防废品”的质量管理新思路的是（　　）。

A. 道奇　　B. 朱兰　　C. 罗米格　　D. 休哈特

8. 在质量管理发展到统计质量控制阶段，产生了（　　）的概念。

A. 质量检验　　B. 抽样检验　　C. 筛选　　D. 全面管理

9.ISO 组织是（　　）组织。

A. 质量标准化　　B. 产品质量化　　C. 世界贸易　　D. 国际标准化

10.PDCA 循环是（　　）的过程。

A. 循环　　B. 平衡　　C. 下降　　D. 上升

二、多项选择题

1. 根据“全过程的质量管理”的基本要求，全面质量管理必须体现的思想包括（　　）。

A. 预防为主，不断改进　　B. 事后检验，严格把关

C. 为顾客服务　　D. 用数据说话

2.PDCA 循环的特点是（　　）。

A. 大环套小环，互相促进

B. 不断循环上升

C. 把质量改进和企业各项工作有机地联系起来

D. 循环的关键是 A 阶段

3. 全面质量管理的内容应当包括（　　）。

A. 制造过程　　B. 使用过程　　C. 辅助过程　　D. 设计过程

E. 销售过程

4. ISO 9000:2000 版的核心标准有(　　)。

A. ISO 9000　B. ISO 9001　C. ISO 14001　D. ISO 9004

E. ISO 19011

5. 影响产品质量的主要因素包括(　　)。

A. 操作者　B. 机器设备　C. 工艺方法　D. 经济环境

E. 材料

6. 八项质量管理原则的基本内容有(　　)。

A. 领导作用、全员参与、过程方法　B. 以顾客为关注焦点、持续改进

C. 质量方针和质量目标　D. 统计技术的作用

7. 质量管理常用的工具和方法有(　　)。

A. 调查表法　B. 分层法　C. 因果图法　D. 排列图法

E. 决策树法

8. 质量管理包括(　　)。

A. 制定质量方针　B. 质量目标　C. 质量策划　D. 质量控制

E. 质量保证　F. 质量改进

9. 一个企业的质量管理体系可包括(　　)。

A. 质量管理体系　B. 环境管理体系

C. 财务管理体系　D. 资源管理体系

10. 生产过程中质量发生变异的来源有(　　)。

A. 原材料　B. 工具　C. 机器　D. 操作员

E. 因果图

三、判断题

1. ISO 10012 属于 ISO 9000 系列标准的核心标准。(　　)

2. 持续改进质量管理体系的目的在于增加顾客和其他相关方满意的可能性。(　　)

3. 企业质量体系认证是目前国际上并不通行的一种产品质量监督管理制度。(　　)

4. 在全面质量管理阶段,突出了以质量为中心、全员参与的概念。(　　)

5. 各国政府可以通过 ISO 9000 系列标准维护自身利益。(　　)

6. 持续改进是指循序渐进的质量改进。(　　)

7. 产品质量认证分为安全认证和合格认证。(　　)

8. 监督检验是为了保持产品质量稳定。(　　)

9. 全面质量管理要求把不合格的产品消灭在它的形成过程中,做到防检结合,以防为主。(　　)

10. ISO 9001:2000 标准除了体现质量保证外,还旨在增强顾客满意。(　　)

四、名词解释

质量　全面质量管理　ISO

五、简答题

1. 质量管理发展经历了哪几个阶段?
2. 全面质量管理的特点有哪些?
3. 什么是 PDCA 循环?
4. 2000 版 ISO 9000 族系列标准的特点有哪些?
5. 实行质量认证制的作用有哪些?

六、论述题

1. 试述 PDCA 循环的具体工作程序。
2. 试述如何在企业中开展全面质量管理和实施 ISO 9000 族系列标准。

实践与实训

一、实训目的

掌握 7 种质量控制方法,学会用质量控制方法分析解决问题。

二、实训项目

1. 某班组建立质量控制小组,针对本班组废品的调查统计如下:机座报废 50 件,轴报废 6 件,压圈报废 13 件,挡风圈报废 2 件,端盖报废 25 件,其他 4 件。要求应用分类法分析该小组应抓的主要问题。

2. 某化工厂对 15 台尿素塔焊缝缺陷所需工时进行了统计分析,如表 11-1 所示:

表 11-1　某化工厂统计分析表

序号	项目	返修工时 f_i	频率 P_i(%)	累计频率 F_i(%)	类别
1	焊缝气孔	148	60.4	60.4	
2	夹渣	51	20.8	81.2	
3	焊缝成型差	20	8.2	89.4	
4	焊道凹陷	15	6.1	95.5	
5	其他	11	4.5	100	
	合计	245	100		

试用排列图法分析并找出影响因素。

3. 某服装厂生产一批女式衬衫,经检验发现有下列几种不合格品:上领左右不对称 25 件、下摆窄宽 5 件、钉袋过针 4 件、领面织疵 20 件、卜领接线双轨 1 件、商标钉歪 3 件、其他 2 件。试分别用分层法和排列图法进行分析,以找到主要问题。

三、实训内容与要求

1. 每班分成数个小组(3～4 人/组),每组选出一个项目。

2. 各小组利用业余时间讨论，并根据要求，设计实训方案。

3. 根据选择的质量控制方法，分析生产中的问题。

4. 撰写解决方案，并提交报告。

5. 课堂讨论各小组方案，教师点评。

案例分析

1. 产品质量不稳定之谜

A 公司在业内一直是以技术领先和质量稳定而闻名于世。几年前考虑到中国市场的日益扩大和较低的工资成本等因素，故到中国投资设厂。虽然这几年来产销量一直比预期的好，并且有很多产品返销国际市场，但一直困扰管理层的就是产品质量投诉一直居高不下，投诉量比本土生产时一般都高三四倍，最高时达十多倍。管理层认为各项管理制度和作业规范与本土并无差异。是什么原因有如此大的差异呢？经分析后认为，主要不同的方面有：(1)中方工人的学历相对较高，而且年轻；(2)中方人员的主动淘汰率较高，达本土工人的 10 倍或以上；(3)中方人员的工资水平是本土人员的 1/10～1/5 或更低。由于几年来产品质量一直未有显著的好转，管理层做了很多努力，如延长入职培训时间，制订更详尽和严厉的制度，大部分管理岗位换成本土人员等，但都不理想。

思考与讨论：

(1)请分析 A 公司产品质量不稳定的主要原因。

(2)请从质量管理的角度提供切实可行的建议。

2. 扁鹊自言医术最差

有一天，魏文王问名医扁鹊说："你们家兄弟 3 人，都精于医术，到底哪一位医术最好呢？"扁鹊答说："长兄最好，中兄次之，我最差。"文王吃惊地问："你的名气最大，为何说长兄医术最高呢？"扁鹊惭愧地说："我扁鹊治病，是治病于病情严重之时。一般人都看到我在经脉上穿针管放血、在皮肤上敷药等，所以以为我的医术高明，名气因此响遍全国。我中兄治病，是治病于病情初起之时。一般人以为他只能治轻微的小病，所以他的名气只及于本乡里。而我长兄治病，是治病于病情发作之前。由于一般人不知道他事先能铲除病因，所以觉得他水平一般，但在医学专家看来他水平最高。"

思考与讨论：

(1)请结合故事分析企业应如何控制质量问题。

(2)如何提高事前控制和事中控制的执行力？

参考文献

[1]吴贵生.技术创新管理.北京:清华大学出版社,2006.

[2]韩之俊,等.生产与运营管理咨询.北京:华夏出版社,2003.

[3]李卫星.现代企业生产管理.北京:中国商业出版社,2004.

[4]郭成,等.生产作业管理.郑州:郑州大学出版社,2003.

[5]沈珺.企业经营管理实务.北京:清华大学出版社,2007.

[6]王素梅.企业管理概论.北京:机械工业出版社,2007.

[7]龚国华,等.生产与运营管理.上海:复旦大学出版社,2003.

[8]王道平,等.生产运作管理.长沙:湖南大学出版社,2004.

[9]张仁侠.现代企业生产管理.北京:首都经济贸易大学出版社,2010.

[10]罗伯特·A.伯格曼,等.技术与创新的战略管理.北京:机械工业出版社,2004.

[11]龚卫星.现代企业管理.北京:中国科学技术出版社,2007.

[12]张向前.现代企业管理.北京:中国言实出版社,2008.

[13]秦志华.人力资源管理.北京:中国人民大学出版社,2000.

[14]张丽芳,吴国强.管理学.北京:北京理工大学出版社,2007.

[15]张一纯.组织行为学.北京:清华大学出版社,2006.

[16]张泽起.现代企业管理.北京:中国传媒大学出版社,2008.

[17]陆辉,王敏.企业管理.北京:北京工业大学出版社,2007.

[18]崔平.现代生产管理.北京:机械工业出版社,2008.

[19]梅爱冰.现代企业管理.北京:对外经济贸易大学出版社,2009.

[20]刘晓欢.企业管理概论.北京:高等教育出版社,2005.